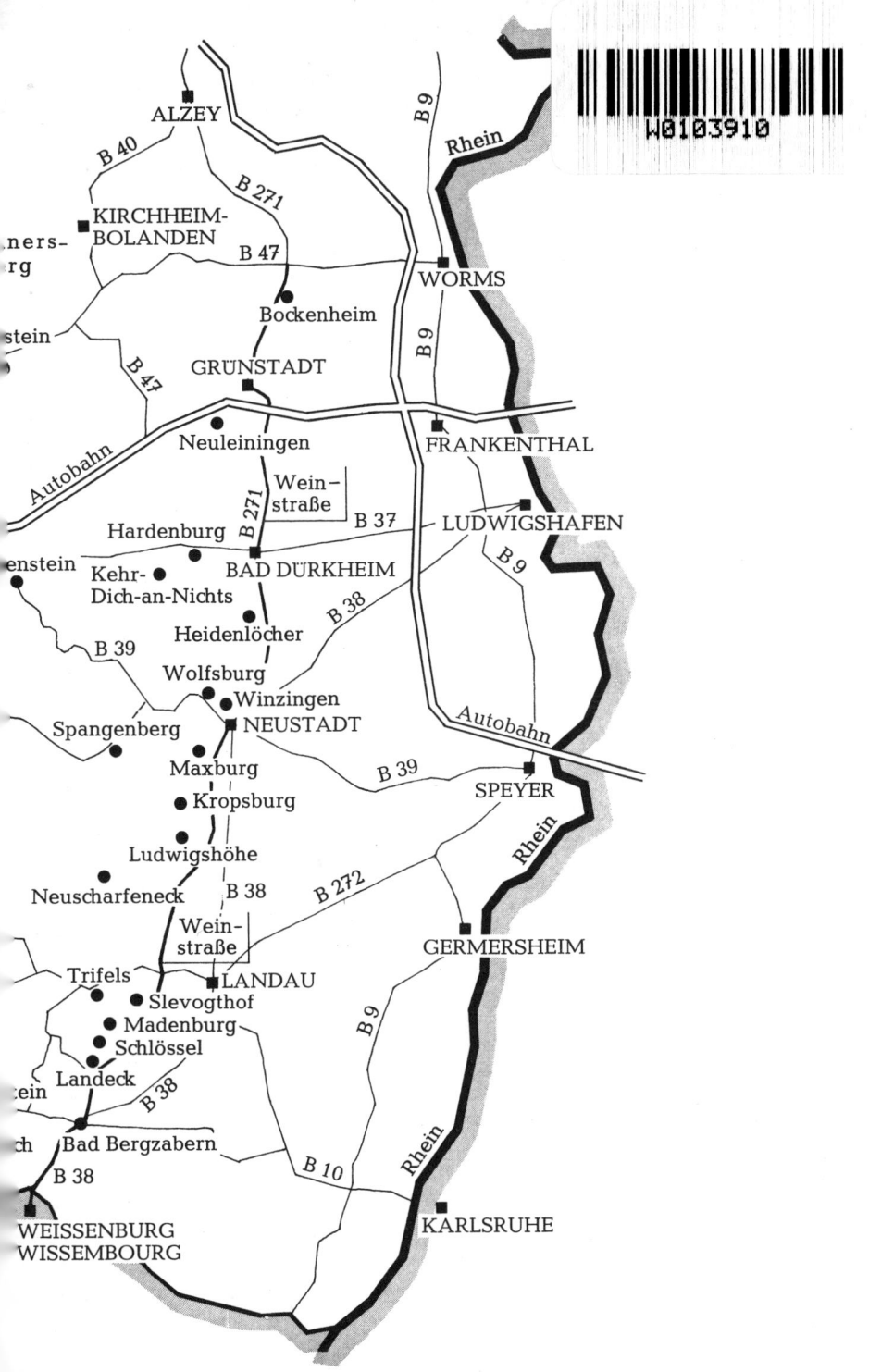

BURGEN UND SCHLÖSSER IN DER PFALZ

*Ein Handbuch
mit 95 Aufnahmen, 8 Farbtafeln
und zwei Faltblättern mit Grundrissen
von Günter Stein*

Verlag Weidlich Würzburg

Meiner lieben Frau Helga
in Dankbarkeit gewidmet

2. verbesserte Auflage 1986, Verlag Weidlich, Würzburg
Alle Rechte vorbehalten

© 1976 by Verlag Weidlich, Frankfurt
Satz: Hohenloher Druck- und Verlagshaus, Gerabronn
Buchbinderische Verarbeitung: Buchbinderei Röck, Weinsberg
Vorsatzkarte von Helmut Schöppler, Bad Homburg
ISBN 3 8035 1280 8

Inhalt

Vorwort 7

Entwicklungsgeschichtliche Übersicht 9

Das Frühmittelalter 9
1 Heidenlöcher 11
2 Schlössel, Vorburg 14

Die Zeit der Salier 16
3 Schlössel, Turmburg 18
4 Steinenschloß 23
5 Winzingen 27

Die Zeit der Staufer 34
6 Kaiserslautern, Pfalz 39
7 Gräfenstein 47
8 Landeck 55
9 Hohenecken 66
10 Trifels 72
11 Drachenfels 88

Die früh- und hochgotische Zeit 95
12 Neuleiningen 97
13 Wolfsburg 101
14 Frankenstein 107
15 Spangenberg 115
16 Montfort 121
17 Landsberg 126
18 Reipoltskirchen 131

Die spätgotische Zeit 135
19 Falkenstein 138
20 Berwartstein 144
21 Dahner Schlösser 150
22 Neuscharfeneck 158
23 Kleinfrankreich 166

Das 16. Jahrhundert — Burgschlösser der Renaissance 168
24 Madenburg 170
25 Nannstein 179
26 Hardenburg 188
27 Bergzabern 198
28 Lichtenberg 212

Der Schloßbau im 16. und 17. Jahrhundert 222
29 Emichsburg 226
30 Kropsburg 230

Der Schloßbau des 18. Jahrhunderts 237
31 Trippstadt 241
32 Zweibrücken 246
33 Kehr-dich-an-nichts 255

Der Schloßbau im 19. Jahrhundert 261
34 Hambacher Schloß 264
35 Ludwigshöhe 274
36 Neukastel 284

Literaturverzeichnis 289
Sachregister 304
Ortsregister 309
Personenregister 313
Künstler 319
Abbildungsnachweis 320

Vorwort

Der Wunsch des Verlegers, seine Reihe „Schlösser — Burgen — Herrensitze" mit einem Band über die Burgen der Pfalz fortzusetzen, begegnet gewiß dem Wunsche vieler Freunde historischer Architektur, stellt jedoch den Bearbeiter eines solchen Bandes vor eine Reihe von Problemen, die dem landschaftlichen Bezogensein direkt oder indirekt verhaftet sind. Kriegerische Ereignisse, vor allem die des 17. und 18. Jahrhunderts, die vornehmlich das Gebiet der heutigen Pfalz heimsuchten, hatten zur Folge, daß hier eine große Anzahl mittelalterlicher und neuzeitlicher Adelssitze und territorialherrschaftlicher Machtzentren den wirklichen oder vermeintlichen militärischen Erfordernissen der kriegführenden Parteien entsprechend — und dabei handelte es sich zumeist um das Reich und Frankreich — zerstört worden sind. Daraus resultiert die Tatsache, daß ein Band wie der vorliegende zum weitaus größten Teile nur Anlagen im ruinösen Zustand, in Resten, in denen sie überkommen sind, vorlegen kann, und daß noch heute bewohnte burgliche Adelssitze oder gar Schlösser nur einen ganz geringen Teil des im folgenden ausgebreiteten Materials ausmachen. Mithin beinhalten die nachstehenden Ausführungen zur Hauptsache Burgruinen.

Nicht problemlos erscheint dem Bearbeiter auch die Auswahl der Objekte, die von der Auflage bestimmt ist, sowohl möglichst eindrucksvolle Anlagen vorzustellen als auch solche, die möglichst gut erreichbar und auch öffentlich zugänglich sind. Es liegt auf der Hand, daß dies alles nicht eben auch der historischen Bedeutung der aufgeführten Architekturen entsprechen muß und deshalb Anlagen, die man gern aus historischer Sicht mitaufgenommen hätte, hier aus den vorgenannten Gründen unberücksichtigt bleiben mußten.

Auch die vom Titel her gegebene Beschränkung auf den Bereich der heutigen Pfalz ist nicht eben eine Erleichterung der Aufgabe, einen Überblick über den Burgenbau dieses Gebietes zu geben. Die heutigen Grenzen — erst 1816 gebildet — werden den dynastischen Verflechtungen des Mittelalters und der folgenden Jahrhunderte bis zur Französischen Revolution in keiner Weise gerecht. Die großen Territorien, wie die Kurpfalz, das Bistum Speyer, das Herzogtum Pfalz-Zweibrücken, die Landgrafschaft Hessen-Darmstadt, das Fürstentum Nassau-Weilburg, die Grafschaft (später das Fürstentum) Leiningen, der Länderbesitz der Ritter-

geschlechter der von Sickingen, der Eckbrechte von Dürckheim und so mancher anderer der über vierzig kleinen Territorien, griffen mit ihren Besitzungen und damit auch mit ihren festen Plätzen weit über diese heutigen Grenzen hinaus — wie denn auch weiter abgelegene Territorien in das pfälzische Gebiet hineinragten, so das der Veldenzer, der Sponheimer, der Rau- und Wildgrafen, ja auch das Badens, Lothringens oder das des Bistums Worms, um nur einige zu nennen. Unter diesen Aspekten heutige Grenzen zu berücksichtigen, heißt unmittelalterlich denken, bleibt dem Verfasser jedoch nicht erspart, will er nicht Gefahr laufen, anderen Bearbeitern dieser Materie im Elsaß, in Lothringen, im Saargebiet, im Naheraum, in Rheinhessen usw. in ihr Arbeitsgebiet zu geraten. Der Leser möge deshalb das Verbleiben im Inselbereich einer Landkarte der Pfalz mit Nachsicht hinnehmen.
Und letztlich ist die Reihenfolge, in der die Objekte vorgestellt werden sollen, von verschiedenen Gesichtspunkten abhängig. Es bieten sich dafür topographische, typologische, dynastische und auch chronologische Gründe an. Verleger und Bearbeiter entschlossen sich endlich, der zeitlichen Entstehung der Objekte bzw. der zeitlichen Entstehung der noch am besten erhaltenen Bauteile der Wehranlagen den Vorrang zu geben und diesem Gesichtspunkt die Reihenfolge unterzuordnen. Der Verfasser verbindet damit gleichzeitig die Absicht, zusammen mit der Abfolge der besprochenen Burgen dem Leser auch eine entwicklungsgeschichtliche Skizze an die Hand zu geben, die imstande sein kann, über das „interesselose Wohlgefallen" an unseren Burgen und Schlössern hinaus dem Interessierten auch einen Abriß der Entwicklung mittelalterlicher Wehrbau- und neuzeitlicher Wohnbauformen zu vermitteln.
Die Kropsburg, die hier aus baugeschichtlichen Gründen mit aufgenommen wurde, ist kurz nach Erscheinen der 1. Auflage dieses Buches (1976) in Privatbesitz eines Weingutes übergegangen und der Besichtigung entzogen worden. Von einem Besuch ist deshalb abzuraten.

Entwicklungsgeschichtliche Übersicht

Burgen waren Wehr- und Wohnbauten zugleich, und diese „Funktion" erlischt erst am Beginn der Neuzeit, als die fortifikatorische Funktion auf die landesherrliche Festung, die Aufgabe, als Wohnbau zu dienen, auf das offene Schloß übergehen. Die Gründe solcher Entwicklung werden unten noch eingehend erörtert. Zunächst sei die Entstehung des mittelalterlichen Wehrbaues und seiner Bauformen in größerem Zusammenhang skizziert.

Das Frühmittelalter

Der Anfang des mittelalterlichen Burgenbaues wird gemeinhin mit dem Beginn bezeichnet, steinerne Mauern unter Verwendung von Mörtel zu errichten. Vorgeschichtliche Holz-Erde-Befestigungen kannten dieses von den Römern nach Norden mitgebrachte Bindemittel noch nicht, und auch nachrömische, hier also merowingische Wehrbauten verwendeten den Mörtel nur sparsam oder gar nicht. Die neue Bautechnik ist im allgemeinen erst in spätkarolingisch-frühottonische Zeit anzusetzen, und auch bei Anlagen dieser Epoche ist die Verwendung von Kalkmörtel noch nicht mit Bestimmtheit nachzuweisen; offenbar begnügte man sich zunächst noch mit einem wenig beständigen Lehmmörtel, wie uns dies mitteldeutsche Anlagen jener Zeit bekunden. Auch hölzerne Mauerverstärkungen prähistorischer Art waren — vor allem im nordwest- und norddeutschen Bereich — noch im Gebrauch, wie denn überhaupt zunächst noch das Holz als Baumaterial der oberen Aufbauten, der Mauerkrenelierungen, der oberen Gebäudeteile eine hervorragende Rolle gespielt hat und zum Teil noch bis in das hohe Mittelalter nachzuweisen ist.

Die ersten Wehranlagen dieser Art waren — damit vorgeschichtlichen Ringwällen vergleichbar — offensichtlich Fluchtburgen, die in Zeiten akuter Gefahr einer größeren umwohnenden Bevölkerung nebst ihrer Habe und wohl auch ihrem Vieh als Zuflucht für eine gewisse Zeit dienen sollten. Als drohende Gefahren jener Zeit darf man die normannischen Plünderungszüge des 9. Jahrhunderts und die Ungarnvorstöße des 10. Jahrhunderts vermuten. In der Pfalz scheinen mehrere solcher Fluchtburgen etwa um 900 errichtet worden zu sein. Es handelt sich dabei um Ummauerungen größerer Plätze in unzugänglichem Waldgebiet, die anzugreifen einem nautisch ausgerichteten Volk wie den Normannen als auch einem Reitervolk wie den Ungarn schwierig sein mußte. Die Initiative zur Errichtung solcher Fluchtburgen ging vom König bzw. von den königlichen Gaugrafen aus, die königliche Hintersassen im Frondienst zum Bau eingesetzt haben. Diese Mauerringe aus größeren unregelmäßigen, nur grob lagerrecht behauenen Steinen ohne oder nur mit sparsamer Verwendung von Mörtel umschließen in der Regel ein länglich-ovales Terrain auf einer Bergkuppe und werden zusätzlich durch Wall und Graben geschützt. Meist gewährten zwei Tore Einlaß in das Innere. Die Fundleere solcher Anlagen bei Grabungen neuerer Zeit scheinen zu beweisen, daß diese Fliehburgen offenbar nie oder nur kurzfristig genutzt oder bewohnt worden sind, daß also die befürchtete Gefahr — jedenfalls hier im pfälzischen Bereich — nicht eingetreten ist und zum Aufsuchen dieser Art von Anlagen zwang. Dies ist um so erstaunlicher, als wir wissen, daß die Normannen z. B. 882 bis Koblenz, die Ungarn 911 ebenfalls bis Koblenz vordrangen, 919 und 926 wiederum am Rhein standen und 937 nach einer Niederlage bei Worms bis in die Gegend von Metz vorgestoßen sind.

Namen solcher Fliehburgen sind nicht bekannt. Sollten sie je welche gehabt haben, so waren sie zumindest schon im ausgehenden Mittelalter vergessen. Die heute bestehenden Bezeichnungen sind sicherlich erst in der frühen Neuzeit entstanden, und ihre Wortzusammensetzungen mit „Heiden-" deuten darauf, daß man zum Zeitpunkt dieser Namengebung diese Anlagen für so alt hielt, daß man sie den „Heiden", also den Römern zuschreiben zu müssen glaubte. So tragen denn mehrere solcher Fliehburgen in der Pfalz Namen wie z. B. „Heidenmauern", „Heidenschloß", „Heidenschuh" oder „Heidenlöcher".

1 Heidenlöcher

Fliehburg bei Deidesheim

Vom nördlichen Ende des Weinstraßen-Ortes Deidesheim aus führt ein Fahrweg zwischen Weingärten in westlicher Richtung auf den Haardtrand zu und setzt sich von einem Parkplatz aus als bequemer Fußweg im Schatten des Kastanienwaldes nach Norden fort. Der Pfad endet schließlich im ovalen Burgbereich der „Heidenlöcher", dem wohl besterhaltenen und eindrucksvollsten Beispiel einer frühmittelalterlichen Fliehburg in der Pfalz. Hat man den noch immer und trotz der Verschleifungen eines Jahrtausends mächtigen Erdwall, den ehemals Palisaden krönten, durchschritten, so passiert man den auch heute noch trotz Einschwemmung vom Burgplateau her deutlich eingetieften Graben und gelangt dann erst an den Mauerring, der in eiförmigem Grundriß die Burgstelle umzieht.

Zwei Tore gewähren Einlaß in das Areal. Das eine — im Süden — ist als einfache Unterbrechung im Mauerring gebildet, das andere — im Norden — als sogen. Übergreiftor dadurch, daß die eine Torwange vor die andere greift, so daß ein gegen das rechtwinklig im Ringmauerverlauf vorspringende Tor andringender Gegner ehemals seine rechte, also unbeschildete Seite den Verteidigern der Burganlage hätte darbieten müssen.
Die Mauern der Fliehburg sind aus unregelmäßigen, zum Teil sehr großen Steinen errichtet, wie sie allgemein in jenem Waldgebiet liegend gefunden werden können. Zur Versetzung im Mauerverband sind sie lediglich grob lagerrecht und mit beschlagener Außenseite bearbeitet worden. Dem Besucher bietet sich das Mauerwerk wie ein Trockenverband dar, also anscheinend ohne Verwendung von Mörtel. Dennoch ist es nicht ausgeschlossen, daß hier — ähnlich wie an mitteldeutschen Burgen des 10. Jahrhunderts — vielleicht doch Lehmmörtel gebraucht worden ist, der dann im Laufe eines Jahrtausends völlig vergangen ist. Die Ringmauern waren massiv aus Steinen bis zur Höhe des ehemaligen Wehrgangs errichtet. Darüber setzte offensichtlich eine Brustwehr mit Scharten und Zinnen auf, die aus Holz gefertigt war, wie denn ebenfalls aus Holz auch die Überbauten der beiden Tore und die Palisaden auf dem rundherum geführten Erdwall gebildet gewesen sein dürften. Breite, geschüttete Rampen führten vom Inneren der Burg — seitlich an die Ringmauern angelehnt — auf die Wehrgänge hinauf.
Das Erstaunlichste dieser Fliehburg aber — und dies zeichnet sie vor allen anderen Anlagen dieser Art und der gleichen Zeit aus — ist die Tatsache, daß im Inneren der Burg über 65 Hausstellen eingerichtet gewesen sind, um im Notfalle die Bevölkerung eines oder mehrerer Dörfer der Umgebung aufzunehmen. In früheren Zeiten wiesen sich diese Hausstellen nur durch unregelmäßige Vertiefungen im Boden des Burgareals aus, weshalb die Anlage denn auch ihren Namen „Heidenlöcher" (= Eintiefungen der Römer) erhalten haben wird. Neuere Grabungen haben uns diese „Löcher" erklärt und kenntlich gemacht: Es sind die aus Bruchsteinen errichteten, meist rechteckigen, aber auch ovalen oder polygonalen Fundamente von Keller- oder Erdgeschossen kleinerer Wohnhäuser, deren Oberbau aus Holz, wohl aus Fachwerk, bestanden haben dürfte. Überall kann der Besucher diese anscheinend regellos im Burgbereich verstreuten Hausfundamente sehen. Siedlungsfunde sind bei neuerer Grabung kaum angefallen, was auch hier erweist, daß die Fliehburg nie die ihr zugedachte Funktion hat erfüllen müssen, daß also eine akute Gefahr für die Existenz der umwohnenden Bevölkerung samt ihrer Habe hier nicht bestan-

Fliehburg „Heidenlöcher". Modell

den hat. Wann und von wem ist nun diese Fliehburg errichtet worden? Daß sie spätkarolingischer oder ottonischer Zeit ihre Entstehung verdankt, also damit der Normannengefahr, die in den 70er und 80er Jahren des 9. Jahrhunderts akut war, oder den Ungarneinfällen des beginnenden 10. Jahrhunderts, ist schon seit längerem vermutet worden. Neuere Forschung hat erwiesen, daß Hintersassen des Dorfes Littersheim bei Worms zur Mauerbaupflicht, d. h. zur Fronfahrt mit Wagen, beladen mit zwei Quadersteinen und Sand, nach Deidesheim und Ladenburg (am Neckar, in Baden) herangezogen wurden, und zwar gegen Ende des 9. Jahrhunderts, wie eine karolingerzeitliche Quelle, die 1067 und 1147 erneuert wurde, besagt. Diese Pflicht haftete an Gütern des Klosters Nonnenmünster bei Worms, die dieses Kloster durch königliche Schenkung aus ehemaligem Fiskalgut erhalten hatte. Da die „Heidenlöcher" auf Deidesheimer Gemarkung liegen, ist anzunehmen, daß diese karolingerzeitliche Mauerbaupflicht, eine besondere Form des Heerbannes in fränkischer Zeit, nur dieser Fluchtburg gegolten haben kann. Dieses große Befestigungswerk wurde also vom König oder von seinem unmittelbar Beauftragten, dem Verwalter des Königsgutes (nicht vom Gaugrafen, denn Littersheim lag im Wormsgau, Deidesheim im Speyergau und Ladenburg im Lobdengau) etwa um 900 errichtet. Dies mag auch für mehrere andere Fliehburgen dieser Art in der Pfalz gelten.

2 Schlössel, Vorburg

Die "Vorburg" des "Schlössel" bei Klingenmünster

Das „Schlössel" liegt auf dem östlichen Ausläufer des Treitelkopfes bei Klingenmünster. Gleich hinter der Pfälzischen Nervenklinik Landeck (an der Bundesstraße 38 von Landau nach Bad Bergzabern) führt ein kleiner, landschaftlich sehr reizvoller Pfad nach etwa 15 Minuten Aufstieg in das Gebiet dieser Burg. Auch dieser Örtlichkeit haftet ein Name an, der nachmittelalterlich, frühneuzeitlich gegeben worden sein dürfte: „Schlössel". Und bei dieser Burganlage handelt es sich nun um eine der baugeschichtlich bedeutsamsten und wichtigsten Stätten, nicht nur der Pfalz, sondern ganz Deutschlands überhaupt, finden wir hier oben doch nicht nur eine frühmittelalterliche Wehranlage, sondern auch eine salische Turmburg in eindrucksvollen Ruinen vor. Zunächst jedoch soll uns hier die spätkarolingische Fliehburg interessieren, die in ganz ähnlicher Technik wie der der „Heidenlöcher" erbaut worden ist.

Die Ringmauer dieser Burganlage ist in länglich-ovalem Grundriß errichtet worden. Auch hier sind größere Bruchsteine und Steinblöcke, wie sie im Gebiete der Haardt, also der östlichen Randzone des Pfälzerwaldes, überall zu finden sind, grob lagerrecht bearbeitet vermauert worden. Ob ursprünglich wenig haltbarer Kalk- oder Lehmmörtel verwendet worden ist, kann nicht mehr mit Sicherheit nachgewiesen werden. Der Mauerring ist in etwa drei Vierteln seiner ehemaligen Ausdehnung noch gut erhalten. Auch ihm waren, wie den „Heidenlöchern", ein tiefer Graben und ein Erdwall (gewiß mit Palisaden) vorgelegt. Wie bei den „Heidenlöchern" haben auch hier bei der „Vorburg" des „Schlössel" ehemals zwei Tore in das Innere der Anlage hineingeführt. Beide Tore gehören zum Typ der sogenannten Zangentore, bei denen die anstoßenden Ringmauern zum Torburchgang hin zurückgezogen sind, um einen hier angreifenden Gegner von drei Seiten aus besser unter Beschuß nehmen zu können. Das nordöstliche Tor entspricht diesem Typ nur annähernd, während das südwestliche den charakteristischen Aufbau dieser Torform besser verkörpert. Beiderseits des äußeren Einganges ziehen die Enden der Ringmauern halbrund nach innen bis zum Torburchgang der ehemaligen Torkammer ein, deren äußere Steinschwelle und die seitlichen Anschläge der Torflügel noch gut erhalten sind.

Anders als bei den „Heidenlöchern" sind hier in der „Vorburg" des „Schlössel" keine Reste von Häusern oder sonst irgendeiner Innenbebauung nachgewiesen. Die zeitliche Einordnung der Anlage kann anhand der Grundrißform und der Bautechnik jedoch ebenfalls in die spätkarolingische oder in die ottonische Epoche gesetzt werden, also etwa in den Zeitraum von 880 bis 920. Es ist sehr wahrscheinlich, daß die „Schlössel"-„Vorburg" zu jener Zeit die Fliehburg des nahegelegenen Klosters Klingenmünster gewesen ist, dessen Gründung (um 674) auf den Merowingerkönig Dagobert II. zurückgeht.

Aus dieser Epoche sind in der Pfalz noch mehrere Anlagen erhalten; zu nennen wären hier außer den „Heidenlöchern" noch die inneren Mauerzüge der Burg „Schloßeck" bei Hardenburg im Isenachtal, ferner ein Mauerzug, der sich in sanfter Krümmung vor der Nordostseite der Ringmauer des Hambacher Schlosses hinzieht, ferner die „Heidenmauern" bei Neustadt an der Weinstraße, das „Heidenschlößchen" („Heidenburg") bei Gimmeldingen und der „Heidenschuh" bei Klingenmünster, aber auch der „Entenstein" bei Rodalben und die „Alte Burg Einöd" bei Zweibrücken. Es ist zudem nicht unmöglich, daß auch die spätrömische „Heidelsburg" bei Waldfischbach in spätkarolingischer Zeit noch einmal ausgebaut worden ist; gewisse Merkmale der Bearbeitung des mächtigen Kammertores scheinen darauf hinzudeuten.

Die Zeit der Salier

Die in der Epoche der salischen Kaiser (1024—1125) entstandenen Burgen, d. h. königliche oder doch in königlichem Auftrag bzw. mit Billigung des Königs errichtete Wehranlagen der Herzöge oder großer Dynasten sind uns nur in seltenen Beispielen in dem Zustande überkommen, in dem sie im 11. Jahrhundert erbaut worden sind. Die meisten der in salischer Zeit entstandenen Burgen sind durch Ausbau in späterer Zeit weitgehend umgestaltet worden, so daß ein Herausarbeiten des salischen Baubefundes nur schwer oder gänzlich unmöglich ist.

Daß Burgen salischer Zeit oft noch völlig aus Holz bestanden haben, beweisen Ausgrabungen im rheinisch-westfälischen Gebiet. Den Steinbau der Salier demonstrieren uns außer den großen sakralen Bauten jener Zeit aber auch Burganlagen, die in Spannungsgebieten (wie z. B. dem damaligen Sachsen) von den Saliern nach ganz gewissen fortifikatorischen Prinzipien und unter der Oberleitung eines so fähigen Architekten wie Bischof Benno von Osnabrück errichtet worden sind. — Burgen wie der Sachsenstein bei Bad Sachsa im Südharz, der 1073/1074 unvollendet liegenblieb, Teile der Harzburg bei Bad Harzburg oder das salische Kammertor der ottonischen Kaiserpfalz Tilleda unter dem Kyffhäuser vermitteln uns im Zusammenhang mit der Steinbearbeitung salischer Sakralarchitektur (Limburg a. d. Haardt, Speyer, Hirsau usw.) eine ziemlich genaue Vorstellung von salischer Bautechnik. Die anschaulichsten Beispiele sind eben solche Anlagen, die schon früh zerstört wurden und dann ohne spätere Überbauung als Ruinen salischer Zeit auf uns gekommen sind. Der Sachsenstein im Harz, nachweislich 1073 von Benno von Osnabrück angelegt und schon 1074 während des Baues von Sachsen zerstört, ist ein solches Beispiel, ein anderes das sogen. Schlössel bei Klingenmünster in der Pfalz, hier im Typ einer Turmhügelburg (Motte, Mota). Typisch für salische Burganlagen ist der kleinquadrige Mauerverband aus glatt beschlagenen, rechteckigen Steinen in ungleich hohen Schichten, die an den Mauerecken von größeren Quadern eingefaßt werden, deren Ansichtsflächen in Fischgräten- oder Ährenform beschlagen und somit verziert sind. Diese Technik wurde bis in das dritte Viertel des 11. Jahrhunderts angewendet. Von dieser Zeit an hat dann die spätsalische Technik in der Regel (und vor allem als Eckverbände) nur noch Quadern verwendet, deren Ansichtsflächen glatt beschlagen und mit schmalem Saumschlag versehen sind. Die Grundrisse salischer Burganlagen haben entweder rechteckige Form mit abgerundeten Ecken oder aber runde bzw. ovale Grundform mit polygonal gebrochenem Ringmauerverlauf. Bei den sogen. Turmhügelburgen steht zumeist ein starker Wohnturm in der Mitte eines Hofes, der von einer Ringmauer in vieleckigem Grundriß umzogen wird. Innen an die Ringmauer lehnen sich Gebäude an. Außen um den Burghügel verläuft ein tiefer Graben, der trocken oder naß sein kann, und ein Erdwall mit daraufgesetzten Palisaden.

3 Schlössel, Turmburg

Die Turmburg „Schlössel" bei Klingenmünster

Wir haben oben schon von der „Schlössel"-Anlage gesprochen, einer baugeschichtlich außerordentlich wichtigen Burg auf dem östlichen Ausläufer des Treitelkopfes bei Klingenmünster, und wir haben auf die sogen. Vorburg dieses „Schlössel" als spätkarolingische Fliehburg verwiesen. Diese frühmittelalterliche Fliehburg ist zu späterer Zeit an ihrem nordwestlichen Ende durch die Errichtung einer Turmburg gestört worden, d. h. durch einen mächtigen, künstlich aufgeschütteten Erdhügel mit daraufgesetztem Wohnturm, also einer sogen. Mota oder Motte. Damit ist die ältere, spätkarolingische Fluchtburg wenn auch nicht aufgegeben, so doch aber vielleicht mit der Funktion einer Vorburg der neuen Turmburg untergeordnet worden.

Die Turmburg des „Schlössel" ist als Ruine erhalten und bietet ein anschauliches Beispiel einer salischen Motte. Ein kreisrunder Erdkegel, umgeben von Graben und Wall, trägt auf seinem oberen Plateau die Reste eines quadratischen Turmes von 13×13 Metern Seitenlängen. An seiner Nordseite ist ein ebenfalls quadratischer Abortschacht von 4×4 Metern Seitenlängen angebaut, der in seinen Abmessungen auf ehemalige Benutzung durch eine größere Menge von Bewohnern des Turmes hinweist. Tatsächlich handelte es sich bei diesem Turm um einen Bau, der einer größeren Zahl von Bewohnern zu permanentem Aufenthalt dienen sollte. Das beweisen bei einer Mauerstärke von nur 2,5 Metern die recht beträchtlichen lichten Weiten von 8×8 Metern und der große Abortschacht. Das Material des Wohnturmes und des Abortschachtes besteht aus kleineren, rechteckigen, sauber bearbeiteten Sandsteinquadern in ungleich hohen Schichten. Ab und an sind maskenartige Köpfe in die Außenseiten der Quadern eingehauen, was vermutlich apotropäischen (Böses abwehrenden, den Feind erschreckenden) Sinn gehabt haben dürfte. An den Mauerecken sind die Steinschichten durch größere Quadern im Eckverband zusammengefaßt, und diese Eckquadern wiederum sind — und zwar sowohl am Turm als auch am Abortschacht — mit feinen Zierschlägen in Form von Ähren oder Fischgräten verziert, eine Technik, die auch von den Eckquadern an Sakralbauten (Limburg a. d. Haardt um 1025—1042), von Niederkirchen bei Deidesheim (1040—1060), von Altenstadt bei Weißenburg (1060—1070) und Weißenburg/Elsaß (vor 1074) her bekannt ist. Der Turm dürfte daher also etwa in die Mitte des 11. Jahrhunderts zu datieren sein. Das „Schlössel" hat damals möglicherweise unter der Oberlehensherrschaft der Äbte von Klingenmünster gestanden, und Klostervögte waren wahrscheinlich die Salier. Nicht ganz abwegig erscheint die Vermutung, daß Kaiser Heinrichs IV. Architekt, Bischof Benno von Osnabrück, von Speyer aus, wo er sich nachweislich vor 1045, dann 1056/1057, 1059 und 1061 aufhielt, den Bau auch dieser Turmburg betrieben haben könnte. Die nur verhältnismäßig geringen Abmessungen der Mauerstärken lassen darauf schließen, daß dieser Wohnturm nicht allzu hoch gewesen sein kann; vermutlich hatte er nur vier Geschosse, und aus zweien der drei Obergeschosse öffnete sich wahrscheinlich ein Zugang zum Abortschacht. Der Turm ist damit in etwa in gleicher Reihe mit normannischen Wohntürmen Englands (den sogen. Keeps) oder Frankreichs (den sogen. Donjons) sowie Dänemarks (den sogen. Kastalern) zu sehen. Er ist eines der wenigen Beispiele früher Wohntürme romanischen Baustiles, die es im deutschen

Bereich des 11. und 12. Jahrhunderts gegeben hat und die erst wieder im 14. Jahrhundert unter Einfluß von Westen her in gotischen Formen Verbreitung erfahren haben.
Nicht lange nach seiner Errichtung ist der Wohnturm von einer Ringmauer in oval-polygonalem Grundriß umzogen worden, wobei ein Hofraum um den Turm herum entstand; in ihm konnten zwei Gebäude errichtet werden: ein Nordbau und ein von Osten ohne Mauerverband an den Turm angeschobenes Gebäude. In die Ringmauer ist ein sogen. Kammertor eingefügt worden. An der Außenseite des Tores sind große Sandsteinquadern versetzt, die in ihrer Bearbeitung der Bautechnik spätsalischer Bauten gleichen, wie z. B. dem Bau II des Speyerer Domes (etwa 1080—1110), dem Speyerer Judenbad (etwa 1110—1120), der Burgkapelle der Burg Winzingen (etwa 1110—1120) oder dem Turm der Ruine von St. Peter und Paul in Hirsau (1082—1091). Daraus darf gefolgert werden, daß das Tor der Ringmauer und die beiden Burggebäude erst etwa um oder nach 1110 errichtet worden sind. Darüber hinaus sind bei Grabungen in unmittelbarer Nähe des Wohnturmes Bauspolien gefunden worden, die sich heute im Historischen Museum der Pfalz in Speyer befinden: Säulchen mit Schaftringen, Pfeiler, Basen, Kapitelle, Türstürze mit Kerbschnitt-Ornamentik und eine Fenster-Sohlbank mit eingeritztem Mühle-Spielfeld. All diese Baureste sind gemäß ihrer Bearbeitung erst in die Zeit um 1100 zu datieren, d. h. sie müssen, da sie zweifellos dem Wohnturm zuzuordnen sind, einem späteren Ausbau dieses Turmes um oder bald nach 1100 zugeschrieben werden. Hierbei wurden die oberen Geschosse des Turmes wohnlicher gestaltet, die Außenmauern oben durch Arkaden geöffnet, so daß sich annähernd ein Eindruck ergab, wie ihn noch heute der Vierungs-Turm der St. Martins-Kirche von Niederkirchen bei Deidesheim vermittelt. Obenauf hat sich gewiß eine Wehrplattform mit Zinnen und Scharten befunden, ähnlich wie sie auch heute noch der Vierungs-Turm von Niederkirchen in Resten aufweisen kann.
Nach neueren Forschungen ist zu vermuten, daß die Turmburg durch Herzog Friedrich II. den Einäugigen von Schwaben während seines Heerzuges von Basel nach Mainz im Jahre 1116 im Auftrag Kaiser Heinrichs V. erobert worden ist. Die der Lehnshoheit der Äbte von Klingenmünster unterstehende Burg war damals vermutlich in Händen der Klostervögte, der Grafen von Saarbrücken. Der Umbau des Wohnturmes sowie die Errichtung von Tor, Ringmauer und Burggebäuden könnten dann etwa um 1116/1117 durchgeführt worden sein. In die gleiche Zeit dürften auch Funde gehören, die das Historische Museum der Pfalz in Speyer

Spätsalische Quadern am Kammertor

bewahrt: ein Bombentopf mit Pingsdorfer Bemalung (gelber Ton mit aufgemalten roten Zickzack-Streifen) sowie mehrere Gegenstände aus Bein, nämlich eine Flöte, ein Spielwürfel und Griffstücke.
Um den Burghügel der „Schlössel"-Turmburg zogen sich ein Graben und ein Wall in ähnlicher Weise, wie es uns die Darstellungen dreier Motten auf dem berühmten Teppich von Bayeux (nach 1066) wiedergeben.
Die „Schlössel"-Turmburg ist — wie schon bemerkt — deshalb baugeschichtlich so wichtig, weil wir in ihr eine rein salische Ruine vor uns haben, eine Burg zwar, die in zwei Bauepochen entstand, die aber in diesem salischen Zustande unverändert überkommen ist. Ein späterer Ausbau erfolgte nicht mehr, da die Turmburg bereits im 12. Jahrhundert — man nimmt an 1168 von Friedrich Barbarossa — als eine der vier Burgen der Saarbrücker Grafen durch Brand zerstört worden ist und dann nie wieder in fortifikatorische Nutzung genommen wurde.
Eine ähnliche Turmburg salischer Zeit hat auf dem Durlacher Turmberg bei Karlsruhe bestanden. Wie Ausgrabungen erwiesen haben, fanden sich neben dem heute noch stehenden Burgturm, einem Bergfried von 1279 ff. auch die Reste eines sehr großen Wohnturmes von 11,7 Metern Seitenlängen aus Kalksteinen. Um diesen Wohnturm zog sich ebenfalls in polygonal gebrochenem Grundriß eine Ringmauer aus Kalksteinen, deren Reste noch heute gut sichtbar sind.
Gleich eindrucksvolle Wehrbaureste salischer Zeit, wie wir sie in der Ruine des „Schlössel" bei Klingenmünster besitzen, sind uns in der Pfalz

Frühsalische Quadern am Abortschacht

sonst nicht erhalten. Auch Burganlagen, die nachweislich schon in salischer Zeit errichtet worden sind, haben entweder gar keine oder nur geringe salische Reste bewahrt. Vom Trifels des 11. Jahrhunderts sind salische Mauerreste durch den Pseudo-Palas von 1938 ff. zerstört, und lediglich ein Sattelstein mit Kerbschnitt-Ornamentik der Zeit um 1100 ist erhalten. Von der salischen Stammburg Limburg a. d. Haardt wurden nur (nicht mehr sichtbare) Ringmauerreste in länglich-ovalem Grundriß um den Klosterbezirk herum bei Grabungen angeschnitten. Auf der Salierburg Stauf bei Göllheim deutet nichts mehr auf einen Baubefund des 11. Jahrhunderts. Gleiches gilt wohl auch für die Madenburg über Eschbach, für das sogen. Hambacher Schloß (die mittelalterliche Kästenburg) und für das glattquadrige Mauerwerk und das wiederaufgerichtete Tor der Burg „Schloßeck" im Isenachtal. Dagegen ist ein Bau erhalten, der als Teil einer Burganlage spätsalische Bautechnik noch deutlich sichtbar bewahrt hat: die Burgkapelle der Ruine Winzingen oberhalb des Dorfes Haardt bei Neustadt a. d. Weinstraße (siehe unten Seite 30 ff.).

4 Steinenschloß

Burgruine bei Pirmasens

In etwa fünfzig Metern Höhe über dem Talgrund bei Biebermühle (Bahnhof Pirmasens-Nord) auf dem Schloßberg, einer Bergnase über dem Zusammenfluß von Rodalbe und Schwarzbach (Moosalbe) und damit die Täler nach Thaleischweiler und Waldfischbach beherrschend, liegen die eindrucksvollen Reste einer hochmittelalterlichen Burganlage, die im letzten Jahrzehnt durch einen emsigen Kreis von Heimatfreunden aus Pirmasens und Umgebung sachkundig freigelegt und saniert worden sind. Der Zugang vom Schwarzbachtal bei Thaleischweiler aus steigt auf ebenem Wege nicht sehr steil an und bringt den Besucher in etwa fünfzehn Minuten vor die Burg.
Die Bezeichnung „Steinenschloß" deutet an, daß auch hier (wie im Falle des „Schlössel" bei Klingenmünster und der Burg „Schloßeck" im Isenachtal) der ehemalige Name ebensowenig bekannt ist wie urkundliche Nachrichten, die mit Sicherheit mit dieser Burg in Verbindung gebracht wer-

den könnten. Lediglich Entstehung in salischer Zeit als südliche Grenzburg des Kaiserslauterner Reichslandes, etwa vor oder um 1100 durch Graf Emich I. von Leiningen wäre zu vermuten. Und nachgewiesene Brandzerstörung könnte daran denken lassen, daß diese Feste (wie auch das „Schlössel") zu den vier Burgen der Saarbrücker Grafen gehört haben könnte, die Friedrich I. Barbarossa 1168 zerstört hat.

Salische Entstehungszeit der Anlage wird evident durch kleinquadrige Mauerverbände, aus denen große Teile der Ringmauer, der Gebäude und des Turmes bestehen. Dennoch müssen — und dies im Gegensatz zum „Schlössel" — auch in staufischer Zeit noch, jedoch wohl vor 1168, Ausbesserungen und Verstärkungen ausgeführt worden sein, wie Mauerteile aus Buckelquadern mit Randschlag erweisen.

Der Grundriß der ganzen Anlage von etwa 46×70 Metern Abmessung ist typisch romanisch in seinem oval-gerundeten Ringmauerverlauf; nur an der Nordwestseite, der Angriffsseite zu, ist das Oval durch einen geraden, in der Mitte zur Seitenbestreichung einmal abgeknickten Mauerzug ersetzt. Im Südosten des Beringes ist das Tor eingefügt, das aus den nach innen abknickenden Enden der Ringmauer gebildet wird. Drei vor dem Eingang liegende große Steine mit Balkennuten deuten auf ein ehemals hölzernes Auflager vor dem Tor.

Das Innere der Anlage fällt annähernd in der Mitte von Nordwest nach Südost gestuft ab, wobei der nordwestliche Teil mit seinem felsigen Untergrund den südöstlichen Teil im Niveau erheblich überragt; dementsprechend hat auch die Ringmauer im Nordosten und Südwesten stärkeres Gefälle. Dennoch kann man hier nicht von einer Oberburg und einer Unterburg sprechen, da ja doch der höher gelegene wie auch der niedrigere Burgteil von ein und derselben Ringmauer umzogen werden. Zwei Aufgänge führen über geneigte Felsabarbeitungen mit Wasserrinnen vom niedrigeren auf den höher gelegenen Teil der Burg. Seitlich dieser Aufgänge sind eine rechteckige Zisterne und eine kleine, runde Hundetränke (?) aus dem Felsgrund ausgehauen. Gebäudereste annähernd rechteckigen Grundrisses finden sich sowohl im unteren als auch im höheren Burgteil hinter der Ringmauer angeordnet. Nahe der Nordostecke stand ein größerer Bau, wohl der Palas, mit drei größeren Räumen und einem der Hofseite vorgelegtem Gange. Dem mittleren Raum liegt nach außen ein rechteckiger Bau vor, der nur als Abortschacht (ähnlich dem am „Schlössel"-Wohnturm erhaltenen) gedeutet werden kann; von ihm aus flossen die Fäkalien unter einem noch gut erhaltenen Keilsteinbogen hinweg nach außen ab.

Ausflußöffnung am Abort des Wohnbaues

Der Hauptturm der Burg steht auf der höchsten Stelle der Anlage auf einem kreisrunden Hügel und zeigt — als Seltenheit im pfälzischen Bereich — runden Grundriß. Zudem sind die Abmessungen des Turmes (Durchmesser 13,5 Meter, lichte Weite 8,5 Meter bei 2,5 Meter Mauerstärke) so beträchtlich, daß er nicht als Bergfried, sondern als Wohnturm und damit als Gegenstück zum quadratischen Wohnturm des „Schlössel" bei Klingenmünster aufzufassen ist. Sein Mauerwerk besteht im Inneren aus kleinen Quadern salischer Art, am Äußeren finden sich im Aufgehenden jedoch auch Buckelquadern staufischer Technik, so daß nicht auszuschließen ist, daß der Turm noch vor 1168 eine nachträgliche Ummantelung erfahren hat.

Betrachtet man den Gesamtgrundriß der Anlage „Steinenschloß" mit seinem oval-gerundeten Ringmauerverlauf nebst einer Geraden an der Angriffsseite genauer, so drängt sich dem, der mit dem Burgenbau romanischer Zeit vertraut ist, der Vergleich mit mitteldeutschen, thüringischen und Burgen des Harzgebietes auf. Aus zwei Mauerringen, einem inneren und einem später als Verstärkung vorgelegten äußeren, besteht auch der runde Hauptturm der Neuenburg an der Unstrut (älterer Bergfried kaum vor 1100: Durchmesser 12 m, lichte Weite 7,2 m, Mauerstärke 2,4 m; verstärkter Bergfried vor 1150: Durchmesser 16 m, lichte Weite 7,2 m, Mauerstärke zusätzlich 2 m = 4,4 m). Von Wohnturm-Ausmaßen zeigt sich der durch Grabung erschlossene Rundturm der Burg Anhalt im Selketal/Harz (vor 1140, Durchmesser 18 m, Mauerstärke 3 m), der Bergfried der Burg Querfurt (Durchmesser 13,7 m, Mauerstärke 4,35 m), aber auch der der Rothenburg im Kyffhäuser (um 1100, Durchmesser 12 m, Mauerstärke 2,7 m), vor allem aber der Hauptturm der von Bischof Benno von Osnabrück für Heinrich IV. 1073 errichteten und bereits 1074 von den Sachsen zerstörten Burg Sachsenstein bei Bad Sachsa im Südharz (Durchmesser 13,5 m, Mauerstärke 2 m), denen sich andere wie der Rundturm von Todenman bei Rinteln (um 1100, Durchmesser ca. 20 m, Mauerstärke 2 m), Falkenburg im Kyffhäuser (nach 1100, Durchmesser 15 m, Mauerstärke 2 m), Frankfurt am Main (nach 1100, Durchmesser 21,8 m, Mauerstärke 6,2 m) sowie Hamburg-Speersort (11. Jahrhundert, Durchmesser 19 m, Mauerstärke 4 m) anschließen ließen. Gesamtgrundrisse, wie ihn das „Steinenschloß" bietet, finden wir im mitteldeutschen Bereich so zahlreich, daß es genügt, hier nur auf Anhalt, auf die Rothenburg im Kyffhäuser, auf Weißensee in Thüringen, auf die Unterburg Kyffhausen, auf die Homburg bei Holzminden und die Ebersburg im Südharz hinzuweisen. Toreingänge durch Zurückziehen der Ringmauerenden nach innen sind ebenfalls im mitteldeutschen Raum vertreten (Kyffhausen, Ober- und Unterburg; Ebersburg). Im ganzen betrachtet erscheint es offensichtlich, daß bei der Anlage des „Steinenschloß" sehr starke Einflüsse vom mitteldeutschen, sächsisch-thüringischen Raum hierher in den südwestdeutschen Bereich übertragen worden sind, ob durch einen Baumeister — wie beim „Schlössel" drängt sich hier der Name des Burgen- und Dom-Architekten Heinrichs IV., des Bischofs Benno von Osnabrück, auf — oder durch eine wandernde Baugilde, das sei dahingestellt. In salischer Zeit, unter Heinrich III. (Goslar) oder Heinrich IV. und Heinrich V. wären solche Beziehungen zwischen diesen beiden weit auseinanderliegenden Bereichen, dem thüringisch-sächsischen und dem pfälzischen, eben durch die machtvolle, verklammernde Politik der Salier nicht eben unverständlich. Ohne das Silber aus dem Rammelsberg bei Goslar wäre vermutlich weder am Speyerer Dom noch an der Klosterkirche Limburg ein Stein auf den anderen gesetzt worden.

5 Winzingen

Ruine bei Neustadt an der Weinstraße

Nordöstlich von Neustadt an der Weinstraße und schon auf der ersten Terrasse am Osthange des Haardt-Gebirgsrandes, von dem es den Namen übernommen hat, liegt das (in Neustadt eingemeindete) Winzerdorf Haardt, überragt von der Burgruine Winzingen, die wiederum nach einem etwas entfernter liegenden, schon 774 erwähnten Vorort Neustadts benannt ist.

Vom Dorfe Haardt aus führt ein Fahrweg von Norden her in wenigen Minuten auf den Burghügel, der nach Nord, Süd und Ost recht steil abfällt und nur nach Westen gegen die Angriffsseite ehemals durch einen Graben geschützt gewesen sein dürfte. Ein „alter Reitweg" führte von Süden her an die Anlage heran; beide Wege mündeten an der Nordostecke der Burg, deren Tor mit seinem Bereich an dieser Stelle der Vorburg durch den Bau einer großen Villa der Gründerzeit (1876), des sogenannten Haardter Schlössel (jetzt Burggaststätte) verändert und zerstört worden ist. Die Burg Winzingen, die vielleicht Friedrich II. der Einäugige von Schwaben, der Vater Friedrich Barbarossas (siehe auch die Seiten 20 und

34) begründet hat, war Reichslehen im Besitz des Bistums Speyer. Ein Rittergeschlecht, das sich als Afterlehensträger nach der Burg benannte, ist urkundlich erstmals 1146 mit Berthold von Winzingen bezeugt; damals also hat die Burg schon bestanden, deren eindrucksvoller Baurest, die wohl noch spätsalische oder frühstaufische Burgkapelle St. Nikolaus, die späteren Zerstörungen der Anlage leidlich gut — wenn auch als Ruine — überdauert hat. Dem Bruder Barbarossas, dem Pfalzgrafen Konrad von Hohenstaufen, scheint die Burg nach Bertholds Tod 1155 übertragen worden zu sein. Seitdem blieb sie bis zum Ende des 18. Jahrhunderts im Besitz der Pfalzgrafen bzw. der Kurfürsten von der Pfalz. Diese setzten ihrerseits dort Burgmannen ein, die sich noch im 14. Jahrhundert nach der Burg benannten.

Strategisch wichtig wurde die Anlage, die selbst erst 1248 erwähnt ist, im Zusammenhang mit der Gründung von Neustadt durch die Pfalzgrafen auf dem ihnen seit Mitte des 12. Jahrhunderts gehörenden Territorium. Wie die Wolfsburg (siehe unten Seite 101 ff.) im Westen von Neustadt, so hatte auch die Burg Winzingen im Nordosten die Aufgabe, die pfalzgräfliche Gründung, die 1275 Stadtrechte erhielt, militärisch abzuschirmen. 1248 war Graf Emich IV. von Leiningen Burgmann auf der Feste der Pfalzgrafen. Ludwig der Bayer gab die Burg 1324 seinem Kanzler Hermann von Lichtenberg, der die offenbar schon desolate „Burge Winzingen, die manich Jar zerfallen und öde gestanden war, um sin eigen Gelt wieder zu buwen" gezwungen war. Bei der pfälzischen Teilung von Pavia 1329 gelangte die Anlage wieder in die Hand der pfalzgräflichen Erben Ludwigs des Bayern. 1350 setzte Pfalzgraf Rudolf II., Lehnsherr seit der Teilung von 1338, Graf Emich V. von Leiningen zum Burgmann auf Winzingen und Wolfsburg ein. Im Jahre 1482 ist der spätere Kurfürst Friedrich II. der Weise auf Burg Winzingen geboren worden, wohin sich seine Mutter der in Heidelberg wütenden Pest wegen begeben hatte. Pfandinhaber waren seit 1545 die von Rosenberg, seit 1562 die von Flörsheim. Im Bauernkrieg 1525 wurde die Feste vom Gleisweilerer Bauernhaufen zweimal gestürmt und geplündert. 1576 erbte Pfalzgraf Johann Casimir mit dem Oberamt Neustadt auch die Burgen Winzingen, Wolfsburg und Elmstein. In Neustadt gründete er das sogenannte Casimirianum, dessen Gebäude noch heute steht, als reformierte Hochschule im Gegensatz zur protestantischen Heidelberger Universität. 1578 unternahm Johann Casimir einen Kriegszug zur Unterstützung der französischen Protestanten. Ein zeitgenössisches Aquarell, das den Aufbruch des Kriegsvolks zeigt, bewahrt das Historische Museum der Pfalz zu Speyer;

die Darstellung gibt einen anschaulichen Eindruck vom Zustand der Burg Winzingen im letzten Viertel des 16. Jahrhunderts. Damals war die Anlage offenbar in gutem Stande, wenn auch — vielleicht als Folge einer Wiederherstellung — die Obergeschosse eines großen Wohnbaues, einer der beiden das Tor flankierenden Türme und ein Gußerker über dem Tor nicht aus Mauerwerk, sondern aus Fachwerk aufgesetzt waren.
Nach Pfalzgraf Johann Casimirs Tode im Jahre 1592 fiel mit dem „Fürstentum Lautern" auch Burg Winzingen an Kurpfalz zurück. Sie blieb bis zum Ende des 17. Jahrhunderts bewohnt. Erst 1696, als im Pfälzischen Erbfolgekrieg (1688—1697) französische Truppen die Burg besetzt hatten, erfolgte die Zerstörung der Feste durch deutsche Beschießung. Aus jenem Jahre sind auf dem Nollenkopf über Neustadt noch die Reste einer französischen Schanze mit einer Felsinschrift des Kommandanten zu sehen (siehe unten S. 273). Und in der Bibliothèque Nationale in Paris befindet sich unter den „Nouvelles acquisitions françaises" auch ein Grundriß der Burg Winzingen mit der Einzeichnung von Gebäuden und Bauteilen, die heute nicht mehr erhalten sind. Teilweise Wiederherstellung nach 1700 gestattete es, die Burg noch als Sommersitz zu nutzen. Die Vogtei aber wurde in das Dorf Haardt verlegt. Seit 1728 verfiel die Anlage immer mehr. Ende des 18. Jahrhunderts kam das Areal in Privatbesitz, wurde zur Gartenanlage ausgestaltet, der Palasrest zur Kelter-

Apsis der spätsalischen Burgkapelle

halle umgebaut und schließlich durch Errichtung des „Schlössel" 1876 der Rittersitz wieder bewohnbar und nutzbar gemacht. In neuerer Zeit diente die gründerzeitliche, stattliche Villa als Kaufmannserholungsheim, und letztlich zog dort eine Hotel-Gaststätte ein.

Die Burganlage überragt, wie schon erwähnt, auf einem dem Haardtrand vorliegenden, mit Weingärten besetzten Hügel, einem südlichen Ausläufer des Hochholzes, Neustadt und das Dorf Haardt, das sich um die Nord-, Ost- und Südseite des Burgberges herumzieht und vor allem von der Südseite aus malerische Ausblicke auf die Ruine gestattet. Noch immer mächtig erscheint dort die hohe Ringmauer der Südseite mit den gewaltigen Strebepfeilern, die sie abstützen, während in dem baumbestandenen und üppig begrünten Areal das Kelterhaus mit seiner Balustergalerie und der mit Glycinien berankte Kapellenbau mit seinem noch hoch erhaltenen, gelb leuchtenden Mauerwerk nebst der durch Rundbogenblenden gegliederten Apsis einen wirkungsvollen Kontrast dazu abgeben.

Wir haben oben schon den Weg zur Burg beschrieben. Der Fahrweg endet neben dem schloßartigen, pittoresken Villenbau, dem „Haardter Schlössel" von 1876, wo ehemals das Tor gelegen haben muß, dem auf dem Pariser Plan von 1696 noch eine kleine dreieckige barocke Bastion vorgelegen hat. Auch die westlich anschließenden, gewinkelten Mauerzüge scheinen dem 17. Jahrhundert anzugehören.

Hat man den Burgeingang durchschritten und linker Hand das „Schlössel" passiert, dann steht man in der „Vorburg", die wohl erst in barocke Zeit zu datieren ist, denn das Aquarell von 1578 zeigt sie noch nicht. Allenfalls der Mauerturm an der Nordostseite, der 1893 mit einem runden Gartenpavillon überbaut wurde, könnte noch spätmittelalterlich sein. Rechter Hand liegt nun vor dem Besucher die romanische Burganlage, die sich noch heute im gerundet-polygonal gebrochenen Gesamtgrundriß des 12. und 13. Jahrhunderts erkennen läßt. Dem genauen Betrachter wird jedoch deutlich, daß es sich hier um die Zusammensetzung, um das Verschmelzen zweier eiförmiger Burggrundrisse verschiedener Bauzeiten handeln muß. Der ältere ist vermutlich der östliche Teil der Gesamtanlage, der in der Literatur irrig als „Zwinger" bezeichnete östliche Hof mit seiner nordöstlichen Ringmauer und wohl auch mit deren Fortsetzung, der nordwestlichen inneren Hofmauer, die nur in gotischer Zeit überbaut worden ist. Vor allem gehört dazu die im Zuge der (älteren) Ringmauer stehende Burgkapelle an der Südseite. Das Baumaterial dieser älteren Teile besteht aus kleineren Quadern, an den

Ecken aus größeren Quadern mit Saumschlägen. Die Bautechnik ist hier also ähnlich wie die des „Schlössel" bei Klingenmünster (siehe oben S. 19). Zu dieser älteren Anlage, vermutlich der Burg des Berthold von Winzingen aus der 1. Hälfte des 12. Jahrhunderts, gehörten auch die Wohnbauten an der nordöstlichen Ringmauer, die uns der französische Plan von 1696 überliefert.

Diese ältere Anlage ist wohl in der 2. Hälfte oder gegen Ende des 12. Jahrhunderts vergrößert worden. Man legte nämlich eine stärkere, fast drei Meter breite Ringmauer — wiederum in oval-polygonal gebrochenem Grundriß — der Nord-, West- und Südseite der älteren Burg halbmondförmig vor, so daß ein zweiter, westlicher Komplex mit eigenem Hof entstand. Nach Süden und Westen stützen diese jüngere und stärkere Ringmauer die schon genannten mächtigen Strebepfeiler. Das Baumaterial besteht aus unregelmäßigem Quaderwerk. An der Südseite wurde in die ältere Anlage hinein ein Wohnbau bzw. der Palas vorgeschoben und verkantet gegen die ältere Kapelle gesetzt, die mit einem Zwickeljoch wohl vorher schon auf die ältere Ringmauerführung oder einen Vorgänger-Palas ausgerichtet gewesen ist. Das Innere des jüngeren Palas, dessen Südwand die Ringmauer ersetzt, ist — so zeigt es der Pariser Plan von 1696 — im Erdgeschoß in drei annähernd quadratische Räume aufgeteilt gewesen. Erhalten ist vom Palas lediglich der tonnengewölbte Keller in ganzer Länge. Über diesem Keller wurde in der zweiten Hälfte des 19. Jahrhunderts ein Kelterhaus in neoromanischen Formen errichtet, das oben mit einer Terrasse hinter Balustergeländer abschließt.

Ein Eingang an der Nordostseite, der ehemals — wie das Aquarell von 1578 erkennen läßt — von einem turmflankierten Torbau mit Gußerker über dem Portal gedeckt wurde, gewährte Zutritt zum westlichen, dem jüngeren Teil der romanischen Burganlage, der mit Weinkellern und gewölbten Gängen verbaut ist; darüber ist das Gelände gärtnerisch gestaltet. Unten fanden sich Reste einer mittelalterlichen Wasserleitung, die auch auf dem Pariser Plan von 1696 als „aqueduc" eingezeichnet ist. Nach Südost gelangt man durch ein spätgotisches Spitzbogentor im Zuge der (älteren) Ringmauer, über dem zwei Reliefs mit den Wappen des Kurfürsten Ludwig VI. und seiner Gemahlin Elisabeth von Hessen sowie der Jahreszahl 1578 eingefügt sind, in den östlichen, älteren Hof. Von den ehemaligen Gebäuden an der Nordostseite ist nichts mehr erhalten, dagegen ist die an der Südseite gelegene Ruine der St.-Nikolaus-Kapelle einer der eindrucksvollsten Bauteile der Burg und ein Beispiel auch für das Nachwirken des Speyerer Dombaues im Laufe des 12. Jahrhunderts.

Inneres der Burgkapelle nach Osten

Der rechteckige, einschiffige Kapellenbau besteht aus zwei ehemals kreuzgratgewölbten Jochen, einem fast quadratischen mit eingezogener Apsis nach Osten und einem queroblongen nach Westen, wo ein schmaler, dreieckiger Raumkeil den Zwischenraum zwischen dem Westjoch und dem verkantet anstoßenden Palas ausgleicht. Süd-, Ost- und Westseite der Kapelle stehen noch hoch an, der größte Teil der Nordseite jedoch ist nebst den Gewölben und dem Dache eingestürzt. Die Kreuzgratgewölbe waren rundbogig. Sie lagen auf runden Schildbögen an den Seitenwänden auf und wurden durch runde Gurtbögen rechteckigen Querschnittes getragen, die sich quer über den Raum zwischen die rechteckigen Wandpfeiler spannten. Die Apsis deckt eine Halbkuppel; hier fanden sich auch Reste alter Wandmalereien. An der Südwand des Westjoches zeigt die Anordnung von oberem Schildbogen und darunterliegendem unteren Blendbogen, daß der Raum zweigeschossig gewesen sein muß: Hier war eine Empore eingebaut, eine der bei mittelalterlichen Burg- und Palastkapellen häufigen Herrschaftsemporen, die meist vom Palas-Obergeschoß aus zugänglich waren (Nürnberg, Wimpfen). Hier nun gewährt eine schmale Stiege im Mauerwerk der Südwand Zugang vom Erdgeschoß zur Empore und von dort ehemals wohl auch in den Palas, ein ähnlicher Baubefund, wie wir ihn auch auf dem Trifels finden können; dort führen zwei Treppen in der Westmauer des Kapellenturmes von den unteren Wacht-Räumen hinauf in den Vorraum der Kapelle; hier wie dort ist normannische Baugewohnheit vorauszusetzen. Das Portal zur Treppe ist spitzbogig, ebenso wie auch die drei kleinen Lichtschlitze im Treppenlauf.

Die Fenster der Kapelle, die ja im Zuge der Ringmauer liegt und damit direktem Angriff ausgesetzt war, sind deshalb sehr schmal und mit schrägen Gewänden ausgestattet; sie sind rundbogig gedeckt. Das Fenster der Südwand des Ostjochs ist nachträglich nach unten erweitert worden, um dem Raum unter der Empore mehr Licht zu geben; dafür wurde der obere Teil des Fensters zum Rundfenster (Oculus) umgestaltet. Das Fenster der Apsis wurde nachträglich vergrößert, der Ausgang aus der Apsis nach Osten auf eine Terrasse erst neuzeitlich eingebrochen. Die alten Eingänge der Kapelle lagen an der Hofseite und an der Westseite zum Palas.

Das verwendete Baumaterial, kleinere und größere Quadern aus Sandstein mit glattgeschlagenen Flächen, deutet — darauf wurde schon verwiesen — noch auf spätsalische oder frühstaufische Entstehung in Nachfolge des Speyerer Dombaues. Ist es zum Beispiel im Speyerer Judenbad die Bauornamentik des südlichen Domquerhauses, so hier auf Winzingen die Außengliederung der Apsis, die eventuell auf Speyerer Werkleute schließen lassen könnte, die nach Abschluß des Dombaues, etwa zwischen 1110 und 1120 sowie in den folgenden Jahren, hier wie dort für andere Bauunternehmen abgestellt wurden. Abhängigkeit vom Speyerer Dom — wenn auch in einfacheren Formen — zeigt sich in den fünf hohen rundbogigen Blendarkaden außen an der Apsis, deren Bogen auf Halbsäulen mit Würfelkapitellen gesetzt sind. Über den Bogen lief ein Gesims um. Sonst ist das Äußere der Kapelle schmucklos geblieben, sieht man von der Südseite ab, die durch die Fenster belebt wird.

Am Quaderwerk der Kapelle ranken Glycinien, über ihre Außenfläche huschen Eidechsen. Man nutze einen schönen, sonnigen Tag, um sich in der Burg zu ergehen und von hier aus weit in die Rheinebene zu schauen, wo bei klarem Wetter der Blick bis Heidelberg reicht.

Die Zeit der Staufer

Von Herzog Friedrich II. dem Einäugigen von Schwaben, dem Vater Friedrich Barbarossas, berichtet der Historiograph Otto von Freising, er habe am Schweife seines Rosses immer eine Burg nach sich gezogen. Tatsächlich aber sind wir nicht in der Lage, bestimmte Burganlagen der Pfalz mit ihm in Verbindung zu bringen, es sei denn den Ausbau der „Schlössel"-Turmburg bei Klingenmünster im Jahre 1116/1117, aber auch dies ist nur Vermutung, nicht bewiesen. Und die Burgkapelle von Winzingen bei Neustadt/Weinstraße ist nur ein Teil einer etwa ab 1100 bis 1120 schon bestehenden Anlage.

Dennoch hat sich in jener Zeit der 1. Hälfte des 12. Jahrhunderts, aus der gesichert zu Datierendes kaum überkommen ist, der staufische Burgenbau solcherart entwickelt, daß er in der 2. Hälfte, noch mehr gegen Ende des 12. Jahrhunderts in seinen charakteristischen Formen bereits voll ausgebildet vorliegt.

Wenn bisher von salischen und nunmehr von staufischen Burgen die Rede war, so ist damit natürlich zunächst eine zeitliche Unterscheidung gemeint gewesen, ohne daß doch gleichzeitig auch eine Zuordnung der Anlagen zu diesen beiden Herrscherhäusern hätte behauptet werden sollen. Zwar galt im 11. Jahrhundert das Befestigungsrecht noch als Vorrecht des Königs und dies blieb es auch weiterhin, so daß keine Burg ohne Konsens der Salier und später der Staufer errichtet werden konnte. Aber das Regal — ursprünglich nur an die königlichen Gaugrafen delegiert, dann den Herzögen und großen Dynasten zugestanden — geht im Laufe der Zeit an Edelfreie, schließlich an die Ministerialen, an den niederen Adel über, der zu einer der Hauptstützen der Staufer im 13. Jahrhundert erwuchs. Diese an sich vielschichtige Entwicklung sei hier nur soweit in kurzen Worten angedeutet.

Wichtiger ist, wie schon bemerkt, die bauliche und bautechnische Entwicklung vom 11. zum 12. Jahrhundert. Waren die Fluchtburgen des Frühmittelalters noch in großem ovalen Umfang gebildet, den sie — nur in Stein umgesetzt — von den prähistorischen Wallburgen übernommen hatten, so sind die Burgen der Salierzeit kleinräumiger, aber immer noch in ovalem Grundriß errichtet, dem sich — das beweisen Beispiele in Mitteldeutschland — auch rechteckige Grundrißformen zugesellen können. Wie z. B. die salischen Anlagen des Trifels und der Madenburg in Grundriß und Aufbau ausgesehen haben, können wir mit Sicherheit nicht mehr feststellen, es sei denn, wir rekonstruieren sie mit Hilfe und Vergleich mitteldeutscher Beispiele. Erhalten ist ja im „Schlössel" der Typ der Turmhügelburg als nur einer der Bauformen salischer Burgenarchitektur. Dieser Typ zeigt den Turm noch als Wohnturm, als turmartigen Wohnbau für eine größere Menge Bewohner, zunächst freistehend auf einem (künstlichen) Hügel, von Graben und Wall mit Palisaden umzogen, dann freistehend in einem von Ringmauer und Gebäuden umgebenen Hof.

Der staufische Wehrbau basiert zwar auf dem der salischen Zeit, entwickelt sich jedoch bald merklich fort.

Die Burganlagen staufischer Zeit in der Pfalz sind — soweit es sich nicht um Niederburgen, also Wasserburgen, wie z. B. die Pfalz (Kaisers-)Lautern handelt — häufig auf Bergkuppen angelegt, die als Ausläufer eines Gebirgszuges in ein Tal oder in eine Ebene vorstoßen. Dadurch ergibt sich für die Burg eine Art Hanglage, die allein schon wegen eines nicht allzu unbequemen Zuganges und der Möglichkeit schneller Ausfälle wegen offenbar bevorzugt wurde. Sie gestattete Übersicht und Beherrschung der Talwege, hatte jedoch auch zur Folge, daß die Anlage vom überhöhten Hauptbergzuge her angreifbar war. Um der Bedrohung von dorther, von der sogen. Angriffsseite her, zu begegnen, ist in der Regel ein tiefer und breiter Graben, der sogen. Halsgraben, aus dem anstehenden Gestein ausgehauen worden, ein Hindernis, das in staufischer Zeit noch hinreichend Schutz bedeutete und Belagerungsmaschinen am Heranrollen an die Ringmauern zu hindern imstande war. Das aus dem Graben gewonnene Gestein konnte zugleich als Baumaterial für die Burg genutzt werden. Die aus dem Fels ausgeschroteten Halsgräben boten bei seitlicher Abgrenzung gegen die Hänge auch die Möglichkeit, mit Regenwasser gefüllt zu werden und damit sowohl als Zisterne als auch als Wassergraben an der Angriffsseite zu dienen (Altdahn, Wasigenstein, Altleiningen).

Romanische Burganlagen — und dies gilt nun auch für die Burgen der Stauferzeit in der Pfalz — sind in der Regel in oval-polygonal gebrochenem oder rechteckigem Grundriß angelegt; nur beim Typ der Felsenburg, also der auf einem oder teilweise im Fels gebauten Anlage, richtet sich der Grundriß auch nach den örtlichen Gegebenheiten der betreffenden Felsformationen, ohne doch dabei das gerundet-polygonale oder rechteckige Grundrißschema ganz außer acht zu lassen.

Vorgelegte, niedrigere Zwingermauern (um ein Heranrollen von Belagerungsmaschinen an die Ringmauern der Hauptburg zu verhindern) sowie

Mauerflankierung durch in die Ringmauern gesetzte kleine Türme gibt es bis etwa zur Mitte des 13. Jahrhunderts zunächst noch nicht. Die Wohn- und Wirtschaftsgebäude der staufischen Burg sind gewöhnlich um den Hof gruppiert und an die Ringmauer (ohne Mauerverband) angelehnt oder in den Ringmauerzug hineingebaut, wobei die Wehrgänge an der Außenseite der Gebäude hindurchliefen. Die Tore liegen, des günstigen Zuganges wegen, wenn auch dadurch mehr gefährdet, an oder nahe der Angriffsseite. Zuweilen ist bei stauferzeitlichen Anlagen über dem Tordurchgang die Burgkapelle eingebaut, um — symbolisch wenigstens! — Ein- und Ausgang in göttlichen Schutz zu stellen (Trifels). An der Angriffsseite wird die Ringmauer in der Regel verstärkt und erhöht, um — als sogen. Mantelmauer, Hoher Mantel oder Schildmauer — die dahinterliegenden Gebäude und den Burghof vor anfliegenden Geschossen besser zu schützen. Die Burggebäude, jedenfalls die Wohnbauten, sind zumeist dreigeschossig und öffnen sich zur Außenseite hin in den Untergeschossen nur mit schmalen Schießscharten, erst im oberen Geschoß mit größeren Fenstern. Aborterker sind auf die verschiedenen Geschosse verteilt. Sie kragen an der Außenseite der Gebäude vor und sind naturgemäß so angeordnet, daß sie die eigene Burgbesatzung nicht belästigen, d. h. daß die Fäkalien nicht vor Fenstern oder an Stellen niedergehen, wo vorbeigegangen werden muß.

Im Laufe des 12. Jahrhunderts bildet sich ein neuer Turmtyp heraus, der im folgenden bestimmend und charakteristisch für den deutschen Burgenbau bleiben soll, der Bergfried. Diese Turmform ist zwar zunächst noch in den Abmessungen (Seitenlängen oder Durchmesser) recht umfänglich, dennoch von größerer Mauerstärke und deshalb auch höher als der Wohnturm, denn beherrschendes Motiv wird größtmögliche Turmhöhe. Größere Mauerstärke aber bedingte geringere lichte Weite und damit kleineren Innenraum, so daß Bergfriede zu permanentem Bewohnen nur noch im Notfall geeignet waren. Der Bergfried — gleichviel ob rund, rechteckig, quadratisch oder polygonal — war letzter Zufluchtsort der Burgbesatzung im Falle der Eroberung der Burganlage. Sein Eingang (meist mit Plattform, zu der eine Leiter emporführte), lag gewöhnlich im ersten Obergeschoß über einem, nur von dort aus zugänglichen Untergeschoß, das Vorratsraum oder auch Verlies sein konnte. Die Obergeschosse, mit Kamin und Abort ausgestattet, waren für gewöhnlich nur Wohnräume eines Türmers, entsprechend der Funktion des Bergfrieds, als höchster Bauteil der Burganlage (Höhe in etwa 25 bis 30 Meter) auch als Auslug zu dienen.

Auch in staufischer Zeit steht der Hauptturm der Burg, also nunmehr der Bergfried, zumeist noch frei im Hof der Burganlage, in kurzem Abstande hinter der Ringmauer oder er ist, wenn er schon direkt an der Ringmauer steht, durch eine Fuge von dieser getrennt: fortifikatorische Vorsicht, um bei Zerstörung des einen Bauteils nicht auch den anderen miteinstürzen zu lassen. Gleiche Vorsorge galt auch den Burggebäuden, die zunächst noch an die Ringmauer angeschoben, jedoch aus den genannten Gründen ohne Mauerwerksverzahnung angesetzt sind. Steht der Bergfried an einer Seite der Burganlage, dann hatte er zumeist als dritte Funktion (außer als Auslug und als letzte Zuflucht zu dienen) auch noch die Aufgabe, die Burggebäude gegen anfliegende Geschosse zu decken, d. h. er steht dann gewöhnlich an der Angriffsseite, von der aus ein gegnerischer Ansturm am ehesten möglich war. Dieser Richtung war meist eine Kante des Bergfrieds zugewendet, um aufprallende Geschosse, Schleuderkugeln o. ä. seitlich abzulenken, abgleiten zu lassen und ihnen dadurch ihre Wirkung zu nehmen. Dies gilt für quadratische Bergfriede ebenso wie für polygonale. Der runde Bergfried — sonst überall gebräuchlich — ist in der Pfalz nur selten verwendet worden.

Auch die Bautechnik ist im Laufe des 12. Jahrhunderts weitgehender Wandlung unterworfen worden. Die klein- und großquadrigen Mauerverbände der Salierzeit werden vom Buckelquader-Mauerwerk der Stauferzeit abgelöst, eine Entwicklung, die sich etwa in der Jahrhundertmitte an verschiedenen Stellen des deutschen Bereichs gleichzeitig durchzusetzen beginnt. Buckelquadern wurden nur am Außenmauerwerk verwendet und auch dort nur an bevorzugten Stellen, so z. B. an der Angriffsseite; anprallende Geschosse beschädigten dann nur die vorstehenden Bossen der Quadern, nicht deren eigentlichen Kern im Mauerverband. Ansonsten verwendet man kleinere und größere, aber immer sehr sauber und glatt bearbeitete Quadern (ohne Saumschläge). Natürlich sind die Quadern auch dort nicht mit Buckeln und Randschlägen versehen, wo sie der eigenen Nutzung der Burg hinderlich sein konnten, also im Inneren der Türme und Gebäude, an den Innenseiten der Ringmauern, neben Treppen, an den Tordurchgängen und außen z. B. auch dort, wo die aufgezogenen Zugbrücken gegen das Tor anschlagen usw.

Der ursprünglich wohl rein technische Sinn der Buckelung, bei der Herstellung von Quadern Arbeit zu sparen, indem man die Quaderaußenfläche roh beließ und nur einen Saumschlag anbrachte, um die Quader an Schnur und Lot rücken zu können, gedieh in der 2. Hälfte des 12. Jahrhunderts, vor allem bei aufwendigeren Burganlagen wie z. B. bei Reichsburgen, zu einer Art Manier. Darüber hinaus verlieh die Buckelung des Baumaterials den Mauerflächen eine gewisse rustikal-dräuende Wirkung und hatte damit, psychologisch gesehen, auch eine gewisse bedrohliche, abschreckende, also fast apotropäische (Böses abwehrende) Bedeutung, deren man sich offensichtlich gern bediente. Gegen Ende des 12. Jahrhunderts bereits artete diese ursprünglich technisch-ökonomisch motivierte Steinbearbeitung zur „Mode" aus, indem nunmehr die Buckel der Quadern wie eine Art Kissen mit Randschlag, fast manieriert sauber bearbeitet, verwendet wurden, jedenfalls soweit die Bauzeit und die zur Verfügung stehenden Mittel es zuließen. Burg- und Turmmauern staufischer Zeit sind deshalb besonders eindrucksvoll. Die ungleich hohen Quaderschichten laufen exakt durch. Die Saumschläge folgen den Kanten, Winkeln und Sockelschrägen und umlaufen sogar die quadratischen Rüstlöcher der Riegel des fliegenden Baugerüsts. Löcher in den seitlichen Quaderflächen sind Zeugnis für den mittelalterlichen Baubetrieb, bei dem die Quadern mittels großer Zangen, die seitlich in den Stein eingriffen, auf das Baugerüst gehoben wurden. Steinmetzzeichen auf den Sichtflächen der Quadern deuten auf bestimmte Werkleute oder Werkgruppen (wandernde Bauhütten), die zum Bauvorhaben unter Umständen von weit her herangezogen worden sind. Zum Burgenbau verpflichtete man auch Dombauhütten oder städtische Werkleute. Daß auch Laienbrüder der Mönchsorden zu profanen Bauaufgaben eingesetzt wurden, beweisen die Verbote solcher Tätigkeit durch die Ordensoberen (z. B. bei den Zisterziensern 1157).

6 Kaiserslautern, Pfalz

Kaiserpfalz Lautern

Der Aufenthalt eines römischen Kaisers und deutschen Königs im Mittelalter war an einen festen Sitz nicht gebunden; die Herrscher reisten im Reichsgebiet umher, um bald hier, bald dort in Königshöfen, Kaiserpfalzen, Reichsburgen gegenwärtig zu sein und dort Verwaltungsaufgaben zu überwachen, Recht zu sprechen und Urkunden auszustellen. Die Itinerare (chronologische Aufzeichnungen der besuchten Orte) unserer mittelalterlichen Herrscher legen beredtes Zeugnis ab von der Mobilität der deutschen Könige und ihrer Kanzleien, die bald in Nymwegen, bald in Italien Hof hielten und an den entferntesten Orten Entscheidungen trafen, die irgendwo an ganz anderer Stelle des Reichsgebietes Gültigkeit haben sollten. Solche Agilität erscheint uns heute erstaunlich im Hinblick auf eine Zeit, in der als Beförderungsmittel zu Lande nur das Pferd oder der ungeschlachte vierrädrige Reisewagen zur Verfügung stan-

Kapellen-Ummantelung. Buckelquaderwerk und Dossierung der Südseite

den. So finden wir zum Beispiel die Staufer bald am Kyffhäuser, bald in Unteritalien, im Vogtland ebenso wie in der Pfalz oder im Elsaß. Ein bevorzugter Ort staufischer Präsenz im pfälzischen Bereich war Lutra (= Kaiserslautern), wo Grabungen der 30er Jahre unseres Jahrhunderts schon Relikte karolingischer und salischer Zeit erwiesen haben. Über die Bautätigkeit in der Stauferzeit sind wir durch den Mönch Rahewin gut unterrichtet, der als Schüler des Historiographen Bischof Otto von Freising die Chronik „De gestis Frederici imperatoris" fortsetzte. Von ihm erfahren wir, daß Friedrich I. Barbarossa Ende April 1158 zwei Tage in Sinzig an der Ahr weilte, dann ins obere Wangionenland („ad superiores Vangionum partes"; „civitas Vangionum" = Worms) in sein königliches Haus („in domum regalem") aufbrach, um dort Reichs- und Familienangelegenheiten zu regeln. Der Chronist berichtet dazu: „In Lutra hat er aus roten Steinen ein königliches Haus erbaut und mit nicht geringer Pracht ausgestattet. Auf der einen Seite hat er es mit einer sehr starken Mauer umgeben, die andere Seite bespült ein (einem See ähnlicher) Fischweiher, der jede ergötzliche Art von Fischen und Geflügel enthält

zur Weide der Augen und des Gaumens. Auch stößt daran ein Park, der eine Masse von Hirschen und Rehen hegt. Die königliche Pracht aller dieser Dinge und ihre reiche Menge, die größer ist als man sie schildern könnte, erweckt das Staunen der Beschauenden."
Die Bautätigkeit unter Friedrich Barbarossa ist also für die 50er Jahre des 12. Jahrhunderts (wohl etwa 1152 bis 1158) hier in Lautern erwiesen. Sie schließt sich eng an den Neubau der Pfalz Hagenau an, der dort (neben älteren Bauten von etwa 1030 und 1130) in den Jahren 1152 bis 1155 von Friedrich I. durchgeführt worden ist und der damals bereits auch durch eine Palastkapelle in Verbindung mit einem Tresorraum auf die dort zu deponierenden Reichskleinodien (sie lagen dort auch von 1153 bis 1208) konzipiert wurde (vergleiche dazu S. 73 ff.). Die Pfalzanlage von Kaiserslautern wird 1172 als „apud Luthram castrum domini imperatoris" erwähnt. In der von ihm errichteten Pfalz weilte Barbarossa auch 1184, sein Sohn Heinrich VI. 1193 und 1195, Friedrich II. 1214, 1215 und 1217; dessen Sohn Heinrich (VII.) hielt hier 1234 einen Hoftag ab.
Das Geschlecht der Ritter von Lautern („milites de Lutra") ist mehrfach genannt, so 1183/1184 „Heinricus de Lutra marcalcus", 1195 „Heinricus pincerna" (pincerna = Mundschenk) und sein Bruder Reinhard, letzterer auch 1214/1215 als Reichsschultheiß und 1217 mit seinen drei Söhnen Reinhard, Siegfried und Peter. Von diesen milites de Lutra scheinen die Hohenecker abzustammen (vergleiche dazu S. 71).
Die Palastkapelle des aufwendigen Pfalzkomplexes ist offensichtlich eine Doppelkapelle gewesen, denn 1215 werden „duas capellas in castro nostro unam superius et aliam inferius" erwähnt. Der Bautyp der „Doppelkapelle" begegnet uns hier wenigstens urkundlich in seiner für die Stauferzeit ausgeprägten Form, wenngleich er uns als Bau hier nicht mehr erhalten ist (es existiert von ihr lediglich eine Zeichnung von Johannes Ruland im Historischen Museum der Pfalz, etwa gegen 1800). Doppelkapellen waren in der Regel Palastkapellen. Sie bestanden aus zwei übereinanderliegenden Räumen, die durch eine kommunizierende größere Mittelöffnung (im Boden der oberen bzw. in der Decke der unteren) miteinander verbunden gewesen sind. Auf seinem Sitz im westlichen Teil des Obergeschosses konnte der Burgherr (der König, ein Bischof, Herzog, Graf, Ritter) dem Gottesdienst folgen, der am Altar im Osten des Untergeschosses zelebriert wurde, wo die Dienstmannen, Knechte usw. versammelt waren. Dieserart Kapellentyp — oft waren es Zentralbauten — ging zurück auf SS. Sergios und Bacchos in Konstantinopel (Palastkapelle des byzantinischen Kaisers im 6. Jahrhundert) und läßt sich

über San Vitale in Ravenna (Palastkapelle des byzantinischen Exarchen im 6. Jahrhundert), Aachen (Palastkapelle Karls des Großen 8./9. Jahrhundert) bis St. Godehard in Mainz (erzbischöfliche Palastkapelle des 1. Drittels des 12. Jahrhunderts) und St. Emmeram und Katharina in Speyer (bischöfliche Palastkapelle, um 1100) weiterverfolgen. In staufischer Zeit werden solche Doppelkapellen mehrfach errichtet, so in Hagenau/Elsaß (1152/1153), Nürnberg (1170—1180), Lohra in Sachsen (1175), Landsberg bei Halle (1180—1190), Eger (1180—1225) und Neuenburg an der Unstrut (Umbau zur Doppelkapelle nach 1190). Im Rahmen dieser — bis auf Hagenau — noch erhaltenen staufischen Doppelkapellen dürfte auch die von (Kaisers-)Lautern zu denken sein; ihre Bauzeit wäre etwa um 1160 oder etwas später anzusetzen, jedenfalls vor 1215. In diesem Jahr (oder vielleicht erst 1227 ff.) wurde die Doppelkapelle rechteckig mit einer hohen Mantelmauer umgeben und mit einem Saal überbaut. Hier wohl fand im Jahre 1269 die Hochzeit König Richards von Cornwall mit Beatrix von Falkenstein statt.

Der salisch-staufische Pfalzkomplex behielt also auch nach dem Ende der Stauferzeit Bedeutung. 1287 wird ein Burglehen genannt, 1305 werden als Burgmannen des Königs zu Lautern 13 Adlige erwähnt, unter diesen auch die Grafen von Zweibrücken.

Den 1086 „villa nomine Lutera" (also Dorf) und 1215 zum erstenmal „burgus" (Burgflecken) genannten Ort, dessen Bedeutung 1237 als „Lutra imperialis" unterstrichen wird, der 1253 als „opidum Lutrae" erscheint und der 1276 von Rudolf von Habsburg Speyerer Stadtrechte erhielt, verpfändete Ludwig der Bayer 1322 an Johann den Blinden von Böhmen, wobei erstmals die Bezeichnung „Kaiserslautern" („Keyserslutern") gewählt wird. Johann verpfändete die Stadt 1332 weiter an seinen Sohn Erzbischof Balduin von Trier. 1375 wird die Reichspfandschaft an Kurpfalz abgetreten, in deren Besitze sie fortan auch blieb (bis 1798). Bautätigkeit auf der Pfalz ist für 1367 zu vermuten, als Pfalzgraf Ruprecht I. von Karl IV. Zolleinnahmen zur „Erbauung der Reichs-Burgk" verwenden durfte.

Von größter Bedeutung wurden die baulichen Veränderungen, die der Pfalzgraf Johann Casimir (1583—1592) als Herr der Stadt und der Feste zwischen 1570 und 1578 im Burgbereich durchführen ließ, wobei „welsche Baumeister" (also wohl Italiener, darunter Rochus Graf zu Lynar) zunächst neue Vorwerke am Schloß errichteten, offensichtlich also Festungswerke der sogenannten Neuitalienischen Manier (= Festungsbauart), die in Italien in der 1. Hälfte des 16. Jahrhunderts

Casimirschloß. „Pfalzgrafensaal"

entstanden war. — Schloß und Stadt wurden 1619 zu Beginn des 30jährigen Krieges vom kurpfälzischen Ingenieuroberst Adam Stapf mit einem Bastionsring im Altniederländischen System (= Festungsbauart), das in den Niederlanden seit 1533 gebräuchlich war, umzogen. 1703 sprengten die Franzosen diese Werke und setzten das Schloß in Brand. Kurfürst Karl Ludwig ließ nach 1714 (Friede zu Rastatt) in den Überresten der Pfalz ein Jagdschloß entstehen, an dem um 1749 noch neben einheimischen Handwerkern auch fremde Steinhauer tätig waren. Bis zur Französischen Revolution diente das Schloß der Verwaltung des Oberamts Kaiserslautern als Sitz. 1776 waren Umbauten geplant, wie ein Gutachten des kurpfälzischen Hofbaumeisters Franz Wilhelm Rabaliatti erweist. Doch erst das 19. Jahrhundert brachte nach den Zerstörungen der Französischen Revolution weitergehende Eingriffe durch Anlage des Zentralgefängnisses 1820 bis 1823 an der Nordwestecke des Burghofes und einer Brauerei im südöstlichen Teil der Anlage; diese Einbauten des 19. Jahrhunderts sind 1936 wieder verschwunden.

Casimirschloß. Renaissanceportal von 1585 im „Pfalzgrafensaal" (Wappen: Flörsheim-Hauste von Ulmen)

Die noch erhaltenen Baureste, Ausgrabungen der 30er Jahre unseres Jahrhunderts sowie ältere Pläne und Ansichten vermögen noch ein ungefähres Bild der mittelalterlichen baulichen Situation zu vermitteln. Es empfiehlt sich zudem, den 1963—1968 im Nordteil des Pfalzareals errichteten modernen Rathausbau zu erklimmen und von der oberen Plattform des Hochhauses aus nach Süden auf das Ruinengelände zu schauen. Noch stehende oder ausgegrabene Mauerteile oder aber unterschiedliche Pflasterung über ergrabenen Fundamenten bezeichnen sozusagen aus der Vogelschau die Bauteile aus salischer, staufischer und nachmittelalterlicher Zeit.

Betritt man das Ruinengelände selbst, so bietet eine dort aufgestellte Tafel gute Möglichkeit zu umfassender Orientierung. Von einer spätsalischen Burg, die mit dem Vater Barbarossas, Herzog Friedrich II. dem Einäugigen von Schwaben (1105—1147), in Verbindung gebracht wird, sind noch größere Teile der südlichen Ringmauer aus glattem Quaderwerk zum Teil außen zwischen staufischen Mauern, zum Teil im Unter-

Casimirschloß. Ausschnitt aus der Stadtansicht von Matthäus Merian 1619 (Druck 1645)

geschoß des Burgmuseums im Casimirschloß erhalten. Von den aufwendigen Bauten Heinrichs (VII.) von etwa 1227 ff. sind beachtliche Reste aus Buckelquadern zu sehen. Das Baumaterial war der Eußerthaler Rotsandstein.

Ansichten des 18. Jahrhunderts (zum Beispiel von 1740) zeigen uns den staufischen Palas von seiner südlichen Schmalseite, einer Fassade mit gekuppelten rundbogigen Fenstern im 1. Obergeschoß, mit rundbogigen Arkaden im 3. Obergeschoß sowie mit einem Erker auf reich profilierter, zwei Stockwerke tief herabgezogener Konsole. Je zwei oben hoch herausragende Schornsteine deuten auf große Kamine an den ehemaligen Langseiten des Palas nach Westen und Osten. – Rechts davon, also östlich daneben, lag der Kapellenanbau. Die Doppelkapelle selbst ist zwar auf den Ansichten nicht sichtbar, dafür jedoch die hohe, rechteckige Mauerverblendung von 1214/1215 (oder 1227 ff.); drei sehr hohe und große Rundbogenfenster lassen im Innern dahinter die Südwand der Kapelle mit ihren Fenstern erkennen, während das oberste Geschoß, das den „Saal" enthielt, sich noch im 18. Jahrhundert mit lang gereihten, spitzbogigen Arkaden öffnete.

Von diesem staufischen Komplex sind die Mauerreste der Kapellenummantelung teilweise noch recht gut erhalten; sie zeigen Buckelquader-Mauerwerk vom Anfang des 13. Jahrhunderts aus Rotsandstein in sauber verlegten Schichten. Bemerkenswert und auffallend ist hier (statt eines Sockels wie bei anderen stauferzeitlichen Burgen wie der Landeck oder dem Trifels) eine Dossierung (schräges Ansteigen) der unteren Quaderschichten, eine technische Eigenart, die die Kreuzfahrer im Orient kennengelernt und dort auch angewendet haben; im Gegensatz zu Frankreich findet sich diese bautechnische Besonderheit in Deutschland – jedenfalls bis zum 16. Jahrhundert – nur selten.

Auf einer Ansicht von 1740 schließen die viergeschossigen Gebäude des Casimirschlosses von 1570 bis 1578 (Architekt: Rochus Graf zu Lynar, der auch die Spandauer Zitadelle miterbaute), nach rechts, also weiter nach Osten, an. Dies entspricht den noch vorhandenen Resten aus roh behauenen Rotsandsteinquadern mit Bruchsteinen, die die Südfront dieses Renaissanceschlosses mit vorgezogenem Mittelteil bezeichnen. Vom Osttrakt dieser Anlage – auf der Ansicht Merians von 1619 ist er durch vier hohe Giebel gegliedert – steht noch der südliche Teil mit zwei Geschossen; er beherbergt den „Pfalzgrafensaal", dessen Besuch man nicht versäumen sollte. Hier werden auch Bauspolien aus dem Pfalzgebiet aufbewahrt, die die ehemalige reiche Ausstattung ahnen lassen. Ein Renaissanceportal mit Wappen ist in das Jahr 1585 datiert. Die Doppelfenster mit scheitrechten (geraden) Stürzen gehören zum Bau der Renaissance, ein rundbogiges Doppelfenster staufischer Zeit ist hier erst 1937 eingesetzt. – Die Kellerräume geben Einblick auf die salischen Baureste der Zeit um 1100, deren östliche mit den Geleisespuren außen im Graben vor dem Bau in gleicher Richtung fluchten. Hier sind auch noch Teile eines engen unterirdischen Ganges begehbar.

Auch wenn die noch erhaltenen Reste der Pfalz Lautern im Vergleich zu anderen Stauferpfalzen bescheiden wirken, sollte man doch an dieser geschichtsträchtigen Stelle inmitten des Getriebes einer im Zweiten Weltkrieg schwer zerstörten, danach aber ständig aufstrebenden Industrie- und Universitätsstadt nicht achtlos vorübergehen.

7 Gräfenstein

Burgruine bei Merzalben

Nicht weit vom Dorf Merzalben im Kreis Pirmasens liegt — leicht von einem Waldparkplatz aus erreichbar — die Ruine der Burg Gräfenstein. Ihre Kernanlage, die auf einem zwölf Meter hohen Sandsteinfels gelegen und von einer weiträumigen Unterburg umgeben ist, bietet — trotz einiger Veränderungen des 15. und 16. Jahrhunderts — ein ausgezeichnetes Beispiel romanischen Burgenbaues der Stauferzeit.
Diese Kernanlage ist — damit der der Burgruine Landeck ähnlich — im oval-polygonalen Grundriß angelegt. An der Angriffsseite im Süden hat die Ringmauer die Dimensionen einer Mantelmauer. Dahinter ist der

Bergfried so errichtet, daß er von der Mantelmauer durch eine deutlich sichtbare Fuge und einen teilweise überwölbten Zwischenraum getrennt ist. Auch hier galt also der Grundsatz, aneinanderstoßende Bauteile so voneinander zu trennen, daß im Falle der Zerstörung des einen der andere Bauteil nicht auch mitbeschädigt würde. Der Grundriß des Bergfrieds ist ein Siebeneck, eine seltene Grundform, die hier allerdings aus dem Fünfeck entwickelt worden ist. Der Bergfried wendet nämlich eine Kante des Siebenecks der Angriffsseite zu, um anprallende Geschosse wie z. B. Steinkugeln seitlich abgleiten zu lassen und damit von den dahinterliegenden Wohngebäuden direkten Beschuß abzulenken. Die beiden hinteren (also nördlichen) Kanten des Turmes sind abgeplattet worden, um mehr Raum in dem sehr engen Hof zu schaffen, der nördlich anschließt — woraus sich denn die Siebeneckigkeit des Grundrisses ergeben hat. Das Innere des Turmes ist quadratisch, und somit wurde die Spitze und Kante des Bergfrieds gegen die Angriffsseite noch massiver und damit wirksamer beim Anprall von Geschossen.

Natürlich ist auch am Bergfried des Gräfenstein der rundbogige Eingang hochgelegen und früher über eine Plattform auf hölzernen Konsolen (ihre Balkenlöcher sind noch vorhanden) zugänglich gewesen. Eine zweite, stichbogig überdeckte Tür in der nordwestlichen Seite des Bergfrieds führte ehemals auf eine hölzerne Brücke, die die direkte Verbindung zum Palas hergestellt hat.

Nördlich vom Bergfried liegt der sehr kleine und enge Hof mit einem runden Brunnenschacht in der Mitte. An seiner Westseite ist das große, rundbogige Eingangstor eingefügt, zu dem ehemals wohl über eine hölzerne Rampe (heute über eine steinerne Treppe) in das Innere der Kernanlage hinangestiegen werden konnte.

Über dem Tor bezeichnet ein großer Bogen den Durchgang zu einem ehemaligen Gußerker, der — auf zwei Konsolen über dem Durchgang — Möglichkeit zur senkrechten Bestreichung des Tores geboten hat.

Über die Hälfte der Kernanlage besteht aus dem nach Norden zu gelegenen Palas- und Wohngebäude, dessen Umfassungsmauern (gleichzeitig als Ringmauer der Kernanlage) fast bis zu voller Höhe erhalten sind. Gewölbeansätze zeigen deutlich, daß das Erdgeschoß — wenigstens teilweise — gewölbt gewesen ist. Die beiden darüberliegenden Geschosse waren durch Balkenlagen gedeckt. Vor allem auch in der Nordecke des sich im Grundriß dorthin zuspitzenden Palas ist das zweite Obergeschoß in seinen Außenmauern noch gut erhalten. Die in ungleichmäßigen Abständen verteilten Fenster waren ursprünglich zweiteilig und rund-

Mantelmauer und siebeneckiger Bergfried der Kernanlage sowie die Tore der südlichen Unterburg von Süden

bogig gedeckt, doch sind die Bögen und Säulchen ausgebrochen. Die ursprünglich rundbogig gerahmten Fenster des Obergeschosses sind später durch rechteckige, spätgotische Fenster ersetzt worden. In jedem Geschoß sorgten Kamine in den Außenwänden für Wärme und Wohnlichkeit. Den sanitären Gegebenheiten im Palas entsprachen geschoßweise versetzte Aborterker in der Nordostecke dieses Baues; sie sind im 14. oder 15. Jahrhundert durch einen großen, hohen, angeschobenen Turm ummantelt worden, der sie gegen Beschuß deckte. Eine untere Ausflußöffnung entließ die Fäkalien über eine steinerne Rinne in die Unterburg, wie dies ähnlich im 11. Jahrhundert beim Abortturm der „Schlössel"-Turmburg, im 13. Jahrhundert beim Abortschacht des Trifels-Palas und im 14. Jahrhundert beim Abortturm der Kästenburg, des Hambacher Schlosses, praktiziert worden ist. An seiner Südseite ist der Palasbau unterkellert. Bei einem Umbau im 16. Jahrhundert, vermutlich um 1540, ist die Südwand des Palas neu erstellt und mit einem nach Süden runden, nach Norden polygonalen Treppenturm in Formen der Renaissance ausgestattet worden. Gleichzeitig damit unterteilte eine Verbindungsmauer vom Treppenturm zum Bergfried auch den Burghof der Kernanlage, in dessen westlichem Teil sich ein Brunnen befand.

Die Außenmauern der Kernanlage des Gräfenstein, d. h. hier das Mauerwerk des Bergfrieds, der Mantelmauer und des Palas, sind aus sauber bearbeiteten Buckelquadern mit Randschlag erstellt, wie sie am Anfang des 13. Jahrhunderts üblich gewesen sind. Zangenlöcher deuten auf die Technik des Bauvorganges, die Quadern mittels Zangen auf das Baugerüst zu ziehen. Steinmetzzeichen finden sich am Treppenturm und an den Fenstergewänden. Der Abortturm besteht aus unregelmäßigem Mauerwerk mit Eckquaderung. An der Kante des Bergfrieds, die gegen die Angriffsseite gerichtet ist, fällt auf, daß der stumpfe Winkel an dieser Seite erst im oberen Teil des Turmes scharfgratig gehauen ist; im unteren Teil erscheint die Kante abgerundet, um die Verteidiger auf dem davor umlaufenden Mantelmauer-Wehrgang nicht zu behindern.

Zeigt die Kernanlage des Gräfenstein in Grundriß und Technik der Quaderbearbeitung, daß sie gegen Ende des 12. oder Anfang des 13. Jahrhunderts erstellt worden sein muß — flankierende Mauertürme gibt es auch hier (wie bei der Kernanlage der Landeck) noch nicht —, so erweist sich die der Kernanlage nach Süden halbkreisförmig vorgelegte Unterburg als eine fortifikatorische Ergänzung der Mitte des 13. Jahrhunderts. Noch ohne flankierende Mauertürme umzieht ihre zwei Meter starke Ringmauer im Grundriß polygonal gebrochen den Fels der Oberburg wie ein

Zwinger. Wohnbauten sind von innen an sie herangeschoben, von denen einer unterkellert ist. Die Außenmauern dieser Gebäude blieben in zwei Geschoßhöhen erhalten. Im Erdgeschoß sind schmale Schießscharten eingefügt, die offensichtlich der Verteidigung durch Bogenschützen vorbehalten blieben. Im Obergeschoß sind kleine spitzbogige Fenster angeordnet, denen an der Innenseite der Mauer Sitznischen entsprechen. Die Anordnung von Scharten und Fenstern in regelmäßigen Abständen sowie auch der regelmäßige Einbau von Türdurchgängen zu ehemaligen Aborterkern beweisen hier, daß es sich bei dieser südlichen Unterburg um eine Art von Kasernement handelt, das zur Unterbringung einer größeren Zahl von Bewaffneten — vielleicht nur im Falle einer drohenden

Blick vom Bergfried auf den Palas im Nordteil der Kernanlage

Torturm der nördlichen Unterburg, dahinter Bergfried und Palas der Kernanlage

Belagerung — dienen sollte. Die Spannmauern, die die Ringmauern der Unterburg mit dem Fels der Kernanlage verbinden, sind je von einem rund- und einem stichbogigen Tor durchbrochen, die damit Zugang zum schmalen Hofumgang um den Oberburgfelsen gewähren, von dem aus das Kasernement zugänglich gewesen ist.

Ein weiterer Bauabschnitt, der wahrscheinlich in das 15. Jahrhundert datiert werden kann, zeigt sich in der Fortsetzung der südlichen Unterburg nach Norden und in der Umfassung der nördlichen Kernanlage durch eine schwächere Ringmauer in polygonal-gebrochenem Grundriß. An ihrer Ostseite ist ein großer Torturm angesetzt, der — und dies ist bemerkenswert — nicht flankierend nach außen, sondern nach innen vortretend (mit Fuge) an die Ringmauer herangeschoben worden ist. Ein großer spitzbogiger Durchgang gewährt Einlaß in das Innere der nördlichen Vorburg. Der Torturm war nach innen zu (nach Art mittelalterlicher Weichhäuser = Wehrtürme von Stadtbefestigungen) offen, um einem eventuell bis hierher eingedrungenen Belagerer nicht die Möglichkeit zu bieten, hier Deckung beim Vordringen gegen die Kernanlage zu finden. Oben an der Turm-Südseite erkennt man noch zwei steinerne Konsolen und den Rest eines Durchgangs vom Wehrgang der Ringmauer.

Dem gleichen Bauabschnitt des 14./15. Jahrhunderts wird der große Abortschacht zuzuordnen sein, der an der Ostseite der Kernanlage von der nördlichen Unterburg aus — wo er mit seinem Ausfluß mündete — bis oben hinauf an die Ostseite des Palas angesetzt worden ist und damit die aus dem Wohnbau austretenden älteren Aborterker ummantelte und ersetzte. Die Baunaht zwischen Palas und Abort ist deutlich zu sehen.

Ebenfalls im 14. oder 15. Jahrhundert angelegt wurde der zweiteilige Torzwinger, der mit einem in den Abmessungen recht kleinen Doppelturmtor an der Nordseite der Burganlage beginnt und sich um die Ostseite bis zum großen Ost-Torturm hinzieht. Zwei kleine Rundtürmchen flankieren dabei die Torzwingermauer an ihrer Außenseite.

Noch einmal sind größere Bauarbeiten auf der Burg durchgeführt worden: Um oder nach 1540 erfolgte eine Wiederherstellung des Palas in der Oberburg, wobei die Fenster erweitert worden sind und das oben schon erwähnte Renaissance-Treppentürmchen an der Hofseite des Wohnbaues angebaut wurde. Eine (im Jahr 1758 überlieferte) Baudatierung auf das Jahr 1595 erweist Bauarbeiten auch noch zu dieser Zeit, deren Lokalisierung jedoch nicht mehr möglich ist. Bei Restaurierungen neuerer Zeit (1909/1910, 1936/1937 und nach 1945) ist der die Kernanlage tragende Burgfels gesichert und mit Stützmauerwerk unterfangen worden.

Die Geschichte der Burg Gräfenstein, die in unmittelbarer Nähe des Schnittpunktes dreier Diözesen, nämlich der von Metz, Worms und Speyer (an der Nahtstelle des Worms-, Speyer- und Bliesgaues) angelegt wurde, ist ähnlich der der Burg Landeck mit den Grafen von Leiningen verbunden, von denen — wie man glaubt — die Burg auch ihren Namen Gräfenstein (= Grafenstein, vgl. auch Grafendahn) erhalten haben soll. Ursprünglich im Besitz der Grafen von Saarbrücken, ist der Gräfenstein vielleicht anstelle des (wohl ebenfalls wie die „Schlössel"-Turmburg) 1168 von Barbarossa zerstörten „Steinenschloß" bei Biebermühle errichtet worden. Hier wie auch bei der Burg Landeck deutet die exakte Quaderbearbeitung auf das späte 12. oder — wahrscheinlicher noch — auf das frühe 13. Jahrhundert. Bei der Trennung der Leininger Grafen vom Saarbrücker Stamm um 1220 erhalten die Leininger den Gräfenstein nebst Zubehörungen, und bei der Leininger Teilung von 1237, bei der die Anlage erstmals genannt ist, blieb die Burg bei der älteren Leininger Linie. Danach, in der Mitte oder in der zweiten Hälfte des 13. Jahrhunderts, entstand als eine Art Kasernement die südliche Unterburg. 1317 gehörte das „castrum Grebinstein" zur Linie Leiningen-Dagsburg, die es wiederum weiterverpfändete. Durch Verkauf gelangte die Burg 1367 an Kurpfalz, 1371 durch Belehnung an die Grafen von Sponheim, 1420 mit der „hinteren Grafschaft" Sponheim an die Markgrafen von Baden, die die Burg 1421 an die Grafen der Linie Leiningen-Hardenburg weiterverpfändeten, bei denen sie bis 1535 verblieb. In jener Zeit wurden die nördliche Unterburg, deren Torturm, der Abortschacht am Palas der Kernanlage und der Torzwinger errichtet, in jene Epoche fiel aber auch die Verbrennung der Burg in den Wirren des Bauernkriegs durch den Elsässer Kolbenhaufen im Jahre 1525. Nach Graf Emichs VIII. von Leiningen-Hardenburg Tod im Jahre 1535 wurde der Gräfenstein aus der Pfandschaft an Veldenz-Sponheim gelöst und 1540 an Pfalzgraf Ruprecht von Zweibrücken-Veldenz übertragen, der die Anlage wiederaufbaute und 1544 dort auch verstorben ist. Für die Kinder Ruprechts hatte Zweibrücken die Vormundschaft inne. 1570 gingen Burg und Herrschaft als Teile der „Hinteren Grafschaft" Sponheim nach dem Aussterben der Sponheimer an die Markgrafen von Baden-Baden über, nach deren Aussterben 1771 an Baden-Durlach, wo sie bis 1793 verblieben sind. Wie schon erwähnt, soll 1595 noch einmal am Schloß gebaut worden sein.

Wechselnde Besetzung im 30jährigen Kriege führte schließlich 1635 den Untergang der Burg herbei, als Kaiserliche durch „Unvorsichtigkeit" einen Brand verursachten. Seitdem verfiel die Anlage; der Sitz des Amtes wurde nach Rodalben verlegt, und das Amt selbst wurde 1801 im Frieden zu Lunéville dem Département Mont Tonnerre zugeschlagen. 1816 bayerisch geworden, hat die Burgruine 1909/1910 und 1936/1937 Restaurierungen erfahren, als Staatseigentum auch nach 1945 und 1985.

8 Landeck

Burgruine bei Klingenmünster

Fährt man auf der Deutschen Weinstraße, von Landau kommend, nach Süden über Ilbesheim in Richtung Klingenmünster, so bemerkt man schon bald nach der Vorbeifahrt an der Pfälzischen Nervenklinik Landeck (sie wurde 1857 an der Stelle eines aus dem 15. Jahrhundert stammenden Gutshofes des Bliesgau-Klosters Wörschweiler errichtet) rechter Hand, also in westlicher Richtung 130 Meter hoch in beherrschender Lage über dem Klingbachtal die Burgruine Landeck.

Ein Seitenweg führt rechts ab an der schönen spätromanischen, wohl nach 1237 von Graf Emich IV. von Leiningen-Landeck errichteten St.-Nikolaus-Kapelle vorbei und ansteigend dann auf einen Waldparkplatz im Sattel zwischen der Burg und ihrer Angriffsseite, dem südöstlichen Ausläufer des 200 Meter höheren Treitelsberges. Ein kleiner, aber rühriger Kreis von Burgenfreunden, der 1881 gegründete Landeck Verein, hat in den letzten Jahren die Burgruine schonend restauriert (seit 1964), den

Baumbestand um die Anlage gelichtet, den alten Zugang durch Aufmauerung der Brückenpfeiler (1966) wieder hergestellt und im Bergfried ein kleines Burgmuseum eingerichtet, erfreuliche Zeichen von Privatinitiative, die ihre wenigen Mittel sinnvoll einzusetzen bemüht ist.

Die Landeck ist — neben dem Gräfenstein und Hohenecken — eine der Ruinen der Pfalz, die noch am ausgeprägtesten den Burgenbau der Stauferzeit in seinen reifen, charakteristischen Formen zu zeigen vermag; dies gilt jedenfalls für die Kernanlage, denn die äußeren Zwingermauern mit den kleinen Flankierungs-Türmen und das „Vorwerk" an der Nordseite stammen erst aus späterer Zeit.

Die Burg Landeck ist vermutlich gegen Anfang des 13. Jahrhunderts errichtet worden und diente als Reichsburg wohl zunächst dem Schutze der im 7. Jahrhundert gegründeten Abtei Klingenmünster, deren spätkarolingische Fliehburg wir schon in der „Schlössel-Vorburg" und deren Schutzburg ihrer Vögte in salischer Zeit in der „Schlössel"-Turmburg kennengelernt haben. Die Landeck übernahm also die Schutz-„Funktion" wohl 30 bis 40 Jahre nach der für das Jahr 1168 vermuteten Zerstörung des „Schlössel". Ihre Funktion als Reichsburg garantierte wohl auch die finanziellen Mittel, die zur Erstellung der besonders sorgfältigen Steinmetzarbeit nötig gewesen sein müssen.

Man betritt die Burganlage von der Nordseite. Eine neue Holzbrücke auf den mittelalterlichen, jetzt wiederaufgemauerten Pfeilern führt über den Halsgraben hinweg (wobei ehemals das letzte Drittel durch eine Zugbrücke gesichert war) in ein spätmittelalterliches „Vorwerk", das dem Zwinger gotischer Zeit und der romanischen Kernanlage hier vorgelegt ist. Eine wohl noch romanische, vorspringende Torturmanlage aus Bukkelquadern mit rundbogigem Eingang (ehemals durch einen Gußerker von oben her geschützt) und Vorrichtung zum Aufziehen der Zugbrücke führt in das „Vorwerk" hinein, dessen Mauern aus kleineren weißen und roten Sandsteinquadern bestehen. Gegen Westen ist das „Vorwerk" noch durch einen kleinen, dreiviertelrunden Turm gesichert, dann verlieren sich seine Mauerreste, ohne daß ein ehemaliges Einbinden in die Zwingermauern feststellbar wäre.

Vom „Vorwerk" aus führt nun der Weg zwischen den niedrigen Resten eines zweiten Tores in den schmalen Zwinger, der die Kernanlage des 13. Jahrhunderts allseitig umzieht. Zur seitlichen Bestreichung der Zwingermauer sind nach Osten, Süden und Westen ein rechteckiger und vier halb- bis dreiviertelrunde Mauertürme eingefügt. Zwingermauer und Zwingertürme bestehen aus kleineren Quadern und Bruchsteinen, die

vermutlich ehemals von einer (bemalten?) Putzschicht verdeckt gewesen sind; lediglich die noch erhaltenen Gewändesteine von Schießscharten sind aus Hausteinen gefertigt. Die Formen der Scharten sind der Verwendung der Armbrust entsprechend gebildet, d. h. nach Art eines auf dem Kopf stehenden Schlüssellochs. Die Mauertechnik und die Schartenform — es handelt sich also um sogenannte „Schlüsselloch-Scharten" — zeigen, daß die Zwingeranlage mit ihren Türmen spätmittelalterlich ist; tatsächlich ist sie denn auch 1416 der Kernanlage der staufischen Zeit hinzugefügt worden, um dieser einen zusätzlichen Schutz gegen Angriffe zu bieten. Der Zwinger legte sich als Schutzgürtel konzentrisch um die ganze Kernanlage, um von deren Ringmauer Angriffsvorstöße eines Belagerers möglichst fernzuhalten. Die fünf Türme sind derart in die Zwingermauer gesetzt, daß von ihnen aus seitliche Bestreichung der dazwischenliegenden Kurtinen möglich war. Solche Zwingeranlagen — bereits bei antiken Befestigungen gebräuchlich — kamen in unserem Bereich erst im Gefolge der Kreuzzüge wieder auf. Kreuzfahrer brachten die Kenntnis dieser Wehrbauformen sowie auch die flankierend in die Mauern eingesetzten Türme aus dem Orient mit, wo sie — nebst Gußlöchern (Machicouli), Senkscharten, Pecherkern usw. — an sarazenischen und byzantinischen Festungen von jeher üblich waren. Statt der zuvor gebräuchlichen langen und schmalen Scharten für Bogenschützen sind nun hier im Zwinger der Landeck die „Schlüssellochscharten" verwendet worden, auch sie als für den Gebrauch der Armbrust geschaffene Schartenform durch die man aber auch — wenn Prellhölzer eingesetzt waren — im 15. Jahrhundert mit Hakenbüchsen schießen konnte.
Hat man das Tor bzw. die Torreste dieses Zwingers durchschritten, so liegt nun die mächtige Kernanlage der Burg Landeck vor dem Besucher: Voraus das große und hohe Tor mit außen rundbogig geschlossenem Durchgang, dem an der Innenseite ein stichbogig gedecktes Portal entspricht. Beiderseits schließt die mit schräg ausspringendem Sockel aufstrebende Ringmauer an, die an den nach Westen folgenden Teilstücken des polygonalen Mauerverlaufs, also an der Angriffsseite stärker und höher (etwa 10 Meter hoch) ist und damit auch stärker als die anderen, dem Berghang und damit der Angriffsseite abgewendeten Seiten der Burg. Eine solcherart höhere und stärkere Ringmauer nennt man Hohen Mantel oder Mantelmauer; in ihrem Schutz lagen der Burghof und die Wohngebäude. Und in dieser Schutz-„Funktion" spielte auch der Bergfried seine gewichtige Rolle, der rechter Hand steil aufstrebt. Er ist fast quadratisch im Grundriß mit Seitenlängen von $8,5 \times 9$ Metern und ein

Blick vom Zwinger auf die Mantelmauer der Kernanlage mit Tor und Bergfried

typischer Burgturm dieser Art. Seine Höhe betrug wohl ehemals 25 Meter (heute 23 Meter). Wie die Mantelmauer steht auch er der Angriffsseite gegenüber und schützt damit die dahinterliegende Burganlage. Allerdings wendet er der Angriffsseite nicht eine seiner Kanten zu, sondern seine nordwestliche Breitseite. Er steht angelehnt an die Nordwestseite der Mantelmauer, zwar in ihrem Zuge und zum Teil über sie gesetzt, so daß nur die notwendige Wehrgangbreite vor der Turmfront frei bleibt, dennoch aber durch eine Fuge von der Mantelmauer getrennt, damit bei Beschädigung oder Zerstörung des einen Bauteils jeweils der andere intakt bliebe.

Umschreitet man nun — im Zwinger nach rechts sich wendend — die staufische Kernanlage, so ist man beeindruckt von der vorzüglichen Bautechnik der Zeit um oder bald nach 1200. Die Mantelmauer, das Tor und der hinter dem Hohen Mantel liegende Bergfried sind aus Quaderwerk erstellt, das die Buckelquader-Technik staufischer Baugewohnheit in seiner reinsten und auch reifsten Ausprägung vor Augen zu führen imstande ist. Die (ungleich hohen) Quaderschichten laufen waagerecht durch. Die Buckel der Quadern sind bossenartig sauber behauen; um sie läuft ein Saumschlag herum, der auch die Gerüstlöcher der Riegel fliegender Baugerüste berücksichtigt und sie im gleichen Duktus umzieht. Erstaunlich ist vor allem die steinmetztechnische Lösung der Kantenbearbeitung des polygonalen Mantelmauerzuges und seiner Sockelzone. An den stumpfen Ecken der Mauerabknickungen und an den Sockel-Decksteinen sind jeweils die kissenartigen Buckel abgesetzt und mit feinen Saumschlägen kantig markiert, was sowohl in vertikaler wie auch in horizontaler Richtung effektvolle Wirkung zeitigt. Viele der Quadern zeigen auf ihren Buckeln die Steinmetzzeichen verschiedener, am Bau beschäftigter Werkleute. Auch Zangenlöcher (zum Eingreifen der großen Zangen im Baubetrieb) fehlen hier nicht. Dort, wo der Hohe Mantel endet, nämlich an der Westseite in der Palas-Außenmauer, endet auch in verschiedener Höhe das gebuckelte Quaderwerk. Die auskragenden Reste eines Aborterkers des 13. Jahrhunderts sind hier noch gut erhalten; er gehörte zu dem dahintergelegenen Saal. Der Sockel der Mantelmauer ist bereits am nordwestlichen Teilstück davor durch geschickt bearbeitete Übergangsquadern in das gerade aufsteigende Mantelmauerwerk übergeführt worden. Vom Zwinger aus sieht man diese baugeschichtlich besonders instruktive Übergangsstelle in der Mauerpartie besonders deutlich.

Wo direkter Beschuß von der Angriffsseite her nicht möglich war, endet auch die Verwendung der Buckelquaderung.

Ungewollt wirkungsvoll erscheint der farbliche Wechsel des Sandsteinmaterials gerade an der Angriffsseite im Norden und Nordwesten: Bis etwa in halber Höhe der Mantelmauer sind weiße, darüber dann rote Sandsteinquadern versetzt. Der Besucher sollte hier jedoch nicht an bewußt gewollten Wechsel denken! Die Bearbeitung der Quadern durch die Steinmetzen am Ort und die Versetzung der Steine im aufgehenden Mauerwerk war lediglich abhängig von der Zulieferung des Baumaterials durch die fronenden Bauern oder durch sonstige geworbene Fuhrleute, also vom Zufall der Anlieferung aus verschiedenen Steinbrüchen. Einen bewußten Kontrast zu erzielen, war keinesfalls ein Anliegen der dort tätigen Werkleute, und die an verschiedenen Stellen des Mauerwerks ungleich wechselnden farbigen Quadern beweisen dies auch.

Es empfiehlt sich, die staufische Kernanlage der Burg Landeck außen zu umwandern, indem man dem Pfad im Zwinger nach rechts, also in westlicher Richtung folgt. Man bemerkt hier — worauf wir oben schon hingewiesen haben — das Sockelende der Mantelmauer ebenso wie die in verschiedener Höhe endende Verwendung der Buckelquadern, gewahrt den auskragenden, noch romanischen Aborterker, dessen Außenmauerwerk abgestützt ist, und die hier ansetzenden Außenmauern des Palas, des „steinernen Hauses" an der Südwestseite, die aus glattbeschlagenen kleineren Quadern (ohne Buckel also) gefügt sind. Während das Erdgeschoß dieses Gebäudes durchgehend geschlossen ist, und nicht einmal Schießscharten darin angeordnet sind, öffnet sich das Obergeschoß, wohl der Saal des Palas, mit einer Reihe größerer Fenster zur Südwestseite hin. Besonders auffallend ist hier der stumpf einspringende Winkel der Gebäude-Außenmauer, der wohl durch das Gelände, den felsigen Untergrund bedingt ist, jedoch fortifikatorisch und verteidigungstechnisch einen schwachen Punkt bedeutet, da sich ein dort angreifender Gegner im „toten Winkel" der Verteidigung befunden hätte.

In gleicher Mauertechnik wie die Südwestseite zeigt sich auch die verhältnismäßig kurze Südseite der Kernanlage, in der ein rundbogiges Tor den ehemaligen Zugang von der Hauptburg zum Zwinger bezeichnet. Nach Osten umbiegend gewahrt man, daß auch hier die Außenmauern — zunächst die eines Wohngebäudes, des „beumin" Hauses, also wohl eines Baues mit Fachwerk in den Obergeschossen, dann die östliche Ringmauer der Kernanlage — ebenfalls aus kleineren, glatten Quadern bestehen. Erst dort, wo die östliche Ringmauer gegen Norden an die Mantelmauer stößt, also an der Angriffsseite, von der aus Beschuß wieder möglich gewesen ist, setzt auch die Buckelquader-Technik wieder ein, um

sich von der Nordostecke ab an der Nordseite in ganzer Mauerhöhe fortzusetzen.
Somit wieder am Haupttor der Burganlage angelangt, wende man sich nunmehr dem Inneren der staufischen Kernanlage zu. Hat man das im Hohen Mantel etwas zurückgesetzt eingefügte Tor vor sich, so bemerkt man vor dem Durchgang am Boden noch deutlich die Angelpfannen der ehemaligen Torflügel, zudem weiter oben mehrfache Hakensteine zum Einschieben von Balken zum Schutz der Torflügel, innerhalb des Tores aber die Kanäle der ehemals vor die Torflügel von innen vorzuschiebenden Balken der Verriegelung.
Hat der außen rundbogig, innen stichbogig gedeckte Durchgang in den Burghof geführt, so erblickt man, sich zurückwendend, über dem inneren Tor das Wappen des Speyerer Bischofs Matthias von Ramung (1464 bis 1478). Zur linken Seite geht der Blick über die hier nur noch niedrige Ringmauer hinweg weit nach Osten hinaus in die besonnte Rheinebene und in das Rebgelände der Weinstraße. Rechter Hand, also in Hofmitte etwa, bemerkt man eine gemauerte Zisterne polygonalen Grundrisses mit einem runden Brunnenschacht in der Mitte — deutliche Zeichen des Bemühens der Burgherren, die Wasserversorgung der Burg — wichtigstes Anliegen einer Burgbesatzung — auch in Kriegs- und Belagerungszeiten zu sichern. Rechter Hand lädt die (neuzeitlich und mit Verwendung mittelalterlicher Bauspolien errichtete) Burggaststätte zum Verweilen ein. Dahinter aber erhebt sich mächtig und machtvoll der Bergfried der staufenzeitlichen Burg, einer der besterhaltenen seiner Zeit in der Pfalz. An die nordwestliche Mantelmauer herangeschoben, so daß deren Wehrgang noch frei vor seiner nordwestlichen Front vorbeiläuft, strebt sein vorzüglich gearbeitetes Buckelquaderwerk bis zu einer Höhe von etwa 23 Metern auf. Hier auf seiner Hofseite liegt — der Angriffsseite natürlich abgewendet — in halber Höhe des Turmes bei etwa 10 Metern vom Hofniveau ab (dort setzt auch der Sockel schräg nach innen ab), der rundbogige Eingang mit tonnengewölbtem Zugang in das Turminnere. Der ehemaligen, im Mittelalter üblichen Gewohnheit entsprechend, ist (in neuerer Zeit) eine Plattform auf drei Steinkonsolen angebracht worden; hier hinauf konnte sich die Burgbesatzung über eine angestellte Leiter retirieren, falls ein in die Burg eingedrungener Feind bereits die ganze übrige Anlage besetzt hielt. In den zwei Obergeschossen des Bergfrieds war gegebenenfalls auf Entsatz zu hoffen, sofern es dem Gegner nicht gelang, die Turmbewohner auszuhungern oder sie auf anderem Wege, z. B. durch List, zur Aufgabe zu bewegen. Der heutige Aufgang zum

Bergfried erfolgt über eine neuzeitliche, innen an die Ringmauer gelehnte Treppe und durch einen neuzeitlichen Durchbruch an der Nordostseite in das erste Obergeschoß des Turmes, also an der dem mittelalterlichen Eingange gegenüberliegenden Seite. In diesem Geschoß ist ein kleines Burgmuseum mit alten Ansichten der Landeck und mit Funden von der Burg eingerichtet. Durch eine Öffnung im Boden schaut man nunmehr in das darunterliegende, lichtlose Untergeschoß, das angebliche Verlies, das vielleicht doch nur Aufbewahrungsraum für Vorräte oder Defensivwaffen gewesen ist. Vom Eingangsgeschoß führen — wie auch im Mittelalter — Treppen oder Leitern in die beiden Obergeschosse, deren Balkenböden auf Konsolen aufliegen. Oben endet der Turm mit einer neuzeitlichen Plattform, von der aus ein herrlicher Blick über den Haardtrand in die Rheinebene möglich ist. Im Mittelalter hatte der Turm — wie noch eine Sepiazeichnung des Speyerer Kreisarchivars Peter Gayer von etwa 1830 beweist — ein drittes Obergeschoß mit je drei Schießfenstern an jeder Seite; darüber lag ehemals vermutlich ein Zeltdach, dessen hölzerne Konstruktion im Falle eines Brandbeschusses schnell abgeworfen werden konnte.

Hat man den Bergfried wieder verlassen, so lohnt sich ein Rundgang im Burghof. Nach Süden zu — vom Hohen Mantel und Bergfried gedeckt — liegen die Reste der Wohngebäude, von denen der Palas, das dreistöckige „steinere Haus", an der südwestlichen Ringmauer noch verhältnismäßig instruktive Baudetails bewahrt hat. Wie üblich im romanisch-staufischen Wehrbau ist das Gebäude an die Ringmauer herangeschoben bzw. es ersetzte diese mit seiner Außenmauer. In Reihe öffnen sich, vor allem an den nicht direktem Beschuß von der Angriffsseite her ausgesetzten Teilen des Palas die stichbogig überdeckten Doppel-Fenster des Obergeschosses mit seitlich in die Nischen eingebauten Sitzbänken. Mehrere Treppen, die jetzt zu den Fensternischen emporführen, sind neuzeitlich, denn steinerne Konsolen und Mauerabsätze bezeichnen die ehemalige Einteilung in drei Geschosse, zu deren erstem Obergeschoß, also wohl auch zum Saal des Palas, diese Fenster gehört haben. Die Fensterflügel konnten im Falle eines feindlichen Angriffs von innen mit Brettern versteift werden, die ihrerseits durch Querhölzer angepreßt wurden; die Nuten der Querhölzer mit den schräg verlaufenden Einführungsrillen auf der einen Seite sind in den Fenstergewänden noch gut erhalten. An zwei Stellen sind statt der Fensternischen Türdurchgänge angeordnet; sie führten ehemals zu Aborterkern, notwendigen sanitären Einrichtungen, die über die Ringmauer hinausragten und die Fäkalien durch den Zwinger

Bergfried mit hochgelegenem Eingang an der Hofseite

nach außen abfließen ließen. Waagerechte Balkennuten an den Wänden des Saales deuten hier auf eine Holzkonstruktion zur Befestigung einer Wandvertäfelung.

Zwischen dem Palas, dem „steinernen Haus" an der Südwestseite des Burghofes, und dem Wohngebäude an dessen Südostseite, dem neuen „beumin Haus" von 1407 ist, und zwar um 1421, ein nach Süden gerichteter Bau mit schräg abwärts führendem Gang und ein Tor eingesetzt worden, das hier an dieser dem Hauptangriff abgewendeten Seite den Zugang zum Zwinger ermöglichte. Ein hier in diesem Bereich (1407) genanntes „Sprachhäusel" ist nichts anderes als eine Abortanlage gewesen, denn mit diesem oder ähnlichem Terminus umschrieb man im Mittelalter die Funktion eines solchen sanitären Baues. In der Südostecke der Anlage scheint sich eine Küche befunden zu haben. Heute sind die Bauteile der Südseite und Südostecke nebst den im Osten folgenden Gebäuderesten in größeren Zügen erneuert und für einen modernen Toilettenbau nutzbar gemacht worden. Nach Norden zu steht von dem ehemaligen „beumin Haus" nur noch ein kleinerer, aber hochaufragender Eckverband an. In der neuzeitlichen Burggaststätte und an der inneren Ringmauer sind romanische und gotische Bauspolien eingelassen.

Hat sich der Besucher in einer der Fensternischen oder in der Burgschenke zur Rast niedergelassen, dann findet er wohl auch Zeit, sich der Geschichte der Ruine Landeck zuzuwenden, die zwar nicht reich an her-

vorragenden historischen Begebenheiten, dennoch aber typisch für das Schicksal so vieler unserer mittelalterlichen Burgen ist.
Burg Landeck wurde — wie oben schon erwähnt — etwa um 1200 als Reichsburg und damit zugleich wohl auch als Schutzburg der Reichsabtei Klingenmünster anstelle der vielleicht 1168 von Friedrich Barbarossa zerstörten „Schlössel"-Turmburg errichtet. Wohl ab 1210 war die Burg als Reichslehen im Besitz der Grafen von Eberstein, einem im nördlichen Schwarzwald reich begüterten Geschlecht, dessen Stammburg Alt-Eberstein nahe bei Baden-Baden liegt. Sie waren im 13. Jahrhundert auch Herren der alten Salier-Burg Stauf bei Eisenberg in der Pfalz und gründeten von dort aus 1241 das Zisterzienserinnenkloster Rosenthal. Das kaiserliche Lehen Landeck fiel jedoch schon 1222 gemeinsam an die Grafen von Zweibrücken und von Leiningen, was vermuten läßt, daß schon vor der Belehnung der Ebersteiner die Gründung der Burg um 1180/1190 durch die Grafen von Saarbrücken erfolgt sein könnte, von denen beide — Zweibrücker und Leininger Grafen — abstammten.
Bei der Teilung des gräflich Leiningischen Besitzes durch den Speyerer Bischof Konrad V. von Eberstein im Jahre 1237 zwischen den Brüdern Friedrich III. und Emich IV. fiel die Burg an den letzteren, der nun daraufhin die Linie Leiningen-Landeck begründete. 1255 von König Wilhelm von Holland als Landvogt im Speyergau bestellt, ist Emich IV. 1274 auch Gründer der Stadt Landau gewesen. Sein Sohn Graf Emich wurde 1289 in einem Gefecht im Schwarzwald getötet, womit die Linie Leiningen-Landeck ausstarb, und das Reichslehen an den Kaiser, also Rudolf von Habsburg, zurückfiel. Von nun an war die Burg — interessantes Beispiel zergliederter Besitzrechte innerhalb einer mittelalterlichen Feste — zu verschiedenen Teilen in den Händen mehrerer Territorialherren.
Eine Hälfte des Reichslehens erhielten 1290 die elsässischen Ochsensteiner, die zweite Hälfte die Grafen von Zweibrücken-Bitsch. Von der Ochsensteiner Besitzhälfte an der Burg kam im Jahre 1404 ein Viertel an das Bistum Speyer, beim Aussterben des Geschlechts mit Georg II. von Ochsenstein 1485 das zweite Viertel als Lehen des Abtes von Klingenmünster an Kurpfalz. Um 1500 saßen daher drei Amtmänner auf der Landeck: ein kurpfälzischer, ein bischöflich Speyerischer und ein gräflich Zweibrücken-Bitscher.
Vor 1407 ist das „beumin"-Haus, der östliche Wohnbau also, neu errichtet worden. Um 1416 wurde die alte stauferzeitliche Burganlage durch die konzentrisch herumgelegten Zwingermauern und Mauertürme sowie

durch das Vorwerk im Norden beträchtlich verstärkt. Um 1421 erstellte man über dem Südtor zum Zwinger das dreistöckige Südgebäude und schloß damit im Südteil der Burg drei dreigeschossige Wohnbauten zusammen. 1456 hören wir von Bauarbeiten im Bergfried und an der Ringmauer. Rechte und Pflichten der verschiedenen Mitbesitzer bei Bauvorhaben im Burggebiet wurden abgesprochen und genauestens festgelegt. Im Bauernkrieg 1525 erlitt die Feste Schäden durch Brand.

Im Jahre 1570 erlosch die Bitscher Linie, und ihr halber Lehensanteil ging an Kurpfalz über, so daß nunmehr die Kurfürsten von der Pfalz drei Viertel, das Bistum Speyer aber ein Viertel inne hatte. 1689 wurde die Burg von den Franzosen zerstört. 1709 trennte sich das Bistum Speyer im Tausch gegen das halbe Amt Altenstadt bei Weißenburg im Elsaß von seinem Viertel, wodurch Kurpfalz fortan bis 1793 die ganze Herrschaft (als Unteramt Landeck des Oberamtes Germersheim) in Besitz hatte. Heute ist die Burganlage staatliches Eigentum; um ihre Pflege macht sich das Landesamt für Denkmalpflege in Mainz und der 1881 gegründete Landeck Verein verdient.

Die unterhalb der Ruine Landeck gelegene St. Nikolaus-Kapelle ist wohl nicht die (außerhalb des Burgbereichs errichtete) ehemalige Burgkapelle gewesen, doch stand sie gewiß in engster Beziehung zu den Burgherren. Es wurde schon darauf verwiesen, daß die Landeck gegen Anfang des 13. Jahrhunderts von den Grafen von Saarbrücken gegründet worden sein könnte, da 1237 die Burg in gemeinsamem Besitz der Zweibrücker und Leininger Grafen als deren Nachkommen nachgewiesen ist. Mit der Leininger Teilung kam die Burg an Graf Emich IV. von Leiningen, den Gründer der Landecker Linie, der vermutlich auch (nach 1238) der Erbauer der St. Nikolaus-Kapelle gewesen sein dürfte. Für diese Vermutung spricht die Tatsache, daß Nikolaus-Kapellen auch auf anderen Leiningischen Burgen errichtet worden sind, so auf Neu-Leiningen um 1240 durch Graf Friedrich III., auf Lindelbronn, das als Reichslehen 1274 an die Leininger fiel, und auf der Madenburg, die im 13. Jahrhundert ebenfalls Reichslehen der Leininger gewesen ist. Obwohl erst 1470 genannt, beweisen die Bauformen der Kapelle jedoch ihre Errichtung im 2. Viertel des 13. Jahrhunderts. Im Chor zeugen noch Reste von Wandmalereien des 13. Jahrhunderts, nämlich ein St. Michael (als Patron der Mutterkirche des Klosters Klingenmünster) und ein St. Nikolaus (als Patron der Kapelle) von ehemals reicherer Ausgestaltung. Einen Besuch dieses kleinen Baudenkmals des Übergangsstils (zwischen Romanik und Gotik) sollte man nicht versäumen.

9 Hohenecken

Burgruine bei Kaiserslautern

Zu denjenigen Burgruinen der Pfalz, die am eindrucksvollsten den Wehrbaucharakter der Stauferzeit bewahrt haben, gehört neben den Ruinen Landeck und Gräfenstein auch die Burg Hohenecken.
Man erreicht den Ort gleichen Namens in wenigen Minuten Autofahrt südwestlich von Kaiserslautern über die Bundesstraße 270. Vom Ort aus führen zwei Wege zur Burg hinan: der eine von der Ortsmitte ansteigend an der Rochus-Kapelle vorbei über den grobgepflasterten ehemaligen Burgweg, der zweite vom östlichen Ortsende ab in mäßig ansteigenden Waldwegen.
Die Anlage selbst nimmt mit etwa 50×80 Metern ein vorgeschobenes Bergplateau ein, das nördlich des Ortes ungefähr 75 Meter hoch aufragt.

Zur Angriffsseite hin, von der aus auch der Burgweg in die Feste hineinführt, liegt der Burg ein ausgehauener Halsgraben vor. Dahinter bildet ein Felsriff einen ehemals willkommenen natürlichen Riegel zum Burgareal; es wurde deshalb in die äußere Verteidigungslinie, d. h. in die Unter- oder Vorburgmauer miteinbezogen, wobei man das Felsriff künstlich bearbeitete und mit einer innen dem Burghofe zu ausgehauenen Felskammer, einer Art Wacht-Raum versah. Seitlich an dieser Felsbarre und zwar südöstlich daneben liegt das ehemalige Burgtor, das seine noch erhaltene bauliche Gestaltung allerdings erst dem 16. Jahrhundert verdankt: Ein Kammertor, das auch heute noch den Zugang zur Burg bildet, ist nach außen vor die Ringmauer vorgeschoben; der äußere Durchgang fehlt, die seitlichen Flankenmauern der Torkammer sind mit runden Schießscharten bewehrt, die eine Seitenbestreichung der anschließenden Ringmauern — wohl mit kleineren Feuerwaffen — ermöglichten. Über dem inneren Portal ist der Schlußstein mit dem Wappen der Hohenecker und der Jahreszahl 1560 versehen.

Hat man das Tor durchschritten, so gelangt man in die untere Burg (oder Vorburg), die die stauferzeitliche Kernanlage ringsum umgibt; von ihrer Ringmauer sind noch größere Teile erhalten. Linkerhand hinter dem Vorburg-Tor in südwestlicher Richtung liegt das sogenannte Dienstgebäude, ein langrechteckiger, zweigeschossiger Bau mit noch teilweise hoch erhaltenen Mauerresten der Zeit um 1560.

Annähernd in der Mitte der Unterburg liegt der Felsklotz, auf dem die älteste, die stauferzeitliche Burg begründet wurde. Der heutige Zugang zur Kernanlage ist neuzeitlich, der mittelalterliche nur schwer zu rekonstruieren; vermutlich führte er an der Südostseite durch eine Toranlage hindurch auf das Felsplateau hinauf, das sich über 25×40 Meter erstreckt. Gegen Nordosten, also der Angriffsseite entgegen, schirmte die Kernanlage eine 3 Meter starke, 25 Meter lange und über 11 Meter hohe Schildmauer vor Beschuß von Belagerungsmaschinen. Sie sitzt auf dem gerade abgearbeiteten Felsklotz auf und umkleidet ihn teilweise; ihr aus glatt bearbeiteten Quadern bestehendes Mauerwerk ist im mittleren Teile der Front durch Beschädigung oder Setzung vertikal ausgewichen, hält sich aber noch im Mauerverbande, der an den Außenkanten sowohl als auch in den oberen Partien aus Buckelquadern mit Randschlag besteht. Die unteren Partien der Schildmauer sind glatt belassen, nämlich dort, wo das vorliegende Felsriff eine gute Deckung vor dem Beschuß der Angriffsseite bot.

Der Bergfried von Hohenecken ist im Grundriß fünfeckig. Seine der Angriffsseite entgegengerichtete Kante — noch über 20 Meter hoch erhalten — steht in der starken Schildmauer, wobei die oberen Teile auf der Schildmauer aufsitzen. Natürlich sollten auch hier — ähnlich wie beim Gräfenstein — anfliegende Wurfgeschosse durch die Kante des Fünfecks seitlich abgeleitet werden, um die südwestlich hinter dem Bergfried stehenden Wohngebäude nicht zu treffen; die an die stumpfwinkelige Kante ansetzenden zwei Seiten des fünfeckigen Bergfrieds sind in ihrer Ausrichtung genau für diesen Zweck berechnet. Das Mauerwerk dieser beiden Seiten, die als einzige des Fünfecks erhalten sind, besteht aus Buckelquadern mit Randschlag. Das Innere des Bergfrieds war quadratisch, ein Teil der Nordost- und der Nordwestrand des Innenraumes ist noch gut sichtbar und — wie üblich — aus glatt bearbeiteten Quadern erbaut; ein Auflager im oberen Mauerwerk bezeichnet die Balkenauflage des Bodens eines Obergeschosses. Wie auch beim Gräfenstein führte der Wehrgang der Schildmauer außen an der Kante des Bergfrieds vorbei; ein Teilstück der Wehrgang-Krenelierung (Zinnenmauer) ist oben an dieser Stelle der Schildmauer in Schräglage noch gut zu erkennen.

Von den mit Buckelquadern verblendeten Enden der Schildmauer strichen ehemals seitlich — und zwar weit hinaufreichend, wie die Mauerverzahnungen beweisen — die Ringmauern der Kernanlage nach Südwesten ab. In dem nach Südwesten polygonal abgerundeten Burgareal liegen (ähnlich der baulichen Situation auch der Burgruinen Landeck und Gräfenstein) die Reste der Wohngebäude im Zuge der Ringmauer und im Schutze von Schildmauer und Bergfried. Der stauferzeitliche Wohnbau der Nordwestseite steht noch in ansehnlichen Resten aus kleineren, glatt bearbeiteten Quadern bis zu drei Geschossen hoch an. Die in Abständen verteilten Fenster öffnen sich (zum Teil mit seitlichen Sitzbänken in den inneren Fensternischen) im 2. Geschoß, wo — wie üblich — der Saal anzunehmen ist; sie sind rundbogig, stichbogig oder scheitrecht gedeckt. Bemerkenswert ist ein Fenster der Hofseite: der Mittelstütze zwischen den beiden rundbogigen Arkaden ist eine Dreiviertelsäule mit attischer Basis und fein ausgearbeitetem Laubwerkkapitell vorgelegt, das etwa in die Mitte des 13. Jahrhunderts datiert werden kann. Auch ein Knospenkapitell der sogenannten Übergangszeit (von der Romanik zur Gotik) deutet auf Entstehung dieses Nordwestbaues etwa in der Zeit von 1235 bis 1240 und rückt ihn damit in die Nähe des nicht mehr vorhandenen Trifels-Palas' etwa der gleichen Zeit, wie die dort gefundenen Bauspolien überzeugend beweisen. Rechteckige Schießscharten öffnen sich, wie üblich, im Erd- und Kellergeschoß. An der Außenseite dieses Palas'

Schildmauer und fünfeckiger Bergfried von Osten

führen Durchgänge zu ehemaligen Aborterkern: im 2. Obergeschoß ist noch die eine Seite eines solchen Zuganges mit der durch die Außenmauer durchbindenden Konsole sowie ein (später vermauerter) Zugang über drei zusammenhängenden Konsolsteinen deutlich zu erkennen; aber auch im 3. Geschoß sind ein rundbogiger Zugang und abgerundete Kon-

Nordwestbau. Doppelfenster an der Hofseite

solsteine eines Abortes erhalten. Naturgemäß waren solche Abtritte in Abständen voneinander im Mauerwerk angeordnet.

Der an der Südostseite der oberen Burg gelegene Wohnbau ist in größeren Teilen Produkt eines Bauvorganges des späten 16. Jahrhunderts, wie Fenster und Türen mit profilierten Gewänden sowie der Rest eines polygonalen Treppenturmes der Renaissance erweisen.

Ähnlich der Gebäude-Anordnung auf den Burgen Landeck und Gräfenstein sind auch hier auf Hohenecken die spitzwinklig aufeinander zulaufenden beiden Wohnbauten durch ein quergelagertes Gebäude verbunden, das — gegen Südwest polygonal — den Burgbereich der Kernanlage abschließt. Auch dieser Bauteil ist in seinen Außenmauern dreigeschossig erhalten. Gerundete Konsolen markieren die einzelnen Geschoß-Unterteilungen. Sowohl im Erd- als auch im 1. Obergeschoß sind Rauchabzüge von Kaminanlagen über- bzw. nebeneinander versetzt angeordnet, deren Schlote in den Außenmauern nach oben hin hochgeführt worden sind, um ehemals über dem Dach zu enden.

Alle Wohnbauten bestehen auch im Außenmauerwerk aus kleineren, glatt bearbeiteten, nicht gebuckelten Quadern in ungleich hohen Schichten, ähnlich wie dies auch bei der Burg Landeck der Fall ist. Der Burghof der Kernanlage ist — ähnlich wie auch auf Burg Landeck und Burg Gräfenstein — verhältnismäßig schmal und durch die seitlichen Wohngebäude eingeengt. In der Ostecke des Burghofes, nahe der Südostseite des Bergfrieds, steht über einem runden, eingetieften Schacht ein Teil der Brunneneinfassung (Puteal), deren oberer Rand in einem romanischen Rundbogenfries endet.

Über die Geschichte dieser doch recht aufwendigen Burganlage ist verhältnismäßig wenig bekannt. Vermutlich stand die Errichtung der Feste im Zusammenhang mit dem Neubau der Kaiserburg Lutra (Lautern, 1322 erstmals „Kaiserslautern") seit 1158. Bergfried und Schildmauer können jedoch — so erweist es die Bautechnik — kaum vor 1200, der Nordwestbau kaum viel vor 1250 entstanden sein. Ihre Lage diente wohl der Sicherung der unten vorbeiführenden Durchgangsstraße und war dementsprechend von besonderem strategischen Wert. Eine Reichsburg war sie offensichtlich nicht, jedoch Sitz eines Reichsministerialen. Das Geschlecht, das sich nach der Burg benannte, gilt als Nachkomme der Herren von Lutra (Lautern), das 1214 genannt wird und seit 1184 nachweisbar ist; es erlosch erst in der Mitte des 18. Jahrhunderts. Reichsunmittelbarkeit erhielten die Burgbesitzer erst 1631, doch waren sie 1651 bereits wieder an Kurpfalz gebunden. 1665 verkauften sie ihre Rechte an das Herzogtum Lothringen. Eine Burgkapelle wurde erstmals 1269 erwähnt, die Burg selbst 1346 als „castrum". 1369 hatte Mainz das Öffnungsrecht, zu einer Zeit, als mehrere Ritterfamilien (Ganerben) die Feste bewohnten. Als Gemeiner werden 1394 bereits die Ritter von Hohenecken und die Kämmerer von Worms genannt, dazu kamen im 15. Jahrhundert die Scharfenecker (ein Viertel Anteil) und die von Cropfberg. 1463 erwarb vermutlich Kurpfalz Anteil an der Burg. Die 1525 im Bauernkrieg heimgesuchte Feste wurde wenig später wieder instandgesetzt. Erweiterungen und Umbauten erfolgten um 1560. Die Zerstörung durch französische Truppen ist für 1680 anzunehmen. Restaurierungen sind 1875, 1905 und in den 30er Jahren durchgeführt worden.

10 Trifels

Ehemalige Reichsburg bei Annweiler

Wenn auch seine Geschichte mindestens in salische Zeit zurückreicht, so verkörpert doch der Trifels auf dem Sonnenberg über Annweiler den Typ einer Felsenburg der Stauferepoche.
Ob geringe Spuren von hölzernen Gebäuden an der nordöstlichen Peripherie der Burg auf Bautätigkeit schon im 10. Jahrhundert hinweisen können, sei dahingestellt. Tatsächlich sind (heute nicht mehr sichtbare) Reste salischen Mauerwerks aus kleineren, glatt bearbeiteten Quadern vom salischen Palas und den Außenbefestigungen sowie auch ein kerbschnittverzierter Sattelstein (wohl aus der Zeit um 1100) Zeugen einer recht umfänglichen Burg des 11. Jahrhunderts, die erstmals 1081 genannt wird, als ein Dynast namens Diemar bei seinem Eintritt in das (gregorianische) Kloster Hirsau die Burg dem König, in diesem Falle wohl Heinrichs IV. Gegenkönig, Hermann von Salm, übergab. Die Dynastenburg

Trifels, zuvor, d. h. nach Ausweis der Bautechnik etwa in der Mitte des 11. Jahrhunderts — gewiß mit königlichem Konsens — erbaut, geriet also zeitweilig in die Hände der Saliergegner, vielleicht sogar in die des Bischofs von Straßburg, dessen Obervogt Heinrich in jener Zeit Schwager des genannten Diemar von Trifels gewesen zu sein scheint — wie denn auch das Dorf Annweiler zu jener Zeit bischöflich-Straßburgischer Besitz war und erst 1116/1118 von Friedrich II. dem Einäugigen von Schwaben gegen das elsässische Dorf Morsbrunn eingetauscht worden ist.

Schon ein paar Jahre zuvor, 1113, gab der hier gefangengesetzte Mainzer Erzbischof Adalbert Kaiser Heinrich V. die Burg Trifels zurück. Zur gleichen Zeit saß ein anderer hochgestellter Gefangener auf dem Trifels (oder auf dem benachbarten Scharfenberg): der sächsische Graf Wiprecht von Groitzsch, der zunächst mit Heinrich V. gegen dessen Vater Heinrich IV. focht, dann aber zu den Gegnern des Kaisers übertrat und deshalb schließlich in Heinrichs V. Gefangenschaft geriet.

1125, kurz vor seinem Tode, übergab Kaiser Heinrich V. seinem Reichsverweser, dem schon genannten Herzog Friedrich II. von Schwaben, die Reichskleinodien und Reichsinsignien zur Verwahrung auf dem Trifels, wo sie denn auch bis 1153 verblieben, um dann von Kaiser Friedrich Barbarossa in die neuerbaute Pfalz Hagenau überführt zu werden.

In der noch aus salischer Zeit stammenden Burg wurde auch der englische König Richard Löwenherz 1193/1194 gefangengehalten. Der arrogante, hochfahrende Engländer, der vor und im eroberten Akkon nicht nur seine deutschen und französischen Kreuzzugs-Verbündeten, sondern vor allem die Österreicher durch Herabreißen ihrer Standarten zutiefst beleidigt hatte, war nach erfolglosem Kreuzzug in Österreich ergriffen und von seinem Feinde Herzog Leopold auf die (ältere) Burg Dürnstein in der Wachau überführt worden. Hier — und nicht auf dem Trifels, wo des Löwenherzen Aufenthalt jedermann bekannt war — mag die Sage vom Minstrel Blondel de Nesle angesiedelt sein, der seinen königlichen Herrn durch Absingen einer (beiden bekannten) Melodie wiederzuentdecken vermochte.

Die Gefangennahme des englischen Königs durch den Herzog von Österreich fand übrigens dreißig Jahre später (1223) eine Parallele, als der Graf von Schwerin seinen Feind, den König Waldemar II. von Dänemark, während einer Jagd durch Verrat abfing. Seine Freiheit mußte sich Waldemar durch ein hohes Lösegeld und die Abtretung der Gebiete von der Eider bis Pommern an das Reich (Ende 1225) erkaufen. Im Juli 1227 wurde das durch Gewalttat Erpreßte in der Schlacht bei Bornhöved (südlich Kiel) mit den Waffen behauptet und damit vorerst die dänische Großmachtpolitik zurückgedrängt.

Kaiser Heinrich VI., Nachfolger und Sohn des im Saleph ertrunkenen Friedrich Barbarossa und mächtigster, wenn auch nicht sympathischster Staufer, ließ sich den Löwenherzen gegen Geld von Österreich ausliefern, mit dessen Hilfe Leopold die Feste Dürnstein in der Wachau an naher Stelle neu errichtete und auch Wiener Neustadt befestigte.

Auf dem Trifels saß der englische König in ehrenvoller Haft, keineswegs in einem Burgverlies. Mit dem Geld, das die Engländer für seine Freilassung zahlen mußten, und mit britischer Flottenunterstützung gelang es Heinrich VI., den Normannenstaat in Unteritalien und Sizilien zu erobern, auf den er als Gatte der normannischen Prinzessin Konstanze ein Anrecht zu haben glaubte. Am Trifels sammelte sich das Heer, das der Truchseß Markward von Annweiler von hier aus gegen die Normannen führte. Der normannische Staatsschatz wurde 1195 auf 150 Saumtieren — den im Mittelalter gebräuchlichsten Reit- und Lasttieren — auf den Trifels gebracht und vermehrte hier später (1208—1221) die kaiserlichen Reichskleinodien.

Mit einem Teil des englischen Geldes ist wohl — ähnlich wie zuvor schon der Dürnstein in der Wachau — auch der Trifels einem Ausbau unterzogen worden, der einem Neubau gleichkam. Barbarossas Sohn, König Philipp von Schwaben (1197—1208), der Bruder des 1197 verstorbenen Heinrich VI., inaugurierte den Neubau „von Grund auf", jedoch scheint ein neuer Palasbau die finanziellen Möglichkeiten überstiegen zu haben. Somit blieb der alte salische Palas zunächst noch in der ringsum gegen 1200 neu erbauten Burg bestehen.

Hauptturm des neuen Trifels war der sogenannte Kapellenturm, eine Kombination von Wohnturm, Torturm (zum Palas hin) und Kapelle (über dem Durchgang!) zugleich. Sein durchaus nach normannischer Baugewohnheit konzipierter Baukörper in den Ausmaßen eines Wohnturmes (12,7×9,2 m) mit Zweiteilung der drei Geschosse und Treppenläufen innerhalb der Außenmauern läßt vermuten, daß außer englischem Geld vielleicht auch englische Planskizzen für solcherart Burgbauten geliefert worden sein könnten; einen Beweis dafür gibt es jedoch bisher noch nicht.

Der ebenerdige Zugang des Turmes führte durch zwei sogenannte Wacht-Räume seines Erdgeschosses und dann in das Erdgeschoß des zunächst noch salischen, später des staufischen Palas. Im 1. Obergeschoß des Turmes lagen die sogenannte Königskapelle mit einem (heizbaren) Vorraum und im 2. Obergeschoß darüber der Tresorraum oder die Dreskammer, ebenfalls mit einem Vorraum. Kapelle und Tresorraum dienten in den Jahren 1208—1221, 1246—1274 und 1292 bis 1298 als Aufbewahrungsorte der Reichskleinodien, diese für die sakralen, jener für die profanen Teile des Schatzes. Insgesamt, also die Jahre von 1125 bis 1153 eingeschlossen, befanden sich die Reichskleinodien während eines Zeitraumes von 173 Jahren mit Unterbrechungen 75 Jahre lang auf dem Trifels, bewahrt und gepflegt von Mönchen des nahegelegenen Zisterzienserklosters Eußerthal.

Dem Neubau der Zeit um oder bald nach 1200 sind außer dem Kapellenturm auf dem oberen Burgplateau wohl auch die Ringmauern des mittleren Burgareals, der von dort über eine Brücke (nach Nordost) zu erreichende Brunnenturm in seinen unteren Teilen und ein größeres Burghaus in der Unterburg zuzurechnen.

Auf diesen wohl soeben erst fertiggestellten, erneuerten und erweiterten Trifels ließ Philipp von Schwaben 1206 eine Hauptstütze seines Gegners Otto IV., den Kölner Erzbischof Bruno, verbringen, der dort über ein Jahr als Gefangener in Gewahrsam blieb. Nach der Ermordung König Philipps 1208 in der Alten Hofhaltung zu Bamberg veranlaßte der Kanzler und Protonotar Konrad von Scharfenberg, Bischof von Speyer und Metz, die Überführung der Reichsinsignien auf den Trifels und in die offensichtlich für diesen Zweck schon vorbereiteten, bewußt mit gemeinsamer kommunizierender Mittelöffnung miteinander verbundenen beiden übereinanderliegenden Räume, Kapelle und Tresorraum; dort blieben sie bis 1221.

1215 geriet die Feste in die Hand des jungen Staufers Friedrich II., der 1219 dem am Fuße der Burg gelegenen Annweiler Stadtrechte verlieh und verfügte, daß der Erlös einer dortigen Münze für den Trifels Verwendung fände, also offenbar zur Durchführung von Bauarbeiten auf der Burg und zum Unterhalt der Burgbesatzung dienen sollte.

Der unter Friedrich II. errichtete neue Palas erstand nach Ausweis seiner aufgefundenen Baudetails, namentlich einer Reihe von Kapitellen des sogenannten Übergangsstils (zwischen Romanik und Gotik) etwa in den Jahren von 1235 bis 1245. Er ersetzte den bis dahin noch bestehenden Palas salischer Zeit und schob sich von Norden an den älteren Kapellenturm heran, der bereits um 1200 mit seinen Durchgangspforten nach Norden auf diesen Palasanbau konzipiert war. Der Grundriß des Palas war trapezförmig-polygonal, sein Aufbau dreigeschossig. Wie üblich bei Palatien jener Zeit lagen im Erdgeschoß Wirtschaftsräume, im 1. Obergeschoß der große Saal und im 2. Obergeschoß die Wohnräume. In seiner Südwestecke war ein mächtiger, vierschächtiger Abort eingebaut, der sowohl von den Obergeschossen als auch durch einen Zugang im Fels vom Erdgeschoß der Ostseite aus erreicht werden konnte; ganz unten an seiner Südseite, im Winkel zwischen Turm und Palas, entließ der Abortschacht die Fäkalien durch eine rundbogige Öffnung und über eine Rinne im Westzwinger, die die Ringmauer durchquerte, vor die steile Westseite der Burg.

Bau- und kulturgeschichtlich wichtig darf es gelten, daß hier auf dem oberen Plateau des Trifels, auf einem dreigeteilten Fels (daher der Name Trifels!), der Hauptturm (Wohnturm) mit Tor, Kapelle und Tresorraum dem Palas mit Abortanlage eng verbunden ist, zu einer geschlossenen Baugruppe auf engstem Raum, die in dieser Konzentration nicht nur den sakralen Gehalt des Turmes in geistige Beziehung zum Palas setzt, sondern auch Zeugnis ablegt für einen gewissen Hang zu Bequemlichkeit und angenehmerem Wohnen, der sich deutlich seit etwa der Zeit Heinrichs VI. an staufischen Hofburgen ausweist. Die normannischen Tendenzen dieser Baugruppe (Wohnturm, Abortschacht) sind im Gefolge der engen Beziehungen der Staufer zu den Normannen, auch wiederum seit der Zeit Heinrichs VI., nur natürlich. Von der ehemals reichen Ausstattung des Palas aus „Marmor" sind uns Reste, Teile des Bodenbelages und eine Säule, erhalten. Sie galten bisher als aus Travertin der Gegend von Langensalza in Thüringen gefertigt und damit als Beweise für die Beziehungen des Bauherrn Friedrich II. zu seinem Paladin, dem Deutschordens-Hochmeister Hermann von Salza; seit kurzem jedoch kann es als sicher gelten, daß dieser „Marmor" nichts anderes als Kalksinter ist, also Ablagerung aus römischen Wasserleitungen, willkommener und dauerhafter Werkstoff aus antiker Zeit.

Das erste uns erhaltene Inventar der Reichskleinodien fertigte 1246 Isengard, Gemahlin des Truchsessen Philipp von Falkenstein, an, als sie König Konrad IV. die auf dem Trifels aufbewahrten Insignien übergab. Die besondere Bedeutung, die der Trifels im Hohen Mittelalter zweifellos besaß („Wer den Trifels hat, der hat das Reich"), ist leider aus den dürftigen Nachrichten über die Anwesenheit deutscher Könige auf der Burg und aus den wenigen dort ausgestellten Urkunden nicht zu ersehen. Nachgewiesen sind dort lediglich Friedrich I. Barbarossa 1155 und 1174, Heinrich VI. 1194, im gleichen Jahr auch dessen Gemahlin Konstanze,

der spätere König Otto IV. als Geisel und der spätere König Philipp von Schwaben als Zeuge, Kaiser Friedrich II. 1215 (?), dessen Sohn Heinrich (VII.), 1234/1235 dort als Gefangener seines Vaters inhaftiert, Konrad IV. 1246 und Wilhelm von Holland 1255.
Die Bedeutung des Trifels für die Reichsgeschichte erlosch mit dem Niedergang des Imperiums im Interregnum. Rudolf von Habsburg überführte die Reichskleinodien 1274 auf die Kyburg in der Schweiz. Nur unter König Adolf von Nassau (1292—1298) kamen sie noch einmal auf den Trifels zurück. Offensichtlich letztmals wurde im Auftrage eines deutschen Königs auf dem Trifels gebaut, als 1309 und 1310 König Heinrich VII. dem neuen Landvogt im Speyergau Graf Georg von Veldenz zunächst 500 und dann 1200 Pfund Heller von der Judensteuer zu Landau und vom Zoll zu Germersheim zur „Herstellung" der Burgen Trifels und Neukastel überwies. Damit endet die Geschichte des Trifels als Reichsburg.

Kapellenturm und wiederaufgebauter Palas von Süden (nach 1966)

König Ludwig IV. der Bayer verpfändete im Jahre 1330 den Trifels an seine Erben, die Pfalzgrafen Rudolf II. und Ruprecht I. Danach sind uns Bauarbeiten auf der Burg durch Aufwendung größerer Mittel noch in den Jahren 1346, 1339 und 1367 nachgewiesen.
Nach dem Tode Ruprechts I. 1390 ging der Trifels an dessen Neffen Ruprecht II. über, nach dessen Ableben wiederum an den Sohn Ruprecht III. von der Pfalz, der 1400 deutscher König wurde, weshalb denn auch der Trifels noch einmal für zehn Jahre — wenigstens de iure — zum Range einer Reichsburg aufgestiegen sein muß. 1410 jedoch, nach des Königs Tode, erfolgte die Teilung des pfälzischen Territoriums unter seine Söhne, wobei dem dritten Sohn Stephan, dem Gründer der Linie Simmern-Zweibrücken, Annweiler und der Trifels zugefallen sind. Fortan teilte die Feste das Geschick des Herzogtums Zweibrücken bis zur Französischen Revolution. In Zweibrücker Zeit ist offensichtlich das Wachthaus auf dem oberen Burgplateau südlich des Kapellenturms errichtet worden, vermutlich noch im 15. Jahrhundert. Zudem wurde noch im 15. oder schon im 16. Jahrhundert das Burgareal über den staufischen Bering hinaus erweitert, jedenfalls an der Nord- und Ostseite, ohne jedoch dort das Ausmaß der salischen Zeit zu erreichen. Zurückgenommen wurde stattdessen die Ringmauer der Westseite. 1524 hat man den Eingang zum Kapellenturm verengt, wie eine Jahreszahl in dieser teilweisen Vermauerung, die bei der neuzeitlichen Restaurierung wieder entfernt worden ist, bewiesen hat.
Burggrafen, Vögte und Burgmänner auf dem Trifels, und zwar sowohl auf der Reichsburg als auch unter Zweibrücker Herrschaft, waren Adelige der näheren und weiteren pfälzischen Umgebung. Oftmals haben sie sich nach dem Trifels benannt, zuweilen wiesen sie sich als Hüter der Reichsinsignien („tenens imperialia", „provisor imperialium") aus.
Im Bauernkrieg 1525 blieb der Trifels verschont, was vermutlich darauf zurückzuführen ist, daß aufständische Bürger Annweilers die Burg bereits besetzt hatten, um sie dann den Bauernhaufen zu übergeben. Für ein teilweises Schleifen der Befestigungen hatten die Annweiler Bürger jedoch noch jahrelang, jedenfalls über 1535 hinaus, Zahlungen an das Zweibrücker Herzogshaus zu entrichten, die vermutlich auch zur Wiederherstellung der Burg verwendet werden sollten. Im Jahre 1568 ordnete Herzog Wolfgang von Zweibrücken die Unterbringung des Zweibrücker Archivs auf dem Trifels an, weshalb denn die Gemächer wiederhergestellt, Fenster und Kamine durch Einsetzen von Gittern zusätzlich gesichert worden sind. Zwei Inventare des Trifels aus den Jahren 1581 und

1595, die übrigens wichtige Hinweise zur baulichen Gliederung der Trifelsgebäude zu bieten imstande sind, bezeugen jedoch auch den desolaten Zustand und die Armseligkeit des Hausrats, des Werkzeugs und der Bewaffnung der Feste. Unter diesen Umständen ist es nicht verwunderlich, daß für den Burgvogt Johannes Fauth im sogenannten Trifels-Sattel am Fuße der Burg ein neues Wohn- und Ökonomiegebäude errichtet worden ist, der später sogenannte Schafstall, Refugium weidenden Herdenviehs im 19. Jahrhundert.

Im Jahre 1602 geriet der Trifels im Gefolge eines Blitzschlags in Brand, woraufhin Herzog Johann I. eine Wiederherstellung anordnete. In die leidlich hergerichtete Anlage retteten und flüchteten sich nach Ausbruch des 30jährigen Krieges die Bewohner der Umgebung, bis sie 1622 durch eine Mansfeldische und 1631 durch schwedische Besatzung vertrieben wurden. 1635 zwang die Pest zum fluchtartigen Verlassen des Trifels. Aus der leeren Ruine ließen die Herzöge Friedrich und Friedrich Ludwig von Zweibrücken zwischen 1660 und 1670 66 „Marmor"-Platten und 40 Sandsteinsäulen ausbrechen, um sie anderwärts zu verwenden. 1684 soll das „Schloß" noch gut im „Steinwerk", also in den Umfassungsmauern seiner Gebäude, bestanden haben, jedoch fehlten damals bereits Gebälke und Dächer, Türen, Fenster und Läden. So lag denn die Ruine im 18. Jahrhundert dem Steinraub der Umgebung völlig offen. Eine Zeichnung vom Anfang des 18. Jahrhunderts im Staatsarchiv Speyer zeigt von den Burggebäuden nur noch den Kapellenturm, den Brunnenturm mit Brücke, die Ruine des Wachthauses und vom Palas lediglich ein Mauerstück mit zwei rundbogigen Fenstern.

Im Zeitalter der Romantik entdeckten die Künstler das Mittelalter wieder und damit auch den Zauber mittelalterlicher Ruinen in ihrer Landschaft. Auch vom Trifels sind daher eine Reihe schöner Zeichnungen, Aquarelle, Stiche und Lithographien von Künstlern des 19. Jahrhunderts erhalten. Dem gleich engen Verbundensein mit mittelalterlicher Geschichte, Ritter-Romantik und Ruinenzauber verdankte der Trifelsverein im Jahre 1866 seine Gründung, der sich dann auch im folgenden um Restaurierungen der Burg (1880, 1882—1892, 1897 und neuerlich seit seiner Wiederkonstituierung im Jahre 1952) verdient gemacht hat. Das Zeitalter der Romantik hat auch zeichnerische Rekonstruktionen entstehen lassen, die naturgemäß dem Stile ihrer Zeit und der jeweiligen Kenntnis mittelalterlicher Bauformen verhaftet waren. Ausgrabungen, Baumonographien und neuerliche Rekonstruktionsentwürfe brachte auch das 20. Jahrhundert bei. Die NS-Zeit schließlich inaugurierte seit 1938 einen Wiederauf-

Inneres der Königskapelle im Jahre 1865. Aquarell von Fritz Bamberger

bau der Ruine, der — außer der Erstellung einiger Nebengebäude — nur bis zur Wiedererrichtung des Palas und zur Aufstockung des Kapellenturms geriet (bis 1966). Da mittelalterliche Ansichten der Ruine fehlen, ist das dort Gebaute bei aller bautechnischen Qualität dennoch — weil als „Weihestätte" und „Reichsehrenmal" bestimmt — in bauhistorischer und denkmalpflegerischer Sicht fragwürdig, auch wenn es im historisierenden Gewande seiner massigen Monumentalität Tausende jährlicher Besucher zu bestechen und zu beeindrucken scheint (Architekt: Rudolf Esterer, † 1965).

Der Trifels beherrschte ehemals nicht das Queichtal, wie man heute meinen könnte, sondern eine alte Heerstraße an seiner Südseite, die dem Verlauf einer ehemaligen Römerstraße vom Rhein ins Lothringische hinein folgte. Mehrere, vor 1250 errichtete Reichsburgen in seiner Umgebung werden einem „Burgensystem" zugerechnet, das dem Schutz des Trifels dienen sollte. Zu diesen Reichsburgen gehörten (von Nord nach Süd) die Rietburg, die Geisburg, Meistersel/Modeneck, Ramburg, Altscharfeneck, Neukastel, Scharfenberg, die Falkenburg, Landeck, Lindelbronn, der Berwartstein und Guttenberg. Ob man hierbei zu Recht von einem „Burgensystem" sprechen sollte oder vielleicht doch eher von einer mehr zufälligen Konstellation, sei dahingestellt. Direkt dem Trifels auf zwei Kuppen des gleichen Höhenzuges benachbart, liegen die Ruinen Anebos und Scharfenberg (auch „Münz" genannt). Anebos, von der nur noch Gebäudespuren am hoch aufragenden Burgfels erhalten sind, war eine Gründung des späten 12. Jahrhunderts. Das Geschlecht der von Anebos starb bereits unter Friedrich II. aus, seine Burg verfiel wohl schon im 13. Jahrhundert. — Scharfenberg, eine Reichsburg vielleicht noch des späten 11. Jahrhunderts, befand sich um 1155 in der Hand Bertholds von Scharfenberg, eines Reichsministerialen, dem 1166 auch die Untervogtei über das Kloster Weißenburg zufiel. Sein Sohn Konrad III. von Scharfenberg († 1214 oder 1224) war seit 1186 Propst von St. German zu Speyer und Notar der Reichskanzlei, seit 1200 Bischof von Speyer, seit 1208 Reichskanzler und seit 1212 auch Bischof von Metz. Vermutlich ist er einer der fünf (namentlich nicht benannten) hohen Geistlichen, die in der Speyerer Kaisergruft beigesetzt sind. Die heute noch stehenden Reste der Burg Scharfenberg, Teile der Ringmauer und der 20 Meter hohe quadratische, dreigeschossige Bergfried aus Bukkelquadern mit Randschlag dürften kaum vor 1200, somit also als Neubau der Burg von Konrad von Scharfenberg errichtet worden sein. Die Bezeichnung der Burg als „Münz" wird mit dem Münzrecht Annweilers von 1219 in Verbindung gebracht, doch könnte die königliche Prägestätte in der Stadt selbst gelegen haben, und nur das gemünzte Geld — wenigstens zeitweise — vielleicht auf Scharfenberg verwahrt worden sein.

Der Besucher, der bei Annweiler von der Bundesstraße 10 aus den Trifels ansteuert und von dort aus noch 7 Kilometer asphaltierten Waldweg bis zum sogenannten Trifelssattel durchfährt, gewinnt vom Queichtal oder auch von verschiedenen Punkten der Zufahrtsstraße aus wechselnde Ansichten des Komplexes, der sich ihm (494 Meter ü. M. und 310 Meter über Annweiler) als Konglomerat aus staufischen Resten und Neugebautem der 40er bis 60er Jahre unseres Jahrhunderts darbietet. Vom Trifelssattel aus (Burggaststätte und Parkplatz, ehemals Stätte schon keltischer und römischer Besiedlung, die wichtige Münz- und Werkstattfunde zeitigte) beginnt der Aufstieg, der zunächst am „Schafstall", der Ruine des Vogtdomizils aus dem 16. Jahrhundert, vorbeiführt. Nach etwa 20 Minuten des Ansteigens um Ost-, Süd- und Westseite des Burgfelsens, der zerklüftet über dem Besucher aufstrebt, erreicht man das Burgareal an dessen Nordseite und betritt, unter einer kleinen Steinbrücke von 1882 hindurchgehend, die zum Brunnenturm (linker Hand) hinüberführt, die östlich der Mittel- und Oberburg vorgelagerte Unterburg, deren Abmessungen das 16. Jahrhundert bestimmte und die durch einen halbrunden, innen offenen Mauerturm, eine sogenannte Schale, und die daran anstoßenden Ringmauern begrenzt wird. Salische und staufische, durch Ausgrabungen gewonnene Fundamente bleiben nach Nord und Ost im Waldesgrün verborgen; nach Westen jedoch strebt hochauf die Ostseite der Trifels-Kernanlage, zunächst (von Nord nach Süd) der isoliert stehende Brunnenturm (staufisch, 16. Jahrhundert, 1882) mit seiner Brücke, sodann die von mächtigen Strebepfeilern gestützten Zwingermauern der Mittelburg, dahinter die massige Baugruppe aus neuem Palas (1938 ff.) und staufischem Kapellenturm mit östlich vorgeschobener Apsis, dann das südlich vorliegende Wachthaus (15. Jahrhundert, 1958/1959), darauf im mittleren Burgbereich das Pförtnerhäus'chen am oberen Tor und das Wohnhaus des Kastellans (beides aus den 50er Jahren unseres Jahrhunderts) und schließlich noch die Felskulisse des sogenannten Tanzfels im Süden.

Der Burgweg führt nun nördlich aufwärts und biegt nach Passieren eines Tores von 1569 (Jahreszahl außen rechts vom Durchgang) und 1951/1952 um nach Süden. Rechter Hand bemerkt man zwei in den Fels gehauene, rechteckige Zisternen, wohl Pferdetränken, von Wasserrinnen am Fels, die das abtropfende Regenwasser auffingen, gespeist und durch Überlauf miteinander verbunden. Über die aufsteigenden, zum Teil noch mittelalterlichen flachen Stufen, die ehemals auch ein Hinaufreiten gestattet haben, gelangt man an das 1951/1952 erneuerte Tor zur mittleren Burg mit der Pförtnerloge. Im Mittelalter hätte ein angreifender Feind hier an seiner rechten, unbeschildeten Seite den Beschuß durch rechts über ihm postierte Verteidiger erfahren.

Hat man das Tor passiert, so gelangt man in die Mittelburg, überquert die Stelle eines (durch Ausgrabung erwiesenen) staufischen Ritter- oder Burgmannenhauses, läßt linker Hand das neuzeitliche, walmgedeckte Wohnhaus des Kastellans (1955/1956) zurück und richtet sich nach Süden über einen neuzeitlich (1961) befestigten Weg dem am weitesten südlich gelegenen Burgteil zu, dem sogenannten Tanzfels. Hier, wo noch im felsigen Boden eingearbeitete Pfostenlöcher und Balkennuten auf ehemalige Bebauung mit Fachwerkgebäuden deuten, erfreut den Besucher eine herrliche Aussicht auf die ringsum prächtig sich darbietende Wasgaulandschaft. Gegen Südost erkennt man den nahe gelegenen Felsklotz der Burgstelle Anebos und dahinter den hochauf guterhaltenen Bergfried der Ruine Scharfenberg („Münz").

Wendet sich der Besucher nun wieder nach Norden zurück, so strebt in imponierender Wucht die Oberburg der Kernanlage des Trifels vor ihm auf: zunächst das spätmittelalterliche, neuzeitlich restaurierte Wachthaus und hinter ihm die Südwand des mächtigen Kapellenturmes (1964 bis 1966 um das obere Geschoß erhöht). Zwischen dem Wohnhaus des Kastellans — nunmehr rechterhand — und dem Oberburg-Fels zur Linken ersteigt man die obere Burg über eine teils spätmittelalterliche, teils neuzeitliche Treppe, an deren Ende das obere Burgplateau erreicht wird. Links fällt der Blick in das restaurierte Wachthaus, im Höfchen davor auf eine Zisterne (sie steht in einer wohl noch salischen Zisterne, die jedoch nicht sichtbar ist).

Nach Norden zu steigt das sauber gearbeitete Buckelquadermauerwerk der Südwand des Kapellenturms auf. Fast manieriert glatt bearbeitet sind hier die Quadern mit ihren akkurat gespitzten, kissenähnlichen Buckeln und ihren Randschlägen. Viele dieser Quadern weisen eingehauene Steinmetzzeichen auf, Hinweise auf die Urheberschaft der am Werk beteiligten Steinhauer. Gegabelte Zangenlöcher deuten auf die Praxis mittelalterlicher Baugewohnheit hin, Quadern mittels großer Zangen an Ketten von Kränen auf die Baugerüste zu befördern. Diese, die sogenannten fliegenden Gerüste, bestanden aus Gerüstriegeln, die vor die Mauerflucht vorkragten und als Auflager für die Gerüstbohlen dienten, auf denen die Maurer arbeiteten. Die Löcher für die Gerüstriegel sind — je zwei in jeder sechsten oder siebenten Quaderschicht — noch gut sichtbar; sie wurden schon bei der Bearbeitung der Quadern in der Steinmetz-Werkstatt vorberechnet und quadratisch vom Randschlag umzogen. Zwei Schlitzscharten öffnen sich auf dieser Südseite des Turmes, die eine aus der Kapelle im ersten Obergeschoß, die zweite aus dem Tresorraum darüber. Das oberste, neu aufgesetzte Geschoß wird durch zwei gekuppelte Doppelfenster bezeichnet. Darüber tritt ein Gesims auf kleinen Rundbogen über Konsolen vor, eine Zutat neuester Zeit ohne jeden wehrbautechnischen Sinn.

Nunmehr wird der Besucher dem Turmeingang zustreben, der ebenerdig auf die Funktion des Gebäudes, auch als Torturm zu dienen, hinweist.

Rechts am Sockel deutet eine Abarbeitung der Quadern auf eine dort ehemals aufgelegte Holzbrücke zum Obergeschoß des früheren Ritterhauses in der Mittelburg. Der Turmeingang ist 1524 (datiert) verengt worden; bei den neuesten Restaurierungen aber hat man diese Vermauerung wieder entfernt. Beim Durchschreiten der nun folgenden beiden Wacht-Räume im Turm-Erdgeschoß, die — kreuzgratgewölbt — durch Schlitzfenster spärlich erhellt werden, bemerkt man links sowohl vor dem ersten als auch im zweiten Wacht-Raum die Eingänge zu engen Treppen in der westlichen Turmaußenwand, die beide im ersten Obergeschoß, und zwar im Vorraum der Kapelle enden. Der Besucher mag daher eine von beiden Treppen wählen: er erreicht den gleichen Raum des Obergeschosses, der ehemals durch einen Kamin in seiner Nordost-Ecke beheizt werden konnte. Nach Süden öffnet sich eine Tür in die „Königs-Kapelle", die von drei schmalen Fenstern erhellt und von einem Gewölbe mit kräftig profilierten Kreuzrippen überdeckt wird. Oben in der Mitte des Gewölbes gibt ein ringförmiger Schlußstein mit runder Mittelöffnung (Durchmesser 80 Zentimeter) den Blick frei in den darüberliegenden Tresorraum. Nach Osten wölbt sich die halbrunde Apsis in die Außenwand. Die ehemals in die einspringenden Ecken gestellten Säulen sind verloren (zumindest eine war 1865 noch vorhanden). Der Altar und der Plattenboden sind moderne Zutat.

Hat man die Kapelle wieder verlassen, so durchschreite man den Vorraum und verlasse in nördlicher Richtung den noch mittelalterlichen Teil der Gebäudegruppe, um den neuerrichteten Palas zu betreten (Pläne 1938/1939, äußerer Aufbau 1940—1944, Dach 1946/1947, Bodenbelag 1953). Den Besucher empfängt ein Riesenraum, der zwei Geschosse, erstes und zweites Obergeschoß, in eines zusammenfaßt. Dieser Bau ist — den 1938 vorgefundenen Grundmauern und den Resten des Aufgehenden entsprechend — rechteckig-polygonal in seinen Abmessungen. Die Ausmaße und die Höhe entsprechen hinwiederum den in der NS-Zeit geforderten Zwecken nationalsozialistischer Repräsentation, nicht dem dort möglicherweise einmal vorhanden Gewesenen, das nicht mehr rekonstruierbar ist. In vorzüglicher Bautechnik, mit von qualifizierten Kräften erstellter Bausubstanz und mit technisch qualitätvollen Baudetails wurde ein Raumgebilde geschaffen, das dennoch kalt läßt, weil es eben historisierend frei unter bestimmten Voraussetzungen entstand, derer wir heute entraten können. Ringsum öffnen sich gekuppelte, rundbogige Doppelfenster mit Sitzbänken in den Fensternischen. Eine mächtige Freitreppe führt empor zu einer umlaufenden Galerie mit einer Art

Apsis an der Ostseite des Kapellenturmes

von Triforien, die nebst den eingestellten Säulen in Art des „Übergangsstiles" eine Zweigeschossigkeit nur noch ahnen läßt. Eine immense Balkendecke — solcherart ohne Unterzüge und Mittelstützen im Mittelalter undenkbar — deckt die riesige Halle und versucht, mit rustikalen Mitteln den Eindruck mittelalterlicher Raumgestaltung zu erwecken, ein Versuch, der — ungeachtet denkmalpflegerischer Bedenken — zu gelingen scheint, angesichts der Besucherzahlen, die jährlich auf dem Trifels registriert werden. Im Verein mit den Nachbildungen der Reichskleinodien im Tresorraum ersteht vor dem Besucher der Eindruck einer „heilen Welt" des Mittelalters, die es in dieser Art nicht gegeben haben kann. Wären sich die für den (übrigens in viel größeren Ausmaßen geplanten) Wiederaufbau Verantwortlichen darüber im klaren gewesen, daß der Trifels mit englischem Geld gebaut und mit Judensteuern unterhalten worden ist, sie hätten wohl den Plan eines Ausbaues zum „Reichsehrenmal" begraben.

Vom oberen Umgang des „Kaisersaals" aus gelangt man nach Süden wieder in den Kapellenturm, und zwar in den Vorraum des Tresorraumes, von dem aus man die „Dreskammer" betreten kann. Hier sind die halbrunde Nische eines Kamines, ein Ausguß und ein Doppelfenster erhalten, dessen Mittelsäulchen herausgebrochen worden ist. Während in der „Königskapelle" ehemals die sakralen Kleinodien lagen, wurden in der „Dreskammer"· darüber vermutlich die profanen Teile der Reichsinsignien verwahrt; beide Räume standen durch die schon erwähnte kommunizierende Mittelöffnung miteinander in Verbindung. Heute sind hier vorzügliche (aber auch kostspielige) Nachbildungen der Reichskleinodien (Reichskrone, Reichsapfel, Szepter und Reichskreuz) ausgestellt. Über eine Treppe an der Westseite des Vorraumes gelangt man schließlich in das dritte Obergeschoß des Turmes, das 1964—1966 aufgesetzt wurde und das von einem und dreimal je zwei gekuppelten Doppelfenstern erhellt wird. Von dort aus besteht die Möglichkeit, über zwei enge Treppen die 32 Meter hohe Plattform des Turmes zu erreichen, von der sich nach allen Seiten herrliche Ausblicke über die Wasgauberge bieten.

Den Abstieg wähle man über die Treppe zum Dachboden-Vorraum des neuen Palas, wo noch die rauchgeschwärzten Außenmauern des Kapellenturmes aus Buckelquadern freiliegen, und steige über die westliche (neue) Wendeltreppe (unter ihr liegt der nicht mehr zugängliche Abortschacht) hinab bis in das Erdgeschoß des neuen Palas, den man nunmehr durchqueren kann, um an seiner Nordostecke den Abstieg über eine weitere (neue) Wendeltreppe bis auf das Niveau der Mittelburg anzutreten. Hat man den Palas dort verlassen, so bleibt die Möglichkeit, vom nördlichen Zwinger aus (wo im Jahre 1973 ein Abrutsch der Ringmauer des 16. Jahrhunderts staufisches Ringmauerwerk des 13. Jahrhunderts freilegte) über die kleine Brücke von 1882 die obere Plattform des Brunnenturmes zu betreten, der in seinen unteren Teilen noch staufisch, darüber frühneuzeitlich (16. Jahrhundert) und schließlich spätneuzeitlich (1882) erhalten ist. Der Turm birgt den 79 Meter tiefen Burgbrunnen, der noch bis 1955 der Wasserversorgung des Kastellans diente (bis 1953 per Hand, bis 1955 durch Pumpanlage) und dann erst durch eine Wasserleitung ersetzt wurde.

Wendet man sich nach Süden zurück, so steigt der neuerbaute Palas mit seiner Nordseite vor dem Besucher auf. Was von den staufischen Außenmauern erhalten war, ist nur dem Eingeweihten noch ersichtlich, dem Laien bleibt es — der Akribie des dort Neuerbauten zufolge — verborgen. Auch die salischen Palasreste, die seit 1841 an der Ostseite des Gebäudes frei lagen, sind durch den Neuausbau wieder verdeckt worden. Erst die Ostseite des Kapellenturmes, an der der Rückweg nun vorbeiführt, läßt die ganze Mächtigkeit des staufischen Bauvorganges erkennen. Das Mauerwerk des Turmes ist an dieser Seite stark von der Witterung angegriffen, aber in edlen Bauformen präsentiert sich hier an der Ostseite noch der vorgewölbte Kapellenerker des Obergeschosses. Die mittlere der drei Konsolen, die mit maskenhaften, bärtigen Köpfen verziert sind, mußte 1869 ergänzt werden. Auch das Mauerwerk der Apsis ist in vorzüglicher Art in Buckelquadertechnik gefügt, das oben durch einen Rundbogenfries und ein Deutsches Band (mit einer nach vorn gestellten Kante verlegte, hochkantige Steine) abgeschlossen wird. Ein Taustab und ein Blattwerkfries leiten über zum vorkragenden Zeltdach, über dem eine figürliche Sandsteinplastik in das Mauerwerk eingelassen ist, die gewiß apotropäischen (Böses abwehrenden) Sinn hatte: Soweit es der schlechte Erhaltungszustand der Skulptur noch zuläßt, erkennt man eine Löwin, die ein anderes kleines Tier quer im Maul hält, während zwischen den Hinterbeinen der Löwin ein menschliches Gesicht hervorschaut.

Hat man den östlichen Zwinger der Mittelburg durchschritten, so wende man sich nach links dem Ausgange mit der Pförtnerloge zu und trete den Rückweg an, der den Burgberg wieder hinabführt. Einen Besuch des alten, schönen, wenn auch im Zweiten Weltkriege schwer mitgenommenen Queich-Städtchen Annweiler, dessen Stadtrechtsverleihung sich 1969 zum 750. Male jährte, sollte man ebensowenig versäumen wie die Betrachtung der Fresken von Adolf Keßler im Hohenstaufensaal. Ein Abstecher von Annweiler zum Dörfchen Bindersbach — zumal in der Mittagszeit bei sonnigem Wetter — beschert dem Trifelsfreund einen herrlichen Blick von Süden auf alle drei nebeneinanderliegenden Burgen, Trifels, Anebos und Scharfenberg, die Joseph Victor von Scheffel 1886 begeistert besang:

> Annweilers Berge seh ich wieder
> Und ihre Burgdreifaltigkeit,
> In Ehren alt, vernarbt und bieder,
> Kriegszeugen deutscher Kaiserzeit.
> Dort Scharfenburg, die schlanke, feine,
> Vor ihr der Felsklotz Anebos,
> Und hier als dritter im Vereine
> Der Reichspfalz Trifels Steinkoloß.
> Ihr Thurm mit der Kapelle Erker,
> Der einst die Reichskleinodien barg,
> Des Löwenherzen Richard Kerker
> Wächst mächtig aus des Felsen Mark.

11 Drachenfels

Burgruine im Wasgau

Der Drachenfels im romantischen Landschaftsgebiet des Wasgaus gehört seinem Bautyp nach zu den Felsenburgen, die gerade hier im Südpfälzer Bergland und in dessen südlicher Fortsetzung auf französischem Gebiet, den nordelsässischen Vogesen, ihre so charakteristischen Vertreter gefunden haben. Wie die „Dahner Schlösser" und der Berwartstein ist auch die Burg Drachenfels auf eine Buntsandsteinformation begründet, deren Gestein von Gängen, Treppen und Gemächern durchzogen ist. Im späten Mittelalter war der Drachenfels Ganerbenburg, also befestigter Wohnsitz mehrerer Adelsgeschlechter. Heute gehört er seiner Lage und der pittoresken Mauertrümmer wegen, nicht zuletzt aber auch wegen seines romantische Reminiszenzen weckenden Namens zu den Hauptanziehungspunkten der südlichen Pfalz.

Man erreicht die Burg über die Bundesstraße 427 von Bad Bergzabern nach Hinterweidenthal. Hat man die Kreuzung bei Erlenbach unterm Berwartstein passiert, so fahre man geradeaus weiter in Richtung auf Dahn. Kurz vor dem Orte Busenberg sieht man rechter Hand auf einem Hügel einen der über sechzig in der Pfalz noch erhaltenen Judenfriedhöfe des 19. Jahrhunderts liegen, während links an der Straße ein Schild auf den Parkplatz und den Fußweg zum Drachenfels hinweist. Im sanft ansteigenden hügelig-waldigen Gelände erblickt man schon das Ziel, den Burgberg mit dem bizarren Felsriff darauf, das dem Bergfried der Burg als natürliche Stütze diente. Folgt man dem Fußweg, der auch das Befahren noch gestattet, so passiert man die links am Wege liegende Drachenfelshütte mit Ausschank. Voraus in etwa fünf Minuten Entfernung beginnt der kurze, nicht zu steile Aufstieg zur Ruine, die man schon bald an ihrer Südostseite erreicht hat.

Die ältesten Teile der Burg können, dem Baubefunde und der Bautechnik entsprechend, an den Anfang des 13. Jahrhunderts datiert werden. Damals war die Burg in der Hand einer gleichnamigen Ritterfamilie (so von 1209 bis 1344), deren Mitglieder anfangs bischöflich Wormser Ministerialen gewesen sein dürften. Mit ihrer Burg wurden sie Lehnsleute der Abtei Klingen(-münster). Wegelagerei der Drachenfelser provozierte 1335 das Eingreifen Straßburgs, dessen städtische Truppen die Burg eroberten, einäscherten und schleiften. Die vermutlich nur teilweise ruinierte Anlage verkauften die Brüder Eberhard und Anselm von Drachenfels 1344 mit allen Rechten an Graf Walram II. von Zweibrücken-Bitsch, dessen Nachkommen als Lehnsinhaber 1389 zunächst die Hälfte, 1398 dann die ganze Burg mit allem Besitz auf die Eckbrechte von Dürckheim übertrugen. Die romanische Burganlage dürfte zwischenzeitlich wiederhergestellt und ausgebaut worden sein. Im Jahre 1410 ist sie Ganerbensitz der Grafen von Nassau-Saarbrücken, des Abtes von Klingenmünster und sieben weiterer Adliger. 1414 waren es elf, 1476 dreizehn und 1478 sechzehn Gemeiner. Schon 1463 hatten sich die Ganerben zum Bund der „Hl.-Geist-Gesellschaft" zusammengeschlossen, der hier auf Drachenfels seinen Hauptstützpunkt hatte. Kaiser Maximilian gehörte zur Gemeinschaft ebenso wie auch der Reichsritter Franz von Sickingen. Um 1510 sind 25 Ganerben genannt, und diese große Anzahl van Gemeinern hat vermutlich vor oder um 1500 Bautätigkeit und Erweiterung der Wohnfläche zur Voraussetzung gehabt. Der Aufstand der Reichsritter 1523 unter der Führung Franz' von Sickingen, der 1522 den „Landauer Bund" gegründet hatte, bedeutete ebenso wie für die Sickingenschen Festen

Ebernburg, Nannstein und Hohenburg auch den Ruin des Drachenfels, dessen Gemeiner Sickingen war. Die Ganerben wurden allesamt vertrieben, die Burg zerstört und ihr Wiederaufbau verboten, wodurch nicht zuletzt die Eckbrechte von Dürckheim als Lehnsträger zumeist mitbetroffen waren. Nach dem Aussterben der Zweibrücken-Bitscher 1570 war die Kurpfalz, die sich seit 1360 mit Zweibrücken-Bitsch und von 1393 bis 1565 mit der Abtei Klingenmünster das Lehen geteilt hatte, alleiniger Lehnsherr der Burg. Die Eckbrechte von Dürckheim, im 18. Jahrhundert zu Freiherren aufgestiegen und 1754 in den Reichsgrafenstand erhoben, erbauten sich ein schlichtes Schloß im Dorfe Busenberg, das sie bis zur Französischen Revolution bewohnten. Die zum Lehen gehörenden Ländereien wurden 1793 enteignet und versteigert, die Waldungen fielen 1820 an das Königreich Bayern; die Burgruine kam an die Gemeinde Busenberg. Das 1793 geflüchtete Archiv der Eckbrechte von Dürckheim (-Montmartin), die im 19. Jahrhundert am Königlich Bayerischen Hofe eine größere Rolle spielten, konnte 1976 wieder in die Pfalz zurückkehren.

Das über 150 Meter lange Burgareal besteht im wesentlichen aus einer Unterburg an der Südseite des ringsum steil abfallenden Burgberges sowie aus zwei schmalen Felsbarren an dessen Nordseite, die die Gebäude der Oberburg trugen. Im östlichen, längeren Teil der Anlage konzentrieren sich die Bauteile der romanischen Zeit, während der westliche, kürzere Teil erst später — über den Halsgraben der älteren Burg hinweg — an die romanische Anlage angegliedert worden ist.

Auf dem anfangs beschriebenen Wege erreicht man die Burg an ihrer Südostseite und betritt hier einen im Grundriß fünfeckigen zwingerartigen Vorplatz, der sich an einen Winkel zwischen Unterburgtor und Ringmauer anlehnt. Diese Mauer ist noch etwa zwölf Meter hoch erhalten; ihre Außenseite ist in neuerer Zeit mit glatten Quadern verblendet worden. Eine rundbogige Öffnung in ihrem östlichen Teil gehört zu einem Gebäude, dessen südliche Seite wir hier sehen; oben biegt die Mauer stumpfwinklig nach Nordosten ab, während unten an ihrer Ecke die aus kleineren, grob bearbeiteten Quadern bestehende Zwingermauer mit dem Rest des Torgewändes eines ersten, äußeren Tores ansetzt. Die vor dem Besucher liegende große Toranlage ist daher die zweite des Burgbereichs. Sie stellt noch den eindrucksvollen Teil eines mehrgeschossigen Torturmes mit Kammertor im Erdgeschoß dar, über dem sich noch ein weiteres, zweites und der Rest eines dritten Geschosses erhalten hat. Das Baumaterial von Sockel und Aufgehendem besteht aus

Sogenannter Aufsatzfelsen (Kern des ehemaligen Bergfrieds) von Westen

großen Buckelquadern des 13. Jahrhunderts mit Randschlägen und Steinmetzzeichen. An der Südseite des Obergeschosses sind die Reste eines Rundbogenfrieses auf Konsolen und eine stichbogige Öffnung sichtbar. Vom rundbogigen Osteingang des Torbaues, der 1903 erneuert wurde, sind die Laibungen der unteren Hälfte noch vorhanden; hier finden sich seitlich im Durchgang auch Balkenloch und Mauerkanal für eine Balkenverriegelung des Eingangs. Betritt man das Tor, so gelangt man zunächst in den spitztonnengewölbten, dreijochigen Durchgang, sodann in einen rundbogig gewölbten Hauptraum und letztlich in einen seitlich versetzten kurzen Gang, der im Westportal des Turmes mündet, dessen Gewände ebenfalls erneuert sind. Profilierte Gurtbögen auf Konsolen tragen die Gewölbe. Im zweiten Geschoß, dem über dem Durchgang, liegt ein Wohnraum, einstmals wohl der des Torwächters, mit einem nordsüdlichen spitzbogigen Tonnengewölbe. Er war vom nördlich benachbarten Gebäude aus zugänglich. Eine Öffnung im Boden gestattete die Sicht auf den darunterliegenden Durchgang und dessen Beschuß von oben im Falle eines gegnerischen Eindringens. Das Innenmauerwerk ist großquadrig, aber natürlich glatt behauen. Eine rundbogige Tür führt zu einer Wendeltreppe in der Nordwestecke, deren Mauerzylinder nach Westen halbrund vor die Mauerflucht über dem Durchgang vorspringt. Die Stufen, die von hier aus zum dritten Geschoß hinaufführten, sind ausgebrochen.
Verläßt man den Torbau nach Westen, so führt alsbald eine Treppe in die höherliegenden Teile der Unterburg. Links wird diese Treppe von der äußeren Ringmauer, rechts von der gebuckelten Außenmauer des nördlich anstoßenden Gebäudes begleitet, dessen zwei gewölbte Keller noch erhalten sind. Den westlichen Kellereingang ziert eine gotische Minuskel-Inschrift „anno (M)CXV", wohl die Datierung in das Jahr (1)515. Der östliche Keller, in dem sich ein verschütteter Brunnen befindet, führt mit einem Gang durch die sehr starke Südmauer auf den anfangs erwähnten Zwinger östlich des Torbaues.
Geht man in westlicher Richtung weiter, so gelangt man vor die Südseite eines rechteckigen Turmes mit Abmessungen von 7 mal 9 Metern und zwei Meter starkem Mauerwerk. Mit seiner glattquadrigen Nordseite lehnt er sich an das Felsriff der Oberburg an, wobei eine aufwärts führende schmale Treppe zwischen beiden freibleibt. Die drei übrigen freistehenden Wände des Turmes bestehen aus Buckelquadern mit Randschlägen, Zangenlöchern und Steinmetzzeichen. Der Eingang zum Erdgeschoß befindet sich an der Ostseite; dieses und das Obergeschoß sind gewölbt, das Obergeschoß sowie auch das noch zu ergänzende dritte

Geschoß von der nördlich vorbeiführenden Treppe aus zugänglich. Weiter westlich standen auf dem drei bis vier Meter hohen sockelartigen Felsvorsprung Gebäude, von denen nur noch Balkenlöcher im Fels Zeugnis geben. Der schon genannte breite Halsgraben schließt die östliche Unterburg nach Westen ab. Ausgehauene Steinrinnen, die das abtropfende Regenwasser in Zisternen lenkten, dienten im Mittelalter der Wasserversorgung.

Zwei aus dem Gestein ausgearbeitete Treppen führen von der Unterburg der Ostanlage hinauf auf deren Oberburg. Die Treppen waren durch kleine Tore mit Verriegelungsmöglichkeit zu sperren. Das ehemals mit Quaderverblendung umgebene Felsriff ist durchweg von ausgehauenen mannshohen Gängen, Kammern und Räumen durchzogen. Die oben zum Teil eingestürzten Decken sind flach; die Fenster liegen zumeist in Nischen. Die Gesteinswände sind zum Teil nur sehr dünn stehen belassen worden. Gipfelpunkt des Felsriffes ist der sogenannte Aufsatzfelsen, der aus dem Gesteinskamm hoch hinausragt, ehemals auch Quaderverblendung trug und wohl der Kern eines ehemaligen rechteckigen Bergfrieds gewesen sein dürfte. Auch dieser Felsklotz ist ausgehöhlt und an seinen Außenseiten abgearbeitet. Felsriff und Aufsatzfels waren bebaut, wie Balkennuten, runde und eckige Pfostenlöcher beweisen. Von hier aus hat man einen herrlichen Ausblick in den Wasgau ringsum und eine gute Übersicht über die ganze Burgruine. Der östliche Teil des Felsriffes hat vermutlich als Wehrplattform gedient und war nicht überbaut; so konnte die dort noch erhaltene rechteckige Zisterne das Regenwasser direkt auffangen.

Felsräume in der östlichen Oberburg

Hat man somit die östliche Burganlage durchstiegen, so lohnt noch ein Gang zum westlichen Teil der Gesamtanlage. Man verlasse dazu den östlichen Burgteil vom Niveau der Unterburg aus und wende sich dann nach Westen. Man gelangt zunächst in den Halsgraben, der dem Ostteil der Anlage nach Westen vorliegt. Seine Längswände sind mit Spitzeisen säuberlich abgeschrotet. An der östlichen Grabenwand ist recht ungelenk ein Drache in seinen Umrissen eingeritzt, gewiß um den Namen der Burg zu demonstrieren. Als gegen Ende des 15. Jahrhunderts die Burganlage immer mehr Ganerben aufzunehmen bestimmt war, entschloß man sich aus Platzmangel zur Einbeziehung des zuvor wohl noch nicht oder nicht genügend ausgebauten westlichen Felsriffes. Dazu gehörte zunächst, daß man den Graben an den Schmalseiten mit Mauern abschloß. An der etwas breiteren Nordseite des Grabens ist die rondellartig halbrund ausspringende Abschlußmauer (sie ähnelt dem Geschützturm zwischen östlichem und westlichem Palas der Oberburg Lichtenberg bei Kusel; vergleiche dazu unten S. 219) aus kleineren glatten Quadern mit zwei Geschützscharten noch gut erhalten. Balkenlöcher an den Grabenwänden zeigen, daß man im Graben ein mehrgeschossiges Wohngebäude (mit Geschützbatterie nach Norden) errichtet hat. Da eines der Balkenlöcher die Drachenritzung durchschlägt, muß die Ritzung älter als das Gebäude, mithin also vielleicht schon im 14. oder 15. Jahrhundert eingemeißelt worden sein. Leider läßt die recht primitive Ausführung eine genauere kunsthistorische Einordnung nicht zu.

Das westliche Felsriff ist wesentlich kürzer und auch etwas niedriger als das östliche. Es ist vermutlich erst gegen 1500 zusammen mit dem Graben ausgebaut worden. Ein kleiner Rundturm schirmte die Südostecke und ein danebenliegendes Tor der Unterburg. Zur Oberburg, die allseitig abgearbeitet ist, also wohl auch quaderverkleidet war, führt ein Felsgang sowie ein kleiner runder Treppenturm an der Ostseite. Felskammer, Nuten und Balkenlöcher deuten hier auf ehemalige Bebauung in und auf dem Westfelsen.

Den Abstieg von der malerischen Burgruine, deren Besuch vor allem im Frühherbst zu empfehlen ist, wenn der Wald sich bunt zu färben beginnt, nehme man wie den Aufstieg, den Rückweg wie den Hinweg. Gut zu verbinden ist von hier aus auch ein Abstecher zum Berwartstein oder zu den „Dahner Schlössern". Nicht versäumen aber sollte man einen Besuch des kleinen, wohlgepflegten Judenfriedhofs, dessen gereihte Grabmäler und Denksteine mit ihrer aussagefrohen Bildersprache, mit Kalligraphie und Reliefzier, uns zur Besinnung mahnen sollten.

Die früh- und hochgotische Zeit

Das 13. Jahrhundert bringt in unserem Bereiche nicht nur einen Wechsel der Stilformen in der Architektur, nicht nur den mählichen und je nach Ausbildung und Erfahrung der Bauleute an verschiedenen Stellen zu unterschiedlichen Zeiten einsetzenden Übergang von der Romanik zur Gotik, sondern es hat auch Neuerungen im Wehrbau, Änderungen der Wehrbautechnik im Gefolge. Mitbestimmend dafür waren wohl vor allem die Erfahrungen der Kreuzzüge, die die abendländische Ritterschaft mit Wehrbauformen konfrontierte, die sie noch nicht oder nicht genügend kannte, mit islamischen Befestigungen, die wiederum auf byzantinischen oder römischen Vorbildern basierten. Die Ritterorden waren in der Kenntnis dieser neuen Formen schon vorausgegangen und transferierten diese Kenntnis dann später gegen Ende des 13. Jahrhunderts mit den ihnen eigenen Stilmitteln in den osteuropäischen Bereich. Engländer und vornehmlich Franzosen — als die vorrangigen Träger des Kreuzzugsgedankens — nahmen die neuen Befestigungsformen schon zeitig mit in ihre Heimat und wendeten sie dort erfolgreich an. Dies gilt einerseits für die noch stark normannisch ausgerichteten großen Burgen der Zeit Heinrichs III. (1216—1272) und Eduards I. von England und Wales (1272—1307) ebenso wie andererseits für die Wehrbauten des tatkräftigen Philipp II. August von Frankreich (1180—1223).

Eine besondere Rolle kam in diesem Zusammenhang auch einer neuen, sehr wirksamen, in den Kreuzzügen bekanntgewordenen Waffe zu, der Armbrust. Noch 1139 auf der 2. Lateranischen Synode vom Papst als unchristliche, teuflische Waffe im Gebrauch verboten — es sei denn gegen „Heiden"! —, setzte sich die Armbrust wegen der starken Durchschlagskraft ihrer Bolzenpfeile doch immer mehr durch und wurde zur Hauptwaffe namentlich französischer Truppen. Ihr Gebrauch als Verteidigungswaffe erforderte aber in Befestigungen neue Arten von Schießschartenformen, die die langen, schmalen Scharten für Bogenschützen ablösten oder ergänzten; es sind dies vor allem die sogenannten Schlüsselloch-Scharten, so benannt nach der Form eines auf dem Kopf stehenden Schlüsselloches, wobei der Schlitz der Sicht des Schützen, die lochartig runde oder polygonale Öffnung aber dem Dreh- und Schußbereich der Waffe diente.

Der orientalische Wehrbau lehrte aber auch die Wichtigkeit der Verteidigung von Mauern und Türmen durch senkrechten Beschuß oder Bewurf des Mauerfußes von oben, wozu vorkragende, überhängende Erker auf Konsolen mit (zwischen diesen angeordneten) Öffnungen erforderlich waren. Diese sogenannten Gußlöcher oder Machicoulis konnten in einzelnen Erkern eingerichtet oder in langer Reihe im Boden des nach außen vortretenden Wehrgangs oder eines außen aufgesetzten hölzernen Laufganges eingefügt werden.

Wichtiger aber noch als jene verteidigungstechnischen baulichen Details sind die Neuerungen gewesen, die den Grundriß der Gesamtanlage von Burgen ganz wesentlich beeinflußt haben: Das Vorlegen niedriger Zwingermauern vor die Hauptringmauer einer Burg, um das Heranschieben von Belagerungs-Türmen und Mauerbrechern an die Kernanlage zu verhindern, sowie das Einfügen von vortretenden Mauertürmen in die Ring- und Zwingermauern, um auch nach den Seiten, die anstoßenden Mauerpartien flankierend, mit Bogen und Armbrust wirksam werden zu können. Älteren Burganlagen (Landeck, Gräfenstein, Trifels) wurden solche Zwingeranlagen im 14. und 15. Jahrhundert nachträglich hinzugefügt, neu errichtete Anlagen sind entsprechend gleich von Anfang an damit versehen worden.

Warum flankierende Mauertürme erst im Laufe des 13. Jahrhunderts in die Mauerzüge unserer Burgen eingefügt wurden und nicht schon viel früher verwendet worden sind, ist angesichts der Tatsache, daß es flankierende Türme bei römischen Befestigungen im Rheinland (Boppard) gegeben hat, die zum Teil im Mittelalter noch aufrecht standen und innerhalb mittelalterlicher Stadtbefestigungen weiterbenutzt wurden, ein bisher noch nicht genügend zu erklärendes Faktum. Das gleiche gilt für Doppelturmtore römischer Art (Deutz), die zwar schon im 12. Jahrhundert Stadtbefestigungen eingefügt wurden (Köln), im Burgenbau der Stauferzeit aber noch fehlen und erst später im 15. und 16. Jahrhundert — und dann auch nur selten — Verwendung fanden (Neudahn).

Aus dem Westen also, vornehmlich durch französische Kreuzfahrer, wurden die Neuerungen im Wehrbau auch in den deutschen Raum übertragen, von vereinzelten Einflüssen aus dem Süden abgesehen. Eine der ersten Burganlagen der Pfalz, die die neuen Prinzipien im Wehrbau ganz deutlich bekundet, ist die Burg Neuleiningen, die noch vor der Jahrhundertmitte errichtet worden ist.

12 Neuleiningen

Burgruine bei Grünstadt

Weithin, vor allem auch von der Autobahn Mannheim—Saarbrücken aus gut sichtbar, ist der Ort Neuleiningen, dessen mittelalterliche Befestigungen zum Teil noch in imposanten Resten erhalten sind. Man erreicht den Ort über die Autobahnabfahrt Grünstadt.
Ort und Burg weisen sich als Gründungen des mächtigsten pfälzischen Adelsgeschlechtes, der Grafen von Leiningen, aus, die uns schon als Burgherren vom Gräfenstein begegneten. Nicht allzuweit von der Stammburg Altleiningen aus — in östlicher Richtung der Rheinebene zu — errichtete Graf Friedrich III. zwischen 1238 und 1241 eine neue Burg, die in ihrer Grundrißform mit den an den Ecken dreiviertelrund vorspringenden Türmen in saubergefügtem Quaderverbande deutlich den westlichen Einfluß, also französische Vorbilder, verrät. Die günstige Tatsache, daß hier eine Bauzeit genau überliefert ist, gibt uns die Mög-

Wohnbau der Grafen von Leiningen. Nordgiebel (von innen) mit Kamin und Schlot

lichkeit, das Eindringen wehrbautechnischer Neuerungen hier einmal auf pfälzischem Gebiet zeitlich genau fixieren zu können.

Der Grundriß der Anlage ist annähernd rechteckig bis trapezförmig in Abmessungen von etwa 45 zu 48 Metern, er präsentiert sich also als ein Grundrißtyp, der auch bei romanischen Höhenburgen nicht eben selten ist (Wolfsburg, Spangenberg, Altenbaumburg; im Elsaß Hohlandsberg und Plixburg) und der vor allem bei Niederburgen gern Verwendung fin-

det (Deidesheim, Friedelsheim). Auch in der Burg Neuleiningen liegen die Wohngebäude (es sind deren zwei) an die Ringmauer gelehnt, die ihrerseits von schmalen, senkrechten Schießscharten für Bogenschützen durchsetzt ist.
Was diesen Grundrißtyp jedoch von den älteren gleicher Art heraushebt, sind die mächtigen Rundtürme an den vier Ecken der Anlage, die nun deutlich die Herkunft aus dem Westen, aus dem französischen Bereich bezeugen. Diese dreiviertelrunden Ecktürme, von denen der an der Nordwestecke sich durch massivere Bauart und größere Höhe als Bergfried erweist, sind typisch für den „Kastelltyp", der — in Frankreich und England vorherrschend — seine Entstehung (gerade unter Einbeziehung flankierender Ecktürme) aus dem spätrömischen Kastell über die Weiterentwicklung zur byzantinischen Befestigung und zur arabischen Burg verrät. Die Kreuzfahrer (und hier insbesondere die französischen) brachten die Kenntnis dieses Typs und seiner baulichen Gestaltung in den westeuropäischen Bereich, woher er denn auch auf verschiedenen Wegen (Niederrhein, Mittelrhein, Luxemburg, Elsaß, Lothringen) in den deutschen Raum eindrang.
Seitenflankierung der anstoßenden Ringmauern ist also zunächst das vorherrschende Prinzip der neuen Befestigungsart, ein Prinzip, das seit römischer Zeit im westdeutschen Bereich im Wehrbau so gut wie unbekannt blieb, jedenfalls im frühen Burgenbau nicht praktiziert wurde. Hier in Neuleiningen nun ist es erstmals bei einer Neuanlage eingeführt worden, wobei von den Ecktürmen aus die damals übliche, Bogenschützen noch Treffsicherheit garantierende seitliche Entfernung eines Turmes vom anderen von 30 Metern in etwa eingehalten oder knapp unterschritten worden ist. Der nordwestliche Eckturm übernahm hier in Neuleiningen die Funktion des Bergfrieds, der von seiner ursprünglichen, den Burghof beherrschenden Mittelstellung (Landsberg) zunächst zur Dekkung des Hofes hinter der Ring- oder Mantelmauer stehend (Landeck, Gräfenstein, Wolfsburg), nun ganz über die Ringmauer hinausgerückt worden ist. In seinem unteren Teile barg er ein Verlies mit Mittelöffnung im Kuppelgewölbe. Als runder Bergfried erweist er sich — ähnlich dem runden Wohnturm des „Steinenschloß" — als ebenso fremd im pfälzischen Burgenbau wie jener. Die Wohngebäude der Burg wiederum zeigen frühgotische Bauformen, sind aber später erneuert worden; ihr Bruchsteinmauerwerk war außen verputzt.
Die ganze Burganlage entbehrte noch eines Zwingers, also niedriger, vorgeschobener Mauern, die heranrollende Belagerungsmaschinen hät-

ten aufhalten können. Stattdessen ist die Ortsbefestigung Neuleiningens — sehr viel später errichtet und aus unregelmäßigen Mauerverbänden mit Schlüsselloch-Scharten für Armbrustschützen bestehend — an ihren Endpunkten mit dem „Kastell" — und zwar jeweils mit dem Südwest-und mit dem Nordostturm — verbunden worden, so daß der Ort Neuleiningen die Burg als eine Art unterer Vorburg im Osten (mit Burgkirche St. Nikolaus, vgl. auch Burg Landeck!) und Süden umzog, das „Kastell" selbst also als Stadtburg fungierte.

Auch die Bautechnik erweist sich als westlich beeinflußt. Keinerlei Verwendung mehr von Buckelquadern mit Randschlag, auch nicht allein in Eckverbänden, wie dies sonst im 13. Jahrhundert allgemein noch üblich war. Ein sauber bearbeiteter Mauerverband aus kleineren glatten Quäderchen deutet auch hierin auf fremde Werkleute mit neuen Bauprinzipien. Die Geschichte Neuleiningens verrät uns nichts über die Hintergründe des Bauvorgangs, der uns hier eine so „neue Leise" im Wehrbau gezeitigt hat, berichtet nichts von wohl fremden oder gar einheimischen, in Frankreich geschulten Werkleuten, die der Bauherr Graf Friedrich III. von Leiningen hier von 1238 ab angesetzt hat. Ansonsten spiegelt die Burg die auch anderswo üblichen Geschicke wider, so etwa die Verpfändung von 1371, als ein Viertel der Anlage in die Hand der Linie Leiningen-Dagsburg kam. Unter dem tatkräftigen Landgrafen Hesso, dem Letzten dieser Linie, galt die Burg unter Einschluß der Stadtbefestigung als eine der stärksten Festen der Gegend. In den nach Hessos Tode 1467 einsetzenden Erbfolgestreitigkeiten um die Dagsburger Lande sichert sich denn auch Graf Emich VII. alsbald diese Burg, so daß sich das Bistum Worms — Lehnsherr seit mindestens 1308 — an den Kurfürsten Friedrich I. von der Pfalz um Hilfe wenden mußte. Der „siegreiche" Fürst eroberte denn auch das „sloss mit dem stettlin" und erhielt die Hälfte von Burg und Stadt als Wormser Erblehen. Als 1508 die Teilung — Hochstift Worms und wiederum Leiningen — befestigt wird, bleibt von den zwei Wohnbauten der eine dem Bistum Worms, der andere den Grafen von Leiningen vorbehalten. Die Einführung der Reformation durch Graf Philipp I. im Jahre 1555 löste deshalb auch Proteste des Bistums aus, ohne daß sich an den Gegebenheiten etwas änderte. Die Feste fiel 1690 französischer Brandstiftung zum Opfer; ihre leiningische Hälfte wurde Worms 1742 verpfändet und 1767 endgültig verkauft. Erst 1874 gelang den Grafen von Leiningen-Westerburg der Wiedererwerb der ansehnlichen Burgruine.

13 Wolfsburg

Ruine bei Neustadt an der Weinstraße

Verläßt man Neustadt an der Weinstraße nach Nordwesten auf der Bundesstraße 39 in Richtung Kaiserslautern, so gelangt man nach kurzer Fahrt zum Vorort Schöntal, von dem aus man rechts hoch oben über dem Speyerbachtal auf einer vorspringenden Bergzunge die Ruine Wolfsburg liegen sieht. An einer Tankstelle hinter den letzten Häusern Schöntals biegt man von der Bundesstraße, die in großem Bogen den Burgberg umzieht, rechts ab und fährt noch etwa 200 Meter weit (parallel zur B 39) am rechten Berghang zurück bis zu den Sportplätzen, an denen Parkmöglichkeit gegeben ist. Auf der anderen Straßenseite, am Berghang, beginnt ein nicht allzu steiler, breiter Fußweg, der — in nordwestlicher Richtung ansteigend — sich nach etwa 10 Minuten mit einem Hangweg auf halber Berghöhe vereinigt, der vom Dorfe Haardt mit seiner Burgruine Winzingen (siehe oben S. 27) nördlich oberhalb von Neustadt herkommt. Nach weiteren 10 Minuten etwa ist die Steigung bezwungen, und ein ebener Waldweg führt am Wolfsbrunnen von 1846 vorbei auf dem oberen Hang im Bogen zur Ruine Wolfsburg hin, die man schon von vielen Punkten des Weges aus in immer geringer werdender Entfernung liegen sehen konnte.

Am Ende des Weges und nach Verlassen des Waldrandes gelangt der Besucher in den eigentlichen Bereich der 140 Meter über dem Tal, beherrschend über der mittelalterlichen, in Richtung auf Lambrecht führenden alten Straße gelegenen Feste. Rechterhand liegen die Reste einer nur noch niedrigen Zwingermauer des 15. Jahrhunderts. Eine rechte Torwange deutet auf ein ehemaliges erstes Burgtor, das in eine gebogene Torgasse führte, deren linke Begrenzung ebenfalls noch erhalten ist. Nach rechts blickend, gewinnt der Besucher bereits einen guten Überblick über die Ostseite des nördlichen Teiles der Burganlage, die sich hier mit Schildmauer, Ringmauer und Palas hoch aufragend zeigt. Vielleicht verharre man hier oder durchschreite noch die Torgasse bis hinauf auf den mittleren Teil des Innern der Burgruine, wo der Pfälzerwaldverein zum Wochenende einen Ausschank unterhält und Tische und Bänke zum Verweilen einladen; hier möge man sich zunächst wohl über die Geschichte der Wolfsburg informieren.

Die Burg war ein Lehen des Bistums Speyer an die Pfalzgrafen bei Rhein, deren vornehmlichstes Ziel aber die Sicherung der unten in großem Halbkreis um den Burgberg, einem zungenförmigen, schmalen Ausläufer am südwestlichen Hange des Wolfsberges, herumführenden alten Handelsstraße über Lambrecht und Frankenstein (siehe unten Seite 107) nach Kaiserslautern gewesen ist. Gleichzeitig damit verband sich der Schutz der pfalzgräflichen Siedlung am östlichen Ausgang des Tales, der neuen Stadt (1255: nova civitas) Neustadt, deren Bewahrung ja auch die Burg Winzingen im Norden diente (siehe oben Seite 28). −

Erstmals wird die Wolfsburg 1255 als „castrum Volfperg" erwähnt; vermutlich ist sie − entgegen der bisherigen Datierung in das 12. Jahrhundert − später, also wohl vor 1255 errichtet worden. Darauf deuten sowohl die in gleichem Grundriß der Kernanlage folgenden äußeren Zwingermauern, die nicht wohl viel früher als in der Mitte des 13. Jahrhunderts entstanden sein können, als auch Baumaterial und Bautechnik, die den Bauformen der Kernanlage durchaus gleich sind: kleinere glatte Quadern und Buckelquadern mit Randschlägen in den Eckverbänden. Wir können also annehmen, daß wir es hier mit einer in einem Zuge gegen 1250 entstandenen Burganlage zu tun haben, deren langgestreckter Grundriß zwar den Gegebenheiten des langen, schmalen Bergausläufers folgt, in den langen geraden oder nur schwach gekrümmten Mauerzügen (ohne seitenbestreichende, flankierende Mauertürme!) aber noch ganz dem romanischen rechteckigen Grundrißtyp verhaftet ist. Auch die Verwendung von Buckelquadern mit Randschlägen und Zangenlöchern an Ring- und an Zwingermauern steht dem nicht entgegen.

Im Jahre 1255 gab Pfalzgraf Ludwig II. der Strenge die Burg dem Ritter Albrecht von Lichtenstein als Afterlehen weiter mit der Verpflichtung der Burghut, also auch des ständigen dort Wohnens. Weitere Burgmannen sind mehrfach belegt, so im 14. Jahrhundert die Grafen von Leiningen (1350) und im 15. Jahrhundert die Edlen Schliederer von Lachen (1437). 1368 wurde zwischen den Pfalzgrafen Ruprecht I. und Ruprecht II. vereinbart, daß in Zukunft „Nuwenstad die stad vnd Wolfsperg die vesten dahinnen gelegen" stets in kurpfälzischem Besitze bleiben sollte, was 1378 durch Ruprecht III. noch bekräftigt wurde. — Seit 1423 saßen kurfürstliche Statthalter (Vitztume = Vicedome) auf der Feste. 1472 war der Ritter Friedrich Steinhäuser Burgvogt, 1476 Engelhard von Neipperg (er saß auch auf Spangenberg), 1481 Eitel von Sickingen, 1489 Philipp Marschall von Wolfsberg und 1510 sein Bruder Moritz.

Im Bauernkrieg wurde die Burg zweimal, im Mai und Juni 1525, erstürmt und geplündert. — 1578 gab Pfalzgraf Johann Casimir die Burg als Mannlehen seinem Rat Heinrich Buschmann von Walpertshöven. Die Zerstörung der Feste durch Brand erfolgte 1635 durch die Kaiserlichen. Die Anlage wurde nicht wiederhergestellt und verfiel. 1744 sind Steine der Burg zum Wiederaufbau der Lorch'schen Papiermühle abgefahren worden. 1846 wurden Wege zur Burg angelegt und der „Wolfsbrunnen" geschaffen. 1848 feierten Neustadter Bürger hier oben ein Nationalfest, bei dem der Neustadter Philipp Abresch die Fahne des Hambacher Festes von 1832 (siehe unten Seite 267) aufpflanzte.

Ein Kreis von Burgenfreunden aus Schöntal und Neustadt hat die Ruine in den letzten Jahren von übermäßigem Baumwuchs befreit und Sicherungsarbeiten an der Anlage, vornehmlich am Palas und am südlichen Bergfried, durchgeführt. An den Wochenenden sorgt zudem ein Ausschank des Pfälzerwaldvereins für Erfrischung der Besucher.

Die Wolfsburg bildet im Grundriß ein etwa 140 Meter lang gestrecktes, von Nordosten nach Südwesten schmaler werdendes Rechteck. Die breitere Schmalseite ist der Angriffsseite im Nordosten zugekehrt und dort als stumpfwinklig geknickte Schildmauer gestaltet. Das südwestliche Ende der Anlage ist gegen den Abhang zum Speyerbachtal vorgeschoben und dort — dem Gelände folgend — etwas nach West abgeknickt. Die Ringmauer der inneren, höher liegenden Kernanlage ist ringsum unter-

Das Neustadter Tal von der Wolfsburg aus. Stahlstich von J. Poppel nach Zeichnung von R. Höfle (1856)

schiedlich hoch erhalten und aus kleineren, glatt geschlagenen Rotsandsteinquadern gefügt. Das Füllmauerwerk hinter der Quaderverblendung ist teilweise grätig (in Ähren- oder Fischgrätenform) gesetzt oder geschüttet. Die stumpfwinklig geknickte, etwa 13 Meter hohe und drei Meter starke Schildmauer nach Nordost ist gemischt aus z. T. glatten und Buckelquadern mit Steinmetzzeichen errichtet. Während in ihrem unteren Teile die Ringmauerenden eingebunden sind, ist die Schildmauer in den oberen Teilen nicht mit den Ringmauern verzahnt, sondern als getrennt angeschobene Wand mit einfassenden Eckverbänden aus Buckelquadern erstellt.
Den ganzen Bering der Kernanlage umläuft etwas tiefer liegend in fast gleichbleibendem Abstand von annähernd vier Metern und damit in fast gleichem Grundriß die Zwingermauer; sie besteht ebenfalls aus roten Sandsteinquadern gleicher Bearbeitung wie die innere Ringmauer: beide dürften also annähernd gleichzeitig entstanden sein. Die Steinschichten der Zwingermauer sind, namentlich am Ende der Südseite nicht durch-

weg waagerecht verlegt, sondern fallen ab oder steigen — von Zwickelschichten ausgeglichen — ziemlich uneinheitlich auf. Auch vor der Schildmauer der Kernanlage läuft die Zwingermauer im Abstand von etwa vier Metern um, ebenfalls stumpfwinklig gebrochen wie diese und gleichfalls mit Buckelquadern an ihren beiden Enden eingefaßt. Auffallend ist, daß keinerlei seitenbestreichende Flankierungstürme, weder an der inneren Ring- noch an der Zwingermauer, verwendet wurden, obwohl bei der Anlage von Zwingern in der Mitte des 13. Jahrhunderts solche sonst üblich gewesen sind.

Vor der Angriffsseite im Nordosten liegt ein breiter, aus dem Fels gehauener Halsgraben und trennt die Anlage von dem bergseitigen Gelände, das sich — für die Burg gefährlich nahe und hoch — in Sandsteinklötzen aufstaffelt. Von einer Plattform aus hat man hier einen guten Überblick über die Schildmauer und die Zwingermauer, die beide selbst teilweise auf Felsriffe gesetzt sind.

Die Burg hatte ehemals zwei Bergfriede. Der eine im Nordosten war gegen die Angriffsseite gerichtet (wie bei Hohenecken, Gräfenstein und Landeck), der zweite stand beherrschend im Südende der Burg und diente gleichermaßen auch als Auslug in das Tal. Verdoppelung von Bergfrieden ist im 12. und 13. Jahrhundert nicht eben selten; wir finden sie in Wimpfen am Neckar, auf Münzenberg in der Wetterau, auf Thurandt an der Mosel, aber auch auf Saaleck und Eckartsberga in Thüringen sowie auf der Lauenburg im Harz, um nur einige Beispiele zu nennen.

Der nördliche Bergfried stand auf einem rechteckigen, ehemals quaderverkleideten Felssockel direkt hinter der Schildmauer der Kernanlage und in deren stumpfen Winkel. Er ist völlig zerstört. Vermutlich war er rechteckig, wie eine alte Ansicht erkennen läßt. Der zweite, der südliche Bergfried an der Talseite war annähernd quadratisch. Von ihm sind die unteren Schichten aus glatten Quadern und Buckelquadern an den Ecken noch erhalten; neuerdings hat man hier mehrere Quaderschichten hoch aufgemauert und den Turmstumpf als Aussichtsplattform hergerichtet.

Von den Gebäuden, die im Innern der Kernanlage gestanden haben, ist bis auf einige Keller (einer dient jetzt als Weinkeller des Ausschanks) nichts mehr erhalten. Nur der ehemalige Palas erhebt sich noch zwei Geschosse hoch im nördlichen Teil der Kernanlage, nicht weit hinter der Schildmauer und von ihr sowie vom ehemaligen nördlichen Bergfried gegen die Feindseite gedeckt. Im Grundriß ein verschobenes Rechteck bildend, liegt er quer zur Längsrichtung der Burganlage zwischen die westliche und die östliche Ringmauer eingespannt. Jeder der beiden

Schmalseiten des Palas sind (nachträglich?) mächtige Strebepfeiler vorgelegt worden, die den Druck der aufgehenden Gebäudemauern auf die seitlichen Ringmauern abfangen; auf der Ostseite sind es zwei, auf der Westseite drei Stützen. Der Palas ist neuerlich — wie auch die vorbeilaufenden Ringmauern — aufgemauert und (nicht ganz glücklich) waagerecht abgeglichen worden, so daß die Wandstücke zwischen den Fenstern des Obergeschosses gleichsam wie vermeintliche gleichhohe Zinnen nach oben herausstehen. Im Innern des Baues verläuft auf der östlichen Seite im Erdgeschoß hinter der östlichen Ringmauer ein abgeteilter Gang durch, der als Verbindung zwischen dem mittleren Burghof und dem Bereich des nördlichen Bergfrieds und der Schildmauer diente. Das Hofportal dieses Ganges (nach Süden) ist spitzbogig, das Portal nach Nord stichbogig. Sowohl an den Portalen als auch an den Ecken des Obergeschosses, selbst dort, wo sie in die Ringmauern eingebunden sind, sitzen Buckelquadern mit Randschlag. Sonst besteht auch dieser Bau aus kleineren glatten Quadern in ungleich hohen Schichten. Ein weiterer Eingang in den Palas vom mittleren Hof aus ist ebenfalls spitzbogig (erneuert). Zwischen Erd- und Obergeschoß sind im Innern an den Langseiten gerundete Konsolen eingemauert, auf denen die Unterzüge der Deckenbalken verlegt waren. Die (ehemals doppelten) Fenster des Palas sind teils scheitrecht, teils stichbogig überdeckt und alle in neuester Zeit restauriert. Im Obergeschoß sind steinerne Sitzbänke seitlich in die Fensternischen gestellt. An der westlichen Schmalseite des Gebäudes öffnet sich aus jedem der beiden Geschosse eine Tür, die ehemals zu je einem Aborterker führte. An jener Seite sind im Erdgeschoß auch noch Reste eines Kamins erhalten.

Man versäume nicht einen Rundgang um die Mauern der Burg und einen Ausblick in das Speyerbachtal, bevor man von dieser eindrucksvollen Burgruine Abschied nimmt.

14 Frankenstein

Burgruine bei Frankenstein

Die beiden alten Straßen, die von (Bad) Dürkheim durch das Isenachtal (heute Bundesstraße 37) und von Neustadt (an der Weinstraße) aus durch das Hochspeyerbachtal (heute Bundesstraße 39) nach (Kaisers-) Lautern führten, hatten — ebenso wie die Straße von Worms über Mannheim (heute B 47 und B 40, siehe unten Seite 179) von jeher besondere strategische und wirtschaftliche Bedeutung, führten sie doch nicht nur durch das (das Rheintal westlich flankierende) Gebirge, sondern von Kaiserslautern auch weiter über Saarbrücken bis nach Metz. Beide Straßen trafen sich — und treffen sich noch heute —, nachdem sie die Höhen des Pfälzerwaldes überwunden hatten, beim Orte Frankenstein, der nebst der Straßengabel von der Burg Frankenstein beherrscht und kontrolliert wurde. Die Straße von Neustadt, ihrer Gründung, aus stand unter der Aufsicht der Pfalzgrafen bei Rhein und Kurfürsten von der Pfalz, die hier wie fast überall in unserem Gebiete die „Nachfolge" der Staufer angetreten hatten. Zur Sicherung der Straßen dienten ihnen ihre Burgen Winzingen (vor 1248 ausgebaut), Wolfsburg (vor 1255 errichtet) und Neidenfels (vor 1338 erbaut). Lindenberg (um 1200) und Lichtenstein (vor 1200) waren weitere, wenn auch zunächst nicht kurpfälzische, feste Punkte. Zwischen 1398 und 1467 hatte Kurpfalz das Regal (= königliche Recht) des Straßengeleits an die Grafen von Leiningen, eines der mächtigsten und gebietreichsten Adelsgeschlechter des Territoriums, abgetreten. Später nahm Kurpfalz das Recht wieder selbst wahr. Die Grafen von Leiningen hingegen besaßen bereits das Geleitsrecht (Recht der Kontrolle einer Straße und Pflicht der Sicherung, des Ausbaues und der Reparatur sowie Pflicht des sicheren Geleites auf der Straße durchziehender Kaufleute usw.) auf der Staße von Worms über Heuchelheim nach Dürkheim und von dort bis Frankenstein. Zum Schutz dieser Straße und ihrer Passanten dienten ihnen die Burgen Dürkheim (um 1260 bis 1270 erbaut), im Isenachtal die Hardenburg (1206 bis 1214), das Vorwerk Nonnenfels (13. Jahrhundert?) und die Burg „Schloßeck" sowie schließlich die Burg Frankenstein, die ihnen nach 1205 als Lehen des Klosters Limburg, deren Schutzvögte sie waren, zufiel. Von Frankenstein nach Kaiserslautern lag die Straße im Schutz der Burgen Diemerstein (um 1200) und Beilstein (Bilenstein, vor 1185).

Aus dieser Übersicht allein erhellt schon die besondere Bedeutung der Burg Frankenstein im Hohen und Späten Mittelalter; sie war in der Lage, zumindest den Verkehr im Isenachtal, aber auch im Hochspeyerbachtal zu kontrollieren, da sich beide Straßen hier trafen.

Heute erreicht man die romantische Ruine, deren Burgberg von der Bahnlinie Neustadt—Kaiserslautern in einem Tunnel von 1845/1847 mit architektonisch schön gestalteten Einfahrten unterquert wird, entweder von Neustadt aus über die B 39 oder aber von Bad Dürkheim oder Kaiserslautern aus über die B 37. Malerisch ragt der Frankenstein 70 Meter hoch über dem Dorf in das Hochspeyerbachtal hinein und bietet dem von Neustadt oder von Bad Dürkheim herankommenden Besucher seine eindrucksvolle Südostseite mit den hohen rotleuchtenden Mauern seiner Wohnbauten. Am westlichen Ende des Ortes gewahrt man an der südlichen, dem Burgberg zugewendeten Straßenseite einen kleinen Parkplatz mit Kiosk, von dem aus der Aufstieg zur Ruine in etwa zehn Minuten zu bewältigen ist. Tritt man aus dem Waldesgrün heraus, wobei man rechter Hand nur einen mächtigen, in sich gespaltenen, scheinbar unbe-

bauten Felsklotz bemerkt, dann ist man überrascht, beim Umbiegen auf dem letzten Stück des Weges plötzlich hochaufstrebende Ruinen von Wohngebäuden aus rotem Sandstein direkt vor sich zu sehen.
Die Ruine gliedert sich in drei Zonen, die von Südost nach Nordwest gestaffelt übereinanderliegen und den Felsgrund miteinbeziehen, der in gleicher Richtung zu seiner höchsten Stelle als zerklüfteter Stock aufsteigt und dort jäh abbricht, so daß an dieser Stelle keine äußeren Befestigungen nötig waren. Unterste Befestigungszone ist der Zwinger vor der Südostseite der Hauptburg, dann folgt die Unterburg mit den noch gut erhaltenen starken Außenwänden der Wohnbauten und schließlich — noch erheblich höher darüberliegend — der Felsbereich der Oberburg mit dem Bergfriedrest. Ebenso aber wie von Südost nach Nordwest, staffelt sich das Burggelände aber auch von Nordost nach Südwest auf, so daß beim Durchschreiten der verhältnismäßig kleinen Burganlage (55 × 46 Meter) in dieser Richtung erhebliche Niveauunterschiede zu überwinden sind, während man von der ehemaligen Angriffsseite aus über den teilweise aufgefüllten Halsgraben hinweg fast eben auf das Niveau der Oberburg gelangen kann; hier sind zudem die Zwinger- und Ringmauern zerstört. Der Besucher jedoch, der den Aufstieg vom Orte aus auf dem anfangs beschriebenen Wege hinter sich hat, tut gut daran, um des baulich-kulissenhaften Reizes der übereinander gestaffelten Mauermassen wegen die Ruine auch vom alten Burgeingang her, von Nordosten, vom untersten Bereich her also, zu durchsteigen. Bevor man aber die erst kürzlich restaurierte und gesicherte Ruine betritt, mag ein Blick auf die Geschichte der Anlage angebracht sein.
Zunächst scheint auf dem Burgberg nur ein Wartturm gestanden zu haben, möglicherweise schon bald nach 1100. Lehnsherr war der Abt des Klosters Limburg. Erste Nachricht vom Namen der Örtlichkeit gibt uns die Erwähnung eines Zeugen „Helenger" oder „Helger von Frankenstein" im Jahre 1146, der, ein Edelfreier („ingenuus vir"), auch 1151, um 1159 und 1164 wiederbegegnet; ein 1196 genannter „Hellenger von Frankenstein" war vielleicht der Enkel des ersterwähnten Helger. Anfang des 13. Jahrhunderts haben die Grafen von Leiningen neben der älteren Warte eine Burg erbaut, die sie dem Abt des Klosters Limburg zu Lehen auftrugen. Die Leininger blieben nun ständig, wenn auch zeitweilig nur anteilig, Herren der Burg.
Schon 1204 wird ein Burgmann erwähnt. 1216, 1217 und 1231 sind Burgmannen der Leininger, die sich nach der Burg benennen, urkundlich bezeugt. Bei der leiningischen Teilung von 1237 (siehe auch unten

Seite 189) erhielt Graf Emich IV. das „castrum Franckenstein"; auch hierbei fungierten als Zeugen zwei Frankensteiner, die Burg- und Dienstmannen genannt werden („castellani et ministeriales"). Das Geschlecht der Frankensteiner starb zwischen 1333 und 1345 aus.
Bei der Leininger Teilung von 1317 erhielt Graf Jofried, Begründer der jüngeren Linie der Grafen von Leiningen und Herren zu Hardenburg, die Feste, die er seinem Sohne Fritzmann, dem Gründer der Linie Leiningen-Rixingen, weitergab. Vor 1390 versetzten die Rixinger Teile der Burg an Ritter Diether von Inseltheim (Einselthum) und verkauften schließlich das übrige 1414 und 1416 an Leiningen-Hardenburg und Nassau-Saarbrücken, wobei die Käufer dem Diether von Inseltheim den „neuen Bau", den er im Schlosse errichtet hatte, besonders vergüten mußten. 1418 schlossen die drei Besitzer einen Teilungsvertrag, in dem sehr genau festgelegt wurde, welche Bauteile der Burg Gemeinbesitz aller drei Ganerben sein sollten und welche, durch Los an sie gefallen, den einzelnen zu gesonderter Nutzung verblieben.
Nach der Niederlage Herzog Ludwigs I. von Zweibrücken, dessen Verbündete sie waren, mußten sich die Grafen von Leiningen 1471 verpflichten, ebenso wie die Hardenburg auch ihren Anteil am Frankenstein nie mehr militärisch gegen Kurpfalz zu nutzen. Ob die Burg bei den Kämpfen, die vorausgegangen waren, beschädigt worden ist, sei dahingestellt. 1510 war Emich VIII. von Leiningen-Hardenburg im Besitz der Burg; Kurpfalz nahm sie ein, weil Emich der Reichsacht verfiel (siehe unten Seite 190). Die Feste soll dann 1525 im Bauernkrieg Schaden genommen haben und 1560 bereits nicht mehr bewohnbar gewesen sein, immerhin ist sie aber noch militärisch als Talsicherung von Bedeutung gewesen. Der Inseltheimer Anteil jedenfalls kam nach Aussterben dieses Geschlechtes 1555 an die Herren von Wallbrunn. 1703 wurde noch für die französische Garnison Gottesdienst in der Burgkapelle zelebriert. Bis zur Französischen Revolution war die Burg in gemeinsamem Besitz von Kurpfalz, Leiningen-Hardenburg und Wallbrunn, im 19. Jahrhundert ging sie in Staatsbesitz über. Die Ruinen wurden 1883/1884, Ende der 30er Jahre und 1975 konserviert und restauriert, letztlich auch die oberen Mauerpartien des Saalbaues neben der Kapelle zwei Stockwerke hoch wieder aufgemauert.
Der Besucher, der den Burgbereich betreten hat, gehe ein paar Schritte voraus am Wohnbauportal vorbei und betrachte sich die Südostseite der Unterburg zunächst vom Zwinger aus, der sich vor die Unterburg legt. Ein halbrunder Turm flankiert die Zwingermauer, die vermutlich im

15. Jahrhundert angelegt worden ist. Ganz rechts sieht man Reste der Ringmauer, dahinter zwei Felskammern, deren Vorderseiten zerstört sind. Hochauf ragt darüber — zur Hälfte auf einem Felsriff gegründet — der etwas zurückliegende Kapellenbau empor. Sein Mauerwerk besteht, wie das des anschließenden Wohnbaues auch aus roten Sandsteinquadern mit glatten Außenflächen. Beherrschendes Bauelement des Kapellenbaues ist der schöne Erker, der der ganzen Fassade ihr besonderes Gepräge gibt. Den ehemaligen Kapellenraum im Obergeschoß bezeichnet eine große spitzbogige Öffnung; sie führt in die ehemalige Altarnische, die der rechteckig vorspringende Erker birgt. Die 2,7 Meter breite und 78 Zentimeter tiefe Konsole, die den Erker trägt, ist reich mit Stäben und Kehlen profiliert und endet in sechs stützenden, gezierten Spitzkonsolen vegetabiler Form. Bis zur Fensterbrüstung ist das aufgehende Mauerwerk des Erkers noch erhalten. Unterhalb zu beiden Seiten des Erkers bezeichnen zwei schmale spitzbogige Fenster das unter dem Kapellenraum liegende Geschoß des Baues, der sich mit der Rückseite gegen den Felsen lehnt.

Nach Süden schließt nun der hohe, zweiteilige Wohnbau der Unterburg an, der fast 6 Meter vor die Flucht des Kapellenbaues vortritt und in diesem Winkel seitlich den unteren Eingang birgt. Die Vorderseite des Gebäudes knickt nach etwa 9 Metern stumpfwinklig nach Südwest ab und endet nach etwa 20 Metern mit einem Abbruch. Der nördliche Bauteil, der „Saal" (= Saalbau) von 1418, endet erst 2,5 Meter links von diesem Mauerknick, was von außen jedoch nicht sichtbar ist. — Im Erdgeschoß dieses nördlichen Saalbaues, der 1418 Graf Emich VI. von Leiningen-Hardenburg zugeschlagen wurde, liegt kein Fenster, denn hinter der Mauer steigt eine Treppe vom seitlichen Portal auf. Im 2. Geschoß öffnet sich ein spitzbogiges Fenster, das — wie alle Fenster dieses Gebäudes — von Hausteinen gerahmt ist. — Im 3. Geschoß sieht man zwei schöne gekoppelte Spitzbogenfenster nebeneinander, die jeweils von Rundbogenblenden überdeckt sind. Dahinter lag vermutlich der eigentliche „Saal" dieses Palas'. Hinter dem Mauerknick, links der beiden gekoppelten Fenster, ist eine rundbogige Tür erhalten, die innen vermauert ist; sie führte ehemals in einen Aborterker, dessen abgebrochene Konsolen außen noch gut sichtbar sind. — Im 4. Geschoß war ein stichbogiges Fenster noch erhalten, ein zweites ist jetzt wieder restauriert worden; in beide wurden neuerdings dreiteilige spitzbogige Fensterfüllungen eingefügt. Zwischen beiden Fenstern sitzt ein kleiner erkerartiger Vorbau auf einer gerundeten Konsole, eine Auskragung der Mauer für einen dahinterliegenden Kaminschornstein. Links hinter dem Mauerknick öffnet sich wiederum ein drittes Fenster ebenfalls stichbogig nach außen. — Die Wand des 5. Geschosses darüber ist neu aufgemauert und wiederum mit drei stichbogigen Fenstern durchbrochen. Der obere Abschluß der Wand ist mit der des Kapellenbaues auf gleiche Höhe gebracht.

Der südliche Bauteil dieses Gebäudes hebt sich äußerlich nicht vom nördlichen gesondert ab; da das Gelände aber sehr stark ansteigt; ist er nur dreigeschossig. Es ist der Bau, der 1418 dem Ritter Diether von Inselsheim zufiel. Sein Erdgeschoß liegt in gleicher Höhe mit dem 3. Geschoß des nördlichen Saalbaues. Hier öffnen sich zwei größere stichbogige und auf jeder Seite von ihnen je ein schmales spitzbogiges Fenster, von denen das rechte, nördliche, tiefer liegt und das linke, südliche, höher, weil auf das innen ansteigende Niveau Rücksicht zu nehmen war. Unter dem rechten stichbogigen Fenster sieht man eine querovale Abflußöffnung. Zwei größere Fenster liegen im 2. Geschoß und eines der gleichen stichbogigen Art ist im 3. Geschoß erhalten.

Nach links, also nach Süden, endet das rote, glatte Quaderwerk des Gebäudes, das seinen Detailformen nach wohl noch in das 13. Jahrhundert datiert werden kann. An seinem südlichen Ende — ganz links — liegt es auf mehreren Schichten von Buckelquadern mit Randschlag auf, die seitlich daneben auch noch höher ansteigen; offenbar sind dies noch Reste des Burgbaues der Leininger um 1200.

Hat der Besucher somit die mächtige Mauerkulisse der Unterburg betrachtet, so gehe er nach rechts zum Tor der Unterburg zurück, das an

Kapellenbau — Ostseite mit Erker

der Nordseite im Winkel zum Kapellenbau eingefügt ist. Das Portal ist rundbogig; über ihm liegen noch drei Fenster: das des 2. Geschosses ist schmal und spitzbogig, das des dritten ist ein Doppelspitzbogenfenster, im vierten öffnet sich ein großes Spitzbogenfenster.

Man betrete nun durch das Portal das Innere des nördlichen Bauteils, des Saalbaues, der im Grundriß fast quadratisch ist. Da die Zwischendekken, die auf den seitlichen, gerundeten Konsolen auflagen, verloren sind, geht der Blick ungehindert hinauf bis in die obersten Geschosse, deren Außenmauern jüngst wieder aufgemauert wurden. Gleich hinter dem Portal beginnt eine Treppe, die vom Torschwellenniveau bis in das nächste, das 2. Geschoß hinaufführt. Die schon von außen betrachteten Fenster sind nun auch von innen zu sehen; alle sind in stichbogigen Nischen mit seitlichen Sitzbänken gelegen. Steinkonsolen, auf denen die Unterzüge für die hölzernen Balkendecken auflagen, bezeichnen die einzelnen Geschosse. Neben dem Fenster des 2. Geschosses ist ein großer Kamin in und vor die Außenwand gebaut, seitlich davon zwei kleine rundbogige Wandnischen. Vom Kamin sind die beiden seitlichen Steinpfosten, die den Rauchfang trugen, noch erhalten; der Kamin setzt sich — konisch verjüngend — nach oben fort und läuft auch noch durch das 3. Geschoß, wo er in der Außenwand mit dem Rauchabzug verschwindet. Rechts und links davon liegen die beiden doppelten Spitzbogenfenster, wiederum mit Sitznischen. Hier war offensichtlich der eigentliche Saal, vom Rauchfang erwärmt und mit einer (jetzt vermauerten) Tür zum Abort. Auf der Gegenseite sind wiederum zwei kleine rundbogige Wandnischen eingefügt. Außer dem Fenster zur Nordseite ist dort auch noch ein erhöht angebrachter Treppendurchgang zum Untergeschoß des Kapellenbaues erhalten. — Im 4. Geschoß springt das Mauerwerk an allen Seiten etwas zurück. Hier wie auch im neu aufgemauerten 5. Geschoß darüber sind jeweils je drei Fenster eingefügt.

Vom 2. Geschoß des Saalbaues führt der Weg nun durch eine rechteckige Tür mit (der Bodensteigung folgendem) abgestuftem Sturz und mit einer Treppe in den südlichen, langgestreckten Teil des Wohnbaues, der 1418 Diether von Inselthelm zugefallen war. Der bereits von außen betrachtete Bau ist dreigeschossig, wobei das unterste, erste Geschoß etwa in Höhe des 3. Geschosses des Saalbaues liegt. Hier hat nur das nördliche der beiden breiten Fenster Sitzbänke in seiner Nische. Nicht ganz in der Mitte zwischen den Bänken ist ein trichterförmiges, flaches Ausgußbecken im Boden ausgearbeitet, das mit einer Ablaufrinne schräg abwärts durch ein querovales Loch in der Außenmauer mündet. Nördlich daneben liegt — dem Treppenlauf entsprechend etwas tiefer — ein schmales Spitzbogenfenster in einer Nische, die in Kragstein-Technik überdeckt ist. Die zwei übrigen Fenster dieses Geschosses sowie die drei der beiden Obergeschosse haben einfach stichbogige Nischen, das obere wieder mit Sitzbänken. In den großen Stichbogenfenstern wird man sich eingestellte Doppelfenster denken müssen, deren Pfosten und Gewände jedoch verloren sind.

Verläßt man diesen südlichen Wohnbauteil der Unterburg, so gelangt man — sich rechts haltend — in den Bereich der Oberburg neben und auf dem obersten Felsplateau. Die Ringmauer ist noch in Resten erhalten. Ein anschauliches Stück steht an der Südwestseite, der Angriffsseite gegenüber: ein zweimal abgeknicktes, 7 Meter langes und 5 Meter hohes Mauereck mit Wehrgangverbreiterung über Stichbogenfries auf gerundeten Konsolen. In jeder der drei Seiten dieser wohl aus dem 15. Jahrhundert stammenden Eckbastion sitzt eine Schießscharte; zwischen den Konsolen sind Gerüstlöcher ausgespart.

Von hier aus gesehen im Norden steht der Rest des rechteckigen Bergfrieds, auf Fels gegründet und nach Nordwesten gegen einen Felsklotz gelehnt, auf dem sich ehemals noch ein Gebäude erhob. Eine kurze Treppe führt dort hinauf. Der Bergfried hat Seitenlängen von etwa 8 mal 9 Metern und besteht aus Buckelquadern mit Randschlag in ungleich hohen Schichten, es ist also der Bergfried der Leininger-Burg von etwa 1200. Sein Inneres mißt 4,5 mal 4,3 Meter, seine Mauerstärke an der Angriffsseite 3 Meter, an den übrigen drei Seiten 1,9 Meter.

Vom Bergfried aus liegen nordöstlich noch zwei weitere Felsklötze, die ehemals bebaut waren. Dort lagen die Gebäude, die 1418 Graf Philipp von Nassau-Saarbrücken vorbehalten gewesen sind. Zwischen beiden Felsklötzen befindet sich ein Durchgang und darunter ein Felsgang. Von hier aus ist es auch möglich, auf ein halbrundes, ummauertes Plateau zu gelangen, das sich nach Nordosten an den Felsabsturz heranschiebt, während nach Südosten ehemals ein Zugang zur tieferliegenden Kapelle möglich war. Von hier oben aus hat man einen instruktiven Überblick auf das Innere von Kapelle und Wohnbau in der Unterburg.

Den Abstieg nehme man nun wieder in südlicher Richtung am Bergfried vorbei und durch die Untergeschosse des Unterburg-Wohnbaues bis hin zum unteren Ausgang in den Zwinger. Der Burgweg führt dann in wenigen Minuten wieder hinab über die Bahnlinie und über den Hochspeyerbach hinweg, der hier noch glasklares Wasser hat, zum Parkplatz am Kiosk neben der Bundesstraße 37.

15 Spangenberg

Ruine im Elmsteiner Tal

Fährt man von Neustadt/Weinstraße auf der Bundesstraße 39 in Richtung Kaiserslautern, so zweigt beim Orte Frankeneck das Elmsteiner Tal ab, das sich — vom Speyerbach durchflossen — in südwestlicher und nordwestlicher Richtung ansteigend bis fast nach „Johanniskreuz" hinzieht. Auf einem Felsklotz, der sich 150 Meter hoch über dem Tal nach dem Ort Erfenstein links aus dem Waldesgrün herausschiebt, liegt der mächtige Mauerrest des Wohnbaues der Ruine Spangenberg.
Wohl schon im letzten Drittel des 11. Jahrhunderts gegründet und durch Testament des (salischen) Bischofs Johann I. von Speyer dem Speyerer Hochstift vermacht, diente die Burg seit etwa 1100 sowohl der Sicherung des Talweges als auch besonders der Grenzsicherung des bischöflich Speyerischen Territoriums gegenüber dem gräflich Leiningischen Gebiete, der Frankweide, auf der anderen Talseite. Die territorialpolitische Situation der Konfrontation zweier, sich nur in 250 Meter Entfernung gegenüberliegender Burgen, hier der bischöflichen Burg Spangenberg, dort der leiningischen Burg Erfenstein, auf jedem der Talränder hat auch hier eine Version der Sage von den feindlichen Brüdern und einer ehe-

mals verbindenden ledernen Brücke entstehen lassen, was immerhin den feindseligen Charakter der Gründungszeit beider Burgen und der sie gründenden Territorialherren andeutet.

Die Burg Spangenberg ist — wie üblich — vom Bistum Speyer Rittern zur Burghut (als Burglehen unter Vorbehalt der Einlösung) anvertraut worden, von denen uns z. B. Diether Zoller (seit 1317), Eberhard von Sickingen (seit 1431), Heinrich von Remchingen (seit 1439) und Engelhardt von Neipperg (seit 1480) urkundlich überliefert sind. Von besonderer Bedeutung muß es erscheinen, daß das Burglehen 1385 einem jüdischen Bürger Speyers mit Namen Kaufmann übertragen wurde, offenbar als Abgleichung einer Schuld des Speyerer Bischofs. Eine Parallele dazu bietet die Übertragung des Turmamts von Spandau (d.h. eines Burglehens auf dem Julius-Turm der Zitadelle in Berlin-Spandau) 1356 an den jüdischen Kammerknecht Fritzel durch den Markgrafen von Brandenburg Ludwig den Römer. Im Gegensatz zum damals üblichen Burglehen eines Ritters war hier auf Spangenberg nicht die Burghut, also die Bewachung der Burg verbunden. Zudem durfte der Jude auf der Burg ohne Konsens bauliche Veränderungen vornehmen, was unter Umständen den Verteidigungswert der Burg hätte erheblich beeinträchtigen können. Nach Verlauf von sechs Jahren löste das Bistum Speyer das Burglehen jedoch wieder ab, wie die Belehnung des Ritters Gerhard von Dalheim ab 1392 erweist.

Im Jahre 1470 wurde Spangenberg von den Grafen von Leiningen angegriffen und beschädigt, wohl als Vergeltung für die Brandschatzung ihrer Gegenburg Erfenstein auf der anderen Talseite durch den Bischof von Speyer als Parteigänger Kurfürst Friedrichs des Siegreichen von der Pfalz. — Mindestens seit 1505 diente die Unterburg des Spangenberg als Gestüt, deren Stutenmeister bis zum Jahre 1604 bezeugt sind. Im 30jährigen Kriege wurde die Anlage völlig zerstört und blieb Ruine.

Will man die Burgruine aufsuchen, so halte man sich kurz vor dem Orte Erfenstein nach links, passiere den Hof einer Fabrik, überquere den Speyerbach und nehme den Aufstieg zur Burg vom Forsthaus Spangenberg (Gastwirtschaft mit Parkmöglichkeit am Fuß des Burgbergs) aus. Ein Pfad führt (etwa 150 Meter hoch ansteigend) in ungefähr 15 Minuten zunächst bis vor das Tor der Unterburg, die sich in dreieckigem Grundriß nördlich an die Mittel- und Oberburg anlehnt. Über dem Tor in der ansteigenden Nordmauer sind die Reste einer sogenannten Pechnase erhalten, von der aus der Durchgang durch senkrechten Bewurf oder Beschuß zu verteidigen war. An der Westseite der Unterburg lag ein größe-

Wohnbau und Schildmauer von Süden

res rechteckiges Gebäude, dessen Außenwand zur Talseite hin durch drei starke Strebepfeiler abgestützt wird. Es ist neuerdings zu einer Burggaststätte ausgebaut worden.

Nach Süden zu steigt die Felswand, die die Oberburg trägt, dreißig Meter steil auf und bildet somit die dritte Seite der Unterburg, die mit einem Mauerzug nach Südosten am Tor der Mittelburg anschließt. In der Unterburg befanden sich vermutlich Wirtschaftsgebäude und Stallungen; im 16. Jahrhundert war sie wohl auch der Wohnsitz der Stutenmeister. Vom „Stutenpferch" jener Zeit sind noch Sandsteinpfosten von über zwei Meter Länge erhalten oder in Resten nachweisbar. Eine Quelle, die 1519 gefaßt wurde, diente der Wasserversorgung der Pferdetränke. Im Mittelalter wird eine Verbindung von der Unter- zur Mittel- bzw. Oberburg be-

Sepiazeichnung von Peter Gayer (um 1830)

standen haben, möglicherweise in Form einer hölzernen Treppe zum Felsenabsatz vor dem rundbogigen Portal an der Nordseite des Wohnbaues der Oberburg.

Der Besucher verläßt die Unterburg wiederum durch die Pforte mit den Konsolen der Pechnase und wendet sich sodann nach rechts den Hang hinauf auf das Niveau der um etwa zwölf Meter höher gelegenen Mittelburg.

Gegen die ehemalige Angriffsseite im Osten richtet die Mittelburg eine etwa 13 Meter hohe, aber nicht sehr breite und daher hochrechteckige Schildmauer von 1,8 Meter Stärke. Vielleicht noch im 13. Jahrhundert errichtet, zeigt diese Schildmauer Proportionen, die in etwa dem Deckungsbereich der dahinterliegenden Oberburg mit dem Wohnbau entsprochen haben und ihr als Schutz gegen anprallende Geschosse von der Angriffsseite her dienen sollten. Die seitlichen Kanten der aus kleineren Sandsteinquäderchen gebauten Mauer sind mit größeren Sandstein-Buckelquadern eingefaßt. Ein spitzbogiges Portal gewährt Einlaß. Drei noch erhaltene Konsolen über dem Eingang bezeugen einen ehemaligen Pecherker. Fünf Konsolen an der Innenseite trugen ehemals einen hölzernen Unterzug, auf dem vermutlich die Holzkonstruktion des Wehrgangs mit Zugang zur Verteidigung der Pechnase aufgesetzt gewesen ist; um 1830 waren Zinnen und Scharten noch erhalten. Von Nordosten her läuft die Ringmauer der Unterburg auf die Außenseite der Schildmauer; Verbindungsmauern von der Innenseite der Schildmauer in Richtung zur Oberburg waren — so erweist es der Baubefund — vorhanden.

Ein kleiner, ausgeschroteter Halsgraben an der Ost-, also an der Angriffsseite, war wohl die älteste und zunächst alleinige Sicherung des festen Wohnbaues, der — ursprünglich wohl ohne jedwelche andere Befestigung — auf hohem Felsriff in das Tal hinausragte. Nach Hinzufügung der Unter- und Mittelburg diente er als Palas der Gesamtanlage. Auf etwa 9 mal 18 Meter großem Felsgrund liegt er ca. fünf Meter höher als die Mittelburg. Der Grundriß ist trapezförmig. Als Baumaterial sind kleine Sandsteinquadern (Rotsandstein) verwendet worden; die Eckquaderung ist kräftiger, Fenster- und Türumrandungen, Sitzbänke usw. sind aus größeren Sandstein-Werkstücken. Im allgemeinen ergibt sich ein Baubefund vom 13. oder vom Anfang des 14. Jahrhunderts. Gewisse Baudetails sind auffällig, so die etwas andere Mauertechnik des zweiten Obergeschosses und das ehemalige rundbogige Tor gleich hinter der Nordostecke der Nordseite, das man gern noch mit der romanischen Anlage verbinden möchte. Balkenlöcher außen unter dem Eingang deuten auf eine ehemalige hölzerne Plattform, zu der man über eine Rampe von Osten oder über eine Treppe von der Unterburg her gelangt sein muß. Der Zugang in spätmittelalterlicher Zeit erfolgte über einen innen runden, außen polygonalen Treppenturm, dessen Stiege durch die Ansätze der Stufen noch erkennbar ist. Erst neuzeitlich ist ein Zugang, der über den zerstörten Treppenturm vor den (erneuert!) spitzbogigen Eingang in der Ostseite des Wohnbaues führt. Diese Ostwand des Baues, die der Angriffsseite entgegensteht, ist stärker im Mauerwerk als die übrigen Seiten: mit etwa 2,1 Meter Mauerstärke ist hier die Ostwand als eine Art Schildmauer gedacht gewesen; ab dem zweiten Geschoß fehlt zudem eine Verzahnung mit dem Mauerwerk der anstoßenden Nord- und Südseiten des Gebäudes. Wie die Ostseite ist auch die Südseite noch drei Geschosse hoch erhalten; an der Nordseite endet der Mauerverband in den unteren Teilen des 1. Obergeschosses, an der (sturmfreien) Westseite über dem Elmsteiner Tal ist er nur noch in Brüstungshöhe erhalten. Betritt man die Ruine des Wohnbaues, der sich an seiner Südseite noch an den anstehenden Fels anlehnt, durch das restaurierte spitzbogige Portal, so bemerkt man gleich links hinter dem Eingang die in den Fels gemeißelte runde Zisterne, die der Burgbesatzung als Wasserreservoir gedient hat. Fensternischen mit Sitzbänken, vor allem das gekuppelte gotische Doppelfenster im zweiten Geschoß der Südwand deuten darauf, daß sich auch hier der Saal des Palas befunden haben dürfte. Ein großer gewölbter Keller zieht sich unter dem Gebäude bis zu seiner westlichen Außenmauer an der Talseite, wo er sich mit einem großen Fenster geöffnet hat. Von der alten Ausstattung der Burg Spangenberg befindet sich im Historischen Museum der Pfalz in Speyer noch ein sogenannter Küchenausguß aus rotem Sandstein, eine Quader, die einen Ausgußkanal enthält und an der Außenseite mit einem maskenartigen Kopf mit Tierohren und einem Ausgußloch als Mund verziert ist. Ein rühriger Kreis von Heimat- und Burgfreunden hat sich in neuester Zeit der so eindrucksvoll über dem Elmsteiner Tal aufragenden Ruine angenommen und eine begrüßenswert sachliche Restaurierung betrieben. Auch der Maskenkopf des Ausgußsteines wurde werkgetreu abgeformt und in der Ruine angebracht.

Die auf der anderen Talseite liegende kleine Ruine Erfenstein, deren schlanker, rechteckiger Bergfried (5,5 mal 4,85 Meter, Höhe 10 Meter) der Zeit vor 1380 aus dem Waldesgrün hervorschaut, ist schon vor einiger Zeit durch Untermauerung der brüchigen Felsformation von der Landesdenkmalpflege saniert worden. Von der älteren Anlage, der „Alten Burg" Erfenstein, ist nur noch der Sockel des Bergfrieds aus Buckelquadern erhalten.

16 Montfort

Ganerbenburg bei Duchroth-Oberhausen

Vom Hachenbachtal, einem Seitental der Nahe aus und etwa 5 Kilometer vom Dorfe Oberhausen am Lemberg in Richtung Hallgarten entfernt, erreicht man den Montforter Hof, das alte Schloßgut der Boose von Waldeck, heute ein Komplex von drei Bauernhöfen. Von hier aus, wo günstige Möglichkeit zur Einkehr gegeben ist, führt ein Waldsteig hinan zu den in Waldeinsamkeit versunkenen Ruinen der Burg Montfort, deren heute so abgelegene Reste nicht vermuten lassen, daß diese Anlage ehemals durch ihre Nähe zur alten Heerstraße von Tholey nach Mainz von Bedeutung gewesen sein muß.

Das Rittergeschlecht, das sich nach der Burg (mons fortis = Starkenberg) benannte, geht auf den Anfang des 13. Jahrhunderts in Reichsdiensten erfolgreichen und angesehenen Ministerialen Eberhard von Lautern zurück, der seinerseits einer Alzeyer Ritterfamilie entstammte. Er und seine drei Söhne nahmen die Burg Montfort von den Grafen von Veldenz (Oberlehnsherr: Bistum Worms) zu Lehen. Unter den Nachkommen bildeten sich drei Linien heraus, von denen die eine 1380, die zweite 1417 und die dritte, die Hauptlinie, 1432 erlosch. Diese Familien stellten angesehene Persönlichkeiten, die oft als Zeugen in Urkunden auftraten und einflußreiche Stellen als Räte und Amtmänner bekleideten.

Ab 1238 schon waren die Montforter nicht mehr alleinige Bewohner der Burg, und im Laufe des 14. Jahrhunderts wurden immer mehr, und zwar nicht nur Familienmitglieder, sondern auch fremde Adelige mit Konsens der Veldenzer, ab 1445 dann auch der Zweibrücker, in die Ganerbengemeinschaft aufgenommen. Zunächst saßen sechs an der Zahl, später fünfundzwanzig und letztlich siebzehn Gemeiner auf der Feste, darunter die Kämmerer von Dalberg, die Fuste von Stromberg, die Greiffenclau von Vollrads, die Blicke von Lichtenberg, die Sponheimer, die Sickinger und andere, darunter auch solche, die den Montfortern verwandtschaftlich verbunden waren und nach deren Aussterben 1432 die Burg übernahmen, wie die Boose von Waldeck und die Lewensteiner.

Der sich im 14. Jahrhundert schon immer mehr abzeichnende soziale Abstieg der Ritterschaft muß zu Übergriffen der Ganerben geführt haben, die bereits 1338 Ludwig den Bayern und später auch Karl IV. zum Eingreifen veranlaßten. Veräußerungen von Besitz konnten die Entwicklung nur verzögern, nicht aufhalten. Übergriffe der Burgbewohner riefen 1397 schon Kurtrier und Kurpfalz, 1398 eine Allianz Mainz-Trier-Kurpfalz auf den Plan, um „Schaden, Raub und Einnahmen zu verhüten und zu verwehren, die unseren Schlössern, Land und Leuten und auch Kaufleuten und Pilgern auf den Straßen angetan worden sind".

Das Einziehen Mainzischer Lehen durch Erzbischof Diether von Mainz bedrohte den niederen Adel in seiner Existenz empfindlich. Nach neuerlichen Übergriffen auf Mainzer und Pfälzer Untertanen verband sich Kurmainz 1456 mit dem Kurfürsten Friedrich I. dem Siegreichen von der Pfalz gegen die Ganerbenschaft (und damit gleichzeitig auch gegen deren Oberlehnsherrn Herzog Ludwig den Schwarzen von Pfalz-Zweibrücken). Eine fünftägige Belagerung der von 60 Mann verteidigten Feste endete am 19. Oktober 1456 mit der Eroberung durch den Wild- und Rheingrafen Gerhard von Dhaun, wobei sich die Überlegenheit der kur-

Ganerben-Burghäuser von Süden

fürstlichen Truppen und namentlich deren Geschützparks gegenüber den veralteten Befestigungen voll auswirkte. — Da die Ganerben die geforderte Kriegsentschädigung aufzubringen nicht imstande waren, wurde die Anlage verbrannt und geschleift. Der Reimchronist Michel Beheim bedichtete dies so:

> „Auch wart das veste sloss verbrant
> vnd gar zerrissen allersant,
> die rauber nit da bliben
> sie wurden all vertriben."

Herzog Ludwig der Schwarze von Pfalz-Zweibrücken-Veldenz zog die Erblehen ein. Obzwar bei der Belehnung der Boose von Waldeck 1480 die Genehmigung zum Aufbau der Anlage erteilt worden war, wurde die Burg dennoch nicht mehr wiedererbaut. Als Ersatz für die zerstörte Feste errichteten sich die Boose von Waldeck am Fuße des Burgberges ein (1601 so genanntes) „Neues Schloß", den heutigen Montforter Hof, der in der Französischen Revolution in Privathand überging. Eine Sepiazeichnung des Speyerer Kreisarchivars Peter Gayer zeigt noch die romantische Ruine um 1830, und auch eine Lithographie von Friedrich Hohe aus der Jahrhundertmitte (beide im Historischen Museum der Pfalz in Speyer) gibt einen guten Eindruck von den mächtigen Trümmern dieser ehemaligen Ganerbenburg. Im Historischen Museum der Pfalz in Speyer befinden sich auch zwei schöne Ofenkacheln, glasierte und verzierte Nischenkacheln des 15. Jahrhunderts, die 1937 in der Ruine gefunden worden sind.

Die Kernanlage der Burg Montfort ist im Grundriß noch ganz dem auch sonst im deutschen Bereich üblichen romanischen Prinzip verhaftet: sie ist annähernd trapezförmig mit langen geraden oder schwach gebrochenen, nicht von Türmen flankierten Ringmauern, die an zwei der vier Ecken rechtwinklig, an den beiden anderen Ecken abgerundet umbiegen. Die an die Mauern innen angeschobenen Gebäude weisen ebenso noch auf Entstehung im wohl frühen 13. Jahrhundert. Die Gebäude selbst aber, die zum Teil ältere Gebäudefundamente überlagern, sind ganz offensichtlich erst im 14. und 15. Jahrhundert errichtet worden. Darauf deutet vor allem das Mauerwerk aus Bruchsteinen, das gewiß verputzt gewesen ist. Nicht einmal die Mauerecken aus Bruchsteinen oder die Fensterstürze und -gewände sind aus Hausteinen gesetzt, lediglich einige spitzbogige Türlaibungen bestehen aus Sandsteinquadern.

Hochauf ragen noch die Reste der Burghäuser, die den ehemals schmalen trapezförmigen und gewiß dunklen Burghof umgaben. Sieben solcher Burghäuser, die den verschiedenen Ganerbenfamilien als Wohnung dienten („sieben adeliche Personen so da zuletzt Ihren adelichen sitz vnd vnderhalt gehabt ein jeder seine sonderbare Wohnung vnd Haushaltung, so von andern abgeschieden, darauf gehalten, inmaßen ein solches der augenschein noch clerlich bezeuget") und zum Teil den Charakter von Wohntürmen tragen, sind noch in größeren Mauerteilen erhalten, so vor allem drei an der Nord- und vier an der Westseite der Kernanlage. Die Stockwerkseinteilungen der drei- bis viergeschossigen Bauten markieren sich durch Balkenlöcher unter den einzelnen Geschossen oder durch Wölbungsansätze in den Ecken. Jedes Geschoß eines solchen Burghauses hatte seinen eigenen Kamin, dessen Schlot, oft mit dem des Kamines im übernächsten Geschoß zusammengefaßt, über dem Dach mündete. Sitznischen in den Fenstern, schmale Zugänge zu Aborterkern geben Hinweise auf die Wohnkultur in solchen Ganerbenbauten. Der Rundturm, der in der Form eines kleineren Bergfrieds das Tor zur Kernanlage deckt, ist noch in (restaurierten) Resten gut erhalten. Eine Zisterne im Burghof (Tiefe 6 Meter, Durchmesser 4,5 Meter) fing das von den Dächern abtropfende Regenwasser auf. Reste eines Backofens nehmen eine Ecke des südwestlichen Wohnbaues ein.

Um die ganze Kernanlage ist ein System von Zwingern vorgelegt, das vermutlich erst im 14. Jahrhundert hinzugefügt worden ist. Die Süd-, Ost- und Westseite der Kernanlage umziehen die Zwinger in nur geringer Breite, an der Nordseite jedoch schiebt sich der sogenannte Untere Burghof mit eigenen Gebäuden in beträchtlichen Abmessungen der Kern-

Sepiazeichnung von Peter Gayer (um 1830)

anlage vor. Im Gegensatz dazu ist die Südseite der Anlage durch einen zweiten schmalen Zwinger geschützt, die Ostseite, also die Angriffsseite dagegen durch eine Schildmauer, die — aus Buckelquadern errichtet — hinter dem ehemaligen Halsgraben aufragt. Der ehemalige Burgweg führte an der Südostecke über den Halsgraben, dann an der Süd- und Westseite vorbei und durch die „Unterburg" in den Bereich der Kernanlage, wobei mehrere Tore zu passieren waren, und ein eindringender Feind stets die rechte, die unbeschildete Seite den Verteidigern der Burg zuwenden mußte.

1937 ist die Burganlage restauriert worden. Neuerdings ist eine Arbeitsgemeinschaft bemüht, diese eindrucksvolle, aber abgelegene Ruine dem Fremdenverkehr zu erschließen.

17 Landsberg

Burgruine bei Obermoschel

An der alten Verbindungsstraße zwischen dem Alsenz- und dem Glantal und damit an verkehrspolitisch wichtiger Stelle wurde die Burg Landsberg errichtet, deren noch immer eindrucksvolle Ruinen sich südlich über dem Orte Obermoschel erhalten haben. Auf einem teilweise felsigen Hügel 160 Meter über dem Tal gelegen, hatte die Burg im Mittelalter allein schon durch die Möglichkeit zur Fernsicht in das Glan- und Nahegebiet sowie bis hin zum Donnersberg besondere fortifikatorische Bedeutung. Daneben aber diente die Feste auch dem Schutze des Silberbergbaues im 15. und 16. Jahrhundert in diesem Gebiete, der seine Fortsetzung noch im 18. Jahrhundert im Quecksilber-Erzbergbau fand, der sogar am Burgberg selbst bis etwa 1850 betrieben wurde.

Die gewöhnlich auch als Moschellandsberg oder Moschellandsburg bezeichnete Burganlage ist vermutlich schon anfangs des 12. Jahrhunderts von Graf Emich I. von Schmidburg (= Schmidtburg bei Schneppenbach im Kreis Kreuznach, Stammburg der Nahegaugrafen, der Emichonen) errichtet worden. Burg und Ort erbte Gerlach I. von Veldenz, Emichs Sohn, womit die Grafen von Veldenz hier als Lehnsleute des Bistums Worms seßhaft wurden. Ebenso wie die Burg Lichtenberg bei Kusel (siehe unten S. 212 ff) kommt auch die Burg Landsberg nach dem Aussterben der Veldenzer mit Graf Friedrich III. im Jahre 1444 über seine Tochter Anna an deren Gemahl Herzog Stephan von Zweibrücken, desgleichen auch Obermoschel, das 1349 Stadtrecht erhalten hatte. Stephans Sohn Ludwig der Schwarze hat die Burg, die er häufig bewohnte, erweitert und stärker befestigt, so daß sie sogar 1461 dem Kurfürsten Friedrich I. dem Siegreichen von der Pfalz trotzen konnte. Im 30jährigen Krieg wurde die Feste 1620 von den Spaniern, 1631 von den Schweden und 1635 von Gallas' Kroaten eingenommen und geplündert. Die zum Teil durch Brand verwüstete Anlage stellte Herzog Friedrich von Zweibrücken wieder her. Der Kupferstich Matthäus Merians zeigt denn auch „Muschel Landsberg" als gut erhaltenes und wohlbefestigtes Burgschloß, das Sitz einer Kellerei des Unteramtes Landsberg, Witwensitz der Zweibrücker Herzoginnen und von 1618 bis 1681 Stammhaus der pfalzgräflichen Seitenlinie v. Landsberg gewesen ist. Es diente auch als Stützpunkt der Zweibrücker in den Reunionskriegen, bis schließlich die Franzosen die Feste eroberten und 1693 sprengten.

Der Burgenfreund, der heute die Anlage aufsucht, betritt den Burgbereich von der Südostseite her über den alten Burgweg, von der gleichen Seite aus, von der auch Merian die Feste gesehen hat. Der alte Burggraben an der Ostseite, über den eine Zugbrücke führte, ist zugefüllt. Vom starken, ersten Torturm, der ehemals dahinter stand, sind nur noch geringe Reste übrig. Der Burgweg, der mäßig ansteigt, wird nun an der inneren, dem Burghügel der Oberburg zugewendeten Seite von einer starken Mauer flankiert, die in der Technik ihrer unteren Schichten höchst eigenartig erscheint, besteht sie doch, die nach Westen schräg ansteigt, aus einer Art zyklopischen oder „Megalith"-Mauerwerk, das in verschiedener Höhe aus polygonal beschlagenen größeren Quadern besteht. Solcherart Mauerwerk zu datieren, bereitet noch immer Schwierigkeiten. Ebenso wie auf der Burg Koppenstein südlich Gemünden im

Hunsrück und auf der Burg Alt-Eberstein bei Baden-Baden ist Polygonal-Mauerwerk dieserart auf jeden Fall älter als das dort sonst verwendete, also zumindest älter als das 12. Jahrhundert; mithin gehört diese so vereinzelt angewendete Mauertechnik möglicherweise in das 10./11. Jahrhundert, was hier unter Umständen für Reste einer früheren, uns nicht urkundlich bekannten vor-veldenzischen Befestigung sprechen könnte; jedoch ist dies bisher noch keineswegs beweisbar.

Ist man den Burgweg hinaufgeschritten, wobei rechterhand über der eben genannten Polygonalmauer die schon stark zerstörten Reste der Südmauer der Oberburg aufsteigen, so gelangt man durch ein zweites (restauriertes) Tor mit stichbogigem Durchgang in den schmalen Zwinger, der sich an drei Seiten, von West über Nord nach Ost, um die Oberburg in wechselnder Breite herumzieht. An der westlichen Seite ist ein mächtiger runder Geschützturm angefügt, der in seinen Abmessungen (innere lichte Weite 10 Meter!) wohl erst dem 16. Jahrhundert zuzurechnen ist und der eine Unterburg beherrschte, die vermutlich schon im 15. Jahrhundert der Hauptburg an der Westseite in polygonalem Grundriß vorgelegt wurde. Von den zu Merians Zeiten noch hohen Gebäuden und Rundtürmen (im südlichen befand sich der einzige Brunnen der Burg) dieser Unterburg im Westen sind teilweise nur noch Reste der Umfassungsmauern im Waldesgrün verborgen.

Der Zwinger führte nun vom Batterieturm ab in nordöstlicher Richtung vor das dritte Tor, das — stichbogig überwölbt — im Untergeschoß eines ehemals wohl mindestens zweigeschossigen Torturmes liegt. Hat man dieses Tor durchschritten, so befindet man sich im inneren Abschnitt des schmalen Zwingers, der sich nördlich und auch östlich um die Kernanlage der Oberburg herumzieht und schließlich an der Südostecke der ganzen Burganlage auf das erste Tor am aufsteigenden Burgweg zustieß. Vom nördlichen Zwinger aus jedoch steigt man rechter Hand einige Stufen mit Renaissance-Ornamentik und der Datierung 1655 an den seitlichen Gewänden hinan auf das Terrain der Kernanlage der Oberburg. Von der im Grundriß polygonal gebrochen umlaufenden Ringmauer ist an der Westseite neben dem dritten Torturm noch ein größeres, hohes Stück erhalten. Es besteht aus glattbearbeiteten Quadern, die zum Teil noch Zangenlöcher aufweisen. Das Mauerstück begrenzte und umfaßte einen Ziergarten, der 1653 oder 1655 im westlichen Teil der Oberburg angelegt worden ist. In kurzer Entfernung nach Süden schloß sich ein rechteckiger Turm, der sogenannte Verlies-Turm an, der auf der Merian-Ansicht mit Eckerkern erscheint. Von seinem Untergeschoß sol-

Burg von Südosten. Kupferstich von Matthäus Merian (vor 1645)

len einstmals zwei unterirdische Gänge ausgegangen sein, was wohl in das Reich der Fabel zu verweisen ist.
An den vorspringenden Verlies-Turm schloß — etwas zurückgesetzt — direkt der Haupt-Wohnbau, der Palas an, von dem noch nach Osten ablaufende Fundamentmauern und zwei größere, überwölbte Kellerräume vorhanden sind, ebenso wie auch von einem östlich anschließenden kleineren Gebäude, dessen geringe Reste nebst einer Abflußrinne im Boden erst kürzlich freigelegt wurden.
Entlang der ganzen Ostseite der Oberburg-Kernanlage erhebt sich nun als gewaltige Barriere aus anstehendem Felsgestein und umkleidetem Mauerwerk eine mächtige Schildmauer, die die Burg gegen die Angriffsseite im Osten vor Beschuß und Bewurf durch Angriffsmaschinen schützen sollte. Bei Merian sieht man sie noch intakt als hohe, überdachte Mauer. Heute ist das Quaderwerk der Felsverkleidung zum größten Teil verloren. Eine große Scharte im Mauerwerk über der Felskrone sowie im Inneren der Burg am Felsriff anstoßende Mauern von einzelnen Räumen zeigen, daß

die Schildmauer die Außenmauer eines hohen Gebäudes war, was ja das Satteldach auf der Ansicht Merians auch beweist. Heute sind an der Innenseite der Schildmauer Bauspolien mit Renaissance-Dekor aus Sandstein aufgestellt oder wiedervermauert. Restaurierungen des Mauerwerks stammen von 1851, 1887 und aus neuerer Zeit, letztlich 1979.
Der schmale Zwinger, der sich an der West- und Nordseite um die Oberburg herumzieht, verläuft auch an der Ostseite vor der großen Schildmauer. Hier war ursprünglich eine kleine Ausfallpforte angelegt, die aber vermauert worden ist, als man — wohl im frühen 16. Jahrhundert — dem Zwinger einen hohen halbrunden Geschützturm vorgebaut hat, der auf der Merian-Ansicht noch in voller Höhe mit Kegeldach wiedergegeben ist. Vielleicht hat man beim Bau dieses Batterieturms auch die noch gut erhaltene Felskammer von außen in die Schildmauer getrieben, um dort ein leicht erreichbares und gut gegen Beschuß gedecktes Munitionsdepot einzurichten. Späterhin hat man dann den stichbogigen Zugang zum Batterieturm zur Hälfte wieder zugesetzt. Ein Pfad im Zwinger führt von hier ab südlich durch eine Pforte auf den Burgweg hinter dem ersten Tor.
Man nehme jedoch noch einmal den Weg zurück bis hinter den Schildmauerfels und betrachte nun den eigentlichen Kern der Oberburg, den Rest des Bergfrieds auf einem Felsklotz inmitten des oberen Burgplateaus. Der Bergfried, als letzter Zufluchtsort der Burgbesatzung im Mittelpunkt der Anlage, war offenbar rechteckig, wie sein hohes Satteldach (mit den vier Eckerkertürmchen am Dachansatz) bei Merian vermuten läßt. Erhalten ist von ihm nur die Nordwestecke bis über die Höhe des 3. Geschosses mit den Resten der Nord- und der 10,4 Meter langen und 2,8 Meter starken Westmauer. Der Mauerverband aus Bruchsteinen ist an der Ecke aufsteigend und in den oberen Partien von Buckelquadern mit Randschlägen eingefaßt; untere Ausflickungen stammen erst von 1851.
Vermutlich gehörten der Bergfried, die Schildmauer und die Gebäude der Oberburg in das 12./13. Jahrhundert, mit Veränderungen vom 15. bis ins 17. Jahrhundert. Zwinger und Unterburg dürften im 15. Jahrhundert entstanden, die beiden Geschütztürme nach West und Ost im 16. Jahrhundert hinzugefügt worden sein.
Für den Rückweg steht dem Besucher der Abstieg um die Westseite oder der Pfad im östlichen Zwinger zur Wahl; beide Möglichkeiten führen ihn wieder an die Stelle des ersten Tores am Beginn des Burgweges an der Südostecke.

Reipoltskirchen. Bergfried und Ringmauer der Westseite mit Brillenscharten

18 Reipoltskirchen

Wasserburg im Odenbachtal

Etwa zehn Kilometer südlich von Meisenheim am Glan, an der Straße von Odenbach/Glan nach Dörrmoschel und Rockenhausen, liegt nordöstlich des gleichnamigen Dorfes auf einem künstlichen Hügel im Odenbachtal die baulich reizvolle Wasserburg Reipoltskirchen. Noch sind die breiten Gräben gut erkennbar, die die Burg umgaben; sie konnten durch Stau des Odenbaches, der an der Westseite der Anlage vorbeifließt, unter Wasser gesetzt werden.
Der Grundriß der Anlage ist annähernd oval, die Ringmauer in größeren Teilen fast ringsum noch in einiger Höhe erhalten. Der lange, gerade Mauerzug an der Westseite, auf dem mehrere Häuser sitzen, besteht aus kleinen Quadern und Bruchsteinen mit großen Quaderverbänden an den Ecken. Zwei große Brillenscharten für Geschütze und der oberhalb davon durchlaufende Wulst, der die Mauer waagerecht unterteilt, deuten auf Errichtung oder Erneuerung dieser Partie im frühen 16. Jahrhundert. An sie schließt sich die polygonal bzw. abgerundet geführte Ringmauer der Nord-, Ost- und Südseite an. Auch sie besteht aus Bruchsteinen. Schlüsselloch-Scharten und ein kleiner, halbrunder Mauerturm, der sich an der Südostecke herausschiebt, weisen auf Entstehung im 14. oder 15. Jahrhundert, ebenso wie auch das Kammertor, das in größeren Resten nach Süden vor die Ringmauer tritt. Über eine Brücke auf zum Teil zugemauerten Bogen ist hier noch heute der Zugang zur Burg möglich.
Wie wohl auch schon im Mittelalter liegen heute Wohngebäude längs der Ringmauer um den ehemaligen Burghof; sie sind teilweise auf mittelalterlichen Fundamenten begründet und in ihrer heutigen Form zumeist erst neuzeitlich, verleihen aber dennoch dem ganzen Burgkomplex ein malerisches Aussehen und vermitteln den romantischen Eindruck einer noch bewohnten mittelalterlichen Wasserburg, auch wenn vom Wasser nurmehr versumpfte Rinnsale übriggeblieben sind. Ein runder Brunnen, annähernd in Hofmitte, diente ehemals der Wasserversorgung der Burgbewohner.
Noch heute beherrschend, erhebt sich über den Dächern der kleinen Häuser, die ihn umgeben, der etwa 18 Meter hohe quadratische Bergfried

Ansicht von Nordosten

mit Seitenlängen von 8 Metern. Ehemals stand er — gemäß romanischer Burgenbauprinzipien — frei hinter der Ringmauer der Westseite. Die untere Hälfte des Bergfrieds ist aus großen, zum Teil gebuckelten Quadern gefügt, die noch dem 13. Jahrhundert angehören könnten, mithin also der ersten Bauzeit der Burganlage. Der freundlichen Bitte um Besichtigung des gewölbten Bergfried-Erdgeschosses wird gewiß durch den Besitzer des den Turm heute umgebenden Anwesens stattgegeben, der einen Raum seiner Wohnung darin eingerichtet hat. 2,8 Meter stark ist das Turmmauerwerk im unteren Teile. Das Mauergefüge der oberen Turmhälfte dürfte wohl erst einer Erneuerung des späten 15. oder frühen 16. Jahrhunderts zuzuschreiben sein. Darauf deutet die recht andere Bautechnik, nämlich Bruchsteinverwendung mit Eckquaderung, darauf weisen aber vor allem auch die oberen abschließenden Partien des ehemals viergeschossigen Turmes mit der darüberliegenden Plattform: an jeder der vier Seiten sind Rundbogenfriese aus jeweils je zweimal drei Rundbogen über Spitzkonsolen angebracht. Die Rundbogen selbst sind mit Blendmaßwerk aus Haustein gefüllt. Zwischen je drei dieser Rundbogen, und zwar jeweils in der Mitte der Turmseiten war ehemals ein Gußerker auf den noch vorhandenen ausschwingenden Konsolen angebracht, über dem Rundbogenfries lag also noch die obere Plattform des Turmes, von der aus auch die vier Gußerker zugänglich waren und von wo aus der Mauerfuß des Bergfrieds durch senkrechten Guß oder Wurf verteidigt werden konnte.

Der Hauptburg war nach Süden, vom Burggraben getrennt, aber durch die Brücke verbunden, eine Vorburg trapezförmigen Grundrisses vorgelagert, in der ehemals die Wirtschaftsgebäude gestanden haben, u. a. eine aus Sandsteinen erbaute Zehntscheuer.

Ort und Burg Reipoltskirchen waren Mittelpunkt einer kleinen, allodialen Reichsherrschaft. Erbauer und erste Besitzer sind vermutlich die Herren von Hohenfels gewesen, die ihre am Donnersberg gelegene Burg Hohenfels vom Kloster Prüm in der Eifel zum Schutz des in der Gegend gelegenen Prüm'schen Besitzes zu Lehen nahmen. Auch „jene von Ripelskirchen" waren, wie Abt Cäsarius von Heisterbach 1222 berichtete, mit Hohenfels vom Kloster Prüm belehnt. Vermutlich waren beide Geschlechter eines Stammes, wobei die Reipoltskirchener von den Hohenfelsern, diese wiederum von den Herren von Bolanden abstammten. 1267 war die — hier erstmals erwähnte Burg Reipoltskirchen im Besitz des Grafen Dietrich von Hohenfels, 1297 saß Heinrich von Hohenfels, „Herr zu Reipoltskirchen" dort. Als eine Koalition von Sponheim und Veldenz, Speyer und Worms 1351 die Burg Hohenfels zerstörte und ihren Wiederaufbau untersagte, wurde Reipoltskirchen zum Hauptsitz des Geschlechts derer von Hohenfels zu Reipoltskirchen.

In den folgenden Jahrhunderten werden die Herren zu Reipoltskirchen oftmals als Zeugen in Urkunden, als Teilnehmer an Kriegszügen und als kurtrierische und kurpfälzische Hofleute genannt. 1579 fiel ihnen durch Einheirat einer Leiningerin Rixingen zu. Indes erlosch das Geschlecht der Hohenfels-Reipoltskirchener bereits 1602. Die Burg kam an die Dhauner, 1628 an die von Löwenhaupt, eine Hälfte an die Manderscheid-Kheil. Um 1730 waren beide Teile käuflich erworbener Besitz des kurpfälzischen Hofgerichtspräsidenten Graf von Hillesheim, ab 1754 jedoch wechselte die zuvor löwenhauptische Hälfte mehrmals den Besitzer, bis sich die Gemeiner von Hillesheim und von Bergstein (Isenburg-Büdingen) 1778 miteinander verglichen. Die Untertanen der Herrschaft jedoch, die ein Reichskontingent von einem Reiter und vier Fußsoldaten oder aber monatlich 28 Gulden zu stellen hatte, wurden erst durch die Französische Revolution von Drangsalierungen befreit, die Kurpfalz und Pfalz-Zweibrücken bis dahin durch geltende Leibeigenschaftsrechte durchgeführt hatten.

Die spätgotische Zeit

Die bauliche Erscheinungsform des spätmittelalterlichen Wehrbaues, die Wehrbautechnik spätgotischer Zeit, wurde ganz entscheidend durch eine Waffe geprägt, die zwar schon anfangs des 14. Jahrhunderts erfunden worden war, die aber erst gegen Ende des 14. Jahrhunderts zu solcherart Wirkung geriet, daß man ihr im Befestigungswesen mit allen zur Verfügung stehenden Mitteln zu begegnen gezwungen wurde: die Feuerwaffe, das Geschütz. Seine Verwendung, zunächst noch in recht primitiver Form als zylindrischer Körper aus Gußeisen auf einfachem Richtbock aus Holz, setzt sich im Laufe des 14. Jahrhunderts mehr und mehr durch und erweist sich um 1400 etwa — und gerade bei der Bekämpfung des Raubritterunwesens jener Zeit — als verheerend, weniger durch die Wirkung der Steinkugel-Geschosse (mehr als drei Schüsse pro Tag waren zunächst kaum möglich, wollte man nicht riskieren, daß das Geschützrohr barst), sondern eher noch durch die psychologische Wirkung der mit Pulverdampf und Explosionsgetöse verbundenen Zündungen. Zwei Rohre solcher frühen Geschütze der Zeit um 1400 sind im Historischen Museum der Pfalz in Speyer ausgestellt. Das eine, das größere Geschütz von beiden, das vom Trifels stammt, zeigt noch hinten an seiner Oberseite ein kleines Zündloch und eine primitive Visiereinrichtung, die mit einem Eisenband auf das unförmige gußeiserne Rohr aufgeschoben worden ist.

Der Abwehr von anfliegenden Geschützkugeln galt nun im 15. Jahrhundert die ganze Aufmerksamkeit der Wehrbau-Architekten. Die hohen Mantelmauern des 13. und 14. Jahrhunderts waren nicht mehr imstande, eine Burganlage wirksam gegen Feuerwaffen zu schützen. So suchte man denn nach Möglichkeiten, mit Hilfe natürlicher Gegebenheiten ältere Burganlagen vor direktem Beschuß zu sichern. Sofern es die örtliche Situation bei Höhenburgen zuließ, legte man tiefe und weite Halsgräben an bzw. erweiterte oder verdoppelte die schon vorhandenen. Anstehendes Felsgestein nutzte man, indem man es dergestalt bearbeitete und mit Mauerverblendungen umkleidete, daß hohe mächtige, ummauerte Felsriegel entstanden, hinter denen die übrigen Burggebäude vor direktem Beschuß annähernd gesichert waren. Im Innern dieser ummauerten Felsbarrieren wurden neben- und übereinander Geschützkammern und Verbindungsgänge, Treppen usw. angelegt und damit solche Werke zu außerordentlich festen Sperriegeln gestaltet. Zwei solcher Beispiele bieten Neuscharfeneck und die Madenburg in der Pfalz; erstere erfuhr einen Ausbau dieserart wohl etwa gegen 1470, möglicherweise auf Anordnung des tatkräftigen Pfälzer Kurfürsten Friedrich I. des Siegreichen, der sie in seinen Besitz gebracht hatte. Friedrichs Kämpfe in den 60er und 70er Jahren des 15. Jahrhunderts gegen Veldenzer, Leininger und Zweibrücker erwiesen die Bedeutung, die den nun schon erheblich in ihrer Ausführung und Wirkung vervollkommneten Feuerwaffen zukam. Die Leininger verfügten 1460 sogar über eine Art Orgelgeschütz, bei dem man mit einer Zündung kleine Steinkugeln gleichzeitig aus vierunddreißig gebündelten Rohren abschießen konnte. Nicht nur in offener Feldschlacht, sondern auch bei Belagerungen von Burgen spielten nun die Geschütze eine ganz wesentliche Rolle. So kam es denn dazu, daß nicht nur die Abwehr von Geschützkugeln durch eigens dagegen errichtete Schildmauern im oben beschriebenen Sinne dringendes Gebot bei der Verteidigung von älteren Burgen war, sondern daß man ebenso versuchte, durch Anlage weiterer Verteidigungsbauten die Armierung der Burgen mit Feuerwaffen zu ermöglichen. Durch Einbau von Geschützkammern waren dazu schon die genannten Schildmauern geeignet, die jedoch im Falle der Madenburg und der Burg Neuscharfeneck nur gegen die Angriffsseite gerichtet gewesen sind. Die Möglichkeit, den Belagerer auch nach verschiedenen Seiten hin mit kleineren Feuergeschützen unter Beschuß zu nehmen, bot in der 2. Hälfte des 15. Jahrhunderts die Anlage von (zunächst noch hohen) Geschütztürmen runder, halbrunder oder hufeisenförmiger Grundform, die in mehreren Geschossen sowie auf einer oberen Plattform kleinere Geschütze aufnehmen konnten. In das starke Mauerwerk eingesetzte Schießscharten in Form waagerechter Schlitze kennzeichnen solche Befestigungen schon äußerlich als Geschütztürme dieser Zeit. Der Turm „Kleinfrankreich" gegenüber der Burg Berwartstein, um 1480 vom kurpfälzischen Marschall Hans von Drott (Trotha) errichtet, steht isoliert als runder Geschützturm in einem kleinen Hof. — Burg Altdahn, eines der sogen. Dahner Schlösser bei Dahn im pfälzischen Wasgau, ist etwa zu gleicher Zeit mit zwei hufeisenförmigen Geschütztürmen verstärkt worden.

Beide Befestigungsformen, die Schildmauer in Gestalt ummauerter Felsbarrieren und die Geschütztürme, stellen Bauteile dar, die älteren Burganlagen ergänzend hinzugefügt worden sind. An Burg-Neubauten jener Zeit, die von Anfang an solche neuen Bauformen miteinbeziehen, ist uns ein gutes Beispiel leider nur in zeichnerischen Aufmessungen eines französischen Ingenieuroffiziers vom Ende des 18. Jahrhunderts überliefert: die 1467 fertiggestellte bischöflich Speyerische Wasserburg „Marientraut" bei Hanhofen nahe Speyer, deren Mauerecken durch dreiviertelrunde hohe Geschütztürme der eben beschriebenen Art verstärkt waren. Die Copien der Pläne, Grundrisse und Schnitte, sowie die noch erhaltene Bauinschrift auf einer Sandsteinplatte werden im Historischen Museum der Pfalz in Speyer verwahrt.

19 Falkenstein

Burgruine am Donnersberg

An der Bundesstraße 48 von Bad Kreuznach nach Kaiserslautern liegt — einige Kilometer südlich von Rockenhausen — der Ort Schweisweiler mit seiner zierlichen Rokoko-Kirche, deren Entwurf auf Balthasar Neumann zurückgeführt wird. Nahe des Ortes, südlich davon an der alten „Eisenschmelz", zweigt links eine Fahrstraße nach Imsbach, einem alten Bergwerksorte des Donnersberggebietes ab. Auch auf dieser Straße biege man nach einigen Minuten in Höhe des Wambacherhofes links ab und benutze die Fahrstraße, die in Windungen durch das Falkensteiner Tal ansteigt. Man passiert dabei — einem Bachlauf aufwärts folgend — eine Schlucht, die von hochaufragenden Felsen im Waldesgrün begleitet wird, und fühlt sich hier schon vorbereitet auf das idyllische Fleckchen Erde am Ende des einen Kilometer langen Tales, das als Ergebnis historischer Konstellationen noch in neuerer Zeit vom Doppeladler Österreichs beschirmt wurde.

In romantischer Lage am südwestlichen Fuße des Donnersberges, auf steilem Felsgrat hoch über dem kleinen Ort gleichen Namens ragen die geborstenen Mauern der Burg Falkenstein auf. Der Fels, auf dem die Ruine sich erhebt, war nördlicher Grenzmarkierungspunkt des Reichs- und Königslandes um Kaiserslautern und als solcher schon für die Errichtung einer Reichsfeste prädestiniert. Die Gründung erfolgte vor 1135, vielleicht um 1125 durch Werner I. von Bolanden. Um 1230 ist die Burg Sitz einer Seitenlinie des Reichsministerialengeschlechtes der Herren von Bolanden, die mit Philipp I. von Falkenstein, Reichstruchseß und 1246 Bewahrer der Reichskleinodien auf dem Trifels (siehe oben Seite 76) begonnen hat.

Seit 1398 Grafschaft, gelangte das Falkensteiner Territorium 1418 durch die Schwestern des letzten Falkensteiners, Erzbischof Werner von Trier, an die Grafen von Virneburg, die 1456 Burg und Dorf mit allen Zubehörungen an Wirich von Dhaun zu Oberstein verkauften. Dieser war Afterlehensträger des Herzogs von Lothringen, dem das heimgefallene Reichslehen 1458 von Kaiser Friedrich III. übertragen worden ist. Bis 1628 waren die Dhaun-Obersteiner lothringische Lehnsleute. Nach mancherlei Erbstreitigkeiten verblieb das Lehen bei Lothringen. 1632 plünderten die Schweden die lothringischen Kassen, und 1647 wurde das Burgschloß von den Franzosen eingenommen und geschleift. Die wiederhergestellte Anlage war 1667 fest in lothringischer Hand. Durch Franz Stephan von Lothringen, Gemahl Maria Theresias und seit 1745 als Franz I. römischer Kaiser, kam der Falkenstein an das Haus Österreich und blieb es bis zum Frieden von Lunéville 1801.

Vom einstigen wehrhaften Aussehen der Burganlage sind wir durch Ansichten der späten Renaissance gut unterrichtet. Im Historischen Museum der Pfalz in Speyer befindet sich eine aquarellierte Federzeichnung, die die Burg etwa um 1590 bis 1600 (von ihrer Westseite gesehen) zeigt. Der Künstler, der dieses Blatt schuf, gehört vermutlich zur sogenannten Frankenthaler Malerschule, einer Gruppe von Malern aus den Niederlanden, Glaubensflüchtlingen und ihren Nachkommen, die Kurfürst Friedrich III. der Fromme von der Pfalz 1562 in Klostergebäuden Frankenthals angesiedelt hatte. Der uns unbekannte Meister sah von einer Berghöhe gegenüber der Burg auf deren Westseite und über einen Taleinschnitt hinweg, in dem sich eine Gruppe Geharnischter gesammelt hatte. Ganz links, also im nördlichen Teil der Burganlage, sieht man einen Rundturm mit auskragender Zinnenplattform, den eine Ringmauer umgibt; sie ist mehrmals stumpfwinklig geknickt und läuft nach rechts, also nach Süden ab. Zwei halb- und dreiviertelrunde Mauertürme stehen in der Ringmauer, die — wie die beiden Türme auch — mit Schlüsselloch-Schießscharten armiert ist. Innerhalb der Ringmauer steigen die Hauptgebäude des südlichen Burgteiles, der oberen Burg, vor uns auf. Aus einer Gruppe von vier Wohnbauten mit Satteldächern, die offensichtlich um einen engen Hof stehen, schiebt sich der rechteckige Bergfried nach oben heraus. Sein hohes, abgewalmtes Dach wird an den vier Ecken des Dachansatzes von kleinen Türmchen mit spitzen Helmen flankiert. Die Geschosse der Wohnbauten und des Bergfrieds bezeichnen hohe, schmale Fenster. Rechts vom Bergfried, also südlich, steht ein großes rechteckiges Gebäude mit hohem Satteldach und zwei kleinen spitzbehelmten Türmchen ganz rechts beiderseits des südlichen Giebelansatzes. Es ist der Palas mit seinen großen, rechteckigen Doppelfenstern sowie zwei Schornsteinen in der Dachzone über der Längswand. Weiter rechts vor der südlichen Schmalseite des Palas' und am Rande des steilen Felsabbruches ist noch ein kleiner (runder) Mauerturm zu sehen. Ganz rechts unten in der Taltiefe liegt der mit Türmen und Mauern befestigte Ort. Im Hintergrund steigen die baumbestandenen Hänge des Donnersbergmassivs an.

Die Ansicht, die Matthäus Merian um 1645, also kurz vor der Zerstörung der Anlage durch die Franzosen anfertigte, ist der des Frankenthaler Aquarells sehr ähnlich, jedenfalls soweit sie die Schloßanlage betrifft. Möglicherweise bediente sich Merian sogar des Frankenthaler Blattes als Vorlage. Lediglich das Dach des Bergfrieds ist niedriger gegeben, der Felsabfall beginnt näher am Palas und es fehlen hier die Schlüssellochscharten in der Ringmauer sowie der kleine rechts bzw. südlich vorliegende Mauerturm. Dafür ist der Ort unterhalb der Burg deutlicher ausgeführt und man erkennt genauer die Ortsbefestigung aus Türmen und Mauern, die den Burgberg hinaufsteigen, um an der Ringmauer des Schlosses anzuschließen. Martin von Neumann hat 1837 den Kupferstich Merians kopiert. Andere Ansichten des 19. Jahrhunderts, deren es recht viele gibt, zeigen nurmehr den ruinösen Zustand der Anlage.

Palas-Südwand von innen

Vergleicht man den so exakt überlieferten Bauzustand von 1590/1600 und 1645 mit den heutigen Burgresten, so stellt man fest, daß die bauliche Situation zwar mit dem gegenwärtigen Bestande übereinstimmt, daß aber doch von der Bausubstanz her gesehen viel vom aufgehenden Mauerwerk zerstört worden ist. Von der einstmals mächtigen zweigeteilten Anlage, die auf dem wildgeborstenen, langgestreckten Felsgrat aufsitzt, ist vom nördlichen Burgteil nur wenig erhalten, vom Südteil jedoch stehen noch ansehnliche Ruinen aufrecht. Das Mauerwerk der Ringmauer und das der Gebäude besteht aus kleineren, grob beschlagenen, zum Teil auch unregelmäßigen Quadern. Die Mauerverbände sind ungenau erstellt und mit Ausgleichsschichten durchsetzt. Die starken Substruktionen an der Südseite der oberen Burg, die die südliche Spitze und den Grat des Felskammes umkleiden und als Podium und Sockel des Palas dienen, bestehen aus größeren polygonalen Quadern in „zyklopischer" Technik. Gewiß war alles Mauerwerk verputzt, die ungleichmäßigen Mauerverbände waren also nicht sichtbar.
Vom kleinen Parkplatz am Nordende der oberen Burg aus führen wenige Schritte nach Süden in die Anlage hinein. Terrassenartig liegen hier die

Palas von Südosten

Ringmauer und erhöht darüber die Schildmauer mit dem Tor. Stichbogig sind die Geschützscharten, die Öffnungen und Durchgänge; Gerüstriegellöcher liegen in Reihen übereinander. Vom Halsgraben geschützt, in dem der Parkplatz angelegt worden ist, lagen hier mit der Ringmauer und der Schildmauer erhöht dahinter die stärksten und zudem durch den Felsgrund gefestigten Werke gegen die Angriffsseite im Norden. An beiden Seiten des langen, aber schmalen Burgplateaus sind noch Teile der Ringmauer erhalten. An beiden Seiten, nach Ost und West, war die Burg auch durch Steilabfälle bestens geschützt, so daß sich Zwingermauern erübrigten. Etwa in der Mitte der Anlage und direkt an der östlichen Langseite diente der noch jetzt massig aufragende Felsklotz mit seinen künstlichen Abarbeitungen als Sockel des hohen, rechteckigen Bergfrieds. Weiter südlich davon und als Abschluß der oberen Burg liegen die noch immer mächtigen Reste des rechteckigen Palas', dessen Südwand über den Substruktionen noch zwei Geschosse hoch erhalten ist. Eingeschossig setzt sich die Palas-Außenmauer an der Ostseite im Zuge der Ringmauer fort. An der Angriffen nicht ausgesetzten Südseite öffnete sich das Gebäude mit großen und weiten Fenstern, von denen noch fünf stichbogig geschlossen erhalten sind und eine romantische Ruinenkulisse bilden. Auch an der Ostseite ist noch ein großes Fenster vorhanden. Vom Palas aus hat man einen herrlichen Ausblick über den Talkessel und auf den kleinen Ort. Unterhalb des Gebäudes schiebt sich der Fels nach Süden spitzwinklig vor. An der äußersten Spitze dieses erheblich tiefer liegenden Felsplateaus, das man als eine Art Zwinger ummauerte und das durch eine Poterne, einen schmalen Ausfallgang vom oberen Burgareal aus zuänglich war, steht noch ein kleiner Rundturm mit Ansätzen der Zwingermauer und innerem Eingang von der Nordseite her. Diesen nur scheinbar isoliert stehenden Turm sieht man als eine Art Charakteristikum der Burg auf fast allen alten Ansichten des Falkensteins; auch das Frankenthaler Aquarell zeigt ihn an dieser Stelle. Das Burggelände ist als Naturschutzgebiet ausgewiesen und wird sorgsam gepflegt. Nur ungern wird der Besucher diese idyllisch gelegene und dabei historisch so bedeutsame Ruine auf ehedem österreichischem Territorium wieder verlassen. Steht ihm genügend Zeit zur Verfügung, so sei geraten, den Donnersberg, das mit 687 Metern höchste Gebirgsmassiv der Pfalz zu besuchen. Auf dem Gipfel des urtümlich-romantischen Waldgebirges, das in napoleonischer Zeit (1798—1815) dem neu geschaffenen Département Mont Tonnerre seinen Namen lieh, liegen die Reste einer gewaltigen keltischen Ringwallanlage, die in neuester Zeit wieder Ziel von Ausgrabungen ist.

Burg von Westen. Aquarellierte Zeichnung eines Frankenthaler Meisters aus dem Umkreis des Anton Mirou (um 1600)

20 Berwartstein

Burg bei Erlenbach

Eine noch bewohnte Burg der Wasgaulandschaft findet man in romantischer Lage beim Dorfe Erlenbach, dicht an der Straßenkreuzung Bad Bergzabern—Hinterweidenthal und Annweiler—Niederschlettenbach (B 427). Die Felsenburg, die in den Jahren 1893 bis 1895 wieder auf- und ausgebaut worden ist, erhebt sich auf einem felsigen Bergkegel etwa einhundert Meter über dem Tal und ist ein gern besuchter Ausflugsort von nah und fern.
Der Berwartstein war einstmals eine Reichsburg, die Friedrich Barbarossa 1152 dem Bistum Speyer einräumte. Seit dem Beginn des 13. Jahrhunderts benannte sich eine dort sitzende Ritterfamilie nach der Burg. Mitglieder dieser Familie betrieben gegen 1300 Wegelagerei. Eine Koalition

von Straßburg und Hagenau verband sich daher 1314 gegen die Lützelsteiner, Fleckensteiner und gegen Eberhart von Berwartstein, dessen Burg belagert und nach fünf Wochen erobert und zerstört wurde. Die hohen Kosten des Wiederaufbaues zwangen 1343 den letzten des Geschlechts, das 1345 erlosch, zum Verkauf der Burg an die Herren von Weingarten, die sie ihrerseits schon bald an das Petersstift in Weißenburg veräußerten, zu dessen Gunsten dann auch einer der Grafendahner Ganerben, Graf Walram von Sponheim, auf seinen Anteil am Berwartstein verzichtete. Die Burghut übertrug das Stift, wie üblich, Adligen. 1453 erlangte Kurfürst Friedrich I. der Siegreiche von der Pfalz wie in allen Burgen des Stifts von Weißenburg auch im Berwartstein das Öffnungsrecht. Im Jahre 1472 saßen vorübergehend die Eckbrechte von Dürckheim hier, die die Burg im Krieg mit Weißenburg besetzt hatten, mußten den festen Platz aber an Kurpfalz abtreten. Kurfürst Philipp I. der Aufrichtige verlieh die Burg 1480 dem Thüringer Ritter Hans von Drott (von Trotha), 1485 verkaufte er sie (nebst Grafendahn) dem inzwischen zum kurpfälzischen Marschall aufgestiegenen Ritter, der den „Berberstein" von 1488 bis 1500 weiter ausbaute, mit „stattlichen Gebäuden zierte" und in besseren verteidigungsfähigen Stand brachte; so errichtete er nicht nur die Vorburg und die Unterburg mit ihren für die Verteidigung mit kleineren Geschützen eingerichteten Rundtürmen, sondern auch den isoliert stehenden, die Burg im Südosten deckenden großen Geschützturm „Kleinfrankreich" (siehe unten S. 166).
Die Burg blieb Lehen von Kurpfalz in den Händen der Nachkommen des Marschalls. 1637 fielen das Lehen und die 1591 ausgebrannte und nicht wiederaufgebaute Burg an Kurpfalz zurück, doch vertrat das Bistum Speyer die Besitzansprüche des ehemaligen Stiftes und der nunmehr bischöflich Speyerischen Propstei Weißenburg bis 1648. Dann wurde der kurfürstlich Mainzische Geheime Rat Freiherr von Waldenburg mit dem Berwartstein belehnt, den er als ein „zugrundtgerichtetes, oedtes, vnbewohntes vnd zu bewohnen incapabel Hauß" bezeichnete und deshalb 1652 — wenigstens teilweise — neu herrichten ließ. 1663 ist „das Schloß Berbenstein... biß vff die Rudera ganß verfallen vnd mit Hecken verwaxen". Die Erben des Freiherrn wollte Kurpfalz 1664 und 1673 zwingen, gegen Verlängerung des Lehensverhältnisses das Schloß wieder vollständig aufzubauen, doch beliefen sich bereits die Kostenvoranschläge als dafür zu hoch, und so blieb die Burg in ruinösem Zustande. Nach Enteignung durch die Französische Revolution 1793 und Übergang an Bayern 1816 gelangte die Ruine erst 1840 an die Witwe des letzten Freiherrn, ab

1842 in verschiedene Privathände. 1893/1894 erfolgte ein weitgehender Ausbau der Anlage durch Th. von Baginski, der ihr ein zum Teil pittoreskes Aussehen verlieh. Nostalgischer Ballast ist erfreulicherweise der jüngsten Restaurierung zum Opfer gefallen. Seit den 20er Jahren pflegt die Familie Wadle (seit den 50er Jahren auch Besitzer) die Burg bestens.

Vom Dorfe Erlenbach aus führt ein bequemer Weg den Burgberg hinan bis zu einem Parkplatz, von dem aus zwei Fußwege um und in den Burgbereich hineinführen. Die Kernanlage gliedert sich in eine Oberburg, die auf einem Felsgrat errichtet ist, und in eine Unterburg, die von Norden her an und in den Felsen gebaut wurde.

Der ganze Komplex ist nahezu an allen Seiten (mit Ausnahme der Südostspitze der Oberburg) von einer weiträumigen Vorburg des ausgehenden 15. Jahrhunderts umgeben. Der alte Burgweg führte von Südosten her durch einen Zwinger in diese Vorburg hinein, deren spitzbogiges Tor noch mit seinem Durchgang erhalten, durch innere Anbauten jedoch geschlossen ist. Die Vorburg war — so zeigt es ein alter Grundriß Martin von Neumanns vom Jahre 1837 — durch vier (ehemals wohl fünf) große halb- oder dreiviertelrunde Geschütztürme an ihrer gesamten nördlichen Seite gesichert. Von diesen Türmen ist der an der Nordwestecke stehende Rundturm mit querrechteckigen Kanonenscharten und kleinem, rundem Treppenturm, der im letzten Weltkrieg stark beschädigt und kürzlich erst wiederhergestellt wurde, in seinem Quaderwerk noch gut erhalten; von den übrigen Türmen, die alle wohl dem Ausbau durch Hans von Drott von 1488 bis 1500 zugeschrieben werden dürfen, zeigt sich über der Erde kein Mauerwerk mehr. Ein größerer Teil der Vorburg ist nach Osten hin aufgeschüttet und als Burggarten gestaltet worden. Am Fels der Oberburg ist dort auch noch ein alter Aufgangsschacht erhalten.

Steht der Besucher etwa in der Mitte der Vorburg, also etwa an der Stelle des Kiosks, so bietet sich dem Blick die gesamte Nordseite der Hauptburg und Kernanlage: die zweigeschossige Unterburg und die darüber aufsteigende dreigeschossige Oberburg. Das Mauerwerk besteht in großen Teilen aus Buckelquadern mit Randschlag und Zangenlöchern wohl noch des 13. Jahrhunderts; überall jedoch sind Ausflickungen und eingebrochene neuzeitliche Fenster Zeichen für mannigfache Rekonstruktionen neuerer Zeit.

Die Unterburg, die den Fels von Nordwest bis Nordost im polygonalen Mauerverlauf umzieht, sitzt auf einer niedrigen, überall bearbeiteten Felsterrasse auf. Nach Nordosten stößt ein hufeisenförmiger, überdachter Geschützturm mit seitlich ansitzendem runden Treppentürmchen in die Vorburg vor. Der Turm ist in neuerer Zeit zur Kapelle umgestaltet worden; sein unregelmäßiges Quaderwerk wird außen von einem spitzbogigen Eingang und von neuromanischen Doppelfenstern durchbrochen. Ein Rundturm in kleinquadrigem Mauerwerk mit Wulstgesims über dem Erdgeschoß ist nach Osten in den Burggarten vorgeschoben. In seinem Untergeschoß beginnt ein grob ausgehauener, mannshoher Felsgang, der nach Westen hin in Windungen verläuft und durch zwei viereckige Felskammern führt, in denen Mittelstützen beim Aushauen der Kammern zum Abfangen des Druckes in der Felsdecke stehen gelassen wurden, ähnlich wie dies bei der Ruine Altdahn (siehe unten Seite 154) und beim elsässischen Fleckenstein auch geschehen ist. Der Felsgang, romantisches Ingredienz jeder Burgführung, endet dort, wo sich auch der Eingang zur Unterburg von der Vorburg aus befindet. Durch diesen Eingang, eine Tür im Fels, kann der Besucher, der von der Vorburg aus eingetreten ist, über eine (oben offene) Felskammer und eine Felstreppe (eine zweite Treppe ist nicht mehr begehbar) zum „Rittersaal" im Erdgeschoß der Unterburg gelangen.

Dieser „Rittersaal", zu dem eine kielbogige Pforte Einlaß gewährt, ist im Kern noch mittelalterlich. Den im Grundriß trapezförmigen Innenraum decken vier Kreuzgratgewölbe des 19. Jahrhunderts auf einem achteckigen Mittelpfeiler und toskanischen Säulen in den Ecken. Am Fels der Oberburg, an den sich der Saal (er dient als Gaststätte) mit seiner Ostseite anlehnt, ist ein Aufzugschacht zur ehemaligen, darüberliegenden Burgküche ausgehauen.

Über ein nach außen viertelrund vorspringendes Treppenhaus neben dem „Rittersaal" gelangt der Besucher in das Obergeschoß der Unterburg. In

Unterirdische Felskammer mit Mittelstütze

der Eingangshalle beginnt der Zugang zu den 1893—1895 ausgebauten Wohnräumen, hier auch befindet sich unter dem (erneuerten) Puteal der 104 Meter tief in den anstehenden Fels eingehaue Burgbrunnen. Hier, sowie auch im darüberliegenden, schon zur Oberburg zu rechnenden Geschoß sind Gänge und Kammern in den Fels gehauen, die zum Teil als museale Burgräume mit altem Hausrat, Waffen, Justizaltertümern usw. ausgestattet sind. Anstelle eines alten, schräg ansteigenden Ganges an der Nordostseite des Felsriffes, der über Leitern und Holztreppen nach oben führte (man kann ihn von der Unterburg aus noch sehen), gelangt der Besucher jetzt über das schon genannte neuzeitliche Treppenhaus in den Bereich der Oberburg, die sich in ungefähren Abmessungen von 8×30 Metern oben auf dem Felsriff in ost-westlicher Richtung erstreckt. Die hohen Außenmauern, die den Fels umkleiden, sind bis ins zweite Geschoß wohl in staufischer oder nachstaufischer Zeit aus Buckelquadermauerwerk erstellt worden, zum Teil steigt dieses Mauerwerk den Schmalseiten zu auch noch höher an. Das dritte Geschoß der Oberburg, das auf dem Felsriff aufliegt, sowie auch zwischenliegende Partien darunter, sind erst in den Jahren 1893 bis 1895 ergänzt und aufgesetzt worden, wozu denn auch die oberen Abschlüsse der Turmbauten zu rechnen sind, die den Wohnbau auf dem mittleren Teile des Felsplateaus der Oberburg nach Ost und West flankieren. Die obersten Geschosse dieser Turmbauten sind auf Rundbogenfriesen vorgekragt. Diese beiden Bauten langrechteckigen Grundrisses sind eigentlich mehr Schildmauern als Türme, und dies gilt besonders für den östlichen, der weit hinauf noch aus Buckelquadern mit Randschlag und Zangenlöchern errichtet ist. Zwei rundbogig geschlossene Türdurchgänge in halber Höhe führten auf die von dieser turmartigen Schildmauer nach Osten ablaufenden Ringmauern, die das östlich vorspringende Felsplateau, den sogenannten Tanzfels, umgaben, und deren Ansätze an der Schildmauer beiderseits noch deutlich sichtbar sind. Der „Tanzfels" selbst zeigt an seiner Oberfläche noch ausgehauene Nuten, wohl von einem Fachwerkaufbau, der innerhalb der genannten Ringmauer gelegen haben dürfte. Von hier aus hat der Besucher einen schönen Ausblick auf den (der Burg südöstlich gegenüberliegenden) Geschützturm „Kleinfrankreich" (siehe unten S. 166 ff.). Auch dem westlichen turmartigen Aufbau liegt eine Felsplattform vor, von der aus, über die Dächer der Unterburg, auch des „Rittersaales" hinweg, der Blick auf das Dorf Erlenbach und auf die Wasgauhöhen der landschaftlich so reizvollen Umgebung fällt. Den Abstieg nehme man wieder über das schon genannte, neuzeitliche Treppenhaus.

Südwestansicht

21 Dahner Schlösser

Burgruinen im Wasgau

Nahe dem schon im 10. Jahrhundert erwähnten Orte Dahn im Wieslautertal erheben sich auf einem hohen, in sich mehrfach untergliederten Felsrücken die weithin sichtbaren Ruinen dreier, eng beieinanderliegender Burgen: Altdahn, Grafendahn und Tanstein; sie werden gemeinhin als „Dahner Schlösser" bezeichnet. Vom Ort Dahn (Bundesstraße 427) aus führt ein Fahrweg zu einem Parkplatz auf halber Höhe des Burgbergs. Über einen kurzen, nicht steilen Fußweg gelangt man in den Bereich der Burg Altdahn, der ersten der drei in ost-westlicher Richtung hintereinander gelegenen Ruinen.

Des einflußreichen Ministerialengeschlechtes der Herren von Dahn wird erstmals 1127 mit „Anshelmus de Tannicka" Erwähnung getan. Ab 1189 treten Heinrich, Ulrich und Konrad „von Tan" mehrfach unter den Reichsministerialen auf. Seit 1236 waren sie Ministerialen des Bistums Speyer. Sie stellten auch Kleriker, darunter einen Bischof von Speyer (Konrad IV., 1233—1236) und einen Propst in Speyer und Worms.
Um 1240 führten Familienauseinandersetzungen zur Gründung einer Linie Neudahn, weshalb denn auch im folgenden die Stammlinie als Altdahn bezeichnet wurde. 1287 erbauten die Altdahner die zweite Anlage der Burgenkette, die an Altdahn westlich anschließende Burg Grafendahn, die jedoch schon bald Ganerbenbesitz mehrerer Geschlechter wurde (v. Dahn, v. Winstein, v. der Eichen, Heinrich der Summerer, v. Landsberg, v. Sponheim seit 1328). Seit 1339 ist diese zweite Burganlage durch Kauf ganz an die Grafen von Sponheim gekommen und führte seitdem den Namen „Grafendahn". Als Ersatz dieser, der Familie Altdahn entfremdeten Burg erbaute Johann III. v. Altdahn 1328 die letzte, die westliche der drei Anlagen, den Tanstein (auch „Dahnstein" oder „Dankenstein" genannt). Lehnsherr aller drei Burgen war das Bistum Speyer. Anstelle von Grafendahn verblieb den Altdahnern zudem die Burg Neudahn, nachdem die Neudahner Linie 1327 ausgestorben war.
Grafendahn, die mittlere der drei Burgen, war zwar nach Ost und West von Dahner Befestigungen begrenzt, erlebte jedoch ein völlig anderes Geschick als die benachbarten beiden Dahner Burgen. Nach Aussterben der Grafen von Sponheim 1437 kam die Anlage an die Markgrafen von Baden, 1464 an Kurpfalz. 1480 verlieh und 1485 verkaufte Kurfürst Philipp I. der Aufrichtige die Burg Grafendahn seinem Marschall Hans von Drott (aus dem thüringischen Geschlecht derer von Trotha), dem „Hans Trapp" der pfälzischen Sage, der sie mit dem Berwartstein in einer Hand vereinigte (siehe oben Seite 145). Um 1500 schon unbewohnbar, wurde das Speyerer Lehen 1663 als „zerfallenes Gemäuer, so ein Schloß... gewesen" bezeichnet.
Die Altdahner Linie, vom Bistum Speyer 1439 mit Altdahn, Neudahn und Tanstein belehnt, besetzte in der 1. Hälfte des 15. Jahrhunderts wichtige Positionen, so z. B. die Unterlandvogtei im Elsaß und die Reichsschultheißenämter zu Gengenbach und Hagenau. 1509 war ein Dahner Amtmann zu Blieskastel. 1519 starb die Altdahner Linie aus, und die Neudahner Linie teilte die Familien und den Besitz. Parteinahme für Franz von Sickingen im Reichsritterkrieg 1523 führte zur Übergabe des Tanstein an die verbündeten Fürsten, von denen Kurtrier die Burg bis

1544 besetzt hielt; fortan war sie geteilter Besitz von Alt- und Neudahn. Die Altdahner starben 1593, die Neudahner 1603 aus. Bis dahin waren drei Viertel der Herrschaft in Dahner Besitz, ein Viertel im Besitz der Grafendahner Burgherren (v. Sponheim, v. Drott, v. Fleckenstein bis 1637, Schenken von Waldburg seit 1643 bis 1793. Das Lehen fiel an das Bistum Speyer zurück und wurde nicht mehr ausgegeben.
Altdahn wurde mehrmals stark beschädigt, so 1363 in einer Fehde mit den Fleckensteinern, 1372, als der Edelknecht Stophes, „ein schedlich Mann", daraus vertrieben wurde, ferner 1406 im Vierherrenkrieg und schließlich 1426 und 1438 durch Brand. 1488 wurde die Burg „Altentan" genannt; in jener Zeit etwa müssen die beiden hufeisenförmigen Geschütztürme errichtet worden sein, möglicherweise aber auch schon um die Jahrhundertmitte. — 1603 war Altdahn nicht mehr bewohnbar, weitere Zerstörungen erlitt die Feste im 30jährigen Krieg und 1689. 1820 stürzten große Teile im westlichen Burgbereich ein. — Tanstein war bereits 1571 schon verfallen.
Die Dahner Schlösser sind — in ost-westlicher Richtung hintereinander — um, in und auf mehrere Buntsandsteinfelsen gebaut worden, ihre Grundrisse haben dementsprechend unregelmäßigen Umriß. Sie gliedern sich jeweils in ringmauerumwehrte Unterburgen, von denen aus Treppen und Gänge zu den auf den Felsklötzen thronenden Oberburgen geführt haben. Ein mehrfach gespaltenes, zweiteiliges Felsriff diente Altdahn als Baugrund, eine annähernd dreieckige Felsklippe nutzte Grafendahn und zwei Buntsandsteinblöcke schließlich Tanstein als natürliche Fundamente ihrer Oberburganlagen. 337 Meter ü. d. Meer gelegen, erstrecken sich die drei Burgen über eine Entfernung von etwa 200 Meter, wovon die Ruine Altdahn ungefähr 95 Meter einnimmt.
Der Weg zur Burgengruppe führt an deren Nordseite empor. Will man zunächst in der Burggaststätte Rast machen, so nehme man kurz vor Erreichen der Anlage die Wegabzweigung nach rechts; man gelangt dann vor die Nordseite der Ruine Grafendahn. Eindrucksvoller jedoch präsentieren sich die drei Ruinen, wenn man den Aufweg geradeaus weitergeht und damit auf den Kamm des felsigen Bergrückens und somit vor die Ostseite, die Angriffsseite der Burgengruppe gelangt. Hier ist ein im Grundriß trapezförmiger Halsgraben, so breit wie der Kamm selbst, sorgfältig aus dem Fels geschrotet. Einen großen Teil dieses Grabens nimmt ein aus dem Gestein gehauenes Becken ein, das — mit Regenwasser gefüllt —, nicht nur als Hindernis gegen einen Angreifer, sondern gleichzeitig auch als Zisterne, als Wasserreservoir der Burgbesatzung

Blick von Südwesten auf den südlichen Geschützturm

diente, das über einen schmalen Zugang von der Nordseite aus zugänglich war. Hier von der Nordseite aus, nach Westen weitergehend, bietet sich der Zugang zu allen drei Ruinen. Zunächst jedoch beeindrucken die an und auf den Fels gefügten mächtigen Ruinen von Altdahn.
Der erste Felsklotz von Altdahn wird an seinem Fuß von einer Art Bastion trapezförmigen Grundrisses geschützt, die linker Hand nur mäßig erhöht an den Halsgraben anschließt. Reste einer Umfassungsmauer aus kleinen, glatt bearbeiteten Quadern knicken stumpfwinklig

zur Nordseite um und enden am ersten Burgfels, wo sie noch eine kreisrunde Zisterne miteinschlossen. Die halb- bzw. dreiviertelrunden beiden Flankierungs-Türmchen der Bastion sind nachträglich vorgesetzt; ihr Mauerwerk aus gebuckelten Quadern mit Zangenlöchern und Steinmetzzeichen wird man in das 15. Jahrhundert datieren müssen. Die Bastion war von oben her durch einen Gang mit Treppen im Fels zugänglich, der an der Südseite austrat und nunmehr nur noch von unten, von der Bastion aus begehbar ist.

An der Nordseite des hochaufsteigenden ersten Felsriffes vorbeigehend, gelangt man mit ein paar Schritten zum ersten, zum nördlichen der beiden Geschütztürme hufeisenförmigen Grundrisses, die in der Mitte oder in der zweiten Hälfte des 15. Jahrhunderts in die Anlage von Altdahn eingefügt worden sind, um die Burg der Entwicklung des Kriegswesens und der Vervollkommnung der Feuerwaffen anzupassen. Der Turm ist viergeschossig und reicht — an den Fels geschoben — von der Unterburg bis hoch hinauf zum Plateau der Oberburg. Sein Mauerwerk besteht aus Buckelquadern mit Zangenlöchern in einer Mauertechnik, die hier nicht staufisch ist, sondern einer Wiederaufnahme dieser Bauart im 15. Jahrhundert zugerechnet werden muß. An der Rundung der nördlichen Außenseite sind Reste eines Tordurchgangs erhalten, der über drei Konsolen auf hölzernem Wehrgang erreicht werden konnte. Mit seinem Untergeschoß diente der Turm gleichzeitig als Tor zur Unterburg, dessen Durchgang (rund- und stichbogig gewölbt, mit Türangeln und Sperrvorrichtungen) linker Hand von einem aus dem Fels gehauenen Wacht-Raum mit Mittelstütze flankiert wird. In zwei Geschossen öffnen sich breite, querrechteckige Geschützscharten, über denen waagerechte Schlitze angeordnet sind, die zusätzlich Licht einfallen, aber auch Pulverdampf abziehen lassen konnten. Etwa 2,5 Meter stark ist das Turmmauerwerk. Die obere Turmplattform springt über Rundbogenfries und Konsolengesims zweimal vor.

Hat man den Turmdurchgang durchschritten, so gelangt man — sich nach links, also nach Süden wendend — durch den Spalt zwischen den beiden Altdahner Felsklötzen in die südliche Unterburg. Im Spalt befand sich ein weiteres Tor und rechts seitlich ein kleiner Wacht-Raum, der neuerlich zur Pförtnerloge ausgebaut worden ist.

Die südliche Unterburg wird vom zweiten, vom südlichen Geschützturm des 15. Jahrhunderts beherrscht. Er ähnelt dem nördlichen in Aufbau und Mauertechnik. Ebenfalls viergeschossig, verbindet er die Unter- mit der Oberburg. Auch an seiner gerundeten Außenseite sieht man die Reste eines Tores, das nebst Treppen weiter hinab zu zwei tiefer gelegenen Zwingern mit halbrunden Türmen führte. Im Untergeschoß des Turmes liegt ebenfalls ein Durchgang; er ist in Querrichtung gewölbt und im Gewölbescheitel findet sich eine Gußscharte wie auch im Untergeschoßgewölbe des Nordturmes. Auch hier im Südturm liegt neben dem Durchgang ein aus dem Fels herausgehauener Wacht-Raum mit Mittelstütze. Querrechteckige Geschützscharten öffnen sich auch hier aus zwei Geschossen mit ehemaligen Balkendecken, und ein Rundbogenfries verbreitert die obere Plattform. Das Quaderwerk ist nicht gebuckelt, aber ebenfalls mit Zangenlöchern versehen.

Im Winkel zwischen dem Ansatz des Turmes und dem Felsriff beginnt eine steil ansteigende Treppenanlage zur Oberburg. Teils gemauert, teils aus dem Fels geschrotet, führt sie hinter dem ersten Turmgeschoß aufwärts vorbei; sie konnte an zwei Durchgängen gesperrt, zusätzlich durch eine nach innen gerichtete Scharte vom Turm-Inneren aus beschossen werden, wie ebenso auch von der Treppe aus nach Süden und hinunter vor den Turm eine Senkscharte Möglichkeit zur Bestreichung gab. Folgt man dem Treppenlauf aufwärts, so gelangt man auf das Plateau der Oberburg, die hier den westlichen der beiden Altdahner Burgfelsen einnimmt. Vom Palas, der hier stand, ist noch die nördliche Wand anderthalb Geschoß hoch erhalten; halbrunde steinerne Konsolen, auf denen die Unterzüge und auf diesen wiederum die Deckenbalken lagen, bezeichnen die Geschoßeinteilung. Auch die Ostwand und ein Teil der Südwand sind hier erhalten. Fenster mit Seitensitzen in den Nischen spiegeln die bauliche Einteilung wider. Die Hauptteile des Palas' sind um 1820 an der Südseite des zweiten Burgfelsens abgestürzt. An der Nordseite tritt ein (noch jetzt dreigeschossiger) Turm annähernd quadratisch vor die Palas-Nordwand. Von diesem Turm aus, der wohl auch die Funktion des Bergfrieds erfüllte, waren im zweiten und dritten Geschoß je ein Aborterker zu erreichen, deren übereinander versetzt angeordnete Reste mit ihren Türen und stützenden Konsolen über die Turmnordwand hinausragen.

Vom Plateau der Oberburg, das heißt hier vom Erdgeschoß des Palas aus, führt eine Treppe abwärts in ein Felsengemach, das auch durch einen Felsengang von der Treppenanlage, die Unter- und Oberburg verbindet, erreicht werden kann. Es enthält eine runde Zisterne. Eine weiter abwärts führende Stiege mündet oben am Felsspalt zwischen erstem und zweitem Burgfels. Nunmehr gibt ein getreppter Gang, über den ersten Burgfels ansteigend die Möglichkeit, mehrere freiliegende Raumteile

Ostansicht

(davon einer wiederum mit runder Zisterne) und schließlich ansteigend das letzte, das östliche Ende des ersten Burgfelsens zu erreichen, das als Felssubstruktion eines ovalen (Turm-?)Baues hoch über der Bastion hinter dem Halsgraben aufragt; die Bastion war von oben her durch einen Schacht mit anschließendem getreppten Gang ehemals (jetzt jedoch nicht mehr) zu erreichen. Von den Felspartien der Oberburg aus hat man prächtigen Ausblick über die ganze Burgengruppe und über die Wasgaulandschaft der näheren und weiteren Umgebung, deren rotleuchtende Sandstein-Felsklötze überall aus dem Waldesgrün hervorschauen. Eidechsen huschen über das Gestein und über die Zinnen der Plattform des nördlichen Geschützturmes, in dessen Inneres man von hier oben aus hineinschauen kann. Hat man sich an der Schönheit der Landschaft erfreut und über die wehrbautechnisch außerordentlich anschauliche Gliederung der Ruine Altdahn hinreichend orientiert, so nehme man den Abstieg wiederum über die Treppenanlage, die Oberburg und Unterburg verbindet. Am Fuß der Treppe angekommen, besteht noch die Möglichkeit, die tiefer gelegenen Zwinger zu besuchen oder aber — den südlichen Geschützturm im Erdgeschoß passierend — die westlichen Teile der südlichen Unterburg Altdahns zu besuchen. Balkenlöcher in der rechts aufsteigenden Wand des zweiten Burgfelsens sowie eine zur Hälfte im Fels geschnittene Zisterne an der Felsenoberkante zeigen, daß hier einstmals die Palassüdseite in mehreren Geschossen an den Felsklotz gelehnt war. 1820 stürzte dieser Bauteil in Gänze an der Südseite der Burg den Abhang hinab. Weiter nach Westen hin erreicht man den Ausgang der Unterburg über eine Brücke, die eine Fallgrube überspannt.

Nur wenige Schritte führen zur Unterburg von Grafendahn, deren Ringmauer in Resten die Ost- und Nordseite des Oberburgfelsens umgibt. Nordöstlich vor der Ringmauer und somit eigentlich noch zum Bereich von Altdahn gehörend, liegt eine rechteckige Zisterne, eine Viehtränke, die von Regenwasser gespeist wurde, das am Fels abtroff und in einer Rinne in das Becken geleitet worden ist. Der Felsklotz, der Grafendahns

Oberburg trug, ist annähernd dreieckig im Grundriß. Die Unterburg-Ringmauer schützt ihn auf der Nordseite, wo auch noch Geleisespuren von Wagen im Boden sichtbar sind. Am westlichen Ende der Nordseite ist eine weitere Viehtränke aus dem Fels gehauen, dicht daneben auch ein runder Brunnenschacht. Drei Felskammern sind von Norden her zugänglich. Eine Treppe führt auf die neuerlich restaurierte Oberburg, deren Ringmauern bis in Brüstungshöhe ergänzt worden sind. Auf der oberen Plattform lagen Wohnräume, von denen einer im Innern eine Zisterne mit Filtrieranlage barg. Nach Westen zu war die Ringmauer zu einer hohen Schildmauer hochgeführt, deren Reste aus Buckelquadern noch heute die Ruine beherrschen.

Hat man Grafendahns Oberburg über die Treppe wieder verlassen, so versäume man nicht, den Durchgang zwischen dem Fels von Grafendahn und dem östlichen Felsblock von Tanstein zu durchschreiten und sich an der Südseite des Riffes von der Wirkung jahrtausendelanger Erosion auf den Buntsandstein beeindrucken zu lassen. Wechselnde Schichten weißer und roter Sandablagerungen, durchsetzt mit Streifen grober Kiesel, ergeben ein bizarres Bild natürlicher Verwitterung durch Jahrhunderte.

Tanstein, dem wir uns jetzt zuwenden, besteht aus zwei benachbarten Felsklötzen. Der östliche der beiden Felsen birgt eine größere aus dem Gestein gehauene Kammer. Eine gewinkelte Treppe im Fels führt auf die Oberburg, von der sich nur geringe Reste erhalten haben. Eine runde Zisterne mit Wasserzuläufen, die der Versorgung der Burgbesatzung diente, ist über dreißig Meter in das Gestein eingetieft. — Der westliche Fels hat etwa trapezförmigen Grundriß. Nach Südwesten ist an seinem Fuße eine im Grundriß fast dreieckige Unterburg vorgelagert. Ausgehauene Treppen an der Westseite führen auf die Oberburg hinauf, wobei der Weg an Felskammern vorbeiführt, deren eine wiederum von einem Mittelpfeiler aus Sandstein abgestützt wird. Oben auf der Plattform des Felsens, von der aus man einen prächtigen Ausblick genießt, sind nur noch wenige Mauerreste im ausgehauenen Fels sichtbar. Abarbeitungen und Balkenlöcher zwischen den beiden Tansteiner Felsklötzen beweisen, daß der Raum zwischen den beiden Burgteilen ehemals auch bebaut gewesen ist.

Der Kastellan der dem Staate unterstehenden Burgengruppe und der Burgenverein (Burgenverein Dahn e. V.) bemühen sich im Zusammenwirken mit dem Landesamt für Denkmalpflege Rheinland-Pfalz um eine noch bessere Erschließung der historisch und baugeschichtlich so wichtigen Burgentrias. Ein Burgmuseum ist 1986 gegründet worden.

22 Neuscharfeneck

Burgruine bei Ramberg

Ungefähr auf halbem Wege der Bundesstraße 28 zwischen Landau (Pfalz) und Neustadt an der Weinstraße zweigt eine Fahrstraße ab, die über die Weinorte Edenkoben (dort kreuzt sie die Deutsche Weinstraße), Rhodt unter Rietburg und Weyher durch das Modenbachtal ansteigend nach Ramberg führt. Ist man auf der Höhe der sogenannten „Drei Buchen" (Parkmöglichkeit) angekommen, von der aus die Straße sich abwärts nach Ramberg hinunterzieht, so halte man hier, um sich für eine von mehreren Burgenbesteigungen zu entschließen. Nach Norden führen stark ansteigende Wege sowohl zur Burgruine Modeneck (auch Meistersel genannt) als auch zu den geringen Resten der Frankenburg. Nach Westen, also der abwärts führenden Straße folgend, lohnt ein Besuch der neuerdings vom Wildwuchs freigelegten und besser zugänglich gemachten Ruine Ramburg oberhalb des Dorfes Ramberg. Wer aber eine durch Reste verschiedener Bauperioden baugeschichtlich wichtige und noch eindrucksvolle Burgruine besichtigen will, der wende sich nach links, also nach Süden, wo ein ebener und gepflegter Waldweg (20/31) nach etwa 45 Minuten zur Ruine Neuscharfeneck führt, deren malerische Reste auf einem zungenförmigen Ausläufer des Kalkofenberges (Roßberges) in Waldeinsamkeit — neuerdings aber von rührigen Burgenfreunden von übermäßigem Baumwuchs befreit — hoch aufragen. Die Ruine gibt ein lehrreiches Beispiel vom Bestreben des 15. Jahrhunderts, der Wirkung der Feuerwaffen durch enorm große Schildmauern zu begegnen.
Der Name der Burg ist verbunden mit dem Geschlecht der Scharfenberger, deren berühmtester Vertreter Konrad III., der Sohn des 1155 auf dem Trifels und 1166 als Untervogt von Weißenburg im Elsaß nachweisbaren Reichsministerialen Berthold von Scharfenberg, seit 1186 Propst von St. German zu Speyer, Notar der Reichskanzlei Barbarossas, 1200 Bischof von Speyer, 1208 unter Philipp von Schwaben und auch später noch unter Otto IV. Reichskanzler und 1212 Bischof von Metz gewesen ist. Hatte Berthold auf der im 11. Jahrhundert gegründeten Burg Scharfenberg („Münz") in der Nähe des Trifels (siehe oben Seite 81) gesessen, so war der Sitz des Kanzlers Konrad vermutlich die wohl noch von Barbarossa ebenfalls zum Schutze des Trifels erbaute Burg Alt-Scharfeneck

Tor der westlichen Vorburg mit Rundturm

auf dem Ringelsberg bei Frankweiler am Eingang des Hainbachtales. Die Werksteine der Ruine wurden um 1830 zum Germersheimer Festungsbau abgefahren; ihre wenigen Reste sind erst in neuerer Zeit wieder aufgefunden worden.
Nach Konrads III. Tod (1214) erfuhr das Besitztum 1219 durch Konrads Bruder Heinrich I., der sich nach (Alt-)Scharfeneck benannte, eine Teilung in die Herrschaften Scharfeneck und Scharfenberg. Die Linie Scharfenberg starb 1305 aus. Aber auch die Linie Scharfeneck erlosch bereits im 13. Jahrhundert, und der Besitz kam über die Tochter von Heinrichs zweitem Sohne an die Herren von Metze (de Metis oder de Meti) aus Lothringen. Um oder nach 1232 wurde durch Johann von Scharfeneck-Metze 3 Kilometer östlich von Alt-Scharfeneck auf dem Roßberg ein Burg-Neubau begonnen, der vielleicht zunächst nur als Vorwerk von Alt-Scharfeneck gedacht war. Diese stauferzeitliche Anlage Neuscharfeneck wurde nebst der Herrschaft 1363 Kurpfalz zu Lehen aufgetragen. Als 1416 auch die von Scharfeneck-Meti ausstarben — zu jener Zeit war die Burg Alt-Scharfeneck wohl schon in desolatem Zustande —, fiel die Burg Neuscharfeneck als erledigtes Lehen an Kurpfalz zurück.
Kurfürst Friedrich I. der Siegreiche von der Pfalz hat die Burg — so dürfen wir vermuten — einem Ausbau unterzogen, der vor allem der Verteidigung gegen Feuerwaffen Rechnung trug. So ist sehr wahrscheinlich in den Jahren bis 1469 die gewaltige Schildmauer mit ihren Geschützkammern erstanden. 1476 überließ Kurfürst Philipp der Aufrichtige „Scharpffeneck das slos vnd Herschaft mit aller Herlichkeit, nutzung vnd zugehorde" als Mannlehen an Friedrichs I. natürlichen Sohn Ludwig den Bayern (aus der Ehe mit Clara Dett), der 1488 auch Graf von Löwenstein und damit Stammvater der Grafen von Löwenstein-Scharfeneck wurde.
Dem Brande und der Zerstörung im Bauernkriege 1525 folgten um 1530 eine umfangreiche Restaurierung und ein aufwendiger Ausbau durch Ludwigs Sohn Graf Friedrich von Löwenstein-Scharfeneck. Die solcherart zum Schloß wohnlich gestaltete Anlage wurde im Jahre 1633 völlig zerstört und blieb seitdem Ruine, so daß die Löwensteiner sich genötigt sahen, bis zur Französischen Revolution 1793 in ihrem Hof zu Landau und im Schlößchen St. Johann bei Albersweiler, dem Amtshaus der Herrschaft, zu residieren. Zuvor schon, nach dem Erlöschen der Linie Löwenstein-Scharfeneck 1632, war die Burg 1634 an die schon vorher mit Besitz daran beteiligten Grafen, seit 1711 gefürsteten Herren von Löwenstein-Wertheim gefallen.
Die Burgruine liegt auf einem Ausläufer des Kalkofen- oder Roßberges,

Blick von der westlichen Vorburg auf den Wohnbau des 16. Jahrhunderts (links) und die Innenseite der Schildmauer (rechts). Zustand vor der Restaurierung 1985.

280 Meter hoch über dem westlich am Fuße des Burgberges sich hinziehenden Orte Dernbach. Durch einen großen und breiten Halsgraben von der Angriffsseite im Osten getrennt, nimmt sie mit etwa 150 Metern Länge und über 60 Meter Breite das ganze zungenförmige Bergplateau ein. Der Besucher, der von Osten auf dem oben genannten Wege von den „Drei Buchen" her herankommt, wird zunächst von der mächtigen und hohen Schildmauer beeindruckt, hinter der sich die gesamte, in drei Bauperioden errichtete Burganlage deckte, nämlich die Kernanlage der Oberen Burg des 13. Jahrhunderts um und auf einem Felsenriff sowie die in trapezförmig-langrechteckigem Grundriß herumgebaute Untere Burg des 15. und 16. Jahrhunderts nebst ihren Zwingern und schließlich die westlich etwas tiefer gelegene Vorburg des 15. Jahrhunderts.

Verhält man im etwa 22 Meter breiten Halsgraben, der den Bergrücken in Gänze schneidet, so hat man einen guten Überblick über die gesamte

Ostseite der Schildmauer in ihren Abmessungen von 58 Meter Breite und 20 Meter Höhe. Gewiß hat sich auch schon die Burg des 13. Jahrhunderts hinter dem Felsriff gedeckt, das damals vielleicht mit Buckelquaderwerk verkleidet gewesen ist (ähnlich Hohenecken, siehe oben Seite 67, und Burg Landsberg, siehe oben Seite 129). Mächtige Ausgestaltung zum Schutz gegen Feuerwaffen erhielt das Befestigungswerk allerdings erst durch den von Friedrich dem Siegreichen unternommenen Ausbau vor 1469. Dabei wurde die Felsbarriere mit kleinerem, glatten Quaderwerk verblendet, mit Geschützkammern durchsetzt und bis zu 20 Metern aufgehöht. Der Eingang in die Burg wurde dabei durch die südliche Seite der Schildmauer gelegt, wo noch jetzt nach außen eine hochrechteckige vermauerte Pforte zu sehen ist. Auch das Auflager einer Brücke oder Zugbrücke über den Graben ist noch vorhanden. — Vermutlich um 1530 ist die Schildmauer einer Erweiterung nach beiden Seiten unterzogen worden, da sie wohl im Bauernkriege Schaden genommen hatte. Beide abgeschrägten Seiten gegen die Abhänge im Norden und Süden sind durch halbrund gemauerte Enden verstärkt worden, die oberen Teile wurden mit einer Überkragung höhergemauert. Kenntlich ist diese Ausbesserung und Verstärkung durch Großquaderwerk aus Sandstein. Oben am abgerundeten Nordende liegt die Wehrplattform über einem Stichbogenfries auf Konsolen. Hier wurde auch im unteren Teil der Verstärkung ein neuer Durchgang mit spitzbogiger Pforte eingefügt, dafür das ältere hochrechteckige Tor am Südende der Schildmauer geschlossen und daneben weiter südlich ein zweiter, nunmehr rundbogiger Durchgang mit profilierten Gewänden eingesetzt. Zu beiden Toren führten von Osten her Holzbrücken auf Steinpfeilern über den Halsgraben. Drei Strebepfeiler stützten das Südende der Schildmauerverstärkung ab. Im dritten, dem westlichen Strebepfeiler, wurde eine spitzbogige Pforte eingefügt, die nach Osten eine rechteckige Blende (zum Hochklappen einer Zugbrücke) aufweist; die Pforte diente wohl dem Ausgang aus dem äußeren südlichen Zwinger in den Halsgraben vor der Schildmauer. Nach Osten öffnen sich in der Schildmauer mehrere Scharten, die z. T. rundbogig mit Keilsteinen oder mit geraden Steinstürzen überdeckt sind; sie entsprechen Schießkammern für kleinere Geschütze im Inneren des Felsens, die durch Treppen und Gänge in der 12 Meter tiefen Mauer miteinander verbunden und vom inneren Burgbereich her zugänglich sind.

Man gehe nun an der Nordseite, also rechter Hand, um die Schildmauer herum und folge dem Weg im ehemaligen äußeren Zwinger bis zur westlichen Spitze des Burgplateaus, wobei zunächst linker Hand die nördliche Außenmauer eines langrechteckigen Wohngebäudes des 16. Jahrhunderts (um 1530) aufstrebt, aus glatten Quadern gefügtes Mauerwerk, aus dem zwei rechteckige, turmartige Standerker hervortreten, die sogenannte Kapelle und — neun Meter weiter westlich — ein zweischächtiger Abortanbau. Die ursprüngliche äußerste Zwingermauer ganz rechts am Rande des Abhanges ist bis auf einen Rest völlig zerstört und den Abhang hinabgestürzt; von der inneren Zwingermauer sind weiter westlich noch Teile erhalten.

Hat man das westliche Ende des Plateaus erreicht, so wende man sich linker Hand wieder zurück, um den Bereich der Vorburg zu betreten. Das ursprünglich erste Tor ist verloren, das zweite Tor aber liegt im Zuge einer Quermauer, die den Hof der Vorburg nach Westen abschließt und in ihrer Mitte von einem (beiderseits über die Mauer vortretenden) Rundturm geschützt wird. Mauer und Turm bestehen aus kleinquadrigem Baumaterial. Das Tor hat an der Außenseite einen spitzbogigen Durchgang, der an der Innenseite stichbogig überdeckt ist. An der Außenseite sind Buckelquadern mit Randschlag und Zangenlöchern versetzt, von denen angenommen wird, daß sie hier als Bauspolien der Burg des 13. Jahrhunderts in zweiter Verwendung gebraucht worden sind. Über dem Tordurchgang sind noch die Konsolen einer ehemaligen Pechnase, eines Gußerkers also, erhalten.

Die an das Tor anschließende südliche Hofmauer der Vorburg trägt noch den nach innen verbreiterten Wehrgangboden auf Stichbogenfries über Konsolen. Hier, vom Hof der Vorburg aus, hat man einen schönen Blick auf die malerischen Ruinen der Unteren und Oberen Burg. Rechts und links führen Reste je eines Tores in den nördlichen und in den südlichen äußeren Zwinger. Dazwischen liegt links der Mitte zu die Giebelseite des langgestreckten Gebäudes von 1530, das wir an seiner Nordseite beim Weg um die Burganlage schon passiert haben. Drei Bogendurchgänge öffnen sich hier zum Hof; sie sind als Öffnungen der Westseite eines eingeschossigen Anbaues vor dem Wohnbaugiebel des 16. Jahrhunderts zu verstehen, der sich seinerseits über den Bogen mit einem ehemaligen Erker oder Altan nach außen öffnete. Eine ausschwingende große Konsole, Teile der Seiten und die steingehauene Bedachung des Erkers sowie der rundbogige Austritt dahinter sind noch gut erhalten. Rechter Hand strebt ein Felsblock auf, der als Eckpunkt in den Gebäudekomplex miteinbezogen gewesen ist. Dahinter bemerkt man schon die Reste der Oberen Burg und im Hintergrund die Westseite der großen Schildmauer.

Man folge nun am besten dem rechten, südlichen Durchgang in den

Die Schildmauer von Südosten

äußeren südlichen Zwinger, der — an einem zweiten Torrest vorbei — weiter nach Osten bis an die Schildmauer heranführt. Linker Hand öffnet sich nun ein Durchgang in den inneren südlichen Zwinger, der dem äußeren in West-Ost-Richtung parallel liegt. An seiner Nordseite erhebt sich 30 Meter lang, 10 Meter hoch und 6 Meter tief die Felsbarriere, die — ebenfalls in west-östlicher Richtung — die Reste der Oberen Burg trägt und rechtwinklig auf die große Schildmauer zuläuft. Von der ehemaligen Verkleidung der Burg des 13. Jahrhunderts sind noch instruktive Reste aus Buckelquadern mit Randschlag, Zangenlöchern und Steinmetzzeichen erhalten, die sich vor allem am westlichen Ende, den Fels ummantelnd, in einer sauber gemauerten Abrundung zeigen. Drei Durchgänge, zwei seitlich neben und einer im Fels, führen zum schmalen

Hof der Unteren Burg vor der Nordseite des Oberburgfelsens. Von hier aus sieht man den rundbogigen Eingang und zwei Schlüsselloch-Scharten einer 11 Meter langen Felskammer in halber Höhe, die in ihrem Ostende geschützt den runden Burgbrunnen birgt. Eine Wendeltreppe im Westende der Kammer führte auf das obere Plateau des Felsens und damit in das ehemals dort befindliche Gebäude. Unten an der Nordseite der Felsbarriere aber sind ein größeres und drei kleinere Wasserbecken ausgehauen, die untereinander über Abflußrinnen und durch Löcher verbunden sind; offensichtlich waren dies Pferdetränken, ähnlich wie am Trifels (siehe oben Seite 82) und auf Grafendahn (siehe oben Seite 156). Im Hof davor steht ein Brunnenpfeiler aus Sandstein mit dem Relief eines bärtigen Männerkopfes, dem Wappen der Grafen von Löwenstein-Scharfeneck und der Jahreszahl 1564.

Auf der nördlichen Hofseite liegt der langrechteckige Wohnbau von 1530, dessen Nordseite vom äußeren Nordzwinger aus wir schon gesehen hatten, und dessen Westgiebel mit dem Altan wir schon vom Hof der Vorburg aus betrachten konnten. Von Süden her überschaut man das Innere des Baues mit den verschütteten Kellern. Die Raumeinteilung des Inneren läßt sich nicht mehr deutlich erkennen, doch bemerken wir hier — ebenso wie schon zuvor von der Außenseite — den Abortanbau und den „Kapellenerker", die sich nach Norden herausschieben. Vor allem der letztere ist durch sorgfältige Steinmetzarbeit der frühen Renaissance ausgezeichnet. In den Ecken des 1. Obergeschosses deuten Rippenansätze auf ehemalige Einwölbung nach spätgotischer Art.

Zwischen dem Felsgrat der Oberen Burg und der Schildmauer liegt einer der drei Durchgänge vom nördlichen Burghof zum inneren Südzwinger. Betritt man ihn, so gibt linker Hand eine Maueröffnung die Möglichkeit zum Einstieg in das Innere und auf die obere Plattform der Schildmauer, die übrigens auch vom Hof und von den Zwingern her zugänglich war. Man versäume nicht den Aufstieg auf die Schildmauer, von der aus man nicht nur einen instruktiven Überblick über die Burganlage gewinnt, sondern auch — nach den Freilegungen jüngster Zeit — einen prächtigen Ausblick in die Landschaft genießen kann.

Der Rückweg aus der Burg ist auf dem zuvor beschriebenen Wege möglich, wobei man sich gern noch einmal dem romantischen Zauber der Ruinenstätte hingeben wird, die schon die Künstler des 19. Jahrhunderts begeistert hat.

23 Kleinfrankreich

Turmruine bei Erlenbach

Zum Schutz seiner Burg Berwartstein (siehe oben Seite 145 ff.) errichtete der kurpfälzische Marschall Hans von Drott südlich der Burg auf dem Nestelberg wohl um 1484 einen starken Geschützturm. Im Jahre 1511 wurde dieses Vorwerk als „Thurm Frankreich", später dann (so im Jahre 1663) als „Klein Frankreich" bezeichnet.

Den Erfordernissen der Waffentechnik, hier also der Entwicklung der Feuerwaffen entsprechend, hat der Turm beträchtliche Abmessungen: eine Mauerstärke von 3,20 Metern bei einem Durchmesser von 14 Metern. Das Baumaterial besteht aus Sandsteinquadern (zum Teil mit Zangenlöchern) bis zu 50 Zentimetern Höhe, deren Mauerverband mit schmalen Ausgleichschichten durchsetzt ist. Das Erdgeschoß, das durch einen tonnengewölbten Eingang von Norden her betreten werden kann, deckt eine gemauerte Kuppel mit quadratischer Mittelöffnung.

Die Geschützscharten sind querrechteckig, ihre Stürze und Solbänke aus jeweils einem Steinbalken gesetzt. Über den Stürzen fangen Entlastungsbögen aus Keilsteinen den Druck des darüberliegenden Mauerwerks ab. Im Erdgeschoß sind drei, im Obergeschoß – das ebenfalls von Norden her zugänglich war – vier Schießscharten und zwei Luftschlitze angeordnet. Im Erdgeschoß sind die Scharten innen stichbogig, im Obergeschoß rundbogig überwölbt.

Der Geschützturm war ehemals von einer Ringmauer am Berghang umgeben, von der nur noch geringe Reste erhalten sind. Ein Brunnen liegt unmittelbar vor der Westseite des Turmes im Hof.

Der Bauherr des Geschützturmes und Herr auf dem Berwartstein seit 1480, der kurpfälzische Marschall Hans von Drott, der dem thüringischen Adelsgeschlecht der von Trotha entstammte, war zu seiner Zeit eine berühmt-berüchtigte Persönlichkeit. Der Ritter machte vor allem durch seine Angriffe auf das Gebiet der Abtei und der Stadt Weißenburg im Elsaß von sich reden. Der Weißenburger Abt Heinrich von Homburg war zu früherer Zeit als Abt des Petrusstiftes von Merseburg mit dem Merseburger Bischof in Konflikt geraten, hatte dort sein Amt als Abt niedergelegt und statt dessen die Abtei von St. Peter und Paul in Weißenburg übernommen. Hier kam er nun vom Regen in die Traufe, denn Hans von Drott, dessen Machtsphäre um den Berwartstein an das Terri-

Geschützturm-Ruine von Süden

torium der Abtei Weißenburg grenzte, war ein Bruder des Bischofs von Merseburg, seines Gegners. Hans von Drott rächte sich nun am Feind seines Bruders auf seine Weise durch den „Weißenburger Handel", und zwar mit Unterstützung seines kurfürstlichen Herrn Philipps I. des Aufrichtigen von der Pfalz, hatte doch Friedrich I. der Siegreiche die Stadt Weißenburg schon 1469—1470 im „Weißenburger Krieg" vergeblich belagert. Nun staute Hans von Drott das Wasser der durch die Stadt fließenden Lauter an, wodurch die Mühlen zum Stillstand kamen und Weißenburg empfindlichen Wassermangel litt. Schließlich ließ der Marschall die Wehre plötzlich wieder öffnen, so daß das Wasser mit Macht in das alte Flußbett schoß, die Mühlräder zertrümmerte und sonstige städtische Wirtschaftsbetriebe beschädigte. Wegen dieser und anderer Gewalttätigkeiten gerieten Hans von Drott und sein kurfürstlicher Lehnsherr in Reichsacht und päpstlichen Bann. Seit jener Zeit geistert der Marschall als Kinderschreck „Hans Trapp" durch die pfälzische Sage. Hans von Drott starb 1503 und wurde in der von ihm wiederhergestellten Liebfrauenkapelle (später: St. Annakapelle) bei Niederschlettenbach beigesetzt, wo noch heute sein Grabstein und die Tumbaplatte seines Grabes zu sehen sind.

Der „Weißenburger Handel" des 15. Jahrhunderts und seine schlimmen Folgen für die Stadt Weißenburg (Wissembourg) leben unterschwellig weiter bis in unsere Zeit: Die Abhängigkeit der elsässischen Stadt von der aus Quellen des sogenannten Mundatwaldes resultierenden Wasserversorgung ist der Grund dafür, daß bis heute noch der Besitz dieses Gebietes zwischen Frankreich und der Bundesrepublik Deutschland umstritten ist.

Das 16. Jahrhundert
Burgschlösser der Renaissance

Mit dem Ende des Mittelalters, mit dem Beginn der Neuzeit, der kunst- und kulturgeschichtlich mit dem Begriff der Renaissance benannt und charakterisiert wird, zeichnet sich auch das Ende des Rittertums als eines selbständigen, freien Standes ab. Der Aufstand der Reichsritter von 1523 ist nur der Höhepunkt und Schlußpunkt einer Entwicklung, die, seit etwa 1400 immer deutlicher hervortretend, die Existenz einer Gesellschaftsschicht in Frage stellt, die — einstmals das Rückgrat des Königtums — nunmehr der Machtentfaltung der fürstlichen Territorialherren auf friedlichem oder auf kriegerischem Wege erliegt.

Der Wehrbau ist zunächst nur peripher von solchen gesellschaftspolitischen Umwälzungen betroffen. Noch können sich auf annähernd gesicherter Basis lebende Rittergeschlechter es leisten, nicht nur nach herkömmlicher Art Hof zu halten, sondern auch im guten Glauben auf ihre finanzielle Potenz der ständig wachsenden Macht der modernen Angriffsmittel, mithin also der zunehmend sich steigernden Wirkung der Feuerwaffen, Trotz zu bieten. Während die kleinen Rittergeschlechter ihre einst fast uneinnehmbaren Höhenburgen verlassen und sich in Schlössern auf dem flachen Lande oder in städtischen Palais ansiedeln, mutet es fast rührend an zu sehen, welch kostspielige Anstrengungen der Großadel unternimmt, um seine ehemalige Machtposition zu verteidigen. Fortifikatorisch überholt noch ehe sie fertiggestellt sind, erweisen sich die aufwendigen defensiven Wehrbauformen, mit denen adelige Burgherren versuchen, ihre Rittersitze vor der Wucht des Angriffs moderner Feuerwaffen zu schützen, immerhin noch (wenn auch verteidigungstechnisch unzureichend) als machtpolitisch repräsentativ. Unter solchen Aspekten ist die Modernisierung älterer Burganlagen zu verstehen, die zum Beispiel die Sickinger an der Ebernburg bei Münster am Stein, an der Hohenburg im Elsaß und an der Burg Nannstein bei Landstuhl vornehmen lassen, indem sie mächtige Rondelle, also halb-, dreiviertel- oder vollrunde Geschütztürme mit gewaltigem Durchmesser und beträchtlicher Mauerstärke an bereits bestehende ältere Burganlagen anbauen. Demselben Bestreben sind die Kurfürsten von der Pfalz beim Ausbau ihres Residenzschlosses in Heidelberg verhaftet, und ebenso die

Zweibrücker Herzöge in der Armierung ihres Wasserschlosses und Witwensitzes in Bergzabern. Der große hufeisenförmige Geschützturm, der der Burg Lichtenberg bei Kusel nach Osten hin vorgeschoben wird, entspringt den gleichen verteidigungstechnischen Vorstellungen wie die zusätzliche Befestigung der Burg Neudahn mit einem doppeltürmigen Bollwerk und die fast völlige Neuanlage der Hardenburg im Isenachtal durch die Grafen von Leiningen.

24 Madenburg

Ruine bei Eschbach

Wer von der alten Festungsstadt Landau nach Bad Bergzabern fahren will, der sollte — soweit ihm das zeitlich möglich ist — nicht der Bundesstraße 38 folgen, sondern Landau in westlicher Richtung verlassen und die (etwas weitere) Straße über Wollmesheim, Ilbesheim und Eschbach wählen, wo er auf die Deutsche Weinstraße stößt, die von Eschbach ab dem Gebirgsrande der Oberhaardt parallel läuft und — von Weingärten begleitet — über Klingenmünster und Pleisweiler nach Bergzabern führt. Schon bald hinter Landau bemerkt man auf einem Bergrücken, am Oberhaardtrande, dem südlichen Ausläufer des Rothenberges, die in ganzer Länge von Nord nach Süd sich ausdehnenden Ruinen der Madenburg, die — je näher man dem Orte Eschbach kommt — mehr und mehr Gestalt annehmen und einen umfangreichen Burgkomplex erkennen lassen. Man biege nun von der genannten Straße ab und fahre nach Eschbach hinein. Von hier aus zeigen Schilder die Auffahrt zur fast 250 Meter über dem Ort gelegenen Ruine an. Nach zehn Minuten Auffahrt kann man dann vom großen Waldparkplatz aus den Rest des Weges zu Fuß gehen oder aber — bei ungünstiger Wegstrecke — mit dem Pkw direkt bis vor die Nordseite der Ruine fahren.

Die Burgreste erstrecken sich von Nord nach Süd über 180 Meter Länge bei einer größten Breite von 50 Metern. Zwei Baugruppen lassen sich hier unterscheiden: Eine nördliche Hauptburg mit Vorwerk, Halsgraben und starker Schildmauer sowie die etwa 100 Meter lange südliche Vorburg mit dem äußeren Hof. Beide Burgteile sind ringsum von Zwingeranlagen umzogen. Während die (kleinere) Hauptburg die ältere der beiden Burgteile darstellt und zumindest in das 12. Jahrhundert zurückgeht, allerdings im 13., 15. und 16. Jahrhundert stark verändert wurde, scheint die Vorburg im allgemeinen dem 15. Jahrhundert anzugehören. Die umgebenden Zwinger sind offensichtlich erst spät, im 15. und 16. Jahrhundert, hinzugefügt worden, während die mächtigen Verstärkungen für Feuerwaffen über zwei Halsgräben hinweg dem 16. Jahrhundert zugeschrieben werden müssen.

Die Madenburg ist eine Reichsburg gewesen, die das Rheintal an der Einmündung des Kaiserbachtales zu sichern bestimmt war. Bezieht man die Bezeichnung „Parthenopolis" einer Quelle zum Jahre 1076 auf diese Anlage, dann war hier der Treffpunkt, auf dem die deutschen Fürsten den gebannten Kaiser Heinrich IV. zu einem Gespräch einladen wollten (vielleicht war sogar seine Gefangennahme geplant), was der Kaiser jedoch zu verhindern wußte, denn die Tagung wurde nach Tribur, dem Orte vieler Reichsversammlungen in der Nähe von Darmstadt, verlegt. Die Madenburg scheint jedenfalls damals im Besitz der kaiserfeindlichen Partei gewesen zu sein, möglicherweise in der Hand des „Dynasten" Diemar, der um 1080 auch den Trifels besaß (siehe oben Seite 72 f.). Um 1112 war Erzbischof Adalbert von Mainz Herr sowohl des Trifels als auch der Madenburg. Mehrmals verweigerte er die Herausgabe der beiden Burgen an Kaiser Heinrich V. und erst nach seiner Gefangennahme Ende 1112, auf einem Reichstag zu Worms 1113, zeigte er sich dazu bereit, nebst dem Trifels auch das „castrum beatae Mariae virginis" (= Marienburg, = Maidenburg, = Madenburg) in kaiserliche Hand zurückzugeben. Erste gesicherte Erwähnung der Burg mit ihrem deutschen Namen „Ma-

denburg" findet sich 1176 im Namen der Gräfin Ida von Madenburg, der Gemahlin eines der Eckeberte oder Eckbrechte, einer Familie, die seit 1138 als Speyergaugrafen und Vögte des Hochstifts Speyer auch Herren der Madenburg gewesen sein müssen. Nach dem Aussterben der Eckeberte 1164/1165 gelangte die Feste an ihre Nachfolger als Hochstiftsvögte, die Staufer. Anfang des 13. Jahrhunderts wurden die Grafen von Leiningen in ihrer Eigenschaft als kaiserliche Landvögte im Speyergau Lehensbesitzer der Burg und der Herrschaft; 1254 besaßen sie beides als sogenanntes Eigengut (Allodialbesitz). Bei der Leininger Teilung von 1317 (siehe unten Seite 189) kam die Madenburg mit allen Rechten an Friedrich V. von Altleiningen, 1361 in Pfandbesitz des Speyerer Bischofs Gerhard von Ehrenberg. 1365 verpfändeten die (Alt-)Leininger „Veste vnd Schloß Madenburg, die Burg vnd Furburg" mit allem Zubehör an den Ritter Diether Kämmerer von Worms. Ab 1372 diente die Anlage als Ganerbensitz mehrerer am Besitz beteiligter Geschlechter, u. a. auch der Sickinger und Fleckensteiner. 1415 wurde die Burg geteilt, die Nikolaikapelle erwähnt. 1470 ist die von den Zeitgenossen als sehr fest und stark bezeichnete „Madumburg das kaiserlich schloss" von den Truppen Kurfürst Friedrichs des Siegreichen von der Pfalz „erstiegen" worden; der Anführer, der Feldhauptmann Friedrich von Rosenberg, blieb dort zehn Jahre Amtmann. Nach nur kurzer württembergischer Herrschaft kam die Madenburg 1516 durch Kauf an den Speyerer Bischof Georg von der Pfalz und wurde somit bischöflich Speyerisches Amt, das hinfort auch oft als vorübergehender Aufenthaltsort der Bischöfe gedient hat.
1525 wurde die Madenburg von den Bauern geplündert und ausgebrannt. Den Wiederaufbau der Anlage, die damit „lustiger und wehrlicher" wurde als zuvor, unternahm Bischof Philipp II. von Flörsheim bis etwa 1550, wie gefundene Werksteine mit den Datierungen 1539, 1545, 1547, 1549 und die Inschrift am „Philippsbau" von 1550 beweisen. Die inneren Ringmauern wurden erhöht, die Zwingermauern und Mauertürme, die Torbastei, die Schildmauer und das Geschützvorwerk errichtet und zwischen beiden Burgteilen der „Philippsbau" mit „Briefgewölbe" (= Archiv, vergleiche auch unten zur Hardenburg Seite 197) erstellt.
Zur Vergeltung für die finanzielle Hilfe, die die rheinischen Bistümer bei der Belagerung Frankfurts seinen Gegnern hatten zukommen lassen, hatte Markgraf Albrecht Alkibiades von Brandenburg-Kulmbach Ende Juli 1552 einen Rachefeldzug eingeleitet, der die Diözesen Mainz, Worms und Speyer schwer heimsuchte. Die damals protestantischen Städte, wie Speyer zum Beispiel, arrangierten sich mit Albrecht, einem Renaissance-

Rauhbein par excellence, der auch sein eigener Condottiere war, desto schwerer hatten es jedoch die bischöflichen Dörfer und Schlösser. Die Landsknechte plünderten Häuser und Keller und ließen sich mit Bistumswein vollaufen. Kirrweiler, Hainfeld und Edesheim wurden gebrandschatzt, die Rietburg besetzt, die Madenburg und die Kästenburg (siehe unten Seite 267) zerstört. Dennoch blieben 34 Fuder Wein in den Kellern der Madenburg unversehrt erhalten. „Um das zeitliche Wohl seines durch die markgräfliche Plünderung in die äußerste Not geratenen Hochstifts zu fördern, unterließ (Bischof) Rudolf keine schickliche Gelegenheit." Für die Madenburg bedeutete dies zunächst nur, daß das Kellerhaus über dem erhalten gebliebenen Kellergewölbe 1553 wiederaufgebaut wurde. Der Wiederaufbau der ganzen Burganlage konnte erst 1593/1594 erfolgen. Bischof Eberhard von Dienheim errichtete damals innerhalb der Hauptburg zwei Wohngebäude und zwei polygonale Treppentürme im Stile der späten Renaissance.

Schaden dürfte die nun schloßartig-wohnlicher gestaltete Feste im 30jährigen Kriege genommen haben. 1621 griff Graf Ludwig von Löwenstein-Scharfeneck sie an, 1622 eroberte sie Graf Mansfeld nach schwerer Beschießung. In der Besetzung wechselten Österreicher, Spanier, Schweden, Franzosen (diese von 1633 bis 1636 und von 1645 bis 1650) und Kaiserliche. Dann erst konnte das Bistum Speyer das ruinierte Burgschloß wieder in Besitz nehmen. Im Zuge der Reunionen setzten sich hier wieder die Franzosen fest, bis schließlich Monclar die Feste 1693 gänzlich zerstörte. Das bischöfliche Amt wurde nach Arzheim, später nach Landau verlegt, wo es bis zur Französischen Revolution verblieb.

Die Madenburg wurde nicht wiederaufgebaut. Seit 1800 geriet sie in private Hände und wurde nach 1826 als privater Steinbruch benutzt. 1843 wurde hier oben ein Fest aus Anlaß der 1000jährigen Zugehörigkeit der Pfalz zum Deutschen Reich (Vertrag von Verdun) begangen; der fluchtartige Aufbruch der Festteilnehmer in einem plötzlich aufkommenden Gewittersturm ist als „Eschbacher Rutsch" bekannt und auch bildlich dargestellt worden. Robert Blum sprach 1848 in der Ruine auf einer Kundgebung für Deutschlands Einheit und Freiheit.

Dem 1870 gegründeten „Madenburgverein" gelang in langjährigen Bemühungen der Aufkauf privater Anteile an Burgberg und Ruine sowie die erfolgreiche und dabei schonende Durchführung von Konservierungsarbeiten, die zuletzt wieder durch Lichtung des Baumbestandes und Freilegungen dem Gesamtbild der Ruine bestens bekommen sind.

Der Besucher betritt den Burgbereich von Norden, von der ehemaligen

Angriffsseite her und passiert zunächst Bauteile, die nach dem Bauernkriege in den 30er und 40er Jahren des 16. Jahrhunderts erstellt worden sind. Dazu gehört ein kleines Vorwerk mit Tordurchgang und seitlich (westlich) eingefügten Kanonenscharten in der etwa 3 Meter hoch erhaltenen Mauer. An der linken Seite liegt ein Graben, der östlich in den Abhang übergeht. Dieser Teil der Anlage wird nun beherrscht von der starken Schildmauer aus kleinerem glatten Quaderwerk, die sich in westöstlicher Richtung auf einer Felsbarriere erhebt. Das Vorwerk schließt mit seiner Flankenmauer rechts an der Schildmauer an.

Die Schildmauer ist durchschnittlich 5 Meter stark und bis zu 12 Meter hoch. Sie war sowohl ein wirksamer Schutz gegen Feuerwaffen als auch selbst zur Aufnahme von kleineren Geschützen eingerichtet. In ihrer Mitte verstärkt sie sich dreieckig-stumpfwinklig und bastionsartig mit einer Kante gegen die Angriffsseite auf 7 Meter Mauerstärke. Genau aus der Mitte dieser Kante heraus öffnet sich eine Geschützscharte. Nach Osten zu ist die Schildmauer — darin ähnlich der von Neuscharfeneck in den seitlichen Verstärkungen (siehe oben Seite 162) — abgerundet aufgemauert; hier ist außen auch eine Doppel-Schlüssellochscharte sichtbar.

Von beiden Enden der Schildmauer laufen Flankenmauern nach Süden ab. An ihrer rechten, westlichen Seite führt ein weiterer Durchgang in den Nordzwinger, den ursprünglichen Halsgraben der mittelalterlichen Burg, der aus dem anstehenden Fels ausgehauen worden ist.

Linkerhand steigt die Hauptburg mit ihren doppelten Schildmauern nach Nord sowie mit der anschließenden westlichen Ringmauer vor uns auf. Geradeaus führt ein drittes Tor in einen mauerflankierten Torgang, den nach Süden ein weiteres Tor, ein Doppeltor, Teil einer größeren Torbefestigung des 16. Jahrhunderts mit nach West flankierend vorspringender, halbrunder Bastion, abschließt. Hier hat sich noch als malerisch-eindrucksvoller Rest eines ehemaligen Wacht-Raumes ein großer spitzbogiger Gurtbogen aufrechtstehend erhalten. Von hier aus führt ein weiteres Tor in den anschließenden schmalen Westzwinger, der — im Süden sich bastionsartig verbreiternd — um die Burg herumläuft und dann im Ostzwinger mündet. Links neben dem Zwingertor führen ein paar Stufen hinauf zu einem kleinen Haus, das den 64 Meter tiefen Ziehbrunnen birgt.

Wendet der Besucher sich nun der inneren Burganlage zu, so steht er zunächst vor dem Eingang zur Vorburg. Vermutlich haben wir hier den ältesten Teil der Madenburg vor uns. Ein außerordentlich schön mit Kehle zwischen Stäben profilierter, großer rundbogiger Tordurchgang,

Blick vom Innenhof der Hauptburg auf die Treppentürme des ehemaligen Ostbaues

dessen Schlußstein leider verloren ist, zeigt sich hier in einem Mauerverband aus glatt bearbeiteten Quadern eingefügt, der noch bis in halbe Höhe der Ringmauer hinauf erhalten ist. Innen entspricht dem Rundbogen eine große Stichbogennische. Zwar ist man versucht, diesen Quaderverband und damit das Rundbogentor noch spätsalischer Zeit zuzuschreiben, doch deuten Steinmetzzeichen darauf, daß es sich vielleicht doch schon um frühstaufisches Mauerwerk der 1. Hälfte des 12. Jahrhunderts handeln dürfte. Seitlich setzt Buckelquadermauerwerk der Zeit um 1200 an, oben schließt kleinquadriges Mauerwerk mit Rundbogenfriesen über Spitzkonsolen als Auflager des Wehrganges ab. Als Bischof Georg von der Pfalz die Burg für das Bistum Speyer erwarb, hat er das Rundbogentor zumauern, ein kleineres spitzbogiges Tor einfügen und nach unten in den Fels eintiefen lassen, wobei zugleich das Niveau der Vorburg niedriger gelegt worden ist. Eine Bauinschrift am Tor nimmt auf den Kauf der Burg aus dem Besitz des Herzogs von Württemberg Bezug: „madinbyrg · bin · ich · genant / pfalch · graf · iorg · kaft · mich · vs · des · von · wirten · berg · hand / im · füft · zen · hund' · vnd · x · vi (= im fünfzehnhundertundsechzehnten) / iar · vf · sant · iacob · abat ·

nam · er · mich · ein / hat · mich · maria · zuo · aigen · geben / got · der · her · geb · im · das · ebig · leben."

Unter dem Tor hindurch betreten wir nun den Hof der Vorburg. Rechter Hand strebt die Ringmauer mit ihren Konsolen und Bogenfriesen auf. Rechts auch liegt gesondert vor der Ringmauer die Ruine der rechteckigen Burgkapelle St. Nikolaus, die noch frühgotische spitzbogige, aber auch Fenster des 16. Jahrhunderts zeigt. Ganz rechts, an der südlichen Schmalseite der Vorburg, erhebt sich noch ein rechteckiger Bau mit hohen Giebeln eines ehemaligen Satteldaches. Dieses dreigeschossige Gebäude war vielleicht ein Zeughaus. An den äußeren Ecken sitzt nach Westen ein kleiner Rundturm, nach Osten die Konsole eines Erkers an. — Hinter der Ostmauer, von der aus man auch auf den östlichen Zwinger herabblicken kann, lagen verschiedene Gebäude wohl wirtschaftlicher Funktion; auf einem Teil dieser Fundamente steht heute die Burggaststätte.

Hat man die Vorburg besichtigt, wobei auch einige vermauerte Bauspolien aus Sandstein und eine Maulscharte des 16. Jahrhunderts unser Interesse beanspruchen dürfen, dann wende man sich nunmehr der nördlich gelegenen Hauptburg zu. Hier spannt sich zunächst ein Mittelbau westöstlich über die ganze Breite der Burganlage hinweg. Er ist in verschiedenen Bauzeiten entstanden. Der rechte, östliche Teil mit Keller und einem

Hauptburg. Nördlicher Treppenturm des Ostbaues. Portal von 1593

tonnengewölbten Raum darüber stößt seinerseits gegen einen in drei Geschossen erhaltenen quadratischen Turm des 14. Jahrhunderts, der ehemals wohl freigestanden hat, nun aber nach außen nicht mehr sichtbar in Erscheinung tritt. Im Innern deuten Konsolen und Rippenansätze auf ehemals vorhandene Kreuzrippengewölbe. Ohne Verzahnung des Mauerwerks links an den Turm angesetzt, folgt nun der sogenannte Philippsbau, den Bischof Philipp von Flörsheim 1550 errichten ließ, worauf die Bauinschrift über dem rundbogigen, von einem Kettenrelief umfaßten Eingang Bezug nimmt: „VON · GOTTES · GNADEN · PHILIPS · BISCHOF · ZV · SPEIR · VND · PROPST · ZV · WEISSENBVRG · DER · BWV (statt BVW = Bau). · GMACT · WORDEN · ANNO · 1550." Darüber befindet sich das bischöfliche Wappen Speyer-Weißenburg-Flörsheim. — Der Bau ist dreigeschossig, hat tonnengewölbte Räume und ungleich verteilte Fenster. Im Untergeschoß war Möglichkeit zur Verteidigung durch Schlüssellochscharten nach Süden. Im 2. Geschoß befand sich ehemals das Archiv, das „Briefgewölbe"; der westliche Raum beherbergt Fundstücke aus der Burg. Ein stichbogiger Ausgang führt vom Erdgeschoß in den Hof der nördlichen Hauptburg.

An der Ostseite des Hofes erhob sich ehemals der drei- bis viergeschossige, von Bischof Eberhard von Dienheim 1593/1594 errichtete „Eberhardsbau". Von ihm sind nur noch gewölbte Keller erhalten, die an der Ostseite eingestürzt sind; von hier aus ist es möglich, in den östlichen Zwinger zu gelangen und damit auch an die Ostseite der großen Schildmauer. Recht bedeutende Zeugnisse der späten Renaissance stellen jedoch die beiden noch erhaltenen viergeschossigen Treppentürme des „Eberhardsbaues" dar. Der eine, der nördliche, der polygonal an der Mitte der Westseite vor den Bau vorsprang, ist 1593 datiert, der andere, südliche, der in der Ecke zwischen dem Mittelbau und dem „Eberhardsbau" steht, ist 1594 datiert. Beide Türme haben im runden Inneren Wendeltreppen, ihr (verputztes) Äußere ist aus dem Sechseck konstruiert. Die Treppenfenster haben „steigende" Stürze und Solbänke. Besonders schön gearbeitet sind die mit Sandsteinreliefs dekorierten Portale. Das Portal des nördlichen Turmes hat einen rechteckigen profilierten Eingang, seitlich von dekorierten Pilastern auf Sockeln mit Löwenköpfen flankiert. Der Türsturz zwischen den Pilasterkapitellen zeigt einen Fratzenkopf des sogenannten Manierismus, einer Kunstrichtung der späten Renaissance, und die Jahreszahl 1593; darüber liegt ein Gebälk mit Rankenwerk. Über dem Gesims befindet sich eine Rollwerk-Kartusche (von später Renaissance-Ornamentik umrahmtes Feld) mit dem bischöflichen Wappen

Speyer-Weißenburg-Dienheim zwischen vorspringenden Voluten. Das Ganze deckt ein Dreieckgiebel mit Muschelornament und bekrönendem Löwenkopf. — Das Portal des Südturmes hat stichbogigen Eingang mit reich überschnittener Stabumrahmung und der Jahreszahl 1594 am Sturz. Seitlich stehen halbrunde Säulchen. Im Gebälk befinden sich Rosetten und Bänder und in der Rollwerk-Kartusche die Inschrift: „EBERHARD' DEI GRATIA EPI' SPIRE · ET PPOSIT' WEISENB · IMPERIAL CMRAE JVDEX" (= Eberhard von Gottes Gnaden Bischof von Speyer und Propst von Weißenburg, Richter der Kaiserlichen Kammer). Auch hier sieht man im Aufsatz die drei bischöflichen Wappen zwischen Voluten und darüber eine Bekrönung mit Voluten und Obelisken.

Auch an der Westseite des Hofes liegen Ruinen von Bauten des 16. Jahrhunderts, links zunächst ein Küchenbau mit Backofen, dahinter ein dreigeschossiger Wohnbau, der im Obergeschoß von der Ringmauer Abstand hält, um den durchlaufenden Konsolen des Wehrganges Raum zu lassen. Beide Bauten sind aus kleinquadrigen Mauern mit größeren Eckquadern erstellt, die verputzt gewesen sind. Annähernd in der Mitte des (ehemals schmalen) Hofes steht das Puteal (der Rand) eines kleinen runden Brunnens oder einer Zisterne.

Der hintere Abschluß des Hofes und damit der nördliche Schluß der Hauptburg wird durch eine auf dem Fels aufsitzende Schildmauer des 13. Jahrhunderts gebildet, die — in ihrem Verlauf polygonal gebrochen — in Buckelquadermauerwerk mit Randschlägen und Steinmetzzeichen die Nordseite der Burg umzieht; ihr östliches Ende wurde im 16. Jahrhundert verkürzt, ihr südliches Ende ist turmähnlich abgewinkelt und an dieser Ecke noch hochauf erhalten. Diese Schildmauer stellt offensichtlich die innere Verstärkung einer älteren vorliegenden Mantelmauer aus kleineren Quadern dar, die in ihren oberen Teilen mit Buckelquadern aufgehöht worden ist, wodurch an dieser Stelle eine beträchtliche Verfestigung erreicht wurde.

Wendet man sich nun wieder dem Rückweg zu, so versäume man nicht, den Mittelbau über eine Treppe im Turm des 14. Jahrhunderts zu ersteigen und von der oberen Plattform aus sowohl die gesamte Burganlage nach Nord und Süd, als auch die großartige Wasgaulandschaft nach Westen und die Rheinebene nach Osten zu überschauen. Bleibt noch Zeit, so unternehme man einen Rundgang durch die Zwinger und verlasse die Burgruine, eine der größten der Pfalz, wieder am Nordende durch das Geschützvorwerk.

25 Nannstein

Burgruine bei Landstuhl

Durch die sogenannte Kaiserslauterner Senke führte schon in antiker Zeit eine Straße, die auch im Mittelalter weiterbenutzt und ausgebaut worden ist. Sie stellte die Verbindung vom Rhein, vornehmlich von Worms, mit dem lothringischen Gebiete her und war deshalb auch stets ein durch Befestigungen zu sichernder Weg. Dem ungefähren Zuge dieser alten Heer-und Handelsstraße folgen heute noch in etwa die Bundesstraßen 47 und 40 von Worms über Marnheim nach Kaiserslautern und von dort weiter über Saarbrücken in Richtung auf Metz. Die Bedeutung des östlichen Teiles dieses Verbindungsweges erhellt zum Beispiel aus der Tatsache, daß an der Pfrimm bei Göllheim 1298 die Entscheidungsschlacht zwischen König Adolf von Nassau und Herzog Albrecht von Österreich stattfand, wobei Adolf Krone und Leben verlor. Hier auch in der Gegend von Marnheim erwartete noch 1870 der preußische Generalstab den Einbruch eines französischen Groß- und Gegenangriffs — zu dem es dann doch nicht gekommen ist. Der mittlere und westliche Teil dieser Straße war deshalb von besonderer Bedeutung, weil er mitten durch das ehemalige, im hohen und späten Mittelalter wichtige sogenannte Lauterer Reich führte, ein Gebiet, das noch heute in etwa durch die Grenzen des Landkreises Kaiserslautern bezeichnet wird.
Ein vor allem historisch wichtiger Punkt, der die Kaiserslauterner Senke zu beherrschen gedacht war, ist — abgesehen von der Pfalz Lautern selbst (siehe oben Seite 39 ff.) — die Burg Nannstein bei Landstuhl gewesen. Sie gehörte zum staufischen Sicherungssystem des alten Reichslandes im Westen dieses Gebietes. Kommt man heute über die Autobahn Mannheim—Saarbrücken, so verlasse man diese bei der Ausfahrt Landstuhl. Benutzt man die Bundesstraße 40, so gelangt man direkt an den Ort, von dem aus man in wenigen Minuten die östlich etwa 80 Meter hoch auf einem Ausläufer des Kahlenberges gelegene Burgruine erreichen kann.
Ob die als Reichsburg gegründete Feste schon in den sechziger Jahren des 12. Jahrhunderts errichtet wurde, ist nicht bewiesen, jedoch wahrscheinlich. 1189 jedenfalls urkundet hier König Heinrich VI., der Sohn Barbarossas, und 1190 ist bereits ein Burgmann zu „Nannenstein" erwähnt. Seit

Südansicht der oberen Burg

der Mitte des 13. Jahrhunderts wird die Burg durch die Namen von Burgmannen häufiger genannt, wobei der Name der Anlage und auch des Ortes wechselt („Nannenstein", „Nannenstuhl", „Nannestal" usw.). Im gleichen Jahrhundert noch kam die Feste an die Herren von Dhaun zu Oberstein. 1322 wurde die Burg als erledigtes Reichslehen an die Zweibrücken-Bitscher, 1323 nebst der Herrschaft an die Raugrafen von Altenbaumburg, 1333 teilweise an die Wildgrafen von Kyrburg übertragen, doch verzichteten schon 1344 die Kyrburger zugunsten der Dhauner; aber auch die Grafen von Leiningen waren anteilig vertreten.
Im weiteren Verlaufe des 14. Jahrhunderts kam es immer wieder zu Ver-

pfändungen und Verkäufen von Teilen der Burg und der Stadt (seit 1347 Stadtrechte), so an die Sponheimer 1347 die Hälfte und 1391 ein Viertel, an Graf Walram II. von Zweibrücken-Bitsch, der uns auch als Burgherr auf dem Drachenfels begegnet ist (siehe oben Seite 89) 1361/1362 die Hälfte, an die Eckbrechte von Dürckheim 1391 ein Viertel, an Zweibrücken-Bitsch ein Teil 1398, 1409 eine Hälfte an die Puller von Hohenburg (Puller = Apulier [?], staufisches Ministerialengeschlecht im Elsaß) und 1434 eine Hälfte an Herzog Stephan von Zweibrücken. Vor und nach 1440 sind auch die Grafen von Veldenz anteilige Besitzer, und 1463 trat Friedrich der Siegreiche von der Pfalz Sponheimer Rechte an. — 1471 ist die Burg von einem kurpfälzischen Kontingent vergeblich belagert worden.

Margaretha, Tochter Wirichs III. Puller von Hohenburg und Nichte des wegen Sodomie und Unzucht mit Minderjährigen als „Ketzer" 1482 in Zürich verbrannten letzten Hohenburgers Richard, heiratete im gleichen Jahre den aus dem badischen Kraichgau stammenden kurpfälzischen Großhofmeister Schweickart von Sickingen. Dadurch kam zunächst ein Viertel des Nannstein an die Sickinger. Nach Schweickarts Tod vor Landshut im Bayerischen Erbfolgekrieg 1504 trat der Reichsritter Franz von Sickingen das Erbe des Vaters an. Es gelang ihm, ab 1518 nach und nach alle Teile der Burg zu erwerben und Alleinbesitzer zu werden. Wie Datierungen in der Burg beweisen, hat Franz in den Jahren 1518 und 1519 umfangreiche Neubauten erstellt, die namentlich der Entwicklung der Feuerwaffen Rechnung trugen, z. B. das „Große Rondell". Zuvor schon hatte er die Ebernburg bei Kreuznach und die Hohenburg im nördlichen Elsaß entsprechend neu befestigt.

Die Bewährungsprobe bestanden diese neu errichteten Befestigungen im von Franz von Sickingen heraufbeschworenen „Reichsritterkrieg" 1522/1523 jedoch nicht. Sickingen, der sich nach vergeblicher Belagerung von Trier 1522 auf den Nannstein zurückgezogen hatte, wurde nun seinerseits von Kurfürst Ludwig V. dem Friedfertigen von der Pfalz, dem Trierer Erzbischof Richard von Greiffenclau und Landgraf Philipp dem Großmütigen von Hessen eingeschlossen. Am 29. April 1523 begann die Beschießung, wobei täglich 600 Kanonenschüsse abgefeuert worden sein sollen. In der „Flörsheimer Chronik" heißt es dazu: „Uff Donnertstag den 30ten Aprilis seyn aus der dreyen Kriegsfürsten Lägern und Schanzen in das schloß landstuhl so viel grausamblicher schüß geschehen mit hauptstücken, scharffemey, Carthaunen und nothschlangen, als ohn Zweiffel in diesen Landen nie des mehr gehört oder geschehen ist vnd sich auch solchs schüssen männiglich verwundert hat". — Am 2. Mai wurde das

„Große Rondell" zusammengeschossen, Franz selbst von einem herabfallenden Balken tödlich verwundet. Die Übergabe erfolgte fünf Tage später. Auch die Ebernburg, die Hohenburg und sogar der Drachenfels bei Dahn, wo Franz seit 1510 zu den 25 Ganerben gezählt hatte, wurden zerstört (siehe oben Seite 89 f.).
Die Söhne Sickingens erhielten die Feste 1542 als Lehen von Kurpfalz zurück und bauten die Burg sofort wieder auf. Letzte Verstärkungen erhielt der Nannstein 1590 bis 1595 durch Franzens Enkel Reinhard von Sickingen. Die Burg wurde 1635 von Gallas und 1643 von Lothringen erobert. Zerstört wurde sie jedoch erst 1668 von Kurfürst Carl Ludwig von der Pfalz, der die Lothringer vertrieb, und 1689 von den Franzosen. Die Sickinger — seit 1773 Reichsgrafen — blieben jedoch die Besitzer bis zur Französischen Revolution. — Seit den 50er und 60er Jahren des 19. Jahrhunderts erfolgten Freilegungen; der alte Halsgraben wurde 1860 aufgefüllt.
Heute präsentiert sich die Burg als ein Ruinenkomplex von etwa 100 Meter Länge und über 50 Meter Breite, der sich in vier Teile gliedern läßt: eine Vorburg und eine Hauptburg, die ihrerseits in eine zweiteilige Unterburg und in eine Oberburg unterschieden werden kann. Bei der Anlage der Burg wurde der Felsgrund des Burgberges natürlich in die Verteidigung miteinbezogen.
Der Besucher gelangt vom Parkplatz aus auf dem alten Burgweg, der von Osten her auf die Burg trifft und an deren Südseite entlangläuft, an den Burgbereich. Sogleich wird man beeindruckt von dem mächtigen dreiviertelrunden Batterieturm, dem „Großen Rondell", das Franz von Sickingen 1518 erstellt hat. Die Umfassungsmauern aus großen Quadern in ungleich hohen Schichten sind in ihren unteren Teilen noch gut erhalten. An der Südseite steigt das alte Mauerwerk auf ein kurzes Stück mit Ausflickungen noch zwei bis drei Geschosse hoch an. In neuerer Zeit ist auch das Mauerwerk des zweiten Geschosses wiederaufgesetzt worden. An einer Quader befindet sich die Datierung 1518. Der Durchmesser dieses Geschützturmes beträgt zwischen 26 und 28,5 Meter, die Erdgeschoßmauern sind 5 bis 6 Meter stark, Abmessungen also, wie sie uns auch bei der Hardenburg begegnen (siehe unten Seite 196). Zwei Geschützscharten öffnen sich vom Erdgeschoß aus schräg abwärts, eine nach Norden und eine nach Südwesten, wodurch sowohl die ansetzende Schildmauer als auch die Südseite der Burg nebst dem Tore bestrichen werden konnten. Wir gehen nun südlich am Rondell vorbei und auf das Tor zu, wobei rechterhand die (zum Teil erneuerte) Stützmauer der unteren Hauptburg

Südansicht des "Großen Rondells" von 1518 (vor der Restaurierung)

sowie das halbrund vorspringende sogenannte Kleine Rondell neben uns aufsteigen. Das Tor, das Einlaß in die Burg gewährt, besteht aus einer 4 Meter starken Mauer mit Durchgang, der in neuerer Zeit wieder aufgemauert und mit dem Wappen der Sickinger, 5 (silbernen) Kugeln auf (schwarzem) Grund, verziert ist. Beiderseits des Durchganges ist je eine Geschütznische eingebaut. Jedes der hier postierten Geschütze konnte durch eine runde, zur Mitte hin schräg gerichtete und in sich gestufte Scharte, die sich nach außen in Form einer Maul- bzw. Brillenscharte öffnet, den Raum vor dem Tor direkt bestreichen. Das Werk ist vermutlich in der Mitte des 16. Jahrhunderts angelegt worden. — Anschließend an dieses Tor folgt das sogenannte Sternwerk, eine nach Süden vorgeschobene Bastion mit sternförmig ausspringenden Mauerwinkeln, die in dieser Form — ehemals mit einer Spitze auch vor dem Tor — wohl erst 1590 bis 1595 entstanden sein kann. — Hinter dem "Sternwerk" setzt — nach Westen abwärts den Burgberg hinabziehend — ein Mauerschenkel der Stadtbefestigung des 14. Jahrhunderts an.

Der Besucher gelangt nun, sich nach rechts in nördliche Richtung wendend, in den Bereich der Vorburg, deren Toranlage und äußere Ringmauern fast gänzlich verschwunden sind. Lediglich ein stumpfwinklig geknicktes Stück einer Zwingermauer ist hier noch bis zu 2 Meter Höhe

Schloß des Franz von Sickingen. Tür mit „Vorhangbogen", Wappen und Jahreszahl 1518

erhalten. Auf der einst dichtbebauten Fläche steht heute eine Gastwirtschaft. Von hier aus bietet sich ein schöner Ausblick auf den Ort und auf die Kaiserslauterner Senke. Ein großes, turmartiges Festungswerk, eine Art Donjon (Wohnturm) mit dreifacher Ummauerung an seinen drei vorspringenden Seiten wurde vermutlich 1590 bis 1505 nach Nordosten vor die Vorburg vorgeschoben und beherrschte von dort aus den Raum zwischen den Schenkelmauern der Stadtbefestigung und damit auch den ganzen Ort Landstuhl; so zeigt es uns jedenfalls der Kupferstich von Merian und ein alter Grundriß von 1837. Heute ist von dieser starken Befestigung nichts mehr erhalten.

Nur zwei Gebäuderuinen stehen noch in der Vorburg, nördlich an die höher gelegene Hauptburg mit ihren Rückseiten angelehnt: ein Wachthaus und die nordöstlich anschließende Kapelle, beides Bauten von rechteckig-trapezförmigem Grundriß. Das Wachthaus hat einen nördlichen Türdurchgang mit abgefastem Gewände und einem profilierten

Stichbogen nebst der Datierung 1595. Eine rundbogige profilierte Tür liegt in der Ostseite. Die Kapellenruine ist Rest eines gotischen Baues, von dessen Kreuzrippengewölbe noch Rippenansätze und Bruchstücke erhalten sind.

Bevor der Besucher zur Hauptburg aufsteigt, lohnt ein Blick auf die Nordostseite der Burg, die er von der Vorburg aus hinter der Kapellenruine mit ein paar Schritten erreichen kann. Hier steht er über dem 1860 aufgefüllten Halsgraben und schaut auf die starke, den Fels der Hauptburg ummantelnde Schildmauer des Mittelalters. Sie schützte — vor Anlage des mächtigen Batterieturmes von 1518 allein — die Hauptburg gegen die Angriffsseite im Nordosten. Die Schildmauer besteht aus Sandsteinquadern, im unteren Teil kleineren Formates, oben aus größeren Quadern mit Zangenlöchern, aber ohne Buckel; das Ganze ist wohl ein Werk des 13./14. Jahrhunderts.

Man gehe nun wieder bis zum Wachthaus der Vorburg zurück. Aus diesem Gebäude führte ehemals durch eine stichbogige Tür mit Rosetten (1595) eine zerstörte Wendelstiege nach oben auf den Wehrgang und zum Torbau der Hauptburg. Jetzt erreicht man das stichbogige Burgtor über eine (neue) Freitreppe hinter dem Wachthaus. Das höhere, durch den anstehenden Fels bedingte Niveau öffnet sich hier zum Hof der unteren Hauptburg. Innen am Tor ist eine römische Spolie, ein Merkurstein, vermauert. Die linke Seite wird von einer Ruine beherrscht, die auf dem Felsen begründet ist und sich mit der Rückseite an die Innenseite der Schildmauer anlehnt. Über einem in den Fels gehauenen, gewölbten Keller liegt hier — mit ihm durch eine Wendelstiege verbunden — der sogenannte Speisesaal. An seiner Schmalseite zur Vorburg hin öffnet sich ein stichbogiger Durchgang, wohl zu einem ehemaligen Erker oder Altan (ähnlich wie auf Neuscharfeneck siehe oben Seite 163); hier befindet sich auch eine nach unten gerichtete Schießscharte. — Zugänge führen aus diesem Gebäude zur südöstlich anschließenden „Küche" mit rundbogigen Fenstern und stichbogigen Türen. Rippenanfänger deuten hier auf ein ehemaliges Rippengewölbe; rechteckige Nischen dienten als Wandschränke.

An der Südseite der „Küche" vermittelt eine Wendeltreppe den Zugang zum großen Batterieturm, in dessen Mauerwerk sie eingebettet ist. Man versäume nicht, hinuntersteigend das Erdgeschoß des „Großen Rondells" aufzusuchen. Von der Stärke dieses Kanonenturmes zeugen die über 5 Meter dicken Mauern, in denen zwei 3,3 Meter lange Geschütznischen und davorliegende, stichbogige Scharten angeordnet sind. Ringförmig zieht sich der tonnengewölbte Raum als breite Kasematte um den anstehenden Felsklotz herum.

Wieder auf dem Hof der Unteren Hauptburg, in dem zur Sommerzeit Freilichtspiele aufgeführt werden, versäume man nicht, die vielen Bauspolien mit zum Teil außerordentlich feiner Ornamentik zu betrachten. Sie stammen aus den Gebäuden des Mittelalters und der Renaissance. — Am Fels der Oberburg, der rechterhand 15 Meter hoch aufragt, sind Spuren von ehemaliger äußerer Bebauung sichtbar; hier stand ein Gebäude, das auch einen rückwärtigen Zugang aus der Mitte des Felsens heraus hatte. Unter dem Felsgang sieht man noch Balkenlöcher, im Felsgang selbst Reste von Stukkaturen der späten Renaissance, hier also Beschlägwerk der Zeit um 1590—1595. Geht man ein wenig nach Süden hinüber zum „Kleinen Rondell", einer kleinen Geschütz-Bastion, so beachte man noch die dort aufgebaute Sandstein-Brunnenschale, die zwischen 1556 und 1564 angefertigt worden ist. Das Becken ist rund und kanneliert, der achteckige Fuß neuzeitlich. Die vier aufgelegten Wappenpaare zeigen die Ahnenwappen Franz Konrads von Sickingen, eines Sohnes von Franz von Sickingen, und seiner zweiten Gemahlin Alverta von Milendonk; die Inschriften am Rand nennen: „SICKINGEN-MILLENDUNCK, DRACHENFELS-HEVMEN, MONTFORT-KRANICH und HO(H)ENBVRCK-FLERSHEIM. Der Pfeiler mit der Figur Sickingens ist neuzeitliche Zutat.

Man gehe nun wieder zum Tor der Hauptburg zurück und wende sich nach links dem Ruinenkomplex des Schloßbaues an der Nordseite des Oberburg-Felsens zu. Zunächst an einem Wacht-Raum vorbei, in dem der Kastellan seinen Aufenthalt hat, gelangt man aus einem gewölbten Gang auf eine Felsterrasse, auf der sich der Schloßbau der Renaissance, an die Nordseite des 15 Meter hohen Felsens angelehnt, im 16. und 17. Jahrhundert erhoben hat. Die eingeschossig erhaltene Außenmauer ist sehr stark; zwei querrechteckige Geschützscharten öffnen sich hier schräg nach unten auf die Vorburg. Im Eingangs-Trakt liegen zwei Räume übereinander, von denen der obere Gewölbeansätze bewahrt hat; von hier aus ist es auch möglich, den Fels mittels des schon genannten Ganges in halber Höhe bis zur Südseite zu durchschreiten. Die südliche Rückseite des Schloßbaues betont ein Wendeltreppenturm in der Mitte rechts vom Ende der Terrasse; er vermittelt zwischen dem vorderen Schloßbau der unteren Hauptburg und der oberen Burg auf dem Felsgrat. Der südliche Eingang des Treppenturmes ist besonders bemerkenswert durch die Überdeckung der Tür in Form eines „Vorhangbogens",

Landstuhl und Burg Nannstein. Kupferstich von Matthäus Merian (vor 1645)

wobei der Sturz durch die konvexen Rundungen dreier großer, annähernd halbkreisförmiger Sandsteine gebildet wird. Auf dem mittleren Stein über dem Durchgang befindet sich das Sickinger-Wappen im Relief und die Jahreszahl 15 · 18. Der an die Treppe anstoßende, aus dem Felsen gehauene Raum gilt als Sterbezimmer Franz' von Sickingen. Darüber liegen zwei stichbogig gewölbte Kammern, von denen man auf die zweite Plattform des Burgfelsens und von dort weiter in die obere Burg aufsteigen kann. Auf dem verhältnismäßig schmalen Plateau auf dem Felsgrat sind Reste der Ringmauern und der viereckige Stumpf eines Wartturmes zwei Geschosse hoch erhalten. Hier lohnt der prächtige Ausblick über Burg und Landschaft die geringe Mühe des Aufstiegs bestens.

Man nehme nun den Rückweg wie den zuvor beschriebenen Hinweg und am Haupttor vorbei hinunter in die Vorburg. Von hier aus gelangt man gleich rechter Hand an der Schildmauer und am „Großen Rondell" vorbei wieder zum Ausgangspunkt der Besichtigung und zum Parkplatz zurück.

26 Hardenburg

Burgruine bei Bad Dürkheim

Verläßt man Bad Dürkheim in westlicher Richtung auf der B 37, die unterhalb der großartigen Ruine des Klosters Limburg vorbeiführt und dann — dem Isenachtal folgend — über Frankenstein nach Kaiserslautern führt, so erreicht man nach einigen Minuten Autofahrt das Dörfchen Hardenburg. Die Straße war schon im Mittelalter ein vielbenutzter Weg vom nördlichen Oberrhein zum lothringischen Gebiet. — Hier nun in Hardenburg, wo die Felsen beiderseits der Straße zu einer Art natürlicher Sperre dicht zusammenrücken, errichteten die Grafen von Leiningen, die im Jahre 1205 von König Philipp von Schwaben die Landvogtei im Speyergau nebst der Schutzvogtei über das Kloster Limburg erhalten hatten, in den folgenden Jahren eine Burganlage, die ihnen auch die Geleitsrechte auf dieser Straße sicherte.

Diese erste Hardenburg (richtiger: Hartenburg, von Hart = Wald!), von 1206 bis 1214 erbaut, ist in ihren Abmessungen und in ihrem mittelalterlichen Bestande schwer zu rekonstruieren. Gesichert ist lediglich ihr tiefer Halsgraben an der Westseite, erhalten sind nur noch einige Mauerzüge aus großen Buckelquadern mit Zangenlöchern und der Rest eines Tores. Zum Schutz dieser Anlage erbauten die Leininger zu gleicher Zeit den Nonnenfels auf der anderen Talseite, von dem nur geringe Reste erhalten sind, sowie die Burg „Schloßeck", deren fünfeckiger Bergfried und deren Ringmauerreste aus Buckelquadern mit Randschlag sowie auch ein schönes romanisches Tor noch heute eindrucksvolle Relikte jener Zeit darstellen (siehe oben Seite 108 ff.). Weitere Sicherung, vor allem der Straße, auf der ihnen die Geleitsrechte verliehen waren, schufen sich die Leininger durch Burganlagen in Dürkheim (um 1260—1270) und in Frankenstein (Anfang 13. Jahrhundert), wo eine von Neustadt ausgehende Straße sich mit der Isenachtal-Straße vereinigte und weiter westlich nach Kaiserslautern führte (siehe oben Seite 107).

Erbauer der Hardenburg war Graf Friedrich II. von Saarbrücken-Leiningen, Sohn des Grafen Simon II. von Saarbrücken und dessen Gemahlin Lucardis von Leiningen. Noch 1210 als „Graf von Saarbrücken" genannt, begegnete er 1214 bereits als „Graf von Leiningen und von Hartenberg"; somit darf man annehmen, daß die etwa um 1206 begonnene Burganlage um 1214 bereits fertiggestellt war.

Zwar waren die Leininger Grafen Schutzvögte des Klosters Limburg, doch hatten sie das „castrum Hartinberch" auf ihnen nicht gehörendem Boden der Abtei errichtet, weshalb es dann — bis zu einem Vergleich von 1249 — zu Auseinandersetzungen zwischen den Burgherren und Äbten gekommen ist. Auch späterhin noch entstanden des öfteren wegen der Übergriffe, die sich die Schutzvögte gegenüber ihren (von Reichs wegen) Schutzbefohlenen, den Klosterleuten, im Gefolge ihres recht einträglichen Schutzamtes herausnahmen, ernste Verstimmungen.

Saßen die Herren der Hardenburg bei einer ersten Teilung leiningischer Territorien 1237 noch auf ihrer Stammburg Altleiningen, so sind sie dann doch nach der zweiten Teilung von 1317 auf der Hardenburg als dem Stammsitz der jüngeren Linie der Grafen von Leiningen und Herren von Hardenburg seßhaft. Als Mittelpunkt des Territoriums ist die Burg denn auch Ausgangsbasis der nicht eben seltenen militärischen Aktionen der Grafen von Leiningen-Hartenburg. Gewiß hat die Burganlage bei diesen kriegerischen Verwicklungen auch Schaden genommen, vielleicht 1376, als sich Mainz, Worms und Speyer gegen die Leininger verbanden, und 1463 sowie 1471 in den Kämpfen gegen Kurfürst Friedrich den Siegreichen von der Pfalz, der die Leininger zwang, die Schutzvogtei über das Kloster Limburg abzutreten und ihre Festen Hardenburg und Frankenstein nicht mehr gegen Kurpfalz zu gebrauchen.

Etwa ab 1500 entschlossen sich die Leininger Grafen, vor allem Emich VIII. und (seit 1538) Engelhard zu einem Umbau und einer Verstärkung der romanischen Burg, die einem fast völligen Neubau gleichkam. Offenbar vollzog sich der Ausbau etappenweise (bei Schonung der alten Burg) durch Anfügen von Kanonentürmen, sogenannten Rondellen, die den Gegebenheiten des Geschützwesens in jener Zeit Rechnung trugen, also beträchtliche Durchmesser bei großer Mauerstärke aufwiesen und in mehreren Geschossen mit teilweiser Überkuppelung von großen Geschützscharten durchbrochen und mit Rauchabzügen versehen waren. Vielleicht wurde der gewaltige runde Geschützturm, das sogenannte Westbollwerk, der über den alten Halsgraben nach Westen vorgeschoben worden ist, um 1500 als erster Bauteil des Neubaues vom hessischen Baumeister Hans Jakob von Ettlingen errichtet. Unter dem sogenannten Gästehaus an der entgegengesetzten Ostseite ist die Pforte zum „Kleinen und Großen Ausfallgarten" in das Jahr 1501 datiert. Dann folgen — gesichert datiert — der „Schmiedeturm" neben dem mittelalterlichen Tor (1510) und die großen gewölbten Keller sowie der Aufgang im neuen Wohnbau an der Nordwestecke (1509/1510). Gleichzeitig oder wenig später werden die Geschütztürme an den Ecken, der „Gefängnisturm" an der Nordwestecke, der „Kugelturm" an der Nordostecke und das Tor-Rondell sowie die verbindenden Kurtinen (Ringmauern mit Wehrgängen) entstanden sein, die den großen trapezförmigen Hof umschließen.

Während der Jahre 1512 bis 1519, als sich Graf Emich VIII. wegen Begünstigung des Königs von Frankreich in der Reichsacht befand, und die Burg von Truppen des Schwäbischen Bundes besetzt war, ruhte vielleicht der Ausbau, um danach — etwa mit der nach Osten weit vorgeschobenen, langgestreckten Unterburg, dem Großen Ausfallgarten und dem von zwei kleinen Batterietürmen flankierten Bollwerk „Münze" — fortgesetzt zu werden.

Ab 1538 wurde der Ausbau verstärkt weiterbetrieben. War zuvor die Sicherheit und Sturmfestigkeit des Neubaues vordringliches Anliegen der

Burgherren, also zunächst die Errichtung neuer Ringmauern und der Geschütztürme, so wurde nunmehr Wert auf den Auf- und Ausbau der Gebäude und kommunizierenden Raumteile sowie auf bequeme Wohnlichkeit gelegt. Der Frankfurter Stadtbaumeister Caspar Weitz, der auch in Lübeck und Magdeburg, in Münster und Wien, in Heidelberg und Aschaffenburg tätig war, erstellte zwischen 1543 und 1551 die „Große Kommunikation", den 26 Meter langen Verbindungsbau von der Burg zum westlich über den alten Halsgraben vorgeschobenen großen Batterieturm (Westbollwerk) sowie den Saalbau über dem Tordurchgang („Palas"). Baurechnungen aus den Jahren 1540 bis 1543, 1551, 1553, 1585 bis 1587, die uns im Amorbacher Archiv noch erhalten sind, beweisen die rege Bautätigkeit jener Zeit; sie geben auch Auskunft über die Herkunftsorte von Steinmetzen, Maurern, Zimmerleuten, Dachdeckern, Schlossern usw. — 1587 sind auch Pläne für eine Gartenanlage im „Großen Ausfallgarten" (im „Hinteren Bollwerk") erstellt worden. Etwa in die gleiche Zeit gehört wohl die Anlage des „Lustgartens" südlich der Burg. Eine große Brunnenschale (heute im Vorhof) wurde bereits 1564 gearbeitet und auch datiert. Somit war denn gegen Ende des 16. Jahrhunderts eine der größten bzw. umfänglichsten Burganlagen der Pfalz fertiggestellt und gleichzeitig auch eine der letzten Burgen im mittelalterlichen Sinne, eine Anlage nämlich, die noch Wohnbau und Wehrbau zugleich gewesen ist. Nunmehr trennen sich die „Funktionen" dieser solcherart kombinierten Adelssitze des Mittelalters: Die Wehrbaufunktion der mittelalterlichen Burg geht über auf die große, meist landesherrliche Festung, die Wohnbaufunktion übernimmt das offene Schloß, das sich der Adlige, sofern er finanziell dazu in der Lage ist, in der Stadt oder auf dem Lande zu errichten sich bemühte.

Blick vom inneren Burghof nach Westen auf die Oberburg und das Westbollwerk

Treppenturm mit "Lilienportal" in der Oberburg

Wie die Hardenburg im letzten Stadium ihrer baulichen Entwicklung, etwa um 1600, ausgesehen hat, ist uns durch ein Relief überliefert, das sich auf dem (künstlerisch außerordentlich qualitätsvollen) Epitaph des Speyerer Bildhauers David Voidel für Graf Emich XI. und seine Gemahlin Maria Elisabetha von Pfalz-Zweibrücken in der Schloßkirche zu Bad Dürkheim erhalten hat. Dieses Relief von etwa 1605 ermöglichte es, Modelle vom Zustand der Burg am Ausgang des 16. Jahrhunderts zu erstellen, die sich im Bad Dürkheimer Museum befinden.

An den umfangreichen Befestigungen, die etwa um 1600 eigentlich wehrbautechnisch schon überholt gewesen sind, wurde auch weiterhin gearbeitet, so zum Beispiel im Jahre 1611. Den 30jährigen Krieg überstand die Hardenburg leidlich gut. Dennoch waren 1675 im Holländischen Krieg Reparaturen notwendig. Auch eine Schanze wurde im „Hartenburgischen Tal" angelegt. Die Werkmeister holte man sich nun von weither; aus Tirol, aus Vorarlberg und aus dem Allgäu.

1690 bis 1692 hielten die Franzosen die Burg besetzt; bei ihrem Abzuge sprengten sie die Kuppel des Westbollwerks, die Vorwerke und die Re-

Rest des Westbollwerks von Osten

doute im Tal. Wenn auch Graf Friedrich Magnus die Residenz von der Burg herab nach Dürkheim verlegte und dort ab 1725 ein Schloß errichten ließ, so blieb die Hardenburg doch weiterhin von leiningischen Beamten bewohnt. 1768 wurde das Archiv nach Dürkheim verlagert. Die Burgherren — seit 1779 gefürstet — ließen auch 1780/1781 noch Restaurierungen an der Burg vornehmen.

Während der zunächst erfolgreich geführten Kämpfe der Preußen gegen die französischen Revolutionstruppen besuchte 1793 König Friedrich Wilhelm II. von Preußen die Burg, wo er — wie es in der „Voss'schen Zeitung" vom 24. 8. 1793 heißt — „das ganze Schloß, besonders die merkwürdigen alten Rittergefängnisse" besichtigte. Noch im gleichen Jahr erfolgte der alliierte Rückzug, und die Leininger flohen von der Hardenburg, die dann am 20. März 1794 von französischen Chasseurs in Brand gesteckt wurde, ebenso wie auch das Stadtschloß der Leininger in Dürkheim. Die Burgherren wurden rechtsrheinisch mit Teilen kurmainzischer Gebiete um Miltenberg und Amorbach entschädigt. Die (seit 1820 bayerische) Ruine war im Zeitalter der Romantik beliebtes Motiv der Maler, Kupferstecher und Radierer; seit 1885 fand sie auch wissenschaftliche Bearbeiter. In mehreren Etappen sind Restaurierungen durchgeführt worden, so 1888, 1952 und 1970 ff.

Der Besucher erreicht die Ruine zumeist wohl auf dem Weg, der vom Parkplatz im Isenachtal in mäßiger Steigung aufwärts vor die Nordseite der Burg führt. Hier, wo bis zu 20 Meter hohe Mauern und der nordwestliche Geschützturm, der sogenannte Gefängnis-Turm, auf der linken Seite, rechts dagegen die 35 Meter hoch gelegenen Reste des Westbollwerks beeindrucken, wende man sich — dem ausgehauenen mittelalterlichen Halsgraben in südlicher Richtung folgend — dem „Verbindungsbau" zu, der die Burg mit dem Westbollwerk vereinigt. Der 14 Meter lange gewölbte Durchgang, der links und rechts Zutritt zu kleineren Räumen (u. a. der „Betzenkammer" und zu einer Wendelstiege zu oberen Räumen) gewährt, mündet im Vorhof der Burg, wo auch ein Fußweg vom Ort aus einläuft. Eine Brunnenschale in der Mitte, die vom ehemaligen „Lustgarten" stammt, ist ein Werk von 1564 (von der Datierung ist die 4 noch erhalten). Halb links voraus, an der „Burgschmiede", einem rechteckigen, 1510 datierten Geschützturm mit „Hosenscharten" (Geschützscharten mit gegabelten Schießlöchern) vorbei, gelangt man zum südwestlichen Rondell, dem „Schmiedeturm" mit der Eingangsloge des Kastellans. Der Turm hat einen Durchmesser von 22,8 Metern und eine Mauerstärke von 4,15 Metern. Zwischen diesem Turm und der „Schmiede", an der sich seitlich noch ein Rest des mittelalterlichen Tores mit Rundbogenfries-Stück erhalten hat, leitet ein 18 Meter langer tonnengewölbter Gang unter dem ehemaligen Saalbau hindurch in den großen, weiträumigen Burghof. Vom Saalbau selbst, um 1550 von Caspar Weitz errichtet, sind in den oberen Teilen nur geringe Reste, jedoch ein achtseitiger Treppenturm mit Wendelstiege erhalten, der vom Burghof aus begehbar war.
An der gegenüberliegenden, östlichen Hofseite liegen die Ruinen des

Nördlicher Keller im Wohnbau der Nordwestecke der Burganlage

sogenannten Gästehauses. An dessen nördlicher Seite, wo der mächtige „Kugelturm" anschließt, führt eine Wendeltreppe hinab zu einem abgewinkelten Gang und zu einer Pforte (datiert 1501, ehemals mit einer Zugbrücke versehen), die in den etwa 9 Meter tiefergelegenen „Kleinen Ausfallgarten" mündet, dem sich der „Große Ausfallgarten" nach Osten direkt anschließt. Er wird — dem Orte Hardenburg zu — von der sogenannten Münze abgeschlossen, einem starken Bollwerk mit zwei kleineren dreiviertelrunden Geschütztürmen an den Ecken. Ein Ausfallgang im Norden des „Großen Ausfallgartens" führt vor dessen Nordmauer ins Freie.

Wieder zum Burghof hinauf gelangt man über den schon beschriebenen Weg über die Wendeltreppe zwischen „Gästehaus" und „Kugelturm". Dieser Geschützturm von 18 Metern Durchmesser, dessen Mauerwerk 5,5 Meter stark ist, schützt die Nordostecke der Burg. Seinen Namen trägt er nach den an mehreren Quadern außen angearbeiteten Halbkugeln, die ehemals den Eindruck erwecken sollten, das Mauerwerk sei so fest, daß anprallende Geschützkugeln dort wirkungslos im Mauerverband steckengeblieben wären. In drei Stockwerken war dieser Turm zur Aufnahme von Geschützen eingerichtet.

An der Nordseite des Burghofes folgt nun zunächst die Ruine des sogenannten Marstalls, eines ehemals dreigeschossigen, langrechteckigen Baues. Daran schließt der große Wohnbau-Komplex an der Nordwestecke der ganzen Anlage an. Er ist zum Teil an und auf ein Felsriff gebaut und staffelt sich in mehreren Geschossen auf. Die mächtigen 5 Meter hohen Keller, in die die „Faßschrottür" (datiert 1510) hinunterführt, werden von Kreuzgewölben auf Bandrippen (datiert 1509) überdeckt. Etwa 6 Meter stark sind hier die von Geschützscharten durchbrochenen Außenmauern. In der Nordwestecke öffnet sich ein schmaler, gewinkelter Gang in das Untergeschoß des „Gefängnis-Turmes", der ein Geschützturm wie alle anderen gewesen ist und erst später im untersten Geschoß als Verlies diente.

Steigt man vom mittleren der acht Kellerkompartimente wieder zum Burghof hinauf, so halte man sich gleich rechts und besteige eine Treppe, die im ersten Geschoß des Wohnbaues mündet. Hier führt nach rechts ein Zugang zum sogenannten Kleinen Saal, dessen westliche und südliche Umfassungsmauern noch aufrecht stehen. Ein weiterer Gang führt von hier aus in das Mittelgeschoß des „Gefängnis-Turmes" an der Nordwestecke, also in eine Schießkammer über dem Verlies. Die breiten Kanonenscharten sind schräg nach unten vor die Westseite der Burg und in den alten Halsgraben gerichtet, die Rauchabzüge naturgemäß schräg nach oben.

Geht man den Weg zurück und biegt dann wiederum rechts ab, so betritt man drei kleinere, zum Teil gewölbte Räume, so z. B. die durch drei kleine Fenster erhellte „Badstube" oder die „Bäckerei"; die Namen weisen wohl kaum auf frühere Bestimmungen der Gemächer, sondern dürften sehr viel spätere Benennungen sein. Im Gang vor diesen Räumem, einem zweijochigen Raumteil, findet sich wiederum die Datierung 1510 im Bandrippen-Schlußstein des einen Gewölbes.

Von hier aus nun beginnt schräg ansteigend der 26 Meter lange Gang mit 20 Meter langer Treppe innerhalb des unten 14 Meter, oben jedoch nur 5 Meter breiten Verbindungsbaues zum Westbollwerk, den Caspar Weitz zwischen 1543 und 1551 als „Große Kommunikation" über dem mittelalterlichen Halsgraben errichtet hat. Linker Hand führt — noch innerhalb der westlichen starken Burgmauer — ein sehr schmaler steiler Treppenlauf (als Fluchtweg vermutlich) 18 Meter hinab in das Innere der „Schmiede" im Vorhof.

Der Verbindungsgang mündet im Erdgeschoß des auch in Trümmern noch machtvollen Westbollwerks, wo in der Mitte des Baues eine angefangene Wendeltreppe nach unten in den anstehenden Fels eingetieft werden sollte, jedoch nicht weitergeführt worden ist. Das Mauerwerk des Westbollwerks ist 6,8 Meter stark und steht auf Fels. Der untere Turmteil ist 10 Meter hoch und überkuppelt. Sein Durchmesser beträgt 22,6 Meter. Vielleicht schon um 1500 als erster Teil und vordringlichster Schutz des gesamten Burg-Neubaues von Hans Jakob von Ettlingen errichtet, schließt er sich vielen anderen solcher mächtigen Geschütztürme jener Epoche der frühen deutschen Renaissance an (Heidelberg, Ebernburg, Nannstein, Neudahn usw.). Weiter Innenraum von 9 Metern Durchmesser und breite Kanonenscharten gestatteten die Verwendung auch großer Geschütze. Eine Öffnung in der Kuppelmitte diente vielleicht dem Aufziehen von Munition und wohl auch dem Abzug des Pulverdampfes. Ein außen am Turm angesetzter Wendeltreppenturm führte in das ehemalige Turmobergeschoß, das — wie Darstellungen des 16. Jahrhunderts zeigen — mit einer flachbogigen Kuppel nebst Dacherkern (Gaupen) gedeckt gewesen ist.

Vom Treppenturm ausgehend, gelangt man auf den oberen, nur 5 Meter breiten Teil des Verbindungsbaues, von dem aus sich dem Besucher ein prächtiger Ausblick in das Isenachtal und nach Osten bis zur Abteiruine Limburg bietet, deren Schutz den Burgherren anvertraut war.

Nordansicht. Lavierte Federzeichnung aus dem „Kurpfälzischen Skizzenbuch" in der Staatsgalerie Stuttgart (um 1580)

Ein weiterer Wendeltreppenturm — ihn zeichnet sechseckiger Grundriß, ein in sich abgestuftes Doppelfenster und ein mit Renaissancedekor schön ornamentierter, spätgotisch-kielbogiger Türdurchgang, das „Lilienportal" aus — führt abwärts auf das oberste Geschoß des Wohnbaues. Dort hat ein ehemals gewölbter Raum, das „Totengewölbe", noch mittelalterliche Burgreste des 13. Jahrhunderts und einen gotischen Rippenansatz mit einem Kopf als Konsole bewahrt.

Weiter absteigend gelangt man in das zweite Obergeschoß des Wohnbaues, wo die Kapelle und der Archivraum der Burg (mit verschließbarer Tresornische und schwerem Schiebestein) im Winkel eines Ganges liegen, der an der Nordwestecke zum Obergeschoß des „Gefängnis-Turmes" (mit Abortanlage) führt.

Der weitere Abstieg bringt den Besucher wieder in das erste Obergeschoß des Gebäudes und von dort in den Burghof. Mit einem abschließenden Blick auf die mächtigen Ruinen des Wohnbaues, an den sich nach Süden zu ein längst vergangener Fachwerkbau (Balkenlöcher in der rückwärtigen Felswand!) anschloß, kann der Besucher die Hauptburg durch den Tunnel unter dem Saalbau wieder verlassen, sofern ihn nicht — einem gewölbten Wehrgang mit Maulscharten an der Südseite des Hofes folgend — noch ein Aufstieg zum Saalbau mit Blick auf das Westbollwerk reizt.

27 Bergzabern

Burgschloß

Zu den Schlössern der deutschen Renaissance, die schon in der 1. Hälfte des 16. Jahrhunderts der aufwendigeren Lebensweise des hohen Adels und der Territorialherren Rechnung trugen, dennoch aber — gleichsam als letzte Burgen im mittelalterlichen Sinne — durchaus noch wehrbauliche Funktion hatten und mit wirklich verteidigungstechnisch effektvollen Wehrbauformen ausgestattet worden sind (wodurch der alte Charakter der Burg, der des Wohn- und Wehrbaues zugleich, noch einmal und letztmals zum Ausdruck kam), gehört, ähnlich der Hardenburg bei

Bad Dürkheim (siehe oben Seite 188 ff.), auch das Schloß der Herzöge von Zweibrücken in Bad Bergzabern.
Seine heutige Gestalt mit den großen Barockfenstern, der zweiläufigen Freitreppe und den gaupenbesetzten hohen Walmdächern ist zwar das Produkt eines barocken Umbaues, dennoch aber beweisen heute noch die großen Geschützscharten in den Untergeschossen der Wohnbauten und der großen runden Ecktürme, der sogenannten Rondelle, die nicht vorgetäuschte, sondern im 16. Jahrhundert noch immer wirklich vorhandene Verteidigungsmöglichkeit im Falle eines feindlichen Angriffs — allerdings und nur auch im Hinblick auf ein größeres militärisches Potential, wie es zu jener Zeit im allgemeinen nur noch größeren Territorialherren zur Verfügung stand. Zwar sind schon am Ende des 18. Jahrhunderts die 15 Meter breiten Wassergräben zugeworfen worden, weshalb jetzt die Geschützscharten knapp über dem Niveau des ringsum angeschütteten Terrains liegen, zwar sind die barocken Umformungen äußerlich dominierend, dennoch aber betonen die mächtigen Ecktürme trotz ihrer barocken (nach 1909 erneuerten) Hauben noch immer die Wehrhaftigkeit des Schloßkomplexes. Ist die Hardenburg bei Bad Dürkheim als Neubau einer Zwingburg des 16. Jahrhunderts und gleichzeitig als Residenz eines der mächtigsten pfälzischen Adelsgeschlechter mit umgebenden Verteidigungswerken damals neuester Prinzipien des Geschützwesens als Höhenburg und talbeherrschend angelegt worden, so bietet das Burgschloß von Bergzabern das Beispiel einer in der Mitte des 16. Jahrhunderts noch immer stark armierten Residenz im Charakter einer Nieder- bzw. Wasserburg am Rande einer noch mittelalterlich befestigten Stadt.
Der schmucke Kurort Bad Bergzabern liegt am Schnittpunkt der Bundesstraßen 427, 38 und 48 südwestlich der alten Festungsstadt Landau und nordöstlich der elsässischen Stadt Weißenburg/Wissembourg. Das Schloß selbst bildet die Nordostecke des annähernd rechteckig ummauerten mittelalterlichen Stadtgebietes. Rechteckig im Grundriß, stellt es sich als Komplex dreier Bauabschnitte der Renaissance mit Veränderungen der Barockzeit dar.
Eine mittelalterliche Wasserburg hat — möglicherweise schon am Ende des 12. Jahrhunderts — wohl an gleicher Stelle bestanden. Sie war Besitz der Grafen von Saarbrücken-Zweibrücken am Schnittpunkt des Erlenbachtales mit der alten Straße von Landau nach Weißenburg, wo sich erstmals 1180 der dem Bistum Speyer zu jener Zeit noch gehörende Ort Zabern nachweisen läßt. Schon 1282 ist die Burg Sitz der Grafen von

Zweibrücken, die 1286 durch Rudolf von Habsburg für den Ort Hagenauer Stadtrecht erlangen. Wie die Wasserburg ausgesehen hat, wissen wir nicht. Erstmals erwähnt wird die Burg 1333 als „Zabern bei Lantekken" (= Landeck, siehe oben Seite 55 ff.). 1356 wird die Örtlichkeit erstmals *Berg*zabern genannt. Von einer Bautätigkeit auf der Feste erfahren wir 1375, als 400 Goldgulden an einem „huse und anderen buwe" verbaut worden sind. Durch Graf Eberhard II. von Zweibrücken kamen 1385 die Burg und die halbe Stadt, 1393 nach Eberhards Tode auch die zweite Hälfte der Stadt verkaufsweise an Kurpfalz. Bei der pfälzischen Teilung von 1410 wurden nebst dem Trifels, Burg Neukastel, der Falkenburg und der Burg Guttenberg sowie der Stadt Annweiler auch Burg und Stadt Bergzabern Herzog Stephan, dem Gründer der Linie Pfalz-Zweibrücken, zugeschlagen. Beides blieb zweibrückisch bis zur Französischen Revolution. Die Burg gehörte nunmehr zum Oberamt Neukastel-Bergzabern, bis 1555 der Sitz des Oberamtes von der Burg Neukastel hierher verlegt wurde.

Unter den unglücklichen Kämpfen Herzog Ludwigs I. des Schwarzen von Zweibrücken mit seinem Verwandten, Kurfürst Friedrich I. dem Siegreichen von der Pfalz, hatte auch Bergzabern zu leiden. 1455 eroberte der Pfälzer Burg und Stadt, die als stark befestigt geschildert wurden, erst nach fünfwöchiger Belagerung, gab das Eroberte aber bald schon an Zweibrücken zurück. Von Herzog Ludwig I. wurde die Burg durch einen „Stock" (Gebäudetrakt) erweitert und seinem Sohn Kaspar nach seiner Vermählung mit Amalie von Brandenburg 1478 als Domizil angewiesen. Seitdem diente Burg Bergzabern immer zeitweilig als Residenz oder als Witwensitz des Zweibrücker Herzogshauses.

Möglicherweise wurde die Anlage 1525 im Bauernkrieg vom sogenannten Kolbenhaufen so schwer beschädigt, daß 1527 unter Herzog Ludwig II. (1514—1532) ein großer Neubau unternommen werden mußte, der „nicht ohne Belästigung und Bedrängung der Einwohner", also mit Frondiensten, vor sich ging. Möglich aber auch, daß es ganz einfach die aufwendigeren Lebensgewohnheiten im 16. Jahrhundert waren, die nur des Anlasses von 1525 bedurften, um den Herzog zu einem Neubau seiner Feste zu bewegen, wobei die alte Wasserburg zum großen Teil abgebrochen worden sein muß. Ob im Südostrondell noch der Rest des Bergfrieds der mittelalterlichen Burg erhalten ist, sei dahingestellt; wahrscheinlich ist es nicht.

Die Bauarbeiten umfaßten zunächst nur den rechteckigen Südbau mit den Ecktürmen. Sie zogen sich, wie Datierungen erweisen, bis 1530 oder

Westportal

bis 1532 hin. Zur Erstellung des Schloßbaues, bzw. zur Sicherung der Fundamente im morastigen Boden, sollen etwa 1000 Baumstämme in den herzoglichen Forsten gefällt worden sein. Rund 40 erhaltene Steinmetzzeichen deuten auf einen umfänglichen Baubetrieb hin. Dieser Südbau ist der heute älteste Teil des Schlosses, der 1579 so genannte „Ludwigsstock" oder „alte Bau". Er hatte nicht nur wehrhaften Charakter, sondern gewiß auch noch fortifikatorische Funktion.

Ludwigs II. Sohn, Herzog Wolfgang (1543—1569) setzte den begonnenen Ausbau großzügig fort und errichtete zwischen 1561 und 1569 den Ost-, Nord- und Westflügel um den großen Binnenhof. Die Pläne zu diesem dreiflügeligen „oberen neuen" oder „Wolfgangbau" lieferte der württembergische Landesbaumeister Alberlin Tretsch (1510—1578), der Architekt des Nord- und Ostflügels des Alten Schlosses zu Stuttgart (1553—1563), der von Wolfgangs Vetter Herzog Christoph von Württemberg nach Bergzabern entsandt worden war. Die Bauausführung lag 1561 und 1562 in Händen des württembergischen Baumeisters Martin Berwart. 1570 und 1571 war Hans Becht aus Bergzabern Baumeister „des schloss vnnd amphthauses". Er starb 1572; ihm folgte möglicherweise der Zweibrücker Baumeister Sigmund Gentersperger. Rund 90 verschiedene Steinmetzzeichen finden sich an Baudetails der drei Flügel. Dem Meister Michael Henckhell, der 1601 in Meisenheim das Grabmal für Herzog Karl von Zweibrücken-Birkenfeld schuf, wurden die Maler-und Bildhauerarbeiten am Schloß übertragen, ohne daß sich seine Hand mit Sicherheit heute daran nachweisen ließe.

Unter Wolfgangs Sohn, Herzog Johann I. dem Gelehrten (1569—1604), der zunächst wie sein Vater Lutheraner war, 1588 calvinistisch wurde und 1579 seine Untertanen für finanzielle Leistungen von der Leibeigenschaft befreite, sind die neuen Gebäude durch den Innenausbau beendet worden; ferner wurde das Westportal ausgeführt, und schließlich ist ein äußerer nördlicher „Stock", das heißt ein weiterer kleiner Hof mit drei zweigeschossigen Flügeln und zwei nördlichen niedrigeren Rundtürmen angebaut worden. Hier lagen Gesindestuben und Speisekammern, Backhaus und Silberkammern. Ein Nordtor mit Zugbrücke über den Wassergraben in den sogenannten Malter- (= Froschlaich-)Garten, wo sich Fischbehälter befanden. Über dem Westflügel des Wolfgangbaues ließ Johann I. um 1579 einen kleinen Turm errichten, der eine Kunstuhr mit Planetarium, beweglichen Figuren und Glockenspiel trug. Das Uhrwerk schuf der Meister Rudolf Brandenburg nach dem Vorbild der Straßburger Münsteruhr, doch soll die Bergzaberner Uhr kunstvoller gebildet gewesen sein. Beim Uhrwerk (mit „Hahnen- und Löwengeschrei") befand sich auch eine Orgel des Meisters Georg Schweitzer; sie bestand aus Blasebälgen und Pfeifen und spielte Psalmen und Choräle. Um 1579 war das neue, prächtige Residenzschloß der Zweibrücker Herzöge fast fertiggestellt. Hier fand am 4. 10. 1579 die prunkvolle Hochzeit Johanns I. mit Herzogin Magdalene von Jülich, Cleve und Berg statt.

Das Schloß, das des öfteren auch als Witwensitz diente, wurde im Februar 1676 von den Franzosen in Brand gesteckt und erheblich beschädigt. Zwar trug auch die Kunstuhr Schäden davon, doch hat sie noch 1704 wenigstens stündlich und viertelstündlich geschlagen. Infolge der Reunionen war Bergzabern von 1680 bis 1697 französisch besetzt. 1693 wurden Teile des Schlosses restauriert. Ab 1697 folgte die schwedische Herrschaft der in Schweden zu Königen aufgestiegenen Zweibrücker. Um 1704 stand noch ein steinerner Bau „gedeckt", vermutlich der nördliche Stock des Wolfgangbaues, in dessen Obergeschoß die lutherische Gemeinde Gottesdienst hielt, während im Untergeschoß Pfarrer und Landschreiber wohnten.

Unter dem in Schweden geborenen Herzog Gustav Samuel Leopold (1719—1731), der 1718 das Herzogtum Zweibrücken vom schwedischen König Karl XII. erbte, wurde das Schloß zwischen 1719 und 1725 wiederhergestellt und erhielt im wesentlichen seine heutige Gestalt. Leitender Architekt war der schwedische Oberbaudirektor Jonas Erikson Sundahl. Er war für das gesamte zweibrückische Bauwesen verantwortlich, bis er 1725 in Ungnade fiel und durch den Franzosen Duchesnois ersetzt wurde. Sundahl baute auch das Lustschloß Tschifflik (1717—1718), das Schloß in Zweibrücken (1720—1725), das Jagdschloß Pettersheim (1720—1730) und anderes. Ob er auch die Pläne zum Wiederaufbau des Schlosses Bergzabern gefertigt hat, ist zwar nicht erwiesen, jedoch anzunehmen. Vielleicht steht ein Besuch Bergzaberns durch den vertriebenen Polenkönig und späteren Herzog von Lothringen Stanislaus Leszczynski im Jahre 1720 mit Plänen des Schlosses in Verbindung, die sich in Nancy gefunden haben.
Zwar kam es aus finanziellen Gründen nicht zur Wiederherstellung des Uhrturmes, jedoch wurde der ganze übrige Schloßkomplex in barockem Stilempfinden restauriert, woraus sich eine recht glückliche Kombination von Bauformen der Renaissance und des Barock ergeben hat. Alle Bauten erhielten damals ihre heutige Form, die barocken Fenster und die Walmdächer. Dem Südbau wurde nach Süden eine Freitreppe vorgelegt, die (erhöhten) Rondelle bekamen ihre barock geschweiften Hauben. Der Ostflügel wurde für Festlichkeiten hergerichtet, im Westflügel wurde eine Kapelle eingebaut. 1728 wurde der Schloßgarten erweitert.
Neues Leben blühte im Schloß, als es der Herzogin Karoline von Nassau-Saarbrücken, der Witwe Christians III. von Zweibrücken von 1744 an für dreißig Jahre als Witwensitz mit aufwendiger Hofhaltung diente. Hier wuchs auch Prinzessin Karoline Henriette (geb. 1721) auf. Landgraf Ludwig IX. von Hessen-Darmstadt (1768—1790) besuchte hier die herzogliche Familie 1737, verlobte sich mit der Prinzessin 1740 und heiratete sie 1744. Während der Landgraf in seiner Residenz Pirmasens nach preußischem Vorbild „Lange Kerls" drillte und keine anderen Interessen kannte als „zu exerzieren, zu trommeln und zu chargieren", unterhielt seine Gattin Karoline Henriette selbst nachmals (als die von Goethe bewunderte „Große Landgräfin") literarische Zirkel in Buchsweiler/Elsaß (bis 1765) und in Darmstadt (bis 1774).
Nach dem Ende des Herzogtums Zweibrücken in der Französischen Revolution — die neuen Machthaber achteten nicht der Verdiente des zweibrückischen Regiments „Royal Deux-Ponts" unter den französischen

Hof. Südflügel mit Treppenturm und Westflügel mit Inschrifttafel

Fahnen in Amerika — wurde das Schloß Bergzabern von den Franzosen versteigert; Teile gerieten in Privathand. Die Wassergräben wurden zugeworfen, Wappen und Bauplastik verstümmelt. Bis auf den nördlichen äußeren Trakt mit den beiden nördlichen Rundtürmen, der 1860 im Distriktskrankenhaus aufging, kam schließlich der größte Teil des Schlosses in den Besitz der Stadt Bergzabern, die den Ostflügel für eine Volksschule und den Nordflügel für eine Lateinschule nutzte. 1909 vernichtete ein Brand sämtliche Dachstühle. Später wurden die Gebäude mit Ziegeln, die neuen Hauben der Türme mit Schiefer gedeckt. Heute sind im stadteigenen Schloß Wohnungen, eine Verbandsgemeinde-Verwaltung und ein Altenpflegeheim untergebracht.
Kommt man über die Bundesstraße 48 von Norden (Annweiler), über die B 38 von Osten (Landau) oder über die B 427 von Südosten (Karlsruhe), so biege man gleich an der Peripherie des alten Ortskernes (an der Tankstelle) ab und fahre etwa 50 Meter weit nach Westen die Schloßstraße hinein bis vor das Schloß, das man schon von weitem an den Rundtürmen erkennt. Es zeigt sich als dreigeschossige Vierflügelanlage von etwa 50 mal 80 Metern. Ein großer Parkplatz liegt vor der Ostseite und über-

deckt deren ehemaligen 15 Meter breiten Wassergraben. Der langrechteckige Ostbau springt rechtwinklig vor. Im Erdgeschoß des nach 1561 errichteten und nach 1720 durch barocke Fenster veränderten Gebäudes öffnen sich, nur wenig über dem heutigen äußeren Niveau, fünf große Geschützscharten nach außen. Es sind „Brillenscharten" mit dreifach gestuften Laibungen, die anfliegende Geschosse zum Abspringen bringen und ein Hineingleiten in die Schartenöffnung verhindern sollten. Die Scharten sind außen rechteckig mit Wulstquadern (je drei an jeder Seite) umgeben (ähnlich wie eine Scharte am Gefängnis-Turm der Hardenburg, siehe oben Seite 194 ff.), die wohl schräg aufprallende Geschosse von der Schartenöffnung ableiten sollten. Im Inneren ist das Erdgeschoß tonnengewölbt.

Der wehrhafte Eindruck der Ostseite wiederholt sich auch an der Südseite, der man sich nun zuwenden sollte. Der rechteckige Südbau ist der älteste, 1527 bis 1532 erbaute Teil des Komplexes. Seine Außenseite läßt dies nicht mehr erkennen, denn durch den Sundahl'schen Ausbau wurden korbbogige Barockfenster in sieben Achsen eingesetzt, in die Mitte des ersten Geschosses ein Eingang eingefügt und auf korbbogigem Vorbau eine doppelläufige Freitreppe vorgesetzt. Wehrhaft jedoch wirken noch immer die beiden an den Ecken vorspringenden hohen runden Geschütztürme (Rondelle). Der stärkere, östliche, von dem aus sich ehemals eine Mauer zum Unteren Stadttor hinzog, hat einen Durchmesser von 11,4 Metern bei einer Mauerstärke von etwa 2,8 Metern, der schwächere, westliche einen Durchmesser von 9,2 Metern bei einer Mauerstärke von etwa 2,2 Metern. Von der Funktion der Geschützrondelle im 16. Jahrhundert zeugen die jeweils vier Schießscharten mit gestuften Gewänden im Erdgeschoß, von denen eine am Ostrondell dreipassig (in Form eines umgedrehten T) gebildet ist. Ein auf der Ansicht von Merian (um 1645) noch sichtbarer polygonaler Eckturm nach Osten ist verschwunden. Beide Türme sind von Sundahl erhöht und in zwei Geschossen wie die Gebäude auch durch korbbogige Fenster gegliedert worden, wobei jeweils ein Fenster mit einer fenstergleichen Blende abwechselt.

Man biege nun um den westlichen Rundturm zur Westseite des Schloßkomplexes um. Der Westflügel des Wolfgangbaues ist als ebenfalls dreigeschossiges, jedoch schmales Gebäude zwischen Südflügel und Nordflügel gesetzt, um in den beiden oberen Etagen die Verbindungsgänge zwischen beiden Trakten aufzunehmen. Wie beim Südbau ist die Fassade auch hier in Fensterachsen gegliedert, die barock verändert worden sind.

Im Erdgeschoß liegt das sehenswerte Westtor von 1579. Über den ehemals mit Fischen und Schwänen besetzten 15 Meter breiten Wassergraben führte eine Zugbrücke. Das äußere Portal ist aus gelbem Sandstein gefertigt, 7,2 Meter hoch und 5,1 Meter breit. Es ist — wenn auch in der Französischen Revolution stark beschädigt — ein hervorragendes Beispiel deutscher provinzieller Renaissancebaukunst mit deutlich kenntlichen Elementen der Weser-Renaissance, was sich — ähnlich wie auch am Rest des Neuen Schlosses von Lauterecken (um 1600) — vor allem an der von schweren Rustika-Quadern mit Rautendekor umgebenen rundbogigen Toröffnung erweist. Flankiert wird der Durchgang von zwei überlebensgroßen, grobschlächtigen Giganten in antikisierenden Rüstungen, die auf vorgesetzten Sockeln stehen und als Atlanten das schwere antikisierende Gebälk zu tragen vorgeben, was die linkisch hochgezogenen Schultern beweisen sollen. Als Meister dieses Portales kann Michael Henckhell noch nicht in Frage kommen, da er 1579 noch zu jung gewesen sein dürfte. Vielleicht darf man vermuten, daß das Portal nach eigenen Entwürfen des Bauherrn Herzog Johann I. von einem der damals zahlreich am Schloß arbeitenden Steinmetzen einfacherer, provinzieller Schulung gefertigt worden ist. Das Gebälk über den Atlanten ist kräftig profiliert. Zwischen vortretenden vegetabil dekorierten Kapitellen über den Köpfen der Riesen sind Profile, ornamentierte Konsolen mit Menschenköpfen, im Relief dazwischen Stierschädel und darüber ein Zahnschnitt angeordnet. Über dem Gesims folgt ein Aufsatz, eine rechteckige Kartusche mit Aedicula-Umrahmung in Form von flankierenden Halbsäulchen auf Postamenten und einem Giebel (mit der Jahreszahl 1579) über einem Gesims. In der verstümmelten Kartusche befanden sich Wappen, wohl das Herzog Johanns I. von Zweibrücken und vielleicht das der Magdalene von Jülich, Cleve und Berg. Seitlich die Aedicula stützend findet sich die für die späte Renaissance typische Ornamentik, das sogenannte Beschlägwerk aus in Stein gehauenen Bändern und Voluten, die wie aus Metall geformt und aufgenietet erscheinen. Ähnliches Beschlägwerk sieht man in schöner, gut erhaltener Form ganz in der Nähe des Schlosses am Gasthof „Zum Engel", einem aufwendigen Gebäude des ausgehenden 16. Jahrhunderts. Auch das Portal des kurpfälzischen Jagdschlosses Friedrichsbühl bei Bellheim, das sich im Historischen Museum der Pfalz in Speyer befindet, zeigt solche Ornamentik (siehe unten Seite 256). Auf dem Beschlägwerk des Westportals von Bergzabern standen Putten. Unter den abgeschlagenen Wappen der Kartusche ist noch die Inschrift erhalten, die auf den Neubau des Schlosses 1561 und seine Vollendung 1579 Bezug nimmt: „DER DVRCHLEVCHTIG HOCHGEBORN FV̈RST · VND · HER · HER · WOLFGANG PFALZGRAF BEI RHEIN HERTZOG IN BAIERN GRAVE ZV VELDENZ · VND · SPONHEIM · DESEN · GELIEBTE · GEMAHLIN · GEWESEN · DIE HOCHGEBORNE FVRSTIN · VND · FRAW · ANNA · LANDGRAVIN · ZV · HESSEN · GRAVIN · ZV · CAZENELENBOGEN · DIEZ · ZIEGENHAIN · VND · NIDDEN · HAT · DISS · NEWE · SCHLOS · ANGEFANGEN · ZV · BAWEN · IM · IAR · NACH · DER · GEBVRT · CHRISTI · 1561 · DESEN · INGEBEW · SAMBT · DISEM · PORTAL · ERST · DVRCH · BEDER · I · F · G · SOHN: PFALZ · GRAVE · IOHANSEN IM IAR NACH DER GEBVRT · CHRISTI · 1579 · AVSGEMACHT · VND ALSO · DISER · BAW · VOLLENDET · WORDEN · DEN · GOT · LANG · IN SEINER HVT BESTENDIG · ERHALTEN · WOLLE. Nach Norden hin liegt der Westseite ein quadratischer Küchenbau mit ehemals hohem Schornstein vor, der nicht mehr erhalten ist.

Geht man unter dem Westtor, dem „Neuen Portal", hindurch, so betritt man den 25 mal 30 Meter großen geräumigen Schloßhof, der vom Ludwigsbau im Süden und von den drei Flügeln des Wolfgangbaues umgeben ist. Auch hier sind die dreistöckigen Gebäude der Renaissance um 1720 bis 1725 barock verändert worden. Der Durchgang ist auch auf der Hofseite betont. Ein kleiner Giebel in der Dachzone über dem 2. Geschoß bezeichnet noch die Stelle, über der einst der Uhrturm gesessen hat. Die ganze Hofwand des Westtraktes darunter füllt eine sehr große rechteckige Inschrifttafel, die von acht Konsolen gestützt wird. Die Tafel ist in der Mitte geteilt und trägt links deutschen, rechts lateinischen Text, der sich stolz auf die Kunstuhr bezieht. Die deutsche Inschrift lautet:

DV MENSCH, WER KÖNIG ODER FV̈RST,
  DER DV DIE VHR ANSEHEN WV̈RST,
NEBEN ANDERN, ALT, IVNG, ARM UND REICH,
  WELLET BEDENKEN ALLE ZVGLEICH,
WIE ELLEND DES MENSCHEN LEBEN SEY,
  AVCH KVRTZ VND MANCHE GEFAHR DABEY,
OB IHR SCHON AVS HOHEM STAMM GEBOREN
  ODER VON GOTT ZV EHREN ERKOREN,
DIE ZEIT DOCH SOLCHES ALLES VERZEHRT,
  WIE EVCH DIESE VHR FV̈RBILD VND LEHRT,

DAN DIESEN ZWEYEN KINDERLEIN KLEIN,
   DIE NACKEND VND BLOS GEBOREN SEIN,
ZV EINEM JEDEN WIRTTHEIL (= Viertel) DER STVND,
   IR TODES MANVNG EILIG GEBEN KVND,
EINS NACH DEM ANDERN DIE VIERTHEIL ZEVCHT,
   ALSO EINS NACH DEM ANDERN HINFLEVCHT,
DER ENGEL MIT DER POSAVNEN RVFFT:
   DENCKT AN CHRISTI ZVKHVNFT IN DER LVFFT.
DER HAN (= Hahn) DER KRÖHT IN DER MITTERNACHT
   VND ANDERN STVNDEN: EWER END BETRACHT.
SOLCHE ERMANVNG NICHT VERACHTET FREY,
   WIE DER AFF ALLHIE THYT MIT GESPEY,
SONDERN FRVI (= früh) GLEICH DEM LEWEN ERWACHT,
   DANCKET GOTT VOR DIE VOLBRACHTE NACHT.
EWERS THVNS WARTET MIT RECHTEM MVTH,
   WIE DIE FRAW DIE SANDTUHR WENDEN THVT.
DIE SONN VND MON, DIE ZEYCHEN ENDERN,
   DARNACH GEMACHT DER ALT CALENDER,
AN DIESEM ZEYGER MAN FERNER SIECHT,
   WIE ALLES IN DIE RVNDE GERICHT,
DAN ER BALDT OBEN, VNDEN AVCH SCHLECHT,
   ALSO DIE ZEIT MACHET HERRN VND KNECHT,
GLEICH WIE AVCH DER MON NIMPT AB VND ZV,
   VND DIE PLANETEN HABEN KEIN RHV,
BIS DAS ZV IEDEM TAG VND DER NACHT
   EINER DEM ANDERN DIE THÜR ZVMACHT,
ALLSO ES IN DIESER WELT ZVGEHT,
   SELTEN DAS GLÜCK LANG BEY EIM BESTEHT,
DARVMB HALTET RECHT MAS, STVNDT VND ZIEL,
   DAN DER BÖSE GEYST MACHT NEYDER VIEL,
DIE DOCH MIT KRIEGEN VMB LANDT VND LEVTH
   SELTEN BEKHOMMEN BEGEHRTE BEVTH,
SONDERN WAN IR STVNDT VORHANDEN IST,
   DER TODT EIN NACH DEM ANDERN HINFRIST,
ABER, DV LIEBER HERR JESV CHRIST,
   DER DV ALLEIN KVNIG DER EHRN BIST,
HILFF VNS SÄMPTLICH AUS DIESEM ELLENDT,
   VERLEYHE VNS FRIDEN BIS ZVM ENDT,
LASSE VNS BEY DIR IM HIMMEL FREY
   ANHÖREN DIE RECHTE MELODEY.

DIS PFALZGRAFF JOHANNES HATT BEDRACHT
ALLS RVDOLF BRANDENBVRG DIE VHR MACHT.
WER SOLCHES LIESET, BEHALT ES LANG
VND VERGES ES NICHT WIE GLOCKENKLANG.

Das Gedicht beschreibt also sehr genau die an der Kunstuhr ehemals befindlichen und dort alle Viertelstunden agierenden Personen, Tiere, Planeten usw. Über der Tafel sieht man beiderseits liegende Löwen im Relief. Sie flankieren sechs geschweifte Konsolen, die ihrerseits den flach vortretenden Sockel des ehemaligen Uhrturms stützten. Den Sockel zieren vier Wappenschilde mit den Ehewappen der Eltern des Erbauers Johann I. und der Herzogin Magdalene, nämlich von links nach rechts: Anna Landgräfin von Hessen und Wolfgang, Herzog von Zweibrücken sowie Herzog Wilhelm IV. von Jülich und Prinzessin Maria Magdalena von Habsburg. Zwischen den Wappen sitzt ein Putto mit einer Bekrönung. Die Schrifttafel fertigte der Steinmetz Jakob Mansperger. Michael Henckhell malte die Schrift mit Farbe aus und setzte die Tafel 1597 ein.

Die querovale Kartusche unter der großen Inschrifttafel würdigt den Wiederaufbau durch Herzog Gustav Samuel Leopold 1725: „Anno 1561 hat Hertzog Wolffgang, Pfalzgraff bey Rhein, Hertzog in Bayern, dieses Schloß angefangen zu bauen, dessen Sohn aber Johannes PRIMVS 1579 zum Ende gebracht. Nachdem aber solches durch die darauf erfolgte vielfältige Krieg verwüstet und zerstört worden, hat dasselbe nach verlangtem badischen Frieden (= Friede zu Rastatt 1714) und ANNO 1719 angetretener hiesigen Landes-Regierung der durchleuchtigste Fürst und Herr, Herr Gustav Samuel Leopold, Pfalzgraff bey Rhein, in Bayern, zu Jülich, Cleve und Bergen Hertzog, Fürst zu Mörs, Graf zu Veldentz und Sponheim, der Mark Ravensperg und Rixingen, Herr zu Rawenstein,

Treppenturm des Südflügels. Blick in die Treppenspindel mit Meerweibchen

Ritter des Ordens SANCTI HVBERTI, hochgedachten Pfaltzgraffen Wolffgangs Uhr-uhr-Enkel, wiederumb reparieren und in gegenwertigen vollkommenen Stand setzen lassen. So geschehen ANNO 1725." — Die Bildhauerarbeit stammt von Johann Georg Redlich, einem Steinhauer aus Meisenheim, der noch im gleichen Jahr in Bergzabern verstarb. Während in den Obergeschossen des Westflügels die Verbindungsgänge hinter rechteckigen, zweiflügeligen Fenstern liegen, öffnet sich das Erdgeschoß mit sieben großen Rundbogen zum Hof, eine Reihe von Nischen mit dem Tor in der Mitte; zwei der drei nördlichen Nischen sind vermauert. — Ansonsten ist der Hof in der Dreigeschossigkeit der ihn umgebenden Bauten gleichmäßig gegliedert. Zwei Treppentürme bringen belebende Elemente hinein: ein Treppenturm in der Nordostecke, der mit drei Seiten des Achtecks vorspringt, und vor allem der schöne Treppenturm, der annähernd vor der Mitte des Südbaues mit fünf Seiten des Achtecks vortritt.

Dieser Turm von 1530, die 1579 so genannte Alte Schnecken, bildet nicht nur äußerlich ein bedeutsames Schmuckelement in den Hof, sondern er stellt auch als Architektur eine geglückte Symbiose von Baudetails der späten Gotik und der frühen Renaissance dar. Er ist viergeschossig, reicht also bis in das Dachgeschoß des Südbaues und trägt ein Walmdach. In der Mitte, über dem 2. Geschoß, ist das Mauerwerk um ein weniges mit einem Gesims zurückgesetzt. Die Fenster des Turmes haben — wie in der Renaissance häufig — schräg dem Anstieg der Treppe folgende Solbänke und Stürze.

Reich verziert ist das Hauptportal an der Nordseite des Achtecks; hier mischen sich spätgotische mit Frührenaissance-Motiven. Die rechteckige Außenrahmung schließt ein spitzbogiges Tor ein, wobei dessen spätgotische Profilstäbe und Kehlen aus gezierten kleinen Sockeln aufsteigen, sich teilen, indem sie teils senkrecht ansteigen, teils den Spitzbogen begleiten, sich im Scheitel überschneiden und in gleicher Schwingung nach oben ablaufen, um an einem Deckgesims zu enden, wo sie sich mit den senkrechten Kehlen und Stäben der seitlichen Rahmung wiederum schneiden. Im Zwickel zwischen den oben anlaufenden Profilen halten — als originelles Motiv der Renaissance — zwei Meerweibchen im Relief ein Täfelchen mit der Jahreszahl 1530. Eine hochrechteckige Kartusche über dem Portalgesims ist ebenfalls von Stäben an den Seiten begleitet, während oben über verdachenden Stäben gotischer Art zwei gegenständig liegende Delphine, ein beliebtes Renaissancemotiv, die Kartusche krönen. Auf der Kartuschenfläche befanden sich die reliefierten Wappen des Bauherrn des Südbaues Herzog Ludwigs II. von Zweibrücken-Veldenz und seiner Gemahlin Landgräfin Elisabeth von Hessen. Nur Helmzier und Kleinode haben sich erhalten. Die Wappen fielen der Französischen Revolution zum Opfer. — Auch der nordwestliche Eingang ist spitzbogig, wobei aus kleinen Ziersockeln aufsteigende Stäbe und Kehlen den Durchgang umziehen. Dieses Tor ist vermauert. Der untere Durchgang in den Südbau ist ebenfalls spitzbogig.

Eine besondere Meisterleistung stellt die freischwingend steigende Wendeltreppe dar, eine Schneckenstiege mit gewundener, reich mit Stäben und Kehlen profilierter Spindel. Auch hier steigen die Stäbe aus Ziersockeln auf. Am 1. Obergeschoß setzt die Spindel mit einem vegetabil dekorierten Gesims ab, an dessen Unterseite im Relief ein Meerweibchen angearbeitet ist. Auf dem Gesims steht ein verzierter Säulenstumpf mit Sockel. Oben endet die Spindel unter der letzten Stufe mit einem bärtigen Männerkopf, vielleicht dem Selbstporträt des Baumeisters. Das Treppenhaus über der Spindel ist mit einem schönen Sterngewölbe aus doppelt gekehlten Rippen gedeckt. An der Spindel, an Türgewänden und Fenstern des Turmes finden sich zahlreiche Steinmetzzeichen.

Der nördlichste Teil des Schlosses mit den zwei niedrigeren Rondellen und dem zweigeschossigen Gebäude ist heute Altenpflegeheim. Auch hier dienten ehemals die im Erdgeschoß der Bauten und Türme eingefügten Brillenscharten der effektiven Verteidigung durch kleinere Geschütze.

Im ganzen gesehen stellt das Burgschloß von Bad Bergzabern trotz der Veränderungen der Barockzeit das anschauliche Beispiel eines „festen" Schlosses der deutschen Renaissance dar. Dabei möge man sich vergegenwärtigen, daß nicht nur die Mauer- und Turmflächen im weitesten Sinne farbig gefaßt waren, sondern daß darüber hinaus vor allem die Baudetails wie z. B. das Westportal, der Eingang des Treppenturms, die Treppenspindel, die Wappen und Inschriften, die Geschützscharten, Tür- und Fenstergewände in bunten Farben leuchteten und Zeugnis ablegten für die „fröhliche Buntheit" der Architektur jener Epoche der deutschen Baukunst.

Hat man den Schloßbereich besichtigt, so versäume man nicht einen Besuch des Heimatmuseums und einen Rundgang durch die malerische Altstadt mit ihren zum Teil noch gut erhaltenen unn gut konservierten Renaissance- und Barockbauten — sofern man es nicht vorzieht, sich über die balneologischen Möglichkeiten des gepflegten Kurortes zu informieren oder sich im Kurgarten zu ergehen.

28 Lichtenberg

Burg bei Kusel

Hochaufragende Ruinen und Burgbauten auf einem langen, schmalen Bergrücken unweit des Dorfes Thallichtenberg sind die eindrucksvollen Reste einer der an Ausdehnung (Länge 425 Meter) größten Burganlage der Pfalz, der Burg Lichtenberg bei Kusel.
Die Feste ist wohl noch im 12. Jahrhundert von den Grafen von Veldenz erbaut worden, den Schirmvögten der nicht weit entfernten Benediktiner-Propstei auf dem Remigiusberg. Sie wurde auf dem Territorium der Remigius-Abtei zu Reims errichtet (vergleiche die Rechtslage beim Bau der Hardenburg oben S. 189), die denn auch zunächst Einspruch gegen den Bau erhob und 1214 ein königliches Edikt Friedrichs II. zum Abbruch erwirkte. Dennoch gelang es den Veldenzern, den Burgbau weiter voranzutreiben und auch weiterhin Schutzherren der Propstei Remigiusberg zu bleiben. Die Grafen setzten zur Burghut Burgmannen ein, von

denen uns aus der Zeit zwischen 1250 und 1450 viele Namen bekannt sind. 1290 wird ein Gasthaus auf der Burg erwähnt, 1291 die St.-Georgs-Kapelle der Burg genannt. Im Jahre 1444 kam mit dem Erbe der Veldenzer nach deren Aussterben auch die Burg Lichtenberg an das Haus Pfalz-Zweibrücken, dessen Herzöge bis zur Französischen Revolution im Besitz der Feste blieben. Bis zum Jahre 1758 war die Burg, über deren Innenausstattung in etwa 38 Räumen im Jahre 1625 ein Inventar aufgenommen worden ist, Sitz eines zweibrückischen Oberamtes. Während der Zeit, in der das Haus Zweibrücken-Kleeburg die Könige von Schweden stellte (1654 bis 1718), unterstand die Anlage dem schwedischen Thron, weshalb sie denn auch in den Kriegen der 2. Hälfte des 17. Jahrhunderts glimpflich davonkam. Erst nach der Französischen Revolution, erst im Jahre 1799 sank die gewaltige Anlage durch einen Brand, der aus Unachtsamkeit entstanden war, in Schutt und Asche. Von 1816 bis 1834 gehörte das „Fürstentum Lichtenberg" zum Herzogshaus Sachsen-Coburg-Gotha, von dem es dann in preußischen Besitz überging. Während des ganzen 19. Jahrhunderts diente die Ruine der Umgebung als willkommener Steinbruch, und erst seit 1894, als die Anlage in Staatsbesitz kam, wurden die umfänglichen Reste restauriert, die „Landschreiberei" 1907 wiederaufgebaut und 1922 eine Jugendherberge eingerichtet, die 1930/1931 verlegt und 1963 erweitert worden ist. 1970 erwarb der Landkreis Kusel die Burganlage und baute die Zehntscheuer 1979—1982 wieder auf. Sie wird als Museum und für Vortragsveranstaltungen genutzt.

Die Gesamtanlage von Lichtenberg ist in mehreren Bauperioden entstanden, wobei zwei zunächst getrennte Burgen schließlich durch Schenkelmauern miteinander zu einer Großanlage verbunden worden sind.

Die angeblich älteste Anlage ist die westliche oder „Untere Burg", nach den Burgmannen, die dort ihre Wohnungen hatten, auch „Ritterburg" genannt. Sie dürfte denn auch mit der Burg gleichzusetzen sein, deren Abbruch im Jahre 1214 angeordnet, jedoch nicht vollzogen worden ist. Der Grundriß dieser Anlage ist annähernd rechteckig mit langen geraden oder schwach gekrümmten Ringmauern ohne Möglichkeit zur Seitenbestreichung. Es handelt sich hierbei also um einen in romanischer Zeit oft verwendeten Grundrißtyp der sogenannten aus dem römischen Wehrbau entwickelten Kastellform. Die Gebäude liegen innen an der Ringmauer. Das Tor ist als sogenanntes Übergreiftor zurückgezogen und wird vom Bergfried in unmittelbarer Nähe gedeckt. Über dem Tordurchgang liegt die Kapelle, wie oftmals bei Burgen der Stauferzeit.

Die angeblich jüngere Kernanlage der „Oberen Burg" ist ebenfalls noch ganz in romanischer Grundrißmanier, jedoch im gerundeten Schema erbaut worden. Um einen Bergfried in der Mitte und an höchster Stelle zieht sich eine polygonal gebrochene Ringmauer ohne Seitenbestreichung mit innen angeschobenen Gebäuden und auch hier mit einem sogenannten Übergreiftor herum. Wahrscheinlich ist der quadratische Bergfried, der mehr einem Wohnturm ähnelt, als erster Bauteil errichtet worden, angeblich erst um 1270, und erst bis etwa 1300 sollen Ringmauer und Gebäude dieser Kernanlage der „Oberen Burg", die man nach ihrem so typisch romanischen Gesamtgrundriß gern früher datieren würde, entstanden sein. — Nach Westen wurde dieser Kernanlage ein Burghof mit einem östlichen Palas der 1. Hälfte des 14. Jahrhunderts vorgelegt. Um 1400 errichtete man an der Südwestecke einen Rundturm und daneben das Südtor. Der westliche Palas ist wohl erst um 1425 entstanden, der Geschützturm zwischen den beiden Palatien um 1480. Ein „Innerer Zwinger" wurde der Südostseite der Kernanlage vorgelegt und nach Osten ein großer Halsgraben, der sogenannte „Innere Halsgraben" ausgehoben, der nach Norden und Süden in Zwinger ausläuft. Dazu entstanden zwei weitere Tore vor und hinter der Grabenüberbrückung.

Es bestanden also, und zwar bereits gegen 1300, zunächst zwei getrennte Burgen romanischen Typs, die dann auch späterhin noch stets unterschieden worden sind (1364: Erwähnung der „niederen" Burg; 1387 Nennung der „Burg Lichtenberg oben und nieden"). Die Schildmauern beider Anlagen, die östliche an der Unteren Burg und die westliche vor der Oberen Burg, erwiesen, daß ursprünglich nicht immer nur an friedliche Beziehungen zwischen beiden Burgen gedacht gewesen ist.

Vermutlich zwischen 1350 und 1400, spätestens wohl zwischen 1400 und 1450, sind beide Burgen durch verbindende Ringmauern zu einer großen Gesamtanlage zusammengefaßt worden. Im Zuge der südlichen Verbindungsmauer wurde ein Rundturm, das sogenannte Finkentürmchen, zur seitlichen Mauerflankierung eingebaut. Vor der nördlichen verbindenden Ringmauer wurde ein schmaler Zwinger mit drei Rundtürmen vorgelegt. Trotz dieser Verbindung beider Burganlagen blieb die Unterscheidung in „niedere" oder „untere" und „obere" Burg jedoch bestehen. Diente die „Untere Burg" vornehmlich als Wohnung der adeligen Burgmannen, so erfüllte die „Obere Burg" ihren Zweck als Domizil der Veldenzer Grafen und später der Zweibrücker Herzöge, wenn sie für längere oder kürzere Zeit anwesend waren.

In zweibrückischer Zeit wurde der ganze Burgenkomplex noch erweitert. Hierbei berücksichtigte man vor allem die Entwicklung der Feuerwaffen.

Hatte man um oder nach 1480 bereits einen Geschützturm nach Norden zwischen die beiden Palatien in der äußeren Oberburg eingeschoben, so legte man um 1580 an der Ostseite, also an der Angriffsseite der Burg, vor den „Inneren Halsgraben" und seine Ringmauer mit dem „Felsenturm" nunmehr noch einen „Äußeren Halsgraben" mit äußerer Ringmauer und Torturm. Schließlich wurde im Jahre 1620 beim Einbruch der Spanier in großer Eile ein mächtiger hufeisenförmiger Geschützturm, das „Ostbollwerk", gegen die Angriffsseite vorgeschoben. Als Letztes dann ist zwischen dem 1. Tor von 1580 und dem Geschützturm von 1620 etwa um 1750 ein Wachthaus hinter der Ringmauer aufgerichtet worden. Ungefähr in der Mitte zwischen Oberer und Unterer Burg wurde 1755—1758 die evangelische Kirche erbaut; sie diente der Erinnerung an den kurzen Aufenthalt des Reformators Zwingli im Jahre 1529 während der Hin-und Rückreise zum Marburger Religionsgespräch. Diese Kirche und die „Landschreiberei" (von etwa 1400) neben dem 3. Tor überstanden als einzige Bauten unversehrt den Brand von 1799.

Der Besucher, der sich vom Parkplatz her, also von Osten, von der ehemaligen Angriffsseite der Burg aus, der Feste nähert, wird beeindruckt sein von der noch immer imponierenden Mächtigkeit der Burgruine. Rechterhand erhebt sich das „Ostbollwerk", der mächtige, hufeisenförmige Geschützturm mit seinen breiten Maulscharten und runden Schießlöchern. Über die beiden Gräben hinweg fällt der Blick auf die Ringmauern der Zwinger und der Oberen Burg sowie auf den trutzigen Bergfried der Kernanlage. Linkerhand aber schaut man über die drei Tore hinweg, wobei der mit Zeltdach gedeckte Turm des 1. Tores einen malerischen Kontrast zum runden Wachttürmchen am 2. Tor und zum Eckturm der Landschreiberei neben dem 3. Tor mit seiner welschen Haube abgibt.

Das 1. Tor, das der Besucher passiert, gehört der Zeit um 1580 an. Den spitzbogigen Durchgang des Torturmes sichert eine Pechnase, die der direkten Verteidigung vor den Torflügeln diente. An der Außenmauer rechts neben dem Tor liegt das Wachthaus von 1750. Hieran schließt sich nach Norden der hufeisenförmige Geschützturm an, der um 1620 in aller Eile aufgeführt worden ist. In zwei Geschossen waren hier schwere Geschütze aufgestellt, deren Rohre durch querrechteckige Maulscharten oder durch runde Schießlöcher (mit äußeren Durchmessern bis zu 2 Metern) in dem 4,50 Meter starken Mauerwerk auf ihre Ziele eingerichtet werden konnten. Ein Mittelpfeiler trug die Decke des Untergeschosses, eine kleine Wendeltreppe an der Südseite verband die beiden Geschützetagen miteinander. Ein „Gedeckter Weg" zum Geschützturm nach Westen ermöglichte die Kommunikation über den Äußeren Halsgraben hinweg zum Inneren Halsgraben.

Hat der Besucher diese erste und zugleich jüngste Befestigungszone der Burg passiert und den Äußeren Halsgraben überquert, so gelangt er nunmehr durch das 2. Tor in den inneren, älteren Befestigungsbereich des 14./15. Jahrhunderts. Das spitzbogige Tor und das südlich davon gelegene Wachttürmchen sind mit ihren Wehrgängen noch begehbar. An der nördlich anschließenden Ringmauer entlang führt der Weg zum „Felsenturm", einem halbrund vorspringenden Mauerturm nach Osten. Der von dieser Ringmauer umfaßte Innere Halsgraben ist in einer Breite von etwa 27 Metern aus dem Fels herausgehauen. Eine steinerne Bogenbrücke von 20 Metern führt den Besucher nun vor das 3. Tor, dessen ehemalige Zugbrücke die noch übrigen 7 Meter des Grabens überspannte, wobei der Hauptdurchgang Reitern und Wagen, der Nebendurchgang (das sogenannte Mannloch) Einzelpersonen zum Einlaß diente. Südlich des Tores liegt ein spätgotisches Gebäude unbekannter Bestimmung aus der Zeit um 1400. Seit pfalzgräflicher Zeit, also seit 1444, diente es als Landschreiberei, wovon es denn auch den heutigen Namen hat. Von 1835 bis 1870 war hier eine Schule untergebracht. 1871 brannte das Gebäude aus, wurde aber 1906/1907 wieder hergerichtet und ist heute ein Teil der Burggaststätte. Malerisch wirkt an der Südostecke der Rundturm, dessen Obergeschoß mit barocker Haube auf spätgotischem Bogenfries vorkragt. Sitzbänke in den Fensternischen, profilierte Türen, ein gotischer Wandkamin und eine Nische geben dem oberen Turmraum noch ein rein mittelalterliches Gepräge. In kurzem Abstand folgte der „Landschreiberei" an der Südseite die Jugendherberge (1922, 1930/1931 und 1963). Im Anschluß daran lag ehemals das Haus der von Ballwein und von Wrede aus dem 16. Jahrhundert (1550).

Eine Wegegabel bietet nun die Wahl der Besichtigung der Oberen oder der Unteren Burg. Vielleicht empfiehlt sich zuerst der Weg entlang der südlichen Verbindungsmauer zum Besuch der Unteren Burg, die ja die ältere der beiden Anlagen sein soll.

Die Untere Burg ist auf dem westlichen Teil des Burgberges gelegen. Urkundlich ist nachweisbar, daß die Untere Burg nach Südwest durch das „Vordere Gebück", nach Nordwest durch das „Hintere Gebück" geschützt worden ist. Unter „Gebück" ist ein Verhau aus ineinander verflochtenem Astwerk und Gebüsch zu verstehen, eine im Spätmittelalter oftmals angewendete Befestigungsart von Dorf- und Stadtbefestigungen.

Obere Burg. Östlicher Palas, Torturm und Bergfried von Südwesten

Der Grundriß der Unteren Burg ist langrechteckig mit einer Ausdehnung auf etwa 100 Meter; er ist dem der Wildenburg im Odenwald und dem der thüringischen Burg Eckartsberga sehr ähnlich. Das ehemalige Burgtor liegt an der Südseite, parallel zur Südmauer und stellt damit ein sogenanntes Übergreiftor dar, bei dem die anlaufenden Ringmauern beiderseits der Toranlage übereinandergreifen. Das Tor liegt noch im Schutz des quadratischen Bergfrieds der Unteren Burg, der sich hinter der östlichen Schildmauer der Anlage im Winkel der zum Torbau führenden Flankenmauer noch als Stumpf erhalten hat. Vom Torbau selbst ist der vordere Eingang mit Riegelbalkennut und mit schön profilierten Kämpfersteinen oberhalb der Torwangen noch gut erhalten. Der hintere Durchgang ist spitzbogig gewölbt. Im Obergeschoß lag ehemals die St.-Georgs-Kapelle, die sinnbildlich das Burgtor in den Schutz des Ritterheiligen stellte. Kapellen über Toren sind in staufischer Zeit häufig, und der Beispiele gibt es viele, vor allem auch im nord- und mitteldeutschen Raume. Hier aber sei nur an den Trifels (siehe oben S. 74), an die Wildenburg im Odenwald und an die Pfalz Gelnhausen erinnert. Diese Kapelle hier ist 1759 wegen Baufälligkeit abgebrochen worden. Eine noch heute hoch erhaltene Schildmauer deckte die Untere Burg gegen Angriffe aus westlicher Richtung. In ihrem Schutz lagen die Wohnbauten, deren einzelne Räume an der West- und an der Nordseite noch in Resten erhalten oder durch Mauernansätze zu erschließen sind. Von einem Raum in der Nordwestecke sind noch Kaminreste zu sehen. In diesem Bereich jedenfalls sind die Wohnungen der ehemaligen Burgmannen des 13. bis 15. Jahrhunderts zu suchen. In Hofmitte lagen — da für die Wasserversorgung notwendig — Brunnen und Zisterne.

Durch die Schildmauer an der Ostseite der Unteren Burg — im Mittelalter bestand hier kein Durchgang — kann der Besucher nun den Weg in östlicher Richtung einschlagen und der Oberen Burg zustreben, die er — an der evangelischen Kirche von 1755—1758 und an der nördlich gelegenen Zehntscheuer (Kellerei) von 1740 vorbeigehend (sie wurde 1979—1982 vom Landkreis Kusel ausgebaut und enthält Vortrags- und Museumsräume) — in malerischen Ruinen bis zum Bergfried aufgestaffelt vor sich sieht.

Hat man den mittleren Bereich der Burganlage durchschritten, dann steht man vor der Westseite der äußeren Oberburg, die in wesentlichen Teilen noch unter Veldenzer Herrschaft im 14. und 15. Jahrhundert entstanden ist. Zugang zum äußeren westlichen Burghof vermittelt ein Tor mit Pechnase in der Schildmauer. Der Wehrgang dieser Schildmauer liegt an der Außenseite über einem Gesims auf Konsolen, an der Innen-

Geschützturm („Ostbollwerk")

seite über zwei großen Rundbögen. Am Südende der Mauer steht ein Rundturm von 8 Metern Durchmesser, nicht weit von ihm in der Südmauer das südliche Tor des westlichen Burghofes.
Gleich links neben dem Durchgang in der Schildmauer liegt der alte Radbrunnen (um 1500). Vermutlich mündete hier eine Deichelleitung aus glasierten Tonröhren vom Ende des 15. Jahrhunderts, die vom Baumholder Loch und vom Kirschberg in die Burg hineingeleitet worden ist.
Linkerhand hinter dem Radbrunnen liegt die Ruine eines dreigeschossigen Wohnbaues, des sogenannten westlichen Palas' der 1. Hälfte des 15. Jahrhunderts. An der inneren Außenwand ist die Stockwerkseinteilung und -gliederung gut abzulesen. Im Untergeschoß sind vier Nischen mit Schießscharten angeordnet, im 1. Obergeschoß zweimal je ein zweiteiliges und ein vierteiliges Fenster mit seitlichen Sitzbänken, an den beiden Enden des Geschosses je eine Tür zu einem Abort und in Raummitte schließlich ein Kamin. Im 2. Obergeschoß sind vier Fenster mit seitlichen Sitzbänken und eine Aborttür noch erhalten.
An den westlichen Palas schließt unmittelbar der nördliche Geschützturm an, der erst nach 1480 zwischen den westlichen und den östlichen Palas eingeschoben worden ist. Nach Norden tritt er mit seinem starken Mauerwerk von 5 Metern halbrund vor die Fluchten der beiden Palatien vor. Um außen noch Platz für einen Durchgang im Nordzwinger zu gewinnen, mußte der dort vorliegende, ältere runde Zwingerturm an der Innenseite teilweise abgebrochen werden. Der Geschützturm ist dreigeschossig; im Unter- und im 2. Obergeschoß sind drei Geschützscharten angeordnet, im 1. Obergeschoß zwei Scharten und zwei Lichtnischen. Im Untergeschoß installierte Hermann von Moschel 1488 eine Roßmühle.
Nach Osten hin folgt der ältere der beiden Wohnbauten, der östliche Palas der 1. Hälfte des 14. Jahrhunderts, auch „Prinzenbau" genannt. Die nördliche Außenwand und die beiden Giebelseiten sind in drei Geschossen noch gut erhalten. Das Untergeschoß mit vier Schießscharten zur Feldseite war flach gedeckt, wie Konsolen an den Langseiten erweisen. In einem späteren Bauzustand ist jedoch ein Tonnengewölbe eingezogen worden, dessen Ansätze noch sichtbar sind. Im 1. Obergeschoß lag der 5 Meter hohe, große „steinerne Saal" von 21×9,5 Metern Abmessungen. An der Nordwand öffnen sich vier Doppelfenster mit seitlichen Sitzbänken (an der Außenseite sind diese Fenster mit doppelten Spitzbogen-Blenden überdeckt). In der Mitte der Wand war ein Kamin eingefügt. Gewiß war dieser Raum der eigentliche Palas-Saal. In seiner Ostwand findet sich eine zweigeteilte Nische, die nach außen flach vortritt, im

Inneren jedoch von einem kleineren Rund- und einem größeren Spitzbogen überdeckt wird. Auch wenn diese sogenannte Altarnische nach Osten gerichtet ist und als Bauform liturgischem Gebrauch hätte verbunden sein können, so möchte man dennoch ungern an eine zusätzliche Nutzung des Saales als Sakralraum glauben: dem widerspricht die Schießscharte in der Außenwand der Nische, die in den nördlichen Zwinger gerichtet ist, und der direkt daneben angeordnete Zugang zu einem Abort. Das Ausgußbecken rechts muß nicht liturgischem Gebrauch gedient haben, sondern kann auch durchaus einem weltlichen Zweck verbunden gewesen sein (man vergleiche den Ausguß im Tresorraum des Trifels-Kapellenturmes oben S. 85). — Über dem Saal lagen die herzoglichen Wohnräume mit je nach Raumeinteilung unterschiedlich angeordneten Fenstern und Abortaustritten.

Am östlichen Ende dieses östlichen Palas' betritt man, durch einen kurzen Tunnelgang und ein rundbogiges Tor in einem ehemals viergeschossigen Turmbau, die ovale Kernanlage, den ältesten Teil der Oberen Burg. Von einer Pförtnerloge seitlich der Toranlage aus führte ein runder Wendeltreppenturm zum Wehrgang und in die oberen Turmgeschosse hinauf. Die daran anschließende (unflankierte) Ringmauer steht vor allem an der Nordseite noch hochauf an. An ihrer Außenseite sind Reste eines gotischen Spitzbogenfrieses, die Konsolen eines vorkragenden Wehrganges und eines Aborterkers erhalten.

Die Ringmauer umzieht polygonal gebrochen nach Art romanischer gerundeter Anlagen das obere, felsige Terrain der Burg, in dessen Mitte an höchster Stelle und frei im Hof der mächtige Bergfried steht. Die ganze bauliche Situation ist nach Grundriß und Abmessungen nicht unähnlich der der „Schlössel"-Turmburg bei Klingenmünster, weshalb es denn auch schwerfällt zu glauben, diese Kernanlage von Lichtenberg sei erst um oder nach 1270 entstanden und nicht schon viel früher, wenn schon nicht im Aufgehenden, so doch in der Grundrißdisposition. Die Wohngebäude lagen — wie die Fundamente zeigen — auch hier ringsum von Nordwest bis Südost hinter der Ringmauer geschützt, darunter auch ein Palas im südöstlichen Bereich und eine Zisterne von 2 Metern Durchmesser und 4,25 Metern Tiefe. Zwischen den Gebäuden und dem Bergfried blieb ein schmaler Hofraum frei, der Turm stand also isoliert in der Mitte und an der höchsten Stelle, auch dies eigentlich Kennzeichen einer recht frühen Entstehung im mittelalterlichen Wehrbau.

Der Bergfried ist 17,5 Meter hoch, war jedoch vor dem Abtragen der oberen baufälligen Teile im Jahre 1896 noch um einiges höher. Er steht so verkantet im Bering, daß eine seiner Ecken der Angriffsseite entgegengesetzt war. Die Länge der Außenseiten beträgt 11,5 Meter, das Mauerwerk ist 2,5 bis 4 Meter stark. Der ehemalige Eingang befindet sich an der Südostseite des Turmes nicht ganz in halber Höhe und führt in das zweite von ehemals vier Geschossen, ein zweiter Eingang lag ihm gegenüber an der Nordwestseite; beide konnten über Holzbrücken bzw. Stege von den umliegenden Gebäuden aus betreten werden. Bis 1805 hing oben im Bergfried eine 1586 von Christian Klapperbach aus Mainz gegossene Glocke.

Das Baumaterial der ganzen Burganlage, der älteren wie auch der neueren Bauteile, besteht zum weitaus größten Teil aus lagerrecht bearbeiteten Bruchsteinen und war deshalb auch im allgemeinen verputzt, was für den östlichen Palas der Oberburg, für die Ringmauer der Kernanlage und für den Bergfried nachgewiesen ist. Lediglich die Zierglieder, die Tür-und Fenstergewände, die Stürze und Eckverbände sind — wenn auch nicht alle — aus Hausteinen gefertigt. So hat der Bergfried Eckverbände aus Buckelquadern von grauem Sandstein.

Von der Plattform des Bergfrieds aus hat der Besucher einen schönen Überblick über die gesamte Burganlage und auf die nähere und weitere Umgebung. Den Rückweg nehme man (wie zuvor auch den Weg zum Bergfried hin) wiederum durch die Kernanlage bis zum äußeren Hof der Oberburg und biege dann in Höhe des westlichen Palas' nach Süden ab, um die Oberburg durch das Südtor zu verlassen, dem abschüssigen Wege bis zur Gabelung zu folgen und von dort dann durch die drei Tore und über die zwei Halsgräben zurück zum Ausgangspunkt des Burgenbesuchs zu gelangen.

Der Schloßbau
im 16. und 17. Jahrhundert

Haben die Neubauten „letzter Burgen" des 16. Jahrhunderts es noch vermocht, den Charakter einer Burg und ihre Funktion als Wohn- und Wehrbau zugleich im Gesamtaufbau ihrer Anlagen sowohl nach außen hin zu demonstrieren und kenntlich zu machen als auch in ihrer inneren Aufteilung mehr oder weniger geschickt, d. h. organisch zu verbinden (Hardenburg, Bergzabern), haben Umgestaltungen und Modernisierungen älterer Anlagen (Nannstein, Altleiningen) es erreicht, durch Einfügen von schloßartigen Wohnbauten in vorhandene mittelalterliche Befestigungen ein Wohnen im Zeitgeschmack innerhalb vermeintlich ausreichender Fortifikationen gesichert erscheinen zu lassen, so vollzog sich im Laufe des 16. Jahrhunderts doch schon überall die Trennung von Wohnbau- und Wehrbaufunktion und als Folge davon die Anlage von offenen Schlössern einerseits und reinen Festungen andererseits.
Von Festungen jener Zeit, also von Fortifikationen nach den im Laufe des 15. und 16. Jahrhunderts sich herausbildenden sogenannten Manieren, der „Altdeutschen Manier" (nach Dürer), der „Altitalienischen Manier" (San Micheli u. a.), der „Neuitalienischen Manier" (verbessert und fortgesetzt vom Straßburger Daniel Specklin) sind uns in der Pfalz keine Beispiele erhalten.
Das Schloß des 16. Jahrhunderts ist, wie wir schon sahen, noch zum größten Teil Burg mit eingestellten Wohntrakten im Schloßstil (Hardenburg) oder Schloß mit nach außen gekehrten Fortifikationen (Bergzabern). Mit dem Ende des 16. Jahrhunderts und mit dem 17. Jahrhundert ändert sich dies grundlegend: Nunmehr ist die Wehrbaufunktion gänzlich auf die territorialherrliche Fortifikation, die Festung, übergegangen, und zurück bleibt der Wohnbau im Schloß-Charakter, die Ein-, Drei- oder Vierflügelanlage in Bauformen der späten Renaissance deutscher Prägung, wobei sich mitteldeutsche Bauformen (glatte Flächen, voluten- und pyramidengeschmückte Giebel) mit norddeutschen (Beschlägwerk-Dekor) und Elementen des Wesergebietes und der Niederlande (Portalumrahmungen aus ornamentierten, gebuckelten Quadern, Flächenbelebung) verbinden. Solcherart aus verschiedenen baulichen Komponenten zusammengesetzte Schloßbauten gab und gibt es noch in

der Pfalz: Bergzabern, Altleiningen, Lauterecken (Neues Schloß), Kaiserslautern (Casimirschloß), Kropsburg, Speyer (abgegangene bischöfliche Pfalz nördlich des Domes), Friedrichsbühl bei Bellheim (abgegangenes Jagdschloß) und andere.

Aber die Schloßbauten vom Ende des 16. und vom 17. Jahrhundert zeigen uns auch — soweit wir noch Reste davon erhalten haben — ein kulturgeschichtlich nicht ganz unwichtiges Phänomen, das nicht übersehen werden sollte: es sind dies rudimentäre wehrbauliche Details, die sowohl als defensive Bauformen veraltet und überholt als auch fortifikatorisch völlig wirkungslos und daher offenbar sinnlos erscheinen. Sie dennoch zu verwenden, kann nur andere Gründe, muß nur symbolische oder allegorische Gründe haben, und dies ist tatsächlich der Fall gewesen.

Das Befestigungsrecht war, wie wir oben (siehe Seite 34) schon gesehen haben, zunächst Regal, also Vorrecht des Königs, der auch ihm nicht genehme oder nicht mit seinem Konsens errichtete Burgen wieder zerstören lassen konnte. Dieses Regal delegierte er im Früh- und Hochmittelalter an die Gaugrafen, an die Herzöge und an den hohen Adel (Dynasten). Seit staufischer Zeit ist das königliche Recht mehr und mehr auch auf den niederen Adel übergegangen, also auf die Ministerialen ausgedehnt worden, die es seitdem — wenn auch immer noch mit Einwilligung des Königs oder des größeren Territorialherren des betreffenden Gebietes — im weitesten Sinne handhaben, auch mit dem Risiko der Zerstörung. So brach Barbarossa 1168 Burgen der Grafen von Saarbrücken, darunter wohl auch das „Steinenschloß" und das „Schlössel", und Karl IV. zerstörte 1349 die Burgen unbotmäßiger Pfälzer Lehnsleute, der Herren von Erlickheim, in der Umgebung Speyers, so Neuhofen und Affalterloch. Die so vielschichtige Entwicklung der rechtlichen Aspekte des Burgenbaues — hier nur ganz grob skizziert — gipfelte also im Befestigungsrecht des Adels im Hoch- und Spätmittelalter.

Mit dem Beginn der Neuzeit wurde nun die Entwicklung des Kriegswesens mehr und mehr von den Feuerwaffen bestimmt; der mittelalterliche Rittersitz verfiel oder erlag den Geschützen. Dem Adeligen, dem der fortifikatorisch unzureichende Burgsitz weder nützte noch die erwünschte Bequemlichkeit bot, zog in die Ebene oder in die Städte hinab, um sich dort anzusiedeln oder sich in den Hofdienst eines Territorialherren zu begeben. Der Adel in Nieder- und Wasserburgen verwandelte seine Festen in Güter und offene Komplexe landwirtschaftlicher Nutzung. Aber nicht ohne weiteres begab sich der „schloßgesessene", der „beschlosste" oder „beschlossene" Adel im 16. Jahrhundert und auch immer noch nicht im 17. Jahrhundert des Vorrechtes, „bezingelt und beschloßbrückt" zu sein, das heißt das Recht zu haben, zu seinem und seiner Familie Schutz Ringmauern („Zingel") zu bauen und Gräben ausheben zu dürfen, so daß man nur über die Zugbrücke („Schloßbrücke") zu ihm gelangen kann. Dieses uralte Vorrecht vor allen anderen Untertanen wollte er nunmehr auch immer noch demonstrieren, den Adelsstand, der gegenüber dem Territorialherren, aber auch gegenüber dem Bürgertum der großen Städte mehr und mehr an Macht und Ansehen verlor, nach außen hin dennoch sichtbar machen. Die sozial- und kulturgeschichtlich logische Folge ist daher das (fortifikatorisch unsinnige und im Kriegsfalle höchstens gefährdende) Verwenden von ehemaligen wehrbaulichen Formen an seinem sonst offenen Schloß, die keinen fortifikatorischen Wert mehr haben, so zum Beispiel die Anlage eines Wassergrabens, das Anfügen von Türmen o"er turmähnlichen Bauten an den Ekken (die späterhin zu Eckrisaliten des barocken Schlosses einschrumpfen), das Einfügen von Schießscharten, aus denen überhaupt nicht mehr geschossen zu werden braucht und geschossen werden soll. Beispiele dieserart gibt es genug, man denke nur an die holsteinischen und westfälischen Wasserschlösser dieser Zeit oder an die Burgschlösser des der Pfalz benachbarten Kraichgaues rechts des Rheins. Der Torturm der Kropsburg (um 1583, siehe unten Seite 234) hat eine Maulscharte für ein Geschütz, ist aber in den oberen Geschossen völlig offen mit seinen großen Fenstern und den spätgotischen (!) Maßwerkrosetten. Das antikisierende Portal der „Emichsburg" von Kleinbockenheim (um oder bald nach 1600, siehe unten Seite 229) wird von zwei kleinen Zierbastionen altitalienischer Manier in Liliputgröße mit Geschützscharten (Brillenscharten) flankiert. In das „Elisabethentor" (1615) im Stückgarten vor dem Heidelberger Schloß werden Schlüssellochscharten (!) eingesetzt, und in vielen Schlössern des Landadels im „Ritterkanton" des Kraichgaues sind Wassergräben, Türme, Schlüssellochscharten verwendet, zum Beispiel auf Schatthausen, alles in allem Bauformen wehrhaften Charakters, nicht aber wehrhafter Funktion, letztlich und endlich nur noch Standes- und Statussymbole wie Wappen und Trophäen an den späteren Schlössern des Barock.

Die fortifikatorische Komponente zum Schloßbau jener Zeit ist die Festung, die sich nun nur noch die größeren, vermögenden Territorialherren, der Kurfürst von der Pfalz oder der Bischof von Speyer, finanziell leisten können und — am Vorabend des Dreißigjährigen Krieges — auch leisten müssen. Als „System" dieser Festungen wurde (da verhältnismäßig leicht und billig und im ebenen, vom Wasser geschützten Gelände zu erstellen) die „Altniederländische Manier" gewählt und von Kurpfalz in Frankenthal (1608—1620) und Mannheim (1606—1622) durch den niederländischen Baumeister Barthel Janson), vom Speyerer Bischof in Udenheim-Philippsburg (1615 bis 1623) angewendet. Kurpfalz befestigte nach diesem „System" auch Kaiserslautern (1619) und Zweibrücken (1622) neu durch den kurpfälzischen Ingenieuroberst Adam Stapf. Auch eine kurpfälzische Schanzlinie als Landwehr vom (abgegangenen) festen Schloß Stein am Rhein (gegenüber Rheindürkheim) bis nach Bensheim an der Bergstraße (1620 als Sicherung der rechtsrheinischen Ebene gegen den Durchzug feindlichen Kriegsvolks) entsprach — so lassen es alte Landkarten jener Zeit vermuten — der „Altniederländischen Manier". Von allen diesen, später zum Teil erheblich erweiterten und modernisierten Fortifikationen, die in den großen Kriegen des 17. und 18. Jahrhunderts blutig umkämpft worden sind, ist so gut wie nichts mehr erhalten.

29 Emichsburg

Schloß in Kleinbockenheim

Kleinbockenheim — jetzt mit dem benachbarten Großbockenheim zur Verbandsgemeinde Bockenheim vereinigt — liegt nördlich von Grünstadt an der nördlichen Weinstraße (Bundesstraße 271 von Bad Dürkheim über Grünstadt und Monsheim nach Alzey). Man sollte einen Abstecher dorthin nicht scheuen, um hier das baugeschichtlich wichtige und schöne Beispiel einer pseudofortifikatorischen Schloßanlage der späten Renaissance kennenlernen zu können.

Beide Orte, Groß- und Kleinbockenheim, erlebten im Mittelalter nicht nur gleiches Geschick, sondern sie waren auch beide — wie im nordpfälzisch-rheinhessischen Gebiet im späten Mittelalter häufig — durch massive Orts- und Friedhofsbefestigungen geschützt, die nicht zuletzt den kriegerischen Auseinandersetzungen der Kurpfalz mit dem Herzogtum Zweibrücken-Veldenz, der Grafschaft Leiningen und dem Erzbistum Mainz nach der Mitte des 15. Jahrhunderts ihre Entstehung verdankten. Viele der Ortschaften dieses Bereiches wurden damals in aller Eile „verbollwerkt", das heißt mit Gräben und Verhau, mit Palisaden oder Mauern umgeben, die Friedhöfe durch Gräben und Mauern wehrhaft gemacht, und die Kirchen durch Aufbau von Zinnen-Plattformen für die Verteidigung hergerichtet. Schon früh hatten hier die Klöster Lorsch, Wadgassen/Saar, Höningen und Otterberg Besitz. Der Ortsadel der Edlen von Bockenheim ist bereits im 13. Jahrhundert in beiden Dörfern nachweisbar. Natürlich wird er irgendwo dort einen festen Burgsitz gehabt haben. Lehnsherren waren die Grafen von Leiningen.

Im Jahr 1460, während des Mainzisch-Pfälzischen Krieges wurde das damals schon befestigte Kleinbockenheim von Kurfürst Friedrich I. dem Siegreichen von der Pfalz zehn Tage lang belagert. Im Juni 1471 erschien der Pfälzer wiederum vor den Mauern des leiningischen Ortes. Ein Zeitgenosse, der kurpfälzische Historiograph Matthias von Kemnat, beschrieb die Befestigung Kleinbockenheims und ihre Verteidiger in dieser Episode des „Pfälzischen Krieges" (1470/1471) folgendermaßen: „Die waren mit schutten, muren, bolwercken, thornen hohe vnd nidern vffgeracht wol beuestigt vnd mit lewten reisig vnd zu fuß wol besatzt, das sie meinten allem reich zu widerstehn." — Friedrich eroberte beide Orte,

Schloß „Emichsburg". Portal

brannte sie nieder und schleifte ihre Befestigungen. Im August 1471 aber erhielt Graf Emich VII. von Leiningen Kleinbockenheim wieder zurück; er befestigte den Friedhof neu. Der Ort selbst blieb, wie es 1501 heißt, „ein unbefridt offen Dorf". Nach dem Kriege hatte das Kloster Wadgassen die Gräben einebnen und landwirtschaftlich nutzen lassen, den befestigten Friedhof durch „Löcher", also Durchbrüche in die Mauer, in seinem fortifikatorischen Wert geschwächt, weshalb es im Jahre 1501 zu beredten Klagen des Dorfschultheißen beim Kloster Wadgassen und beim Grafen von Leiningen kam. Wir erfahren auch, daß das Kloster damals verpflichtet war, zwei Hakenbüchsen zur Verteidigung des Ortes zu stellen.

Gegen Ende des 16. Jahrhunderts erfolgte eine Umgestaltung und Erweiterung des Schlosses durch Graf Emich XI. von Leiningen-Hardenburg, der hier „Meister Bernhart Rötel von feltlin Meurerhandtwergs", den Schreinermeister Caspar Küchenmeister aus Heidelberg und den Maurer Marx Wolff aus Kempten im Allgäu mit den Bauarbeiten betraute.

Die „Emichsburg" war eine Vierflügelanlage mit Wohnbau, Ställen, Kelterhaus und anderen Wirtschaftsgebäuden, recht eigentlich also schon ein offenes Schloßgut der späten Renaissance. Das ganze umschloß eine nur schwache Ringmauer (mit Fünfecktürmen), die sich mit ihrer Westseite an den befestigten Friedhof anlehnte, dessen von der Kirche isolierter Kirchturm 1460 „zv · broche · worde · for · sant · vlrichs · dag", 1518 aber wieder mit einer Wehrplattform hinter Zinnenkranz erneuert wurde (Zinnen von 1806).

Das Schloß ist in den Kriegen des 17. Jahrhunderts stark zerstört worden. Daher ließ Graf Ludwig von Leiningen in den dreißiger Jahren des 18. Jahrhunderts einen neuen Wohnbau errichten, der ihm zeitweise auch als Residenz diente. Reparaturen wurden von verschiedenen Handwerkern in den Jahren zwischen 1752 und 1766 ausgeführt. Der endgültige Abbruch erfolgte in der Französischen Revolution nach der Vertrei-

Wehrturm der Kirche in Kleinbockenheim. Minibastion und Portal der „Emichsburg"

bung der Leininger. Das Baumaterial wurde für Neubauten genutzt, aus denen der Komplex des heutigen Gutshofes entstand. Die Gebäude der Vierflügelanlage bestehen zum Teil im Erdgeschoß noch aus den ehemaligen tonnen- und kreuzgratgewölbten Räumen des Schlosses, so die Stallungen an der Westseite (hier lag ehemals der Wohnbau) und an der Nordseite.

Von besonderem Interesse ist in unserem Zusammenhang das Schloßtor der Anlage, zu der man — da der ganze Komplex von Schloßgut und Friedhof mit befestigtem Kirchturm von 1518 auf einer ehemals verteidigungstechnisch günstigen Anhöhe liegt — vom Dorf aus, also von Süden her, über eine lange Freitreppe hinansteigt.

Das Portal ist nicht nur ein Kleinod der späten Renaissance in der Pfalz, sondern darüberhinaus auch ein außerordentlich wichtiges Beispiel für das Bestreben des schloßgesessenen Adels jener Zeit des beginnenden 17. Jahrhunderts, ihr altangestammtes Befestigungsrecht mit den Bauformen einer vorgespiegelten Wehrhaftigkeit zu demonstrieren. Das Tor ist aus Sandstein gefertigt; zwei Steinmetzzeichen sind noch nachweisbar. Den Rundbogen des Durchgangs rahmen Steine mit reliefierten Rauten und Rosetten. Große Eckrosetten füllen die Zwickel zwischen Bogen und Gebälk, das seinerseits ein Fries aus Rankenwerk schmückt. Zu beiden Seiten des Durchgangs sind je zwei kannelierte Säulen mit Kompositkapitellen auf Sockeln vorgestellt, deren Außenseiten Beschlägwerk der späten Renaissance und Löwenköpfe zieren. Die beiden Muschelnischen in der Mitte hinter den jeweils zwei Säulen, in denen ehemals Skulpturen gestanden haben werden, sind mit kleinen Flachgiebeln überdeckt. — Auch dieser Torbau ist, wie üblich, ehemals gewiß farbig gefaßt gewesen.

Bemerkenswert ist die Minibefestigung der Anlage: In der schwachen Ringmauer stoßen beiderseits neben dem Tor zwei kleine Fünfeck-Bastionen altitalienischer Befestigungsmanier mit stumpfwinkeligen Kanten vor. Die Ecken der Bastiönchen, deren Bruchsteinmauerwerk verputzt ist und ehemals farbig gefaßt war, sind mit Eckquadern besetzt, deren Spiegel in italienischer Renaissancemanier diamantiert sind. Daß man sich hier hätte ernsthaft verteidigen können, will überdies die noch eingefügte Geschützscharte („Brillenscharte") vortäuschen: letzte Dokumentation eines jahrhundertealten Befestigungsrechts in Stein!

30 Kropsburg

Burgruine bei St. Martin

Von den bekannten Weinorten Maikammer und Edenkoben an der Deutschen Weinstraße zweigen Straßen nach Westen ab, die zum hübschen Luftkurort St. Martin führen. Von hier aus erreicht man nach Süden hin — entweder auf einem ansteigenden Fußweg oder über eine Fahrstraße — nach kurzer Zeit die am Haardtrand auf einer mäßig hohen Bergkuppe in landschaftlich reizvoller Umgebung gelegene Burgruine Kropsburg, ein viel und gern besuchtes Ausflugsziel.
Der Burghügel senkt sich nach drei Seiten verhältnismäßig flach ab, nur an der der Rheinniederung zugewandten Seite ist der Abfall des Geländes etwas steiler und auch höher. Der Burgbereich bildet ein großes Oval von etwa 80×145 Metern mit einer Spitze gegen Westen, das von einer weitläufigen Ringmauer umzogen wird. In diesem großräumigen, offenbar immer nur spärlich bebauten Gelände liegt annähernd in der Mitte

die Hauptburg, die aus der wenig erhöhten Oberen Burg des Mittelalters und den südöstlich daran anschließenden Gebäuden in der Unteren Burg der Renaissance besteht.

Die Kropsburg scheint etwa gegen 1200 erbaut worden zu sein, denn von 1210 ab sind Edle von Kropsburg oder Kropsberg genannt. Lehnsherr war der Bischof von Speyer. Bis an den Anfang des 15. Jahrhunderts war die Burg als Ganerbensitz jeweils in der Hand zweier Adelsfamilien, so der von Kropsburg, der Edlen von Dahn, der von Ochsenstein und anderer Angehöriger des näheren und weiteren Adels. Seit 1318/1323 waren die Herren von Odenbach und die Kämmerer von Worms gen. Dalberg Gemeiner an der Burg, bis 1439 die Dalberg auch die Odenbacher Hälfte ankauften. Sie blieben hinfort Alleinbesitzer bis an den Anfang des 19. Jahrhunderts.

1345 wird die Burgkapelle St. Aegidii erwähnt, deren Standort jedoch im heutigen Burgareal nicht mehr festzulegen ist. — 1376 ist die Burganlage während der Kämpfe Graf Emichs V. von Leiningen mit den verbündeten Städten Mainz, Worms und Speyer (siehe oben Seite 190) beschädigt worden. Die Belagerungen von 1461 und 1470 durch die Gegner Kurfürst Friedrichs I. des Siegreichen (so 1470 durch Herzog Ludwig den Schwarzen) haben wohl — trotz harter Bedrängnis der Burgbesatzung bis zum Entsatz durch den Kurfürsten — keine ernstlichen Schäden verursacht. 1484 ist Bautätigkeit durch einen datierten Wappenstein bezeugt.

Im Bauernkrieg 1525 wurde die Burg eingenommen, von Kampfhandlungen oder Beschädigungen wissen wir jedoch nichts.

Der Wirkung der Feuerwaffen Rechnung tragend, hat man die mittelalterliche Anlage wohl in der 1. Hälfte des 16. Jahrhunderts mit einem Geschützturm verstärkt, ohne doch damit den militärischen Wert der viel zu flach und offen liegenden Burg sonderlich erhöhen zu können. Durchgreifende Erweiterung erfuhr die Anlage in der 2. Hälfte des 16. Jahrhunderts: zu jener Zeit entstanden die Untere Burg und die Vorburg, die erstere mehr Schloß als Fortifikation, beide in recht eigentlich schon längst überholten wehrbaulichen Formen. 1560 errichtete Friedrich von Dalberg ein großes Gebäude, von dem nur noch ein datierter Wappenstein übriggeblieben ist. Seine Söhne Dietrich und Wolfgang setzten den Ausbau fort; so baute Wolfgang 1575 neben dem alten Burgtor der mittelalterlichen Oberen Burg eine Wendeltreppe, damit man bequemer auf das Schloßgebäude gelangen könne. Im gleichen Jahr wurde auch die Ringmauer mit den halbrunden Türmen um Vorburg und Zwinger angelegt, wie die auf 1575 datierte Pforte an der Südseite beweist. Dietrich errichtete 1578 das „Zeughaus" mit dem „Hexenturm" an der Ostseite der Unteren Burg. 1583 wurde die Vorburg durch das Tor und den Eckturm daneben vervollständigt und daran anschließend ein größerer Bau erstellt.

Im 30jährigen Krieg wurde die Anlage abermals beschädigt, dann aber wiederhergestellt und weiterhin bewohnt. 1689 wurde sie fast völlig zerstört; die Dalberger verlegten den Wohnsitz in das Schloß Essingen vor Landau, das ihnen seit 1585 gehörte, aber in der Französischen Revolution 1794 ganz demoliert worden ist. — Neue Bautätigkeit auf der Kropsburg ist vom Jahre 1771 überliefert: damals errichtete Gottlob Amandus Freiherr von Dalberg einen (heute noch bestehenden) Wohnbau in der Unteren Burg. Im 19. Jahrhundert diente die Obere Burg als Steinbruch: wie von der Burg Alt-Scharfeneck (siehe oben Seite 160) sollen auch von hier um 1830 Werksteine zum Festungsbau nach Germersheim abgefahren worden sein. Die Gebäude in der Unteren Burg wurden in neuerer Zeit vom privaten Besitzer gesperrt. Besichtigung ist dort seit 1977 nicht mehr möglich und somit der Besuch der Örtlichkeit nicht mehr zu empfehlen!

Wer sich von Süden der Burganlage nähert, hat einen schönen Ausblick auf den Burgberg mit seinem hohen Baumbestand und den kulissenhaft darin sich heraushebenden Baugruppen, den Gebäuden der Vorburg mit dem zeltdachbekrönten Eckturm, den Gebäuden der Unterburg mit dem von geschieferter Haube gedeckten, polygonalen Treppenturm und letztlich dem herausragenden Rest des Bergfrieds der Oberen Burg.

Nähert man sich vom Parkplatz aus, so gelangt man zunächst an das Tor der Vorburg, deren Errichtung in die Zeit von 1575 bis 1583 datiert werden kann. Ihr fortifikatorischer Wert war gering, und die verwendeten wehrbaulichen Formen und Details sind mehr als Statussymbole denn als wirklich militärisch nutzbare Einrichtungen zu verstehen (wie zum Beispiel auch die Brillenscharte am Schloßtor der Emichsburg von Kleinbokkenheim, siehe oben Seite 229, die Schlüssellochscharte am Elisabethen-Tor des Schlosses Heidelberg von 1615 oder eine gleiche Scharte am Kerzenheimer Tor von Göllheim von 1776!). Das Portal ist rundbogig und in Rustika-Quaderung aufgeführt. Lisenen (flachvortretende Wandvorlagen) gliedern die Wandflächen seitlich des Durchgangs. Der rechts vorspringende, das Tor deckende, quadratische Eckturm ist dreigeschossig und mit einem Zeltdach gedeckt. Er stellt ein schönes Beispiel für Vermischung spätgotischer mit Renaissance-Formen (noch 1583!) dar. Das

Ansicht von Südwesten. Torturm mit Brillenscharte, Vorburg und Treppenturm der Unteren Burg

Baumaterial ist unregelmäßiges Quaderwerk, das verputzt war; die Ecken sind durch kräftige Rustika-Quadern betont. Der Sockel tritt vor; zwischen dem 1. und 2. Geschoß läuft ein Gesims um, ebenso unter dem Dach. Im 1. Geschoß öffnet sich nach außen eine kleine Geschützscharte, eine Maul- oder Brillenscharte, mehr zum Erschrecken eines unliebsamen Gastes denn als wirklich fortifikatorische Notwendigkeit. Den wenig defensiven Charakter des Turmes beweisen auch die einfach-rechteckigen Fenster im 2. Geschoß und die darüber eingefügten spätgotischen Rundfenster mit Fischblasen-Maßwerk: mehr Gartenpavillon oder Weinberghäus'chen als Befestigungs-Turm! Der Eingang zum 1. Geschoß liegt an der Nordseite; die Tür hat profilierte Gewände und einen Sturz in Form des spätgotischen Eselsrückens. Zum 2. Geschoß führt eine (neue) Treppe innen an der Ringmauer hinauf zum Eingang, dessen Sturz korbbogig gebildet und 1621 datiert ist.

Hatte man das Tor durchschritten, so folgte man dem Weg durch die Vorburg in Richtung auf das Innere Tor der Unterburg. Zunächst liegen rechts und links einige kleinere Gebäude (18. Jahrhundert und jünger), darunter auch die Burgschenke. Ganz rechts — vom Eckturm neben dem Tor abstreichend, umzieht eine Ringmauer in gerundetem, 130 Meter langen und bis zu 8 Meter hohen Verlauf die Südostseite der Vorburg. Hier sind noch drei halbrunde Mauertürme, sogenannte Schalen, und eine Schlupfpforte mit dem Ehewappen Dalberg-Rosenberg nebst der Datierung 1575 erhalten. An der Ost- und Nordseite ist die Ringmauer bis auf einen 30 Meter langen Rest verloren, und nur der Geländeabfall bezeichnet dort noch in etwa ihren ehemaligen Verlauf.

Vor dem Besucher liegt nun die gesamte Hauptburg: Links sieht man die etwa 10 Meter hohen Mauern der etwas höher gelegenen Oberen Burg, anschließend daran führt in der Mitte ein großes Tor in die Untere Burg, die sich mit ihrer hohen Ringmauer, dem Torturm, mit Gebäuden und Ruinen nach rechts hin bis zur äußeren Vorburg-Ringmauer erstreckt.

Die Obere Burg linker Hand, die man nur umgehen, nicht betreten darf, ist annähernd rechteckig im Grundriß und hat Abmessungen von ewa 32×36 Metern. Die Ringmauer umkleidet den etwa 10 Meter hohen Burghügel an der Südwestseite. An der Nordwestecke ist sie abgerundet, dann folgt ein halbrunder Flankierungs-Turm und eine kleine vermauerte Ausfallpforte. An der Nordwestseite sind drei schlitzförmige, 1,5 Meter hohe Schießscharten und eine Brillenscharte eingefügt. — Besondere Verstärkung erfuhr die mittelalterliche Obere Burg im 16. Jahrhundert durch den Anbau eines halbrunden Geschützturmes an der Südwestseite.

Portal am Treppenturm der Unteren Burg

Der Besucher sieht ihn linker Hand, wenn er auf das Tor der Unterburg zuschreitet. Über einen Sockel steigt der Turm bis zur Höhe der Ringmauer in halbrundem Grundriß auf. Er besteht aus unregelmäßigem Baumaterial: großen und kleinen, roten und weißen Sandsteinquadern verschiedener Größen und Abmessungen, auch polygonaler Form. Aus dem gewölbten Erdgeschoß des Turmes, das von oben her zugänglich war, öffnen sich große Kanonenscharten in Form von Maulscharten mit drei Schießlöchern. — Nahe der Nordwestecke der Oberen Burg steht an höchster Stelle des Hügels der rechteckige Bergfried in Höhe von noch etwa 10 Metern mit dreiseitig aufsteigendem Füllmauerwerk, das nur in den untersten Schichten von Buckelquadern mit Randschlag umkleidet ist; es dürfte noch der Zeit um 1200 zuzurechnen sein. Ein Rest des Wohnbaus oder Palas' aus glatten Quadern mit Zangenlöchern wohl des 13. Jahrhunderts liegt an der Südostseite, nahe dabei auch noch der Rest der Wendeltreppe von 1575.

Der Besucher kann die Untere Burg leider nicht mehr betreten. Das innere Tor steht in der hohen Ringmauer und ist rundbogig, die Durchfahrt tonnengewölbt. Linker Hand liegt nun die südöstliche Ringmauer der Oberen Burg mit einem (gesperrten) Zugang. Weiter voraus ist der Zugang zu einem unterirdischen Gang unter die Obere Burg erhalten.
Rechts neben dem Tor steht ein hoher, polygonaler Treppenturm mit runder Wendelstiege, über die der Wehrgang auf der Ringmauer bestiegen werden konnte. Der aus Bruchsteinen und unregelmäßigen Quadern errichtete und verputzte Treppenturm ist fünfgeschossig; mit seiner geschweiften und mit Schiefer bedeckten Haube ist er weithin als Kennzeichen der Burg sichtbar. An seiner südwestlichen Außenseite, die im Zuge der Ringmauer neben dem Tordurchgang liegt, sind übereinander zwei Schlüssellochscharten eingefügt. An der Nordostseite des Turmes, also innerhalb der Ringmauer, befindet sich der Zugang. Das schöne Portal ist seinen Detailformen nach in das frühe 17. Jahrhundert zu datieren: beiderseits kannelierte Pilaster mit Sockeln, die eine Art Beschlägwerk ziert, und jonisierende Pilasterkapitelle, die das gefaste Gebälk tragen. Die Türöffnung selbst zeigt Profilierung mit Stäben und Ablaufvoluten. Über diesem Gebälk sind Bauspolien aus der Unteren Burg vermauert worden, die sich im Burgbereich gefunden haben. Zuunterst liegt ein Sandsteinsturz mit Ehewappen Dalberg (links) und Fleckenstein (rechts), datiert 1560 und mit einem Schriftband: „FRIDERRICH · KEMERER · V · WORMS · G · F · DALBERG · AÑA · DALBERGERĪ · GEBORN · F · FLECKENSTEIN". Darüber ist ein weiterer Sturz eingelassen, der die Ehewappen Dalberg und Altdorf und die Jahreszahl 1488 (1484) zeigt. Zuoberst liegt ein Türsturz mit einer Art Kielbogenprofilierung und einer beschädigten Wappenkartusche darauf. Links seitlich sieht man einen Gewändestein mit schönem, vegetabilen Renaissance-Ornament. All dies ist leider nicht mehr zu besichtigen.
Seitlich rechtwinklig stößt an den Treppenturm ein Gebäude an, das nach Süden gerichtet ist, dessen Portal aber direkt im Winkel zum Treppenturmportal angesetzt wurde. Sockel, Pilaster, Kapitelle und Gebälk sind ähnlich gebildet wie beim Portal des Treppenturms und daher wohl gleichzeitig. Über dem Gebälk sitzen als Spolien ein kleiner Volutensockel und ein Wappenstein Dalberg. — Die übrigen Bauten der Unteren Burg gruppieren sich um einen unregelmäßig gebildeten Hof. Ein Wohnbau ist 1771 datiert. Die anderen Gebäude, u. a. ein weiterer Wohnbau, ein Treppenturm, das „Zeughaus" usw. sind noch zwei- oder dreigeschossig erhalten.

Der Schloßbau des 18. Jahrhunderts

Die Pfalz ist nicht nur ein Gebiet, das sich mit einer Fülle von Burgruinen als eines der im Mittelalter bevorzugt durch Wehranlagen geschützten Territorialkonglomerats erweist, sondern darüber hinaus auch ein Bereich, in dem in barocker Zeit der Schloßbau dominierte. Hatten im Mittelalter Adel und Kirche durch Anlage von kleinen Festen ihren Machtbereich allseitig abgesteckt, wozu dann noch eine große Zahl von Stadt-, Dorf- und Friedhofsbefestigungen hinzuzurechnen sind, so war es im Zeitalter des Barock der finanzstarke und wirtschaftlich potente weltliche oder geistliche große Territorialherr, der nicht nur durch große Landesfestungen seine militärische Macht unter Beweis stellte, sondern durch Hofhaltung in aufwendigen Schlössern auch zu repräsentieren wußte. Der niedere Adel wurde, je mehr seine wirtschaftliche Position sich am Ausgang des Mittelalters verschlechterte, desto eher an den Landesherrn gebunden, der somit ein Potential sowohl von Militärs in seine Festungen und Kasernen, als auch von Hofleuten in seine Schlösser und Residenzen zog, wo alsbald der Konsum der Hofhaltungen weiteren wirtschaftlichen Aufschwung und kulturelle Blüte durch Förderung der Künste und Wissenschaften zur Folge hatte. Die kleineren Herrschaften — insgesamt gab es bis zur Französischen Revolution über vierzig größere und kleinere Territorien in unserem Gebiet — konnten in der Regel ihre militärische Sicherheit in den mittelalterlichen Festen nicht mehr gewährleistet sehen. Verstärkungen ihrer Burgen — auch nach fortifikatorisch neuesten Prinzipien — konnten, wie wir schon sahen, den Lauf der Dinge zwar verzögern, aber nicht aufhalten (siehe oben Seite 168). Das 16. Jahrhundert spiegelte diese fruchtlosen Bemühungen noch wider, während im 17. Jahrhundert der realen Einschätzung der Lage die Resignation folgte, und die Wehrhaftigkeit zuweilen nur noch symbolhaft zum Ausdruck gebracht und somit vorgetäuscht worden ist (siehe oben Seite 224).
Zwar konnte der niedere Adel keine Festungen erstellen, aber zum Bau von Stadtschlössern, Adelshöfen und Palais in größeren Kommunen sowie zu Schlössern auf dem Lande und zu schloßartigen Gütern reichten die Mittel aus, ja sogar zu aufwendigeren Bauten, die den Residenzen der

größeren Territorialherren gleichzukommen suchten, wobei denn auch das Frankreich Ludwigs XIV. immer das Vorbild blieb.
Ein- und Zweiflügelbauten, offene oder geschlossene Dreiflügel- und Vierflügelanlagen in verschiedenen Varianten, zum Teil mit Türmen in Flügelmitte und an den Enden, die das Wehrhafte noch betonen sollten, jedoch mehr und mehr zu nur noch flach vorspringenden Risaliten zurückgebildet wurden, erstanden überall dort, wo höfisches Leben sich zu entfalten suchte, an den Höfen der Kurpfalz (Mannheim 1720—1760), des Herzogtums Zweibrücken (Zweibrücken 1720—1725), des Fürstbistums Speyer (Bruchsal 1720 ff.), aber auch in den kleineren Residenzen wie der der Nassau-Weilburger (Kirchheimbolanden 1738—1740), der Rheingrafen (Gaugrehweiler um 1760), der von der Leyen (Blieskastel 1773), der Grafen von Leiningen (Dürkheim 1725) usw. — Den prächtigen Schlössern mit ihren Nebengebäuden, Kavaliershäusern, Marställen, Schloßkirchen, Orangerien und den barocken Gartenanlagen gesellten sich — nahebei oder fernab der Residenzen — Eremitagen, Lust- und Jagdschlösser hinzu, so die Eremitage Waghäusel (1723) dem bischöflich Speyerischen Bruchsal, das Lustschloß Tschifflik (1717/1718) des Polenkönigs Stanislaus Leszczynski der Residenz Zweibrücken, das kurpfälzische und pfalzgräflich-Sulzbachische Oggersheim (1720—1760) der Residenz Mannheim, das gräflich-Leiningische Jagdschloß Kehr-dich-annichts (1719—1722) der Residenz in Dürkheim, die pfalz-zweibrückischen Schlößchen Louisenthal (-Gutenbrunnen, um 1725) und Pettersheim (Jagdschloß, 1720—1730) der Residenz Zweibrücken usf.
Kamen die Baumeister und Werkleute der Renaissance zumeist noch aus dem heimischen Raume, aus Italien und den Niederlanden, so rekrutierten sich die Architekten, Steinmetze, Maurer, Maler und Stukkateure des 18. Jahrhunderts vielfach aus entfernteren Gebieten des Reiches (Allgäu, Vorarlberg) und aus dem Ausland (Italien, Frankreich, Schweden), was zum Teil dem Rufe der dort schaffenden Künstler, zum Teil auch den dynastischen Verbindungen oder politischen Beziehungen (z. B. Zweibrücken zu Schweden und Frankreich) zugeschrieben werden darf. Das gleiche gilt auch für den Festungsbau; waren im 16. Jahrhundert die Italiener auf diesem Sektor tonangebend, so sind es im 17. Jahrhundert die Niederländer und im 18. Jahrhundert die Franzosen. Einige Namen der in ihrer Zeit bekannteren Meister (Architekten, Bildhauer, Maler, Gartenarchitekten) aus dem In- und Ausland, die in der Pfalz wirkten, mögen hier stellvertretend für die Bauausführung von Schlössern genannt sein:

Architekten: Christian Ludwig Hautt (Zweibrücken 1755—1770; Blieskastel 1773—1775) — Sigmund Jakob Haeckher (Trippstadt 1766/1767) — Johann Christian von Mannlich (1741—1822; Zweibrücken, Eremitage 1775; Carlsberg 1778—1785) — Guillaume d'Hauberat (†1749; Mannheim 1729—1733; Kirchheimbolanden 1738—1740) — Jean François Duchesnois (Zweibrücken und Louisenthal um 1725) — Pierre Patte (1722—1814; Jägersburg 1752—1756; Zweibrücken, Palais Forbach (1758/1759) — Peter Anton von Verschaffelt aus Gent (1710—1793; Mannheim, Palais Bretzenheim 1781—1784; Oggersheim 1774—1778) — Jonas Erikson Sundahl aus Schweden (1678—1762; Tschifflik 1717/1718; Jägersburg 1721; Pettersheim 1720—1730; Zweibrücken und Umbau Bergzabern 1720—1725) — Franz Wilhelm Rabaliatti (1716—1782; Mannheim 1750—1774; Deidesheim, Ketschauer Hof 1770—1772).

Bildhauer: Peter Anton von Verschaffelt (1710—1793), Paul Egell (1691—1752), Konrad Linck (1733—1793), Johann Joachim Günther (1717—1789). Maler: Giovanni Antonio Pellegrini (1675—1741), Johann Martin Seekatz (1669—1729), Johann Konrad Seekatz (1719—1768) und Philipp Christian Seekatz (1750—1790).

Gartenarchitekten (Hofgärtner): Johann Ludwig Petri, Matthias Skell und Friedrich Ludwig von Skell.

Was diese Meister an Schloßbauten und deren Ausstattung geschaffen haben, ist zum größten Teil den Stürmen der Französischen Revolution zum Opfer gefallen, darunter auch das in seinen Ausmaßen riesenhafte, 1,5 Kilometer weit zergliederte Schloß Carlsberg bei Homburg/Saar, die größte Landresidenz Europas, die Carl II. August von Pfalz-Zweibrücken im Hinblick auf die — so hoffte er — ihm zufallenden Territorialstaaten Kurpfalz und Kurbayern 1778—1785 von Johann Christian von Mannlich hatte ausbauen lassen.

Vom Festungsbau der Barockzeit sind in der Pfalz nur spärliche Reste erhalten geblieben. Die Festungswerke von Homburg an der Saar, die der geniale französische Festungsbaumeister Sebastien le Prestre Marquis de Vauban (1633—1707) nach 1679 in der sogenannten neuitalienischen Manier erstellte, sind bereits 1714 nach dem Frieden von Rastatt völlig geschleift worden. Allein Landau hat noch — trotz der Schleifung von 1871 — einige Zeugen seiner Festungszeit bewahrt. Die seit 1511 reichsfreie Stadt, die seit 1521 zum elsässischen Zehn-Städte-Bund (Dekapolis) gehörte, hatte der Schutzherr dieses Bundes seit 1648, der König von Frankreich Ludwig XIV. im Gefolge der „Reunionen" nach dem Frieden zu Nymwegen 1679 besetzt und 1680 die Grenze des (seit 1648 französischen) Elsaß' von der Lauter bis zur Queich vorgeschoben. Vauban errichtete hier als „Tor zum Elsaß" in den Jahren 1688—1691 nach seiner sogenannten Zweiten Manier eine der modernsten Festungen ihrer Zeit. Ein anschauliches Modell des 18. Jahrhunderts dieser Festung ist im Landauer Stadtmuseum (Haus Mahla) ausgestellt. Als zusätzliche Sicherung der Festung Landau erbaute der französische Ingenieuroberst Jacques Tarade 1701 das „Fort". Im Spanischen Erbfolgekrieg (1701 bis 1714) wurde die französische Festung viermal hart umkämpft und wechselte nach den Belagerungen von 1702, 1703, 1704 und 1713 jedesmal den Besitzer; bis 1815 blieb sie in französischer Hand. Heute stehen in Landau noch die beiden prächtigen Torbauten (das Deutsche und das Französische Tor) mit den Emblemen und der Devise des „Sonnenkönigs" („Nec pluribus impar" = „Jedem gewachsen"). Erhalten sind auch das „Fort" (die Zitadelle ist heute Sitz der Erziehungswissenschaftlichen Hochschule EWH), ein Batard'eau (Festungswerk am Wassereinlaß) und Schleusenreste.

Die beiden schönen Tore Frankenthals (Speyerer und Wormser Tor), die noch erhalten sind, errichtete Nicolas de Pigage 1770—1773 in der unter dem Kurfürsten Carl Theodor von der Pfalz wirtschaftlich aufblühenden Stadt; sie waren jedoch keine Festungstore, sondern nurmehr baukünstlerischer Ausdruck absolutistischer Repräsentation.

Von den vielen Schanzen und Schanzlinien („Befestigte Linien" oder „Retranchements" aus Wall, Graben und Verhau), die das Rheintal sperren sollten, wie z. B. die Lauter-, Queich- und Speyerbach-Linie (alle drei 1702 von den Franzosen errichtet), die Isenach-Linie (1713) oder die alliierten Schanzen von 1794 im Pfälzerwald, sind nur noch geringe Reste der Wälle und Gräben im Gelände sichtbar; besser erhalten ist allein das „Schänzel" bei Edenkoben (siehe unten Seite 283).

31 Trippstadt

Schloß in Trippstadt

Fährt man auf der Bundesstraße 270 von Kaiserslautern aus nach Süden in Richtung Pirmasens, so gelangt man — zunächst an Hohenecken mit seiner eindrucksvollen romanischen Burgruine (siehe oben Seite 66 ff.) vorbeikommend — nach etwa 20 Minuten beim „Neuen Blechwalzwerk" (jetzt Tankhof Karlstal) an den Ausgang des teils lieblichen, teils wildromantischen Karlstales. Von hier aus, wo die Moosalbe herabkommend die Wasser des Aschbaches aufnimmt, fahre man das Tal aufwärts und freue sich an der Schönheit und malerischen Wirkung, die von der zwischen Felsblöcken in Kaskaden herabschäumenden Moosalbe ausgeht, deren Ufer Moose und Farne unter hohen Buchen säumen. Bald kommt man am „Unterhammer" vorbei, einst das 1820/1821 in klassizistischem Stile erbaute Zentrum der freiherrlich von Gienanth'schen Eisenindustrie (jetzt Erholungsheim), dann passiert man die 1734 erbaute Klug'sche Mühle (jetzt Restauration), über der linker Hand oben aus dem Walde die Burgruine Wilenstein (jetzt Jugendheim der Pädagogischen Hochschule Kaiserslautern) mit ihrer starken Schildmauer aufragt, und das Kurhaus Karlstal und gelangt schließlich zum „Oberen Eisenhammer" unterhalb des 1794 stark umkämpften Bartelsberges. Hier zweigt nach links, in nordöstlicher Richtung eine Straße ab, die sogleich nach Trippstadt hineinführt, einst Residenz und Amtssitz der nur 55 qkm großen Herrschaft Wilenstein.

Die Geschichte des 1337 erstmals urkundlich erwähnten Ortes ist verbunden mit der der Burg Wilenstein, deren jüngst ausgebaute Ruine wir schon vom Karlstal aus erblicken konnten. Die um 1150 gegründete Burg war in den Händen verschiedener Adelsgeschlechter, seit der Mitte des 14. Jahrhunderts aber gemeinsamer Besitz der Grafen von Falkenstein und der Herren von Flörsheim als Lehnsleuten der Grafen von Leiningen. Gegen Ende des 14. Jahrhunderts öffneten sie die Anlage dem Pfalzgrafen Ruprecht II., und im Gefolge des Leininger Erbstreites fiel das Leininger Lehen 1481 ganz an Kurpfalz.

Im Jahre 1716 erhielt der kurpfälzische Oberjägermeister Ludwig Anton Freiherr von Hacke (Haacke) zu Schweinspoint (Pfalz-Neuburg) als Ersatz für zwei eingezogene oberpfälzische Richterämter von Kurfürst

Johann Wilhelm („Jan Wellem", 1690—1716) den Falkensteiner Anteil der Herrschaft als Erblehen übereignet; die Försheimer Hälfte der Herrschaft kaufte von Hacke — nun Oberstjägermeister — 1719 als Allod (= Eigengut, im Gegensatz zum Lehen) dazu. Da die Burg Wilenstein zu jener Zeit schon verfallen war, unternahm Ludwig Antons Sohn, Franz Karl Joseph — ebenfalls kurpfälzischer Oberstjägermeister und Oberforstmeister dazu — mit seiner Gemahlin Amöna Maria Karoline geb. Freiin von Sturmfeder den Bau eines Schlosses im südwestlichen Teile von Trippstadt. Als Architekt wurde der zweibrückische Baumeister und Geometer Sigmund Jakob Haeckher gewonnen, der zuvor schon im Auftrag Christians IV. von Pfalz-Zweibrücken die Kirchen in Heiligenmoschel und Ransweiler erbaut hatte. Der neue Schloßbau wurde in den Jahren 1766/1767 erstellt. Eine große „Geometrische General Carte, über das dem Reichsfrey Hochwohlgebohrnen Herrn Herrn Frantz Carl von Hacke... zugehörige Amt Willenstein oder Trippstadt" (jetzt Depositum im Historischen Museum der Pfalz zu Speyer) zeichnete Haeckher 1767 unter Hinzufügung von „Plans de la Maison de Campagne", also Aufrissen, Schnitten und Grundrissen des Schlosses, das hier als „Landhaus" bezeichnet wird, am Rande der Karte. Franz Karl Joseph war übrigens der erste in der Pfalz, der (1776) auf dem Dach seines Schlosses einen vom Mannheimer Physiker und Meteorologen Johann Jakob Hemmer erfundenen „Wetterleiter", also Blitzableiter, anbringen ließ. Bei den schweren Kämpfen, die hier am 13. Juli 1794 zwischen vorrückenden französischen Revolutionstruppen und den — nach Verlust der Bartelsbergschanze über dem Moosalbtal — zurückweichenden Preußen stattfanden, wurde der westliche Teil des Schlosses schwer beschädigt, das Dach mit dem Blitzableiter zusammengeschossen. Die Halbruine bewohnte — da die von Hacke keine Mittel zum Wiederaufbau zur Verfügung hatten — nur noch ein Oberförster im östlichen Untergeschoß.

Im Jahre 1803 kamen Schloß und die ausgedehnten Waldungen in elsässischen Besitz. 1833 erwarb der Eisenhüttenwerksbesitzer zu Hochstein bei Winnweiler und zu Schönau und erste pfälzische Großindustrielle Freiherr Johann Ludwig von Gienanth das Areal. Schon dessen Vater hatte die (1777 von den Hackes gepachteten) im Moosalbtal gelegenen und 1728 gegründeten drei Eisenhämmer im Jahre 1794 aufgekauft. 1820/1821 erstand das schloßartige klassizistische Herrenhaus „Unterhammer" im Karlstal. Die Trippstadter Eisenindustrie blühte bis in die 60er Jahre des 19. Jahrhunderts, ging dann aber zurück und schließlich 1884 ganz ein. 1865 kaufte Bayern die früher Hackeschen, nun Gie-

Mittelrisalit der Straßenfront

nanthschen Waldungen mit Zubehör und bildete daraus das Königliche Forstrevier Trippstadt. Das Schloß kam in Staatsbesitz, und weiterhin dienten die Räume im Ostteil als Försterwohnung. Der Plan, den ruinösen Westteil gänzlich abzubrechen, kam zum Glück nicht zur Ausführung. Stattdessen erfolgte 1888 der Wiederaufbau und die Einrichtung als Forstamt und Waldbauschule. Noch heute sind im Trippstadter Schloß ein Forstamt und eine Forstschule untergebracht. In der nahegelegenen katholischen Pfarrkirche, die die Familie von Hacke 1752 hatte errichten lassen, befindet sich ihr Epitaph von 1783.

Das Schloß ist einflügelig und hat Abmessungen von 48×19 Metern. Es besteht aus Keller und zwei Obergeschossen und umfaßt 13×5 Fensterachsen. Die Obergeschosse sind durch ein profiliertes Gesims getrennt. An jeder der vier Seiten liegt ein Portal mit Freitreppe. Als Baumaterial sind rote Sandsteinquadern verwendet. Portale und Fenster sind mit Haussteinen gerahmt und stichbogig mit Scheitelsteinen gedeckt.

An der Straßenseite springen die Eckrisalite mit je einer Fensterachse und der Mittelrisalit mit drei Achsen leicht vor die Front vor. Die Gartenseite ist ebenso gegliedert, nur springt hier der Mittelrisalit halbrund und stärker vor als an der Straßenseite. Leicht vorspringende Mittelrisalite zeigen auch die beiden Schmalseiten. Alle Risalite haben rustizierte Ecklisenen, die Mittelrisalite zudem toskanische Pilaster, auf denen die flachen Dreieckgiebel aufliegen. Das Dachgesims des Schlosses setzt sich in den Basisgesimsen der Dreieckgiebel fort, deren Felder mit Reliefs gefüllt sind: An der Straßenseite sieht man das Ehewappen Hacke-Sturmfeder in einer bekrönten Kartusche, die Palmenzweige und Blumengebinde umgeben. Ein durchschlungenes Band zeigt die Inschrift: „FRANCISCUS CAROLUS L: B: DE HACKE CONIUXQUE AMOENA MARIA NAT: L: B: DE

Gartenseite

STURMFEDER ANNO DOMINI MDCCLXVI". Im Giebel der Gartenseite ist ein „Auge Gottes" im Relief eingefügt. Die Dachgliederung entspricht der der Fassaden. Im gewalmten Hauptdach erhebt sich über dem Mittelbau ein Mansardendach, über den Eckpavillons sitzen etwas vorgeschobene Kleinwalmdächer.
Über die Inneneinteilung des Schlosses sind wir durch die Grundrisse auf Haeckhers Karte von 1767 und Pläne von 1838 unterrichtet. Im ersten Geschoß befanden sich in der Mitte der Straßenseite das Vestibül, nach links folgten Speisesaal, Staatszimmer, Garderobe und Kabinett, nach rechts die „Große Treppe", zwei Gesindezimmer und wiederum eine Treppe. Durch einen Korridor getrennt, schlossen die Räume der Gartenseite an: In der Mitte lag der „Große Saal" mit doppelläufig geschwungener Freitreppe zum Garten, links vom Saal folgten Vorzimmer, Schlafzimmer, Kabinett und Garderobe, nach rechts setzten Vorzimmer, zwei Kabinette und eine Garderobe an. Das gleich dem ersten Geschoß gegliederte zweite Obergeschoß umfaßte wiederum einen „großen Saal", den „Rastplatz" (Vestibül des Saales), Schlafzimmer, Kabinette, Gesindezimmer, Treppen und Gang. In jedem der beiden Geschosse befanden sich in zwei der Garderoben Abortanlagen: — Im Kellergeschoß lagen um den Gang gewölbte Räume, unter diesen drei Küchen und eine Speisekammer. — Die Räume wurden bei der Einrichtung des Forstamtes zum Teil verändert; sie sind heute ohne Schmuck und Dekor. — Der Rauch der im Schloß verteilten Öfen entwich durch sechs Schornsteine über dem Dach. Außen auf den schrägen Flächen der Walme öffneten sich Gaupen.
An der Straßenseite des Schlosses liegt ein Vorgarten; den Eingang flankieren rustizierte Steinpfeiler mit Kugelaufsätzen. — Vor der Gartenseite lag ehemals der in französischem Stile angepflanzte Schloßgarten. Hier, wo unter den späteren Hackes auch Maulbeerbäume angepflanzt wurden (sie gingen jedoch bald schon wieder ein), ist heute nur noch eine große Wiese mit Bäumen vorhanden. Von einem Brunnen, der ehemals vor dem Schloß stand, sind jetzt nur noch die beiden Hälften der Brunnenschale erhalten: die eine befindet sich beim „Unterhammer" im Karlstal, die andere am „Johanniskreuz".
Der ehemalige große Schloßpark mit seinem zum Teil subtropischen Baumbestand erstreckte sich westlich vom Ort und Schloß in das Karlstal hinein. Seine Gestaltung ging auf Pläne des Zweibrücker Gartenarchitekten Friedrich Ludwig von Sckell zurück. Schloßgarten und Schloßpark wurden bereits in den Revolutionskriegen zerstört.

32 Zweibrücken

Ehemaliges Herzogliches Schloß in Zweibrücken

Von den Residenzschlössern des 18. Jahrhunderts, die sowohl die Verwüstungen der Französischen Revolution als auch den Feuersturm des Zweiten Weltkriegs, wenn auch nicht unbeschadet, so doch aber (nach jahrelanger mühevoller Wiederaufbauarbeit) wenigstens wieder in annähernd dem ehemaligen prächtigen Zustande entsprechender äußerer Gestaltung überstanden haben, gehört neben den (seit 1803 an Baden gefallenen) Schlössern von Mannheim (Kurpfalz) und Bruchsal (Fürstbistum Speyer) auch das pfalz-zweibrückische Residenzschloß Zweibrücken.
Man erreicht die 1945 schwer heimgesuchte, aber durch Bürgerfleiß erfreulich wiedererstandene „Rosenstadt" Zweibrücken über Homburg/Saar (Autobahn Mannheim–Saarbrücken oder Bundesstraße 40 von Mainz nach Saarbrücken–Metz). Von Homburg aus führen die Bundesstraßen 423 und 10 nach Zweibrücken hinein, das man aber auch über die B 10 von Karlsruhe über Landau und Pirmasens erreichen kann.
Im schon in römischer Zeit dicht besiedelten Gebiet, das durch die um 740 vom hl. Pirminius gegründete Abtei Hornbach besondere Bedeutung erlangte, errichteten die Grafen von Saarbrücken als Schutzherren des Klosters um 1150 eine Wasserburg. Sie diente der Sicherung der hierher verlegten alten Salzstraße von Lothringen nach Kaiserslautern und dem Schutz ihres Übergangs über zwei Arme des Schwarzbaches, wovon sie auch ihren (1170 erstmals als „Zweibrucken" bezeugten) Namen erhielt. – Schon um 1190 nannten sich die Saarbrücker Grafen, denen Barbarossa 1168 vier Burgen gebrochen hatte (siehe oben Seiten 21 und 223) nach der neuen Anlage. Die neben der Wasserburg liegende Siedlung erhielt 1352 Stadtrechte und Befestigungen. 1385 kaufte Kurpfalz die Herrschaft, die bei der Pfälzer Teilung von 1410 an Pfalzgraf Stephan, den Gründer der Linie Pfalz-Zweibrücken, fiel und fortan Sitz, ab 1477 anstelle von Meisenheim am Glan auch Residenz der Herzöge von Pfalz-Zweibrücken bis zur Französischen Revolution geblieben ist.
Die Stadt, in der schon früh (1523, offiziell 1533) die Reformation eingeführt wurde, litt 1635 und 1776/1677 unter Zerstörungen, erlebte aber auch unter der seit 1654 in Schweden als Könige herrschenden Linie Pfalz-Zweibrücken-Kleeburg bedeutsamen Aufschwung. Karl XII. von

Stadtseite des Schlosses von Südosten

Schweden gab hier 1714 dem vertriebenen Polenkönig Stanislaus Leszczynski Asyl und standesgemäße Hofhaltung. Als Karl XII. 1718 gefallen war, nahm Stanislaus seinen Wohnsitz in Weißenburg/Wissembourg im Elsaß (bis 1725); durch die Heirat seiner Tochter Maria Leszczynska Schwiegervater König Ludwigs XV. von Frankreich geworden, erhielt Stanislaus 1735 das Herzogtum Lothringen, das nach dem Tode des volkstümlichen Regenten, der Nancy zur großartigen Barockresidenz gestaltet hatte, 1766 an Frankreich fiel. — Der seit 1702 in Zweibrücken tätige schwedische Architekt Jonas Erikson Sundahl erbaute für Stanislaus Leszczynski 1717/1718 das Lustschloß Tschifflik (türkischer Name

für ein „Landhaus" in Bender, in dem Stanislaus und Karl XII. nach 1709 als Flüchtlinge vom Sultan aufgenommen worden waren), von dem nur noch wenige Baureste östlich von Zweibrücken erhalten sind; ein schöner Kupferstich Martin v. Neumanns von 1837 vermittelt noch ein anschauliches Bild dieses Schlosses, das 1757 bis 1769 zur Fasanerie umgestaltet worden war. Die Baureste wurden kürzlich restauriert.
Nahe dem nördlichen Rand der Fasanerie, oberhalb des Bahnhofs Niederauerbach, ist 1975 eine bisher unbekannte Ruine freigelegt worden, die angeblich zu Beginn des 12. Jahrhunderts begründet wurde und wohl schon im 15. Jahrhundert zerstört worden ist.
Für Herzog Gustav Samuel Leopold von Pfalz-Zweibrücken (1719 bis 1731) errichtete Sundahl — gleichzeitig mit dem barocken Umbau des Witwensitzes Schloß Bergzabern (siehe oben Seite 203) — das Neue Schloß Zweibrücken als herzogliche Residenz nördlich der alten Burg- und Schloßgebäude in den Jahren 1720—1725. Bauleiter waren die Tiroler Maurer- und Steinmetzmeister Johann und Georg Koch.
Die Blütezeit Zweibrückens fiel in die Regierungszeit Herzog Christians IV. von Pfalz-Zweibrücken-Birkenfeld (1735—1775), der seit 1756 nach Plänen von Christian Ludwig Hautt nördlich der Altstadt Zweibrückens eine neue Vorstadt, die „Herzogstadt" als Residenz- und Adelsviertel anlegen ließ. Christian IV. war ein eifriger Förderer der Künste und Wissenschaften, überdies auch ein loyaler Verbündeter Frankreichs; sein im Dienste des französischen Königs Ludwig XVI. stehendes Regiment „Royal Deux-Ponts" hatte 1781 entscheidenden Anteil an der Erstürmung der englisch besetzten Festungsstadt Yorktown und damit auch am Zustandekommen der Unabhängigkeit Nordamerikas.
Der kulturelle und wirtschaftliche Aufschwung Zweibrückens wurde inhibiert, als Herzog Carl II. August sich 1778—1785 von Johann Christian von Mannlich sein weitläufiges Schloß Carlsberg bei Homburg bauen und die Residenz von Zweibrücken dorthin verlegen ließ. 1793 wurden die Gebäude des Carlsberg-Schlosses von französischen Revolutionstruppen eingeäschert und die Gärten der riesigen, 1,5 Kilometer weit sich erstreckenden Anlage total verwüstet. Von den Schloßgebäuden, von der Orangerie („Tschiffliker Pavillon") und von weiteren Bauten konnten bei Grabungen der 50er Jahre noch Fundamente festgestellt werden. Carl II. August, Prätendent auf das Erbe der Kurfürstentümer Pfalz und Bayern, floh und starb in Mannheim. Sein Bruder Maximilian IV. Joseph folgte 1799 Carl Theodor von Pfalz-Sulzbach als Kur-

fürst von der Pfalz und von Bayern und erlangte als Max I. Joseph 1805 von Napoleons Gnaden die Königskrone von Bayern.

1793 war auch das Neue Schloß in Zweibrücken ein Raub der Flammen geworden. Die Ruine schenkte Napoleon 1807 der Stadt, die sie 1817 mit Unterstützung des bayerischen Königs wiederherstellen ließ. Die Mitte des Gebäudes wurde zu einer katholischen Kirche umgestaltet, der Ostteil zur Pfarrerwohnung bestimmt und der Westteil als temporäres Domizil des Königs eingerichtet. — 1866 übernahm das Königreich Bayern den Komplex und etablierte darin 1869 das Oberlandesgericht. Der „Justizpalast" wurde 1945 durch Bombenwurf schwer beschädigt und stürzte teilweise ein. — In den Jahren von 1963 bis 1965 ist die Ruine wiederauf- und ausgebaut worden, wobei das Äußere wieder in den ehemaligen Zustand versetzt, das Innere jedoch nach modernen Gesichtspunkten gegliedert und wiederum in den Dienst der Justiz gestellt worden ist.

Der 83 Meter lange, 23 Meter breite und (einschießlich des Mittelgiebels) 25 Meter hohe Bau besteht aus drei Geschossen: zwei gleichhohen als erstem und zweitem Geschoß sowie einem halb so hohem als oberstem Geschoß, dem Mezzanin (das in Schlössern der Dienerschaft vorbehaltene Wohngeschoß). Die hohen Fenster in den 21 Achsen der Frontseite sind im ersten Geschoß rundbogig, im zweiten, dem mittleren, stichbogig und im Mezzanin niedrig-rechteckig eingefügt. Die horizontale Gliederung des Baues betonen noch die durchlaufenden Gurte. Die vertikale Gliederung dagegen ergibt sich zunächst schon aus der Fünfteiligkeit in Mittelrisalit, zwei Zwischentrakte und zwei Eckrisalite, ferner durch die 21 Fensterachsen der Frontseite, von denen drei auf den Mittelrisalit und je zwei auf die Eckrisalite entfallen.

Die Risalite treten nur flach vor die Fronten. Sie werden durch Quaderung betont und durch eckbegrenzende Pilaster mit korinthischen Kapitellen eingefaßt. Auf den Eckrisaliten sitzen flache Dreieckgiebel, in deren Giebelfeldern ovale Schilde mit dem Monogramm des Herzogs Gustav Samuel Leopold unter dem Fürstenhut angebracht sind; zwei auf dem Gesims sitzende Putten weisen darauf hin. — Auf dem Mittelrisalit steht ein Segmentbogen; im Tympanon darunter ist das Wappen des Bauherrn Gustav Samuel Leopold zwischen Mars und Bellona mit Trophäen-Umrahmung im Relief angebracht. — Die Mittelachsen des Mittelrisalits flankieren Doppelsäulen, die den Balkon über dem Hauptportal tragen, und Doppelpilaster im zweiten Geschoß darüber. Den Zierat („Zieraden") des vorderen Hauptportals schuf der Bildhauer

Petzsch, den des einfacheren Portals an der Rückfront der Bildhauer Leopold Hackel.

Das Dach ist — den noch vorhandenen alten, barocken Ansichten entsprechend — flach als Satteldach geneigt. Am Dachansatz läuft eine steinerne Balustrade um; auf ihr stehen wechselnd Vasen und Trophäen aus Sandstein. — Die Giebel bekrönten einst Sandstein-Skulpturen von antiken Gottheiten, olympischen Halbgöttern und allegorischen Figuren, Werke des Bildhauers Petzsch von 1724; auf ihre Rekonstruktion mußte bisher verzichtet werden.

Im Gefolge der aufwendigen, aber gut gelungenen Restaurierungen von 1963 bis 1965 ist das Schloßgebäude auch wieder farbig gefaßt worden. Nach langen Vorstudien und gewissenhaften Erprobungen wurde eine Fassung gewählt, die lange und hitzig in der Öffentlichkeit, vornehmlich in den Gazetten, diskutiert worden ist. Das Ergebnis vieler Bemühungen ist die gegenwärtige Fassung, die die Zwischentrakte weiß verputzt sein läßt, während die Risalite in Sandstein-Rot gegeben sind.

Bei der Konzeption des ganzen Schloßkomplexes ging der schwedische Architekt Sundahl von der zur Bauzeit 1720 bis 1725 noch vorhandenen Bausubstanz älterer Schloßgebäude in unmittelbarer Nachbarschaft des neuen Mittelbaues aus. Er erstellte nicht den sonst üblichen Dreiflügelbau, also eine sogenannte Hufeisenanlage mit nach Süden offenem Ehrenhof, sondern er setzte seinen Hauptbau als Mittelbau, als gewaltiges, blockhaft hohes Gebäude an das Ende zwischen zwei schon bzw. noch vorhandene Gebäudefluchten, die sich nach Süden zu einander näherten, die Stelle von Flügelbauten einnahmen und somit einen trapezförmigen Schloßplatz bildeten.

Westlich des neuen Schloßbaues von Sundahl lag die Schloßküche. Seitlich vor der Südwestecke des Schlosses folgten nach Südosten ablaufend nacheinander die Schloßmühle, darüber der Bibliothekssaal, der „Lange Bau am Wasser" (das Schloß der Renaissance am Schwarzbach) und der Prinzenbau. Den Abschluß bildete später nach Süden hin das Herzogliche Archiv, das Sundahl 1747 hinzufügte. Vor der Südostecke des Sundahlschen Hauptbaues lief eine ähnliche Gebäudesuite nach Südwesten ab: das Ballhaus, der Wolfgangbau, dessen nördlicher Teil damals schon verschwunden war, während der südliche Teil als „Heroldhaus" noch bestand. Den Abschluß bildete auf dieser, der östlichen Seite, der Friedrichsbau (1646/1647). Östlich hinter dem Wolfgangbau lag die herzogliche Neue Münze. Das ganze trapezförmige Areal umfloß von Osten über den Süden nach Westen im großen Bogen gleich einem Schloß-

Barocke Häuser der Herzogvorstadt

graben der Schwarzbach. Südlich davon griff das Schloßgebiet noch über den Bach hinaus, so mit der Schloßkirche (Alexanderkirche, 1493—1510), mit dem herzoglichen Marstall und der Kaserne (beide 1727) sowie mit dem Rathaus (1778—1789).
Das neue Residenzschloß faßte also die südwestlich und südöstlich von ihm stehenden älteren Baugruppen zu einem trapezförmigen Komplex zusammen. Ganz offensichtlich sollten diese älteren Bauten geschont und miteinbezogen werden, weshalb man dann auch auf die sonst übliche Lösung eines Mittelbaues mit Seitenflügeln um einen nach Süden offenen Ehrenhof verzichtete. Den südlichen Abschluß des Platzes sollten vermutlich zwei gleichhohe und gleich proportionierte Gebäude abschließen, von denen jedoch nur der südwestliche, das Herzogliche Archiv, 1747 von Sundahl ausgeführt worden ist.
In nördlicher Richtung hinter dem Schloßneubau erstreckte sich der Alte Hofgarten bis hin zum Kanal von 1748, wo sich zuvor noch die Festungswerke des kurpfälzischen Obersten Adam Stapf aus dem Anfang des 17. Jahrhunderts, eine Kurtine mit zwei Bastionen der altniederländi-

schen Manier, erhalten hatten. In der Längsachse des Gartens befand sich das „Lusthaus" („Salon du jardin"), während westlich davon im Winkel zwischen der Mündung des Schwarzbaches in den Kanal die Alte Orangerie lag.

Die Einfriedung des Schloßplatzes mit reich verziertem Gitterwerk und großen bekrönenden Vasen sowie der nördlich des Schlosses liegende Hofgarten mit dem „feinen Lusthaus" am Kanal schuf der 1725 an die Stelle von Sundahl getretene französische Architekt Jean François Duchesnois. Von ihm stammte auch das große Einfahrtstor mit zwei steinernen Schilderhäusern. Den französischen Architekten Duchesnois und Decambre zuzuschreiben ist auch die Inneneinrichtung des Neuen Schlosses von 1725, die 1793 fast völlig zerstört worden ist. Das Treppenhaus, Wandbekleidungen, Deckengemälde, Stukkaturen, Möbel, Gemälde, Supraporten und sonstige Ausstattung gingen mit ganz geringen Ausnahmen (ein kleiner Sekretär im Historischen Museum der Pfalz zu Speyer) für immer verloren.

Vom Schloß Carlsberg bewahrt das Historische Museum in Speyer noch eine Flora-Büste und einen Bacchusknaben mit Ziegenbock, Gartenplastiken aus Sandstein als letzte Reste des versunkenen riesigen Schlosses über Homburg/Saar.

In Zweibrücken sind außer dem wiedererstandenen Neuen Herzoglichen Schloß alle älteren Schloßgebäude, u. a. auch der „Lange Bau am Wasser", letzterer erst 1945, desgleichen auch die Eremitage Mannlichs von 1775, zerstört und völlig verschwunden. Größere Reste von Schloßgebäuden haben sich jedoch noch in Gutenbrunnen bei Wörschweiler vom Lustschloß Louisenthal des Jean François Duchesnois (um 1725) erhalten. Hier befand sich ehemals die pfalz-zweibrückische Porzellan-Manufaktur von 1767 bis 1769, die dann nach Zweibrücken verlegt wurde und bereits 1775 einging.

Der Besucher Zweibrückens wird sich nicht mit der Besichtigung des Herzoglichen Schlosses begnügen, sondern sich auch der sonstigen Zeugen der großen Vergangenheit dieser Stadt widmen, der der letzte Krieg so schwere Wunden schlug. Interesse beansprucht im Zusammenhang mit dem Schloß vor allem die sogenannte Herzogvorstadt, die nach Plänen des Baudirektors Hautt 1756—1770 angelegt worden ist, eine Adels- und Hofbeamtenstadt par excellence. Um einen nach Süden offenen Platz und nördlich in die „Herzogstraße" hinein liegen barocke Wohnhäuser in geschlossener Front. Sie sind (bis auf ein dreigeschossiges Eck-

Mittelrisalit der Stadtseite des Schlosses

haus von 1770—1785, das jetzt als Rathaus dient) zweigeschossig, durch rustizierte Lisenen gegliedert und mit Mansarddächern gedeckt. Einige haben noch die alten Stiegenhäuser erhalten. — Vielleicht wohnten hier in einem dieser Häuser die beiden Hofdamen aus der Familie der Wetzel von Marsilien, Nichte und Tante, deren reizvolle Porträts, von Johann Georg Ziesenis 1748 subtil gemalt, das Historische Museum der Pfalz in Speyer bewahrt. Aus älterer als der barocken Zeit hat von den vielen ehemaligen Häusern der Altstadt nur der Gasthof „Zum Hirsch" die Katastrophe von 1945 überlebt, ein Giebelbau der späten Renaissance (um 1600) in Diamantquaderung aus rotem Sandstein. An seiner Front springt ein rechteckiger Standerker mit Volutengiebel vor. Der Treppenturm an der Rückseite gehört noch an das Ende des 16. Jahrhunderts. Bemerkenswert in historischer und baulicher Hinsicht sind auch die beiden Hauptkirchen der Stadt. Die evangelische Alexanderkirche, erbaut 1493—1510 und benannt nach dem Bauherrn, Herzog Alexander (1489—1514), ist vermutlich ein Werk des Baumeisters Philipp von Gemünd aus der Bauhütte des Frankfurter Domes. Der „interessanteste Kirchenbau der Spätgotik in der Pfalz", wurde 1945 zerstört und 1953—1955 in vereinfachter Form wiederaufgebaut. — Die evangelische Karlskirche wurde von König Karl XII. von Schweden gestiftet und nach Plänen des schwedischen Baumeisters Haquinus Schlang von den Tiroler Werkmeistern Johann und Georg Koch 1708—1711 errichtet. Auch dieser 1945 schwerstzerstörte Bau ist wiedererstanden; 1965/1966 wurde er im Äußeren unverändert (im Inneren jedoch nach neuen Raumprinzipien aufgeteilt) wiedererstellt.

Der Schloßplatz in Zweibrücken von Süden. Von links nach rechts: Waage, Herzogl. Archiv, „Langer Bau am Wasser", Schloß, ehem. Turm der Kathol. Kirche (im Schloß), Ballhaus, „Heroldhaus" des Wolfgangbaues, Friedrichsbau. — Lithographie von Marx Theodosius Veiel (um 1850)

33 Kehr-dich-an-nichts

Jagdschloß bei Bad Dürkheim

Die Jagd war eine der beliebtesten Vergnügungen des Adels. Schon aus dem Mittelalter sind uns viele Darstellungen dieses Zeitvertreibs erhalten. Erinnert sei hier nur an Kaiser Friedrichs II. des Hohenstaufen Buch „De arte venandi cum avibus" (= Über die Kunst, mit Vögeln (Falken) zu jagen, um 1230), an die schönen Darstellungen jagender Minnesänger in der Manessischen Handschrift (um 1310) oder an eine Miniatur mit einer Jagd (im Gehege) der Darmstädter Pessach-Haggada (nach 1410) als besonders reizvolle Beispiele von mittelalterlichen Jagdszenen.
Der Adel des Mittelalters zog von seiner Burg aus zur Jagd. Ob beim Verfolgen des Wildes durch Jäger und Rosse, Treiber und Hunde die bebauten Felder der Untertanen zerstampft und zerwühlt wurden, war gleichgültig. Von der Jagdleidenschaft Kurfürst Friedrichs IV. des Aufrichtigen von der Pfalz zeugen viele Eintragungen über erlegtes Wildpret in seinem Tagebuch (1596—1599). Aber auch Rüpeleien wie z. B. das mutwillige Abschlagen von Köpfen lebender Gänse, für das einem Bauern Ersatz gezahlt werden mußte, gehörte offenbar auch zur „Jagdleidenschaft" dieses Fürsten. Man vermutet, daß das Volkslied vom „Jäger aus Kurpfalz" ebenfalls auf einen Angehörigen dieses Fürstenhauses Bezug nimmt, nämlich auf den Pfalzgraf und Kurverweser Johann Casimir (1583 bis 1592, siehe auch oben Seiten 28 und 42).
Schon die Sachsenkaiser ließen im 10. Jahrhundert in großen Waldgebieten Jagdhöfe anlegen, so z. B. im Harz die Höfe Bodfeld und Siptenfelde. Seit dem 15. Jahrhundert wurde es üblich, innerhalb größerer Jagdgebiete, deren Grenzen genau abgesteckt waren („Aussteinung" durch Jagdgrenzsteine), quasi als Stützpunkte und Übernachtungsmöglichkeiten Jagdhäuser und Jagdschlösser anzulegen, um längere Wegestrecken in das Jagdrevier zu vermeiden. Wir wissen von mindestens zwanzig solcher Jagdschlösser des 16. bis 18. Jahrhunderts im pfälzischen Bereich, obzwar die meisten davon in der Französischen Revolutionszeit, d. h. hier um 1793/1794 eingeäschert und völlig zerstört worden sind. Größere Territorialherren wie z. B. die Kurfürsten von der Pfalz haben mehrere Jagdschlösser errichten lassen; genannt seien hier nur die Neue Friedrichsburg (Neuschloß) bei Lampertheim nahe der Bergstraße (um

Ansicht von Nordwesten

1465—1470), Iggelheim bei Ludwigshafen (um 1525), Friedrichsbühl (Neuhaus) bei Bellheim (um 1550) und Hirschbühl bei Ludwigshafen (um 1560), von denen nur das erste noch — wenn auch verändert — erhalten ist, während ein Portal mit Beschlägwerk-Ornamentik vom Schloß Friedrichsbühl im Historischen Museum der Pfalz in Speyer bewahrt wird.

Welche Bedeutung das Jagen im Mittelalter gehabt hat, und wie wichtig die Rechte daran gewesen sind, erhellt schon allein aus dem Text der Vereinbarung von 1249, die die Grafen von Leiningen mit dem Abt Volmar vom Kloster Limburg schlossen, um die Querelen wegen der Anlage der Hardenburg auf Klosterterritorium zu beenden (siehe oben Seite 189); hierbei wurde versprochen, daß die Grafen der Fischerei und Jagden Ein- und Ausgang im Revier der Abtei, deren Schutzvögte sie waren, unverletzt und aufrichtig erhalten wollten. Jagdrechte nämlich waren zumeist das erste Privileg, das die adeligen Schutzvögte den ihnen unterstellten Klöstern abverlangten. Natürlich waren die Leininger bestrebt, ihr Jagdrecht auszudehnen. Um 1500 bestätigt sich dies in einem Salbuch, in dem die Abgrenzungen der Jagd in den Dürkheimer Wäldern zwischen den Leiningern und der Abtei aufgezeichnet sind. Auch 1618 ist ein Verzeichnis der Limburger Jagden Zeugnis für die Aufteilung, wobei die Grafen den nördlichen Teil der Wälder zur Nutzung bestätigt bekamen. Die Grenze war durch 17 Jagdsteine bezeichnet. Die Leininger erhielten 1518 auch Jagdrechte in der Wachenheimer Waldmark von Kurpfalz verliehen; sie hatten sie bis 1588 inne.

Im 18. Jahrhundert wurden mehrere Jagdhäuser und Jagdschlösser neu errichtet, zuweilen wohl an Stelle älterer, dort schon bestehender einfacherer Gebäude; sie haben zumeist die Revolutionskriege nicht überstanden. So gab es z. B. eine Gruppe von mehreren Jagdschlössern des 18. Jahrhunderts oberhalb der „Alten Schmelz" westlich von (Bad) Dürkheim. Von ihnen sind nur noch geringe Mauerreste und Bauschutt erhalten, vom Schlößchen Jägerthal blieb nur ein Schilderhaus: „Kehr-dich-an-nichts" ist — wenn auch verändert — in noch gutem Zustande.

Man erreicht das einstige Jagdschloß der Leininger, heute Forsthaus mit Gaststätte, von Bad Dürkheim aus über den Ortsteil Seebach mit seinem schönen und baugeschichtlich wichtigen Kirchentorso des Benediktinerinnen-Klosters von etwa 1220. Die Fahrstraße, die durch herrliche Waldungen führt, geht in einen Fahrweg über, auf dem man nach etwa 15 Minuten an das in romantischer Waldeinsamkeit gelegene Jagdhaus gelangen kann.

Als Folge der Zunahme an Beliebtheit, der sich die Jagd beim Adel erfreute, aber auch aus der Notwendigkeit heraus, die immer größer werdenden Hofhaltungen zu verköstigen, erstrebte man im 18. Jahrhundert nicht nur immer größere Jagdreviere, sondern man sorgte sich auch um Hege und Pflege des Wildes. Dazu dienten Wildhage (Wildgehege), die in

Fronarbeit erstellt und unterhalten werden mußten. Im Inneren dieser Hage befanden sich Futterplätze und Salzlecken, Tränken und Suhlen. Schon Friedrich Barbarossa hatte an seiner Pfalz zu Lautern ein Wildgehege anlegen lassen (siehe oben Seite 40). Bereits 1588 gab es in der Nähe des „Laubbrunnens" und des „Dechanswögle", also einer Quelle und eines Teiches, wo später das Jagdschloß „Kehr-dich-an-nichts" errichtet wurde, fünf solcher Wildhage. Hier, hart an der Grenze zwischen leiningischem und klösterlich Limburgischem Jagdrevier, war vor allem die Auerhahnjagd besonders beliebt.

Über den Bauvorgang und über das ehemalige Aussehen des Schlosses, das sich vom heutigen doch recht unterschieden haben muß, sind urkundliche Belege der Regierungszeit Graf Johann Friedrichs, nämlich eine Anzahl Rechnungen erhalten. 1721 läßt eine Aufstellung von Steinhauerarbeit erkennen, daß das Schloß zweigeschossig gewesen ist, denn es wurden sechs Fenstergestelle (Rahmen und Kreuze) für das untere und sieben für das obere Geschoß angeliefert. Im Obergeschoß befand sich zudem ein Altan mit Galerie. Auch die ehemalige farbige Fassung (Bemalung) ist bezeugt: Säulen und Holzwerk waren rot, die Galerie grün gefaßt.

Vom Jahre 1719 datieren Abrechnungen von Bildhauerarbeiten, und zwar für das Portal mit zwei „Wassermännern", zwei Löwen und für ein Wappen mit Gesims darüber. Ebenfalls 1719 wurden der Weiher vergrößert und der „Laubbrunnen" zur Wasserkunst ausgestaltet, wofür eine „Figur, woraus das Wasser springt" geliefert worden ist. Die Abrechnungen nennen auch Skulpturen zweier Hirsche und Hunde, Bäume, Felsen und einen großen „Sarg" (wohl = Trog). Platten und Fenstergestelle wurden für eine Grotte gebraucht.

Der Nachfolger Johann Friedrichs, Graf Friedrich Magnus, dessen Reliefbildnis eine Seitenwand ziert, hat die Anlage ab 1722 fertigstellen lassen. Rechnungen von Reparaturen am Schloß aus den Jahren 1772 und 1774 nennen zwei „Herrschaftsgebäude" und „des Försters Haus". Das eine „Herrschaftsgebäude" ist der noch erhaltene Schloßbau selbst, das zweite war das herrschaftliche Brunnengebäude (wahrscheinlich befand sich hier die 1719 genannte Wasserkunst mit der Brunnenfigur), das nicht mehr erhalten ist. „Des Försters Haus" ist wohl das heutige Nebengebäude oder stand an dessen Stelle.

Südseite mit Reliefporträt des Grafen Friedrich Magnus von Leiningen

Bis zur Französischen Revolution scheint das Schloß bewohnt gewesen zu sein, ebenso wie auch die Hardenburg, wenn auch die Residenz schon 1725 nach Dürkheim verlegt worden ist. Vielleicht wurde 1793 auch das Jagdschloß beschädigt. Nach 1816 jedenfalls ist „Kehr-dich-an-nichts" unter bayerischer Aegide als einstöckiges Gebäude wiederhergestellt worden. Bis in die 80er Jahre des vorigen Jahrhunderts diente es als Forsthaus. Der damals geplante Abriß konnte durch Privatinitiative verhindert werden; fortan war der Bau privates Jagdhaus. Heute befindet sich eine hier Waldgaststätte und eine Försterei.

Das Schloß „Kehr-dich-an-nichts" ist ein rechteckiger, heute eingeschossiger Bau mit Walmdach. Das Gebäude ist verputzt und zeigt Eckquaderung aus roten Sandsteinen. Die Schmalseiten sind über dem hohen Sockel geschindelt. Die Frontseite im Westen hat vier rechteckige Fenster und eine Tür in der Mitte, zu der eine zweiläufige Freitreppe hinaufführt. Fenster und Türen sind einfach profiliert. Das Innere des Gebäudes ist modernisiert und für den Gaststättenbetrieb eingerichtet.

Von der Bauplastik, die in den Rechnungen von 1719 und 1721 erwähnt ist, sind noch mehrere Skulpturen erhalten, jedoch nicht mehr oder nur zum Teil noch in der ursprünglichen Anordnung eingefügt. Beiderseits neben der Tür sind Sandsteinpfeiler mit Hermen (Oberkörper bärtiger

Männer, deren Unterkörper in Ornamentik und Voluten auslaufen) eingelassen, die recht qualitätvolle Steinmetzarbeiten des Barock darstellen. Von geringerer Qualität sind die beiden Tierreliefs auf der Frontseite des hohen Sockels und die zwei liegenden Löwen oben auf dem Podest der Freitreppe, als dessen Brüstung sie dienen. Außen, unten am Mittelteil des Treppenpodestes ist eine Puttengruppe angesetzt. Interesse dürfen die an beiden Schmalseiten (in rechteckigen Aussparungen der Schindelung) eingelassenen Reliefporträts aus Sandstein beanspruchen: an der Südseite ist im Hüftbild Graf Friedrich Magnus, an der Nordseite seine Gemahlin Leonore dargestellt.

Der Schloßbau im 19. Jahrhundert

Mit der Französischen Revolution hatte nicht nur der Adel in Frankreich selbst, sondern auch in den von den Revolutionstruppen besetzten linksrheinischen deutschen Gebieten seine Vormachtstellung eingebüßt. Im Gefolge vielschichtiger, schon vor der Revolution sich anbahnender geistiger Strömungen in Literatur und Philosophie hatten sich die künstlerischen Ausdrucks- und Erscheinungsformen, mithin auch die Bauformen ganz erheblich gewandelt. Der neue Geist besann sich — ausgerichtet auf ein „Zurück zur Natur" und als Gegenreaktion zum Barock und Rokoko — auf klare, kubische Formen in der Architektur und schlichte Gliederung durch Säulen in ihrer archaischen Form dorischer Prägung und damit wieder (wie schon in der Renaissance) auf die antike, die „klassische" Architektur, wie man sie damals als „klassisch" empfand, und auf die römische Baukunst. Dies zeigte sich zunächst in den Werken der sogenannten Revolutionsarchitekten (wie z. B. Ledoux) und d'Ixnards, die — wie gerade Pierre Michel d'Ixnard — auch auf Deutschland Einfluß nahmen (Schloß in Koblenz, 1777—1779, St. Blasien, 1783).

Das neue Denken, das durch die Befreiung Griechenlands und durch die nun bewußt aufgenommene Anschauung antiken Erbes neue Nahrung erhielt, zeigte sich in der Architektur, in den Sakral- und Profanbauten der ersten Hälfte des 19. Jahrhunderts als sogenannter Klassizismus. Baumeister wie Schinkel und Stüler in Preußen, in Bayern Friedrich von Gärtner (1792—1847), Leo von Klenze (1784—1864) und August von Voit (1801—1870) verhalfen den neuen Gedanken auf dem Gebiete des Bauwesens und somit also auch im Schloßbau zum Durchbruch. In der seit 1816 zum Königreich Bayern gehörenden linksrheinischen Pfalz, der „Bayerischen Rheinpfalz", bauten zunächst Gärtner und Klenze als bevorzugte Architekten Ludwigs I. in königlichem Auftrag („Villa" Ludwigshöhe), ferner Mattlener (Antikenhalle im Speyerer Domgarten, 1823) und vor allem der außerordentlich befähigte und fleißige August von Voit, ein Schüler Gärtners, der etwa fünfzig hervorragende Bauten in der Pfalz erstellte: katholische und protestantische Kirchen, Synagogen für die gerade erst (1794 und 1808) emanzipierte pfälzische Judenheit und Profanbauten (Rathäuser, Schulen, Gefängnis- und Gerichtsgebäude, die „Fruchthalle" in Kaiserslautern, Umbau des Zweibrücker Schlosses, Ausbau des Hambacher Schlosses, Rekonstruktionsentwurf für den Trifels). Mit dem von König Maximilian II. geförderten Wirken Voits als „Zivilinspecteur" in der Pfalz von 1832 bis 1842 sind nicht nur vorzügliche Bauten des Klassizismus entstanden (Kirche von Rinnthal, Schloß Ludwigshöhe), sondern mit ihm begannen auch die Bestrebungen, nicht nur in klassisch-griechischem oder römischem Stil zu bauen, sondern auch in anderen längst vergangenen historischen Bauweisen, wie z. B. in byzantinischem, maurischem, romanischem und gotischem Stil, und zwar je nach der „Funktion" des zu errichtenden Bauwerks bzw. in dem Stile, den man am ehesten mit seiner Funktion verbinden zu müssen glaubte.

„In welchem Style sollen wir bauen?" hatte der badische Architekt Heinrich Hübsch gefragt, der die (zu Unrecht verlästerte) Speyerer Domvorhalle in seinem Sinne romanisch (neuromanisch) und die Bäderarchitekturen Baden-Badens in Renaissanceformen gestaltete. August von Voit verfuhr im gleichen Sinne, wenn er Synagogen wie die Speyerer „maurisch-klassizistisch", die „Fruchthalle" in Kaiserslautern und den Rekonstruktionsentwurf des Trifels „romanisch-klassizistisch" entwarf und das Hambacher Schloß gotisch (neugotisch) ausbaute.

Was zunächst aber noch, wenn auch eklektizistisch, so doch handwerklich gediegen, erstanden ist, verlor in der zweiten Hälfte des 19. Jahrhunderts oft dann an Wert, wenn es — zwar handwerklich noch immer gut — nunmehr aber losgelöst von der „Funktion" des Bauwerks den historischen Stil nur um seiner selbst willen verwendete. Der Historismus der zweiten Jahrhunderthälfte war desto mehr Ziel der Kritik der folgenden Generationen, je mehr er das Handwerkliche vernachlässigte und aufgab und durch vorfabrizierte Serienstücke von Architekturdetails in Ton, Stuck und Gips ersetzte oder wenn er Bauwerke verschiedener nachempfundener oder auch nur imitierter Baustile nebeneinanderstellte. Und dennoch drückt sich auch darin noch eine Leitidee aus, ein Streben nach aufwendiger Qualität und Solidität, nach Wirkung und Eindruck auf den Beschauer, das erst in jünster Zeit wieder entsprechend gewürdigt wird. Wieviel Kosten wendete ein Bauherr des ausgehenden 19. Jahrhunderts doch auf, Kosten, die er — wenn er dem Trend jener Zeit nicht hätte nachgeben wollen, zu repräsentieren und sich zu präsentieren — sich hätte wohl ersparen können! Die Villa Ecarius in Speyer, 1892 vom Industriellen Franz Kirrmeier erbaut, ist ein Beispiel für viele solcher schloßartigen oder jedenfalls schloßähnlich gemeinten Residenzen wohlhabender Bürgerfamilien der Gründerjahre. An der Deutschen Weinstraße reihen sich die schloßartigen Villen der großen Weingutbesitzer und wohlhabender Winzerfamilien des vorigen Jahrhunderts. Erinnert sei hier auch an das „Haardter Schlössel" von 1876 neben der Burgruine Winzingen (siehe oben Seiten 27 und 30).

Der Festungsbau in Deutschland hatte sich schon im 18. Jahrhundert weitgehend von den Prinzipien französischer Manieren, die dem bastionären System verhaftet waren, gelöst. Die „Altpreußische Manier", entwickelt von Gerhard Cornelius Walrave (1692—1748) und modifiziert von König Friedrich II. von Preußen, dem „Alten Fritz" (1712—1786), verwendete statt der Bastionen sternfömig-polygonale Tenaillen (= Zangen) und detachierte (weit vorgeschobene) Forts. 1733 hatte Walrave, aus Berlin herbeigeholt, die bischöflich Speyerische rechtsrheinische Festung Philippsburg durch einen Schanzengürtel, die „Walravischen Wercker", verstärkt. Den Nachteilen aber, die auch diese Befestigungsmanier hatte, begegnete man nach 1815 mit dem „Neupreußischen System". Charakteristisch waren für diese Manier Wallfronten in ganz flach gebrochenen Winkeln, innere Grabenverteidigung durch bombensichere, kasemattierte Grabenwehren („Kaponieren") und das Vorschieben von detachierten Forts. Die großen Festungen des „Deutschen Bundes" wie Koblenz, Mainz, Ulm usw. sind nach diesem Prinzip angelegt worden. In der Pfalz wurde nach der „Neupreußischen Manier" die Festung Germersheim 1834 bis 1861 errichtet. König Ludwig I. bestimmte Friedrich Ritter von Schmauß (1792—1846) zum Baumeister. Die Stadt wurde mit sechs etwa 500 Meter langen „Fronten" im polygonalen oder Kaponierensystem umgeben (Umfang 3,2 Kilometer). Im Abstande von etwa 700 Metern davor errichtete Schmauß drei Vorfesten, vier Vorwerke und einen Brückenkopf über den Rhein (Umkreis etwa 11 Kilometer). Von diesen umfänglichen Festungswerken sind — trotz Schleifung von 1922/1923 — noch instruktive Teile erhalten bzw. von rührigen Heimatfreunden wiederhergestellt: die „Fronte Beckers" von etwa 250 Meter Länge, das Queich-Reduit und andere Reduits ehemaliger Waffenplätze, das Ludwigs- und das Weißenburger Tor (nach Entwürfen Friedrich von Gärtners), einige Kasernen, das Militärhospital, das Zeughaus und die „Carnot'sche Mauer".

34 Hambacher Schloß

Kästenburg oder Maxburg bei Neustadt an der Weinstraße

Unter den vielen Ruinenstätten der Pfalz ist eine von besonderer historischer Bedeutung: das Hambacher Schloß, das in seinen geborstenen Mauern sowohl die Ruinen einer mittelalterlichen Burg als auch die eines Schlosses des 19. Jahrhunderts vereint. Auf hochragendem Gipfel eines dem Haardtrand vorgelagerten Berges und 200 Meter über dem Dorfe Hambach weithin sichtbar gelegen, ist die mittelalterliche Kästenburg (= Kastanienburg), die als „Hambacher Schloß" der völkischen Bewegung des „Hambacher Festes" von 1832 ihre romantische Kulisse lieh und dadurch überregionale Bedeutung gewann, schließlich als Besitztum des bayerischen Königs Maximilian II. seit 1842 als „Maxburg" im Volksmund allgemein bekannt geworden.

Man erreicht die Burg- und Schloßruine, die heute als „Denkmal (oder Wiege) der deutschen Demokratie" gilt, indem man von Neustadt aus die Weinstraße in südlicher Richtung bis zum Weinort Hambach befährt und von dort aus die gut bezeichnete Fahrstraße benutzt, die in kurzer Zeit bis auf den Sattel an der Nordostseite des Burgberges führt. Vom großen Parkplatz aus (Möglichkeit zur Einkehr im gutgeführten Restaurant) ist es nur ein kurzes, wenig ansteigendes Stück Weges bis zur äußeren Zwingermauer der mittelalterlichen Burg.

Noch bevor man das äußere Burgtor in der Zwingermauer erreicht, fallen Mauerreste aus unregelmäßig gepackten Steinen auf, die unter und vor der mittelalterlichen Zwingermauer in nur wenigen Schichten herausragen und altertümlicher aussehen als jene. Tatsächlich handelt es sich hierbei um die Ringmauer einer älteren Anlage, die offenbar den ganzen Burgberg umzog. Sie ist nicht keltischen Ursprungs (wie neuerlich behauptet wurde), sondern Trockenmauer einer spätkarolingisch-frühottonischen Fluchtburg in Art der „Heidenlöcher" bei Deidesheim oder der „Schlössel-Vorburg" bei Klingenmünster (siehe oben Seiten 11 ff. und 14 ff). Diese Mauer ist noch an einigen Stellen — immer etwas vor und unterhalb der mittelalterlichen äußeren Zwingermauer — erhalten bzw. durch Grabung nachgewiesen. Ein Tor befand sich an der Westseite, und zwar in der Form eines sogenannten zurückgezogenen Burgtores mit nach innen trichterförmig eingezogenen Ringmauerenden, wie wir es schon bei der „Schlössel-Vorburg" kennengelernt haben (siehe oben Seite 15). Auch vom Graben sind Reste erhalten.

Wir betreten nun das äußere Tor der mittelalterlichen Kästenburg, das sich an der Ostseite der Gesamtanlage öffnet, und nehmen hier vielleicht zunächst einmal Gelegenheit, uns angesichts der auf der höchsten Erhebung des Burgbergs nach Südwesten hin aufragenden Ruine mit der Geschichte der Burg vertraut zu machen.

Daß den Berg eine Fluchtburg der Zeit von etwa 880 bis 920 krönte, haben wir bereits feststellen können. Ähnlich wie auch beim „Schlössel" von Klingenmünster ist auch hier im 11. Jahrhundert eine salische Burganlage in die spätkarolingische Fluchtburg hineingebaut worden. Ob es auch eine Turmburg war wie die „Schlössel-Turmburg", ist nicht mehr zu erweisen. Jedenfalls ist eine Burg in der 2. Hälfte des 11. Jahrhunderts im Besitz des Ardennen-Grafen Wolfram hier nachweisbar, dessen zweiter Sohn Graf Johann vom Kraichgau — als Johann I. Bischof von Speyer (1090—1104) und Verwandter der Salier aus der Familie der Zeisolf-Wolframe — die Feste nebst anderen Orten und Burgen (z. B. Spangenberg, siehe oben Seite 115) um etwa 1100 seinem Speyerer Domkapitel vermachte, in dessen Besitz sie bis zur Französischen Revolution verblieb. Ihre wehrgeographisch günstige Lage und ihre militärische Stärke

Kernanlage. Nordbau und Abortturm

bestimmte sie im ganzen Mittelalter und darüber hinaus (bis zum Ende des 17. Jahrhunderts) zum bevorzugten Aufenthaltsort der Speyerer Bischöfe. Viele dort ausgestellte Urkunden und die stets besonders beachtete Burghut bei der Vergabe von Burglehen an adelige Burgmannen, deren erste nachweisbare am Ende des 12. Jahrhunderts sich auch nach der Burg benennen, sind schlüssige Beweise dafür. Nicht zuletzt aber deuten mehrfache Bauarbeiten und Erweiterungen der zunächst nur auf die oberste Bergkuppe beschränkten Kernanlage auf ständige gewissenhafte Unterhaltung der Befestigungen auch im Spätmittelalter und in der frühen Neuzeit.

1315 hat die Burg während der Kämpfe Kaiser Ludwigs des Bayern — dessen Parteigänger der Bischof von Speyer gewesen ist — mit Friedrich dem Schönen und Herzog Leopold von Österreich Schäden erlitten und dürfte wenig später teilweise neuerrichtet worden sein. 1388 ist die Burgkapelle St. Michael (am Nordhang unterhalb der mittleren Zwingermauer) nachgewiesen. Bischof Matthias Ramung (1464—1478) ließ ein Hausratsverzeichnis erstellen und die Gebäude ausbessern und verschönern. Dennoch sank die Bedeutung der Kästenburg nach Errichtung der bischöflichen Wasserburg Marientraut bei Hanhofen nahe Speyer (1467 bis 1471, siehe oben Seite 137). Der Plünderung im Bauernkrieg 1525 folgte eine Instandsetzung durch Bischof Georg von Wittelsbach. Den Ruin der Burg leitete jedoch 1552 der Rachefeldzug des Markgrafen Albrecht Alkibiades von Brandenburg-Kulmbach ein (vgl. oben Seite 172 f.); Wiederherstellungen von 1560 hatten nur temporäre Bedeutung. Endgültiger Verfall folgte der Zerstörung von 1689.

Die Ruine, auf der 1814 aus Anlaß des ersten Jahrestages der Völkerschlacht bei Leipzig ein großes Freudenfeuer entzündet wurde, und der Schloßbezirk, die beide 1816 in bayerische Hand kamen, gelangten 1823 durch Versteigerung bayerischen Staatsbesitzes für 625 Gulden in die Hand von 16 vermögenden — und politisch aktiven — Neustadter Bürgern und bildeten nunmehr im Zeitalter der Romantik ein vielbesuchtes Ausflugsziel der Neustädter. Am 29. Juli 1831 beging man auf dem Burgberg den ersten Jahrestag der Französischen Juli-Revolution.

Am 27. Mai des Jahres 1832 rückte die malerische Ruine in den Mittelpunkt überregionalen Interesses, als pfälzische Patrioten und Demokraten zusammen mit etwa 300 Heidelberger Studenten, einer Abordnung aus Frankreich sowie mit Nationalisten aus dem von Rußland bedrückten Polen hier eine Massenkundgebung, das „Hambacher Fest", die „erste politische Volksversammlung der neuen deutschen Geschichte", veranstalteten. Weit über zwanzigtausend Gesinnungsgleiche aus vielen Teilen Deutschlands und des Auslands waren dem Rufe der Doktoren Siebenpfeiffer und Wirth gefolgt, um unter schwarz-rot-goldenen (und polnischen) Fahnen und mit der Forderung nach „Wiedergeburth Deutschlands" in einem politischen Manifest dem stürmischen Verlangen nach einem einzigen freiheitlichen Vaterlande ohne territorialpolitische Grenzen Ausdruck zu verleihen. Regierende Kreise waren so betroffen von den — glänzend organisierten und dabei disziplinierten — Vorgängen, daß noch Jahre danach Volksveranstaltungen und Jahrestage des Festes als mögliche „Hambacher Feste" argwöhnisch beobachtet oder bespitzelt wurden. Die Hauptverantwortlichen des „Hambacher Festes", 1833 in Landau vor Gericht gestellt, mußten jedoch freigesprochen werden.

Schon 1839 hatte Kronprinz Maximilian von Bayern pfälzische Burgruinen besichtigen lassen und Gutachten eingeholt, welche dieser Burgen sich für den Ausbau zu einem Schlosse lohnen würde. 1842 machten königstreue Pfälzer und Neustadter Bürger als Besitzer des Areals, dem bayerischen Kronprinzen (und späteren König Maximilian II.) und seiner Gemahlin Maria von Preußen die Ruine zum Hochzeitsgeschenk, die nunmehr vom Volksmund als „Maxburg" bezeichnet wurde. Maximilian faßte auf Anraten des aus Maikammer gebürtigen späteren Generals Jakob von Hartmann den Entschluß, die Ruine des „Hambacher Schlosses" zu einem „wohnlichen Schloß" ausgestalten zu lassen. Die Bauausführung durch Baurat Friedrich Ziebland folgte den Plänen des erfolgreichen Architekten August von Voit. 1844 begonnen, geriet der Bau aber schon 1846 ins Stocken und wurde von dem auch durch die Revolution von 1848/1849 vergrämten Monarchen, dem die Baukosten (sie sollten 94 000 Gulden = etwa 160 000 Goldmark betragen) über den Kopf wuchsen, im Jahre 1849 schließlich ganz eingestellt. Seitdem blieb die „Maxburg" als Doppelruine nur noch markanter, geschichtsträchtiger Punkt in der Landschaft. Die 1843 von Friedrich Jacob Dochnahl konzipierten Gartenanlagen, deren Plan im Historischen Museum der Pfalz in Speyer noch erhalten ist, waren bereits 1845 fertiggestellt, sind aber im Laufe der Zeit wieder zerstört worden.

Als königlich-bayerischer Besitz, den der Wittelsbacher Ausgleichsfonds verwaltete, ist die Burg-Schloß-Anlage am 31. 10. 1952 durch Kauf in die Obhut des Landkreises Neustadt übergegangen. 1967 fanden Ausgrabungen statt. Der Kreistag Neustadt brachte das Schloßgebäude des 19. Jahrhunderts wieder unter Dach und richtete hier eine Gedenkstätte der deutschen Demokratie und des „Hambacher Festes" ein. Weitergehende Pläne für die Schaffung eines überregionalen großen deutschen Zentralmuseums der deutschen Demokratie auf der „Maxburg" zerschlugen sich, als das Schloß Rastatt in Baden dafür ausersehen worden ist. 1982 wurde die 150. Wiederkehr des Festes würdig begangen. Zuvor ist die Ruine restauriert worden.

Man steige nun vom äußeren Tor — es war ehemals noch durch eine schmale Torgasse geschützt — die neuzeitlichen Treppen hinan. Dabei passiert man zunächst den äußeren Zwinger, dessen Mauer die untere Burg mit den Wirtschaftsgebäuden in großem Oval umschließt. Es folgt der mittlere Zwinger, dessen ovale Umfassung weitgehend zerstört ist, und schließlich steht man vor dem dritten, dem inneren Zwinger, der die Hauptgebäude der Burg ebenfalls im Oval umgibt und hier an der Ostseite noch einen kleinen halbrunden Mauerturm des ausgehenden 15. Jahrhunderts aus kleineren, ehemals verputzten Quadern vorschiebt. Vier Schießscharten für den Gebrauch der Armbrust oder von Handfeuerwaffen sind hier erhalten. Von den drei Zwingern schwingen der äußere und mittlere weit nach Norden aus, während im Süden alle drei nahe an die Hauptburg heranrücken (hier ein bewirtschafteter Kiosk).

Die Haupt- oder Oberburg besteht, wie der heutige Baubefund und alte Ansichten aus der Zeit vor 1844 beweisen, aus folgenden mittelalterlichen Bauteilen, die sich um einen rechteckigen Mittelhof gruppieren: Die ganze Ostseite nimmt ein annähernd rechteckiger Wohnbau, vermutlich der Palas der Anlage, ein. Seine unteren Schichten bestehen noch aus Buckelquadern mit Randschlägen und Steinmetzzeichen und sind vielleicht in die Mitte des 13. Jahrhunderts zu datieren. Auch die drei schmalen Schlitzfenster im Kellergeschoß gehören wohl noch in die gleiche Zeit, ebenso wie einiges vom aufgehenden Mauerwerk. Dagegen sind die regelmäßig eingefügten spitzbogigen Fenster der drei Obergeschosse und die zwei Altane des 2. Obergeschosses dem neugotischen Ausbau von 1844—1846 zuzuordnen. An ihrer Stelle befanden sich im 1. Obergeschoß vier rundbogige (innen stichbogige) Fenster, im 2. Obergeschoß spitzbogige Fenster und ein altanartiger Vorbau. In der äußeren Nordostecke des Gebäudes führte eine Treppe im Mauerwerk gewinkelt nach oben.

An diesen Ostbau, den man beim Aufstieg vor sich hat, rechtwinklig anstoßend folgt ein rechteckiger, wiederum viergeschossiger Wohnbau, der die ganze Nordseite der Burg einnimmt. Er dürfte jüngeren Datums sein als der Ostbau, vielleicht Ende des 13. oder im 14. Jahrhundert erstellt. Sein Baumaterial besteht aus kleinen Quadern. Auch hier sind große Teile des aufgehenden Mauerwerks noch mittelalterlich, jedoch die regelmäßig angeordneten großen Spitzbogenfenster im 19. Jahrhundert eingefügt.

An der Stelle, an der Ostbau-Nordseite und der Nordbau aneinanderstoßen, ist (außen vortretend und ohne Verzahnung) ein fünfgeschossiger quadratischer Turm aus kleinem Quaderwerk angebaut, der wohl erst in das 14. oder 15. Jahrhundert gehört. Er war Treppenturm und Abortturm zugleich und diente in dieser Funktion beiden anstoßenden Wohnbauten. Den drei Abortfallschächten an der inneren Außenwand entsprechen die drei noch vorhandenen parallelen äußeren Ausflußöffnungen für die Fäkalien. Die Fenster in den Obergeschossen dieses Turmes gehören in das 19. Jahrhundert.

An der Westseite der Hauptburg stand der ehemalige, fast quadratische Bergfried, der offenbar schon in spätmittelalterlicher Zeit bis auf seine westliche Außenwand abgebrochen worden ist. Diese Außenwand von etwa 3 Meter Stärke wurde nur bis in Höhe der Wohnbauten abgetragen. Sie besteht aus Buckelquadern mit Randschlägen und gehört wie der Ostbau wohl noch in die Mitte des 13. Jahrhunderts. Sockelprofil mit Abtreppung, Gerüstriegellöcher und ein Aborterker auf gerundeten Konsolen an der Außenseite gehören in die gleiche Zeit.

An die Außenwand des Bergfrieds ist mit Quaderverzahnung im Mauerverbande die Mantelmauer, der Hohe Mantel, im spitzen Winkel angesetzt; sie zieht sich — stumpfwinklig gebrochen — südlich um den Burghof. Auch sie gehört mit den unteren gebuckelten Quaderschichten in die gleiche spätromanische Bauzeit wie der Bergfried und der Ostbau. Das obere Mauerwerk jedoch, das durch mächtige Strebepfeiler von außen gestützt wird, erweist zwei jüngere Bauperioden, vielleicht des 14. oder 15. Jahrhunderts: die mittleren Teile, die aus kleineren Quadern gebildet sind, und der obere Abschluß der Mauer, der (über einer Verstärkung auf Konsolen an der Innenseite) aus etwas größeren Rotsandsteinen gemauert wurde. Oben innen ist das Wehrgangauflager, sind auch zwei breite Zinnen und Scharten noch recht gut erhalten. Der ehemalige Eingang zur Hauptburg, der in dieser Mantelmauer lag, ist zerstört. Jetzt führt ein Mauerdurchbruch in den Hof, in dessen Mitte noch Brunnen und Zisterne liegen.

Der Ausbau zum bayerischen Königsschloß durch Baurat Friedrich Ziebland nach Plänen von August von Voit erfolgte schleppend in den Jahren 1844 bis 1846; 1849 wurde er endgültig eingestellt. Dieser Teilausbau, von Georg Dehio noch geringschätzig als „ungeschichtlich" und „phantasielos" bezeichnet, ist nichtsdestoweniger ein stilgeschichtlich wichtiger baulicher Beitrag seiner Zeit, abgesehen davon, daß er die Proportionen und das äußere Erscheinungsbild im weitesten Sinne gar nicht wesentlich gegenüber dem mittelalterlichen Bestande verändert hat, jedenfalls soweit er bis zum Abbruch der Ausbauarbeiten gediehen war. Alte Pläne zeigen uns allerdings auch, wie das Schloß ausgesehen hätte, wäre der Ausbau fertig geworden: ein neugotisches Schloß mit ragenden Türmen, Erkern, Ecktürmchen, Zierzinnen wie etwa Hohenschwangau, Rheinstein oder Stolzenfels. Heute zeigt sich lediglich im Detail die Neugotik, die ja hier dem Zwecke des Ausbaues, als „wohnliches Schloß für Seine

Ansicht von Südosten

Zug zum „Hambacher Fest" am 27. Mai 1832. Die Lithographie (wohl nach Zeichnung von Brenzinger) zeigt noch die Ruine der mittelalterlichen Kästenburg.

königliche Hoheit" (Ziebland) zu dienen, untergeordnet wurde. Dazu gehören die regelmäßig in drei Etagen übereinander angeordneten großen Spitzbogenfenster der beiden Wohnbauten ebenso wie die beiden Altane im 3. Geschoß der Ostseite und die oberen Abschlüsse der Bauten, die Gesimse und Krenelierungen, die einen fiktiven Wehrgang deckenden Zinnen und Scharten im Stile der Detailformen neugotischer Schlösser-Architektur. Hinter den rechteckigen Zinnen mit kreuzförmigen Scharten und hinter durchbrochenen, quadratischen Zinnenlücken-Versatzplatten aus gelbem Sandstein — am Nordbau fertiggestellt, am Ostbau unvollendet geblieben — sollten gedeckt die ganz flachen Satteldächer liegen. Auch die Hofseiten der beiden Wohngebäude sind mit regelmäßig angeordneten Fenstern gegliedert; am Nordbau siebenachsig mit Betonung der Mittelachse durch Portal und Balkone übereinander, während der Ostbau durch eine vorgesetzte neue Fassade und durch den neugotischen Torbau daneben verändert worden ist. Überall zeigen die großen freiliegenden Verzahnungen an den Gebäudeecken, wo die Bauleute des 19. Jahrhunderts die Arbeit abbrechen mußten. Um die noch ausstehenden Löhne haben Handwerker und Baumeister kämpfen müssen. So endete 1849 nach den Wirren der Revolution ein 1844 so schaffensfroh begonnenes Schloßbau-Unternehmen und hinterließ uns ein gerade in seiner teilweisen Gegensätzlichkeit so sonderbares und doch auch eindrucksvolles Ruinenbild. Zur 150-Jahrfeier des „Hambacher-Festes" 1982 ist die Ruine durchgreifend restauriert worden, leider nicht überall mit der nötigen Rücksicht auf die Ringmauer des 10. Jahrhunderts.

Hat man die Ruine und auch den neuerlich gedeckten und für Veranstaltungen hergerichteten Ostbau besichtigt, so lohnt noch ein Rundgang durch die weitläufigen Zwinger am Berghang, vor allem durch den äußeren Zwinger, in dessen Ringmauer noch zwei Turmbauten stehen, der eine (im Westen und innen hinter der Mauer liegend) aus Buckelquadern des 13. Jahrhunderts. Hier erhoben sich ehemals Wirtschaftsgebäude und die Burgkapelle St. Michael, von denen heute nur noch Fundamente zeugen.

Hat man die Burg wieder verlassen, und steht noch genügend Zeit für einen etwa einstündigen Spaziergang zur Verfügung, so nehme man neben dem Parkplatz und am Restaurant vorbei in nördlicher Richtung durch herrlichen Wald den (mit rotem Querbalken bezeichneten) Wanderweg zum Nollenkopf südlich oberhalb Neustadt. Hier befinden sich noch die Reste einer französischen Schanze von 1696. Der damalige Befehlshaber dieser kleinen, aber militärisch günstigen Befestigung hat auf einem Felsblock die folgende, noch gut erhaltene Inschrift einhauen lassen:

19 7BRE	„Am 19. September
L'AN 1696 M'L' MARqVIS	1696 hat der Herr Marquis
DE MARILLIAC COLONEL DV	de Marilliac, Oberst des
REGIMANT DE LANGVEDOC	Regiments ‚Languedoc',
A FAICT FAIRE CE	diese Verschanzung
RETRANCHEMENT	erbauen lassen"

Alle N sind seitenverkehrt eingemeißelt.

35 Ludwigshöhe

Schloß bei Edenkoben

Der Freund klassizistischer Architektur, der die Pfalz bereist, um Beispiele dieses Baustils aufzuspüren, wird nicht versäumen, einem Schloß Besuch abzustatten, das sich nicht nur durch besonders reizvolle Lage am Haardtrand mit Blick in die Rheinebene, sondern auch durch edle Bauformen auszeichnet und zudem — nach gründlicher Restaurierung — dazu bestimmt ist, als eines der kulturellen Zentren der Pfalz den Nachlaß an Gemälden des Malers Max Slevogt aufzunehmen, den das Land Rheinland-Pfalz dort würdig zu präsentieren begonnen hat: es ist die „Villa" Ludwigshöhe bei Edenkoben.

Man erreicht den Schloßsitz von der Bundesstraße 38 (zwischen Neustadt/Weinstraße und Landau) oder von der der B 38 parallel laufenden Deutschen Weinstraße aus über Edenkoben, wo eine Straße zum Schloß abzweigt; gute Beschilderung weist darauf hin. Das Schloß liegt weithin sichtbar am Berghang unterhalb der Ruine Rietburg, die vom Schloßareal aus mit einer Sesselbahn zu erreichen ist. Die ehemaligen Nebengebäude der Villa Ludwigshöhe, Kavalierbau und Marstall, dienen — nach teilweise erheblichen Eingriffen in die Bausubstanz — als Hotel und als Sportler-Erholungsheim.

Schloß Ludwigshöhe ist auf Wunsch des bayerischen Königs Ludwig I. (1825—1848) als pfälzischer Sommersitz errichtet worden und stellt ein bedeutendes spätklassizistisches Beispiel der Villen „italienischer Art" dar, die der kunstsinnige und kunstliebende Monarch anlegen ließ. Wenn auch die Bauakten verloren zu sein scheinen, so sind doch Baupläne erhalten; sie gehen auf den bayerischen Architekten Friedrich von Gärtner zurück, der sich durch Bauten in München (Universität, Staatsbibliothek, Ludwigskirche, Feldherrnhalle, Palais der Königin Therese) zu seiner Zeit einen bedeutenden Namen gemacht hat. Gärtner erstellte die Entwürfe und Pläne im Jahre 1845, die Grundsteinlegung erfolgte im Mai 1846. Nach den Untersuchungen Wilhelm Webers, dem wir hier im weiteren folgen, wurde im Sommer 1846 eine Bauhütte aufgerichtet und eine neu anzulegende Straße projektiert, die den Hauptbau mit dem Kavalierbau und dem Marstall verbinden sollte. Offensichtlich sind alle drei Gebäude, die sich auch in der baulichen Konzeption ähnelten, zu gleicher Zeit begonnen worden und in Bau befindlich gewesen. Jedoch bewirkten der Tod Gärtners 1847 und die Vorgänge, die zur Abdankung des Königs im Jahre 1848 führten, die Unterbrechung des Baubetriebs, der erst 1849, und zwar wohl unter Hinzuziehung und mit Beratung des berühmten Architekten Leo von Klenze und unter der Leitung des Gärtner-Schülers Karl Friedrich Andreas Klumpp, wiederaufgenommen worden zu sein scheint und 1852 zum Abschluß kam.

In dem zur Aufnahme einer ganzen Hofhaltung bestimmten Komplex nahm Ludwig I. mehrmals Aufenthalt. 1868, nach des Königs Tode, fiel die Schloßanlage Prinz Ludwig Ferdinand von Bayern zu; im gleichen Jahre noch erwarb sie König Ludwig II., der sie jedoch nicht bewohnt hat. 1870/1871 und 1914—1918 diente der Schloßbezirk als Lazarett. Prinzregent Luitpold, König Ludwig III. und Kronprinz Rupprecht haben das Schloß von Zeit zu Zeit noch besucht. Während das Schloßgebäude im alten Bauzustande verblieb, jedoch fast völlig seines Mobiliars und der Tapeten beraubt wurde, ist der Kavalierbau 1960 zum Hotelbetrieb ausgebaut und der Marstall 1951 durch einen Neubau zum Erholungsheim umfunktioniert worden. Aus der Verfügung des Wittelsbacher Ausgleichfonds, des Rechtsnachfolgers des bayerischen Königshauses, ging das Schloßgebäude, der „Königsbau", am 2. Mai 1975 durch

Verbriefung des Kaufvertrages für 1 888 000 DM in den Besitz des Landes und in die Obhut des Kultusministeriums von Rheinland-Pfalz über, dem zur Aufgabe gemacht worden ist, den königlichen Landsitz „nur mit einer der Geschichte und Tradition des Schloßbauwerks würdigen Weise zur Repräsentation und für kulturelle Zwecke" zu verwenden. Die Planung sah deshalb vor, nach gründlicher Renovierung hier Ausstellungsräume zu schaffen, die dem Nachlaß Max Slevogts (121 Gemälde, drei Büsten, Bibliothek und Mobiliar) zum ständigen Verbleib dienen sollen, den das Kultusministerium am 11. März 1971 von den Nachkommen des Künstlers auf dessen Schloßgut Neukastel (siehe unten Seite 287) angekauft hat. Ein in Ausschnitten geplanter Ausbau betraf zunächst das Erdgeschoß mit seinen Prunkräumen und die Treppenanlage, die Installierung einer Heizung und sanitärer Anlagen, den Einbau einer Hausmeister- und Verwalterwohnung und schließlich die Renovierung und Sicherung des Obergeschosses für die Unterbringung der Slevogt-Gemälde. Weiterhin sind Räume für eine ständige Ausstellung hergerichtet worden, die der Geschichte der Beziehungen zwischen Bayern und der linksrheinischen Pfalz gewidmet sein wird. Andere Räume werden Ausstellungen zeitgenössischer Künstler vorbehalten bleiben, und das gewölbte Kellergeschoß soll in gastronomische Nutzung überführt werden.

Das Schloß (Hauptgebäude, der „Königsbau") stellt einen 17 Meter hohen Vierflügelbau von 50 Meter Länge und 34 Meter Breite mit einem rechteckigen Binnenhof von 18 × 22 Metern dar. Schauseite ist der Osttrakt, der sich in Erinnerung an römische Portikus-Villen gegen die Rheinebene mit zwei Säulenreihen übereinander zwischen Eckrisaliten mit Dreieckgiebeln nach außen öffnet. Vom Parkplatz aus oder auch von den Wanderwegen her, die aus dem Kastanienwald oder aus den Weingärten vor die Rückseite des Schlosses führen, möge man das Gebäude umschreiben.

Der große Mittelteil der Front nach Osten ist in zwei übereinanderliegende Säulenstellungen von jeweils sechs kannelierten, im Erdgeschoß dorischen, im Obergeschoß ionischen Säulen gegliedert. Solche Anordnungen von Säulen dorischen und ionischen Stils sind uns von antiken Bauwerken hellenistischer und römischer Zeit überliefert. Die Interkolumnen zwischen den Säulen sind durch schmiedeeiserne Gitter geschlossen. Beide Säulenstellungen tragen Architrave aus jeweils zwei Faszien (der des Erdgeschosses mit Triglyphen) und einer Deckplatte darüber, die sich — im Erdgeschoß beiderseits fortgesetzt — als Gesims um den ganzen Bau zieht und die Geschoßeinteilung bezeichnet, während sie im Obergeschoß in gleicher Höhe mit der Basis der Dreieckgiebel und dem Dachansatz verläuft.

An beiden Seiten wird die doppelreihige Säulenfront von den Risaliten begrenzt, die mäßig vorspringen und zusammen mit den Säulen und den Ecklisenen sowie den Fenstern der Risalitobergeschosse einen vertikalen Akzent betonen, der erst in den Giebeln abgefangen und geschlossen wird. Fenster im Erdgeschoß und Türen zu kleinen Balkons im Obergeschoß gliedern die Fronten der Risalite. Eine Freitreppe vermittelt über Podeste mit jeweils zwei seitlichen niedrigen Treppenläufen von der unteren, schmalen Terrasse den Zutritt zur zwölf Meter breiten und zweieinhalb Meter tiefen Loggia mit Kassettendecke hinter den dorischen Säulen des Erdgeschosses. Das Mauerwerk des Baues ist gelblich verputzt und kontrastiert wirkungsvoll mit dem Rot der Wände hinter den Säulenstellungen.

Aus der sonst völlig symmetrischen Front der Ostfassade läuft in gleicher Flucht nach Norden eine etwa zwölf Meter lange und acht Meter tiefe Loggia ab, die über eine Freitreppe mit Podest und zwei kleinen seitlichen Treppen von der Nordseite aus zugänglich ist. Zwei Anten und je zwei-

Osttrakt

mal vier kannelierte Pfeiler tragen über Architraven eine Terrasse, Rest einer ursprünglich vorhandenen Pergola, die vermutlich aus Holz bestand und mit Rankengewächsen umsponnen war. Als eine Art Gartenpavillon ist die Pergola schon 1845 mit Konsens des Königs von Gärtner konzipiert worden, ist also keine spätere Hinzufügung.

Die übrigen drei Seiten des Schlosses sind betont schlicht gehalten, ihre Fassaden lediglich durch die Fensterachsen vertikal und durch Gurtgesimse und Traufen horizontal gegliedert. Den Risaliten an der Ostfassade entsprechen gleiche an der Westseite, doch fehlen dort die Säulenstellungen im Mitteltrakt. Den vier Risalitgiebeln entsprechen die beiden westöstlichen Firstrichtungen der Satteldächer von Nord- und Südflügel, während die Dächer der beiden anderen Flügel sich rechtwinklig aufschieben.

Das Schloß enthält in seinen vier Flügeln insgesamt 62 größere und kleinere Räume. Die kommunizierenden Korridore liegen zum Innenhof, zur Außenseite die Gemächer. Der Haupteingang des Gebäudes befindet sich an der Nordseite, während ein Tor in der Mitte der Westfassade mit einer 13 Meter langen und dreieinhalb Meter breiten Durchfahrt Einlaß zum Binnenhof gewährt. Die Raumeinteilung und die Nutzung der Gemächer, so z. B. der des Erdgeschosses, sind auf dem Grundriß Gärtners (bis auf einige „disponible Zimmer") genau bezeichnet. Hervorragender Raum ist der auch in seinen Abmessungen beherrschende Speisesaal hinter dem Säulenportikus der Ostseite, von dem aus auch die Loggia zugänglich ist.

Im Südflügel waren Räume als „Zimmer des Silberverwahrers", als „Silberkammer", als „Zimmer des Conditors", als „Kaffeeküche" und als „Conditorei" ausgewiesen. Neben der Einfahrt im Westflügel gruppieren sich weitere Wirtschaftsräume und Wohnzimmer des Dienstpersonals: Zimmer des „Proviantkammer-Gehilfen" und des „Keller-Gehilfen", „Abspühl-Local", „Holzlege", eine Kammer „für Besen", zwei Nebentreppen und ein (zweisitziger) Abortraum (vermutlich für die Dienerschaft bestimmt; hohe und allerhöchste Herrschaften benutzten in der Regel fahr- oder tragbare Stühle mit Becken für die Notdurft).

Im Nordflügel folgten westlich der Einfahrt das Vestibül mit beide Geschosse verbindender Haupttreppe, östlich des Eingangs das „Portierzimmer", ein „disponibles" Zimmer und — im Nordostrisalit — das große „Gesellschaftszimmer".

Die königlichen Privatgemächer im Obergeschoß lagen zur Außenseite hin und waren in Längsrichtung der Flügel durch Türen miteinander ver-

bunden. Die Korridore sind wie im Erdgeschoß auch hier an der Hofseite angeordnet. Ankleidezimmer und Schlafgemach des Königs lagen über dem Speisesaal des Erdgeschosses, also hinter der Loggia mit ionischen Säulen des Obergeschosses, die ihrerseits durch Zugänge in den inneren Seitenwänden der Eckrisalite betreten werden konnte. Im Nordrisalit befand sich das Arbeitszimmer des Königs, im Südostrisalit das Wohn- und Empfangszimmer der Königin.
Erweist sich das Schloß Ludwigshöhe rein äußerlich schon als Architektur mit starken Bezügen zu antiker Baukunst, zu hellenistischen Bauten und römischen Portikus-Villen, wie es die übereinandergestellten Säulenreihen deutlich und somit auch den Stilbegriff „klassizistisch" anwendbar machen, so werden diese aus der Antike, aus der „Klassik" übernommenen baulichen Reminiszenzen noch durch die Ausschmückung einiger Innenräume mit Malereien nach Art pompejanischer Wanddekorationen des sogenannten 1., 3. und 4. Stiles unterstrichen. Bei der Beschreibung dieser Räume folgen wir wiederum Wilhelm Weber.
Im Gefolge der Freilegungen und Ausgrabungen antiker Gebäude in Pompeji und Herkulaneum sind schon seit dem 18. Jahrhundert Ausmalungen von Innenräumen in pompejanischem Stile „in Mode" gekommen. Im „Pompejanum" Gärtners bei Aschaffenburg (1841—1846) haben die Künstler Copien pompejanischer Wandmalereien zum Vorbild genommen, die ein italienischer Maler im Auftrag hergestellt hatte. Für die Ausmalung des Speisesaales und des „Gesellschaftszimmers" im Erdgeschoß der „Villa" Ludwigshöhe hatte der König 1849 den Rat des Architekten Leo von Klenze eingeholt. Vermutlich ist für die Ausführung der Wanddekoration auf Ludwigshöhe der Maler Anton Schwarzmann angestellt worden, der bereits im Aschaffenburger „Pompejanum" diesen Malstil mit Erfolg verwendet hatte. Möglicherweise hat Schwarzmann Skizzen und Entwürfe Gärtners, der pompejanischen Malerei an Ort und Stelle in Pompeji studiert hatte, auf seine Weise in der Villa Ludwigshöhe zur Ausführung gebracht. Aber auch andere Maler könnten als Künstler der Innendekoration in Frage kommen, Friedrich Christoph Nilson oder Philipp Weinsperger, die beide schon am „Pompejanum" mitgearbeitet hatten.
Das Erdgeschoß des „Königsbaues" hat noch charakteristische Beispiele pompejanischer Wandmalerei in klassizistischer Umformung von 1849 bis etwa 1852 bewahrt, so im Raum II des Nordflügels, wo man, dem antiken Stil entsprechend, die Wände als stark farbige rechteckige Felder gestaltet hat. — Im großen nordöstlichen Eckraum III, dem „Gesell-

Speisesaal im Erdgeschoß

schaftszimmer" oder „Pompejanischen Saal", sind Malereien des sogenannten 3. und 4. pompejanischen Stils imitiert bzw. nachempfunden worden. Die unteren Wandflächen erscheinen in Art von Orthostaten, d. h. vorgetäuschten hochrechteckigen Sockelquadern, während die oberen Wandflächen, so an der Nord- und Südwand, mit mythologischen Szenen bemalt sind. Im Gegensatz zu den antiken Originalen jedoch zeigen z. B. die Frauengestalten nicht nackte, sondern züchtig verhüllte Brüste. Daneben sind aber auch Motive aus dem heimatlichen Raume verwendet worden, so die Ruinen des Trifels', der Madenburg und des Klosters Limburg bei Bad Dürkheim in sehr genauen Wiedergaben ihres damaligen Bauzustandes. Über der Bilderzone schließt ein Fries an, der im unteren Teile Weinblattgirlanden zwischen vegetabilen Säulen zeigt, unter denen Fasanen und Pfauen laufen. Abschließend folgt ein Streif mit stilisierten Blüten und Palmetten. Die Decke des Raumes ist mit Faunsmasken und Weingefäßen zwischen feingliedriger Ornamentik bedeckt.

Im großen Speisesaal des Ostflügels sind ebenfalls pompejanische Malereien gekonnt in den Zeitstil des Schloßbaues transponiert worden. Wandflächen in Pompejanisch-Rot mit kleinen gemalten Figuren in ihren Mittelpunkten entsprechen in den Abmessungen den Fenstern der Ostseite des Saales. Eine vorgetäuschte Pfeilerstellung gliedert die Wände. In der Sockelzone stehen Blumenstücke in perspektivisch gesehenen Aediculae (Gehäusen). Gemalte Scheinarchitekturen und Supraporten („Obdertürbilder") haben wie die antiken Vorbilder den Sinn, aus dem Raum hinauszuführen und eine räumliche Weite vorzuspiegeln. Daher sind auch in die Sockel der Aediculae Ausblicke in südländische Landschaften eingefügt (drei an der Ost-, zwei an der Westwand). Die Deckenmalerei verwendet subtile Ornamentik mit Blumenkränzen in den kleineren Außenfeldern. Weitere Deckenmalereien sind im Obergeschoß des Schlosses in den Privaträumen König Ludwigs I. und in denen seiner Gemahlin Therese erhalten geblieben, so im Wohnzimmer der Königin (XXXV) eine Bemalung mit zierlichen Gehäusen und darin aufgehängten Musikinstrumenten; auch hier also wieder Elemente von Scheinarchitektur und ein Hinausgreifen über den Raum hinaus. Die Decken der übrigen Räume zeigen teilweise geometrische Muster und Ornamentik, die Bildfelder mit Nereïden, Wasservögeln und Blumen einschließt. Der Adler fehlt hier ebensowenig wie der Pegasus oder der Delphin als zierliche Motive antiker Mythologie im linearen Rankenwerk und Rahmenwerk ornamental aufgegliederter Deckenmalerei. Die Böden sind mosaiziert und unterstreichen den festlichen Charakter der Räume des königlichen Landsitzes, der — im neuen Glanz der Restaurierung — den würdigen Rahmen für einen Großteil des Oeuvres des Malers Max Slevogt abgibt.

Zum Schlosse gehörten zwei Nebengebäude, die geeignet sein konnten, dem Königssitz zugleich den Rang einer Hofhaltung zu verleihen. Nordöstlich dem Geländeabfall am Rande folgend, liegt der ehemalige Kavalierbau, der 1960 in ein Hotel umgebaut worden ist. Er diente zu Zeiten Ludwigs I. mit seinen etwa 65 Räumlichkeiten als Sitz des Hofmarschallamtes und des Sekretariats sowie als Wohnung von Hofbeamten und Hofdamen. Das Gebäude (im Grundrißschema eines Doppel-T) besteht aus einem Mitteltrakt von 54×12 Metern und zwei rechtwinklig angesetzten, beiderseits (im Westen 7,60 Meter, im Osten etwa 3 Meter) vor die Fronten des Mittelbaues vorspringenden Flügeln von 23,5 × 11 Metern mit flachen Giebeln. Alle drei Trakte — sie bestehen aus zwei Geschossen und einem Mezzanin — sind mit Satteldächern gedeckt. Der Eingang springt mit seinem Treppenhaus als Mittelrisalit 2,20 Meter vor die Hauptfront im Westen vor. Durch den Umbau zum Hotelbetrieb, der allerdings zur Zeit ruht, ist das Gebäude nicht nur im Innern, sondern auch im Äußeren verändert worden.

Der Marstall der Hofhaltung lag wiederum nordöstlich des Kavalierbaues. Von ihm blieb nur eine Außenmauer stehen, als man 1951 an seiner Stelle einen Neubau errichtete, der als Sportler-Erholungsheim dient. Der Marstall, der Kutschen und über 60 Pferde aufnehmen konnte, war ein nach Osten geöffneter Dreiflügelbau von 88 × 50 Metern, dessen Hof von einer Mauer mit Tor begrenzt wurde, die sich zwischen Pavillons vor den östlichen Stirnseiten der Flügel spannte.

Größere Garten- oder Parkanlagen sind im Schloßbereich nicht angelegt worden. Sie erübrigten sich wohl in einer Umgebung, die mit Weingärten und Kastanienwald bis in das Schloßareal hineinreichte, so daß auch ohne Schloßgarten Natur und Schloßbauten eine Einheit bildeten, die auch heute noch Bestand hat.

Der Besucher, der sich in Betrachtung der spätklassizistischen „königlichen Villa" Ludwigshöhe erfreut hat, versäume nicht, von der nahegelegenen Station aus im Sessellift den Burgberg hinter dem Schlosse emporzufahren und oben einen Rundgang durch die Ruinen der Rietburg zu unternehmen. Von der etwa um 1200 errichteten Feste sind noch Reste von Gebäuden, Ring- und Zwingermauern und die 14 Meter hohe und 3 Meter starke Schildmauer erhalten. Von hier aus hatte es 1255 einer der Burgherren gewagt, Elisabeth von Bayern, die Gemahlin des deutschen Königs Wilhelm von Holland, auf ihrem Wege zum Trifels gefangenzunehmen. Die später bischöflich Speyerische Burg wurde 1552 von Markgraf Albrecht Alkibiades von Brandenburg-Kulmbach auf seinem Rachefeldzug in den rheinischen Bistümern besetzt.

Bei zeitlich nicht bemessenem Aufenthalt lohnt sich ein Besuch des alten Weinortes Edenkoben mit schönen alten Häusern und den Resten des 1262 hierher verlegten Zisterzienserinnen-Klosters Heilsbruck. — Nicht vergessen sei auch das malerische Dorf Rhodt (unter Rietburg), das vom 14. Jahrhundert bis 1603 zu Württemberg gehörte und von 1603 bis 1801 Baden-Durlach'sche Enklave gewesen ist. Baulich wertvolle Häuser und Torbogen der Renaissance gehören zum Charakter dieser Gemeinde ebenso wie das „Schlössel", eine reizvolle Dreiflügelanlage französischen

Königsbau, Kavalierbau und Marstall von Osten. Lithographie von Ludwig Steinmetz (um 1860)

Charakters von etwa 1780, deren Besitzer Gastlichkeit mit Mäzenatentum verbindet.

Dem historisch besonders Interessierten empfiehlt sich von Edenkoben aus und über das Forsthaus Heldenstein (mit Bewirtschaftung) ein Abstecher zum „Schänzel" im Hochwald des Steiger Kopfes. Hier, wo bereits Herzog Bernhard von Weimar 1635 eine Schanze aufgeworfen hatte, bezogen im Juni 1794 preußische Truppen eine Stellung in vier großen Erdschanzen nebst Verhau, deren Reste im Waldboden noch erkennbar sind. Französische Revolutionstruppen eroberten das „Schänzel" am 13. Juli 1794 und durchbrachen hier, auf Johanniskreuz und bei Trippstadt (siehe oben Seite 242) die alliierten Schanzlinien. Ein Denkmal erinnert an den Tod des preußischen Generals v. Pfau.

36 Neukastel

Slevogthof bei Leinsweiler

An letzter Stelle unserer Betrachtung pfälzischer Burgen und Schlösser möge ein privates Hofgut stehen, dessen Ausbau im schloßartigen Charakter und dessen Bestand als eines der Zentren überregionaler, ja internationaler kultureller Bedeutung in der Pfalz unserem, dem 20. Jahrhundert, verhaftet ist: der Slevogthof unterhalb der Burgruine Neukastel bei Leinsweiler an der Weinstraße. Man erreicht den Sommer- und Alterssitz des bedeutenden Malers und Graphikers des Impressionismus Max Slevogt (1868—1932) von Landau oder von Bad Bergzabern aus. Man benutze jedoch nicht die Bundesstraße 38, sondern die Fahrstraße, die beide Städte über Wollmesheim, Eschbach und Klingenmünster miteinander verbindet und die zum Teil als Weinstraße, zum Teil als Bundesstraße 48 ausgeschildert ist. Wie auch beim Wege zur Madenburg (siehe oben Seite 171) fahre man bis zum Orte Eschbach, biege dann aber nach Norden auf die Weinstraße ab, die von hier über Leinsweiler, Ranschbach, Birkweiler nach Siebeldingen führt, so daß auch von dort aus, also von der Bundesstraße 10 zwischen Landau und Pirmasens, die Zufahrt zu unserem Ziel in südlicher Richtung möglich ist. Etwas nördlich von Leinsweiler führt ein betonierter Weinbergweg in Kehren hinauf bis vor den Gutssitz, der in eine reizvolle Landschaft, in Weingärten eingebettet und von Edelkastanienwald umgeben ist.

Anstelle des heutigen Komplexes stand hier ehemals ein Meierhof, der Neukasteler Hof, ein Wirtschaftshof der nördlich nahebei auf einem Bergkegel im Wald gelegenen Burgruine Neukastel, einer ehemaligen Reichsburg. Von der später zweibrückischen Feste, die ab 1330 die Geschicke des Trifels geteilt hat, sind nur noch der bearbeitete Felsstock mit einer Felskammer und ganz wenige Mauerreste erhalten.

Wie die Burg Neukastel, so wird auch der Meierhof 1689 zerstört worden sein. Ein Wiederaufbau — zum Teil auf alten, noch heute vorhandenen Fundamenten — als Gutswirtschaft erfolgte 1828 bis 1831 in Form einer Dreiflügelanlage mit nach Süden offenem Hof. Im Ostflügel lag der Wohnbau mit klassizistischem Portal von 1828. Der Nordflügel war durch einen Torbogen auf das Jahr 1831 datiert. Späterhin ist der Nordflügel nach Osten erweitert und der achteckige Turm mit Zinnenplattform angefügt worden.

Wendeltreppe zum Garten, Nordostbau und „Bergfried" (von links nach rechts)

Der Gutssitz in seiner so romantisch reizvollen Lage zwischen Wein und Wald mit Ausblick auf die Rheinebene und — nach Süden — auf den Schwarzwald und die Vogesen hat den 1868 in Landshut geborenen Maler Max Slevogt, der neben Max Liebermann und Lovis Corinth zu den bedeutendsten deutschen Impressionisten gehörte, schon früh angezogen. Als Kind schon hatte der Künstler Ferien in Landau verbracht. Als Jüngling kam Slevogt auch nach Neukastel. Das Gut gehörte damals — 1884 — Dr. Peter Finkler, der aus romantischen Empfindungen den achteckigen Turm gleichsam als eine Art Bergfried seines Schloßgutes hatte erbauen lassen. Seit etwa 1890 war der junge Slevogt, der Anschluß an die Familie Finkler gefunden hatte, auf Neukastel auch künstlerisch schon tätig, sonst aber in München ansässig. 1898 heiratete er Antonie Finkler („Nini"), eine der Töchter des Gutsherren. 1901 führte Slevogt der Weg von München über Frankfurt nach Berlin; dennoch hielt er sich immer zeitweise auch in der Pfalz auf und malte auf Neukastel und in Godramstein östlich von Landau, wo der Schwiegervater ebenfalls über Grundbesitz verfügte. Als im Frühjahr 1914 die Güter Finklers versteigert wurden, erwarb der Künstler den Hof Neukastel für sich und seine Gattin. Sein Arbeitsfeld verlegte er nun immer öfter von Berlin, wo er zum Kreis um Paul Cassirer gehörte, in die Pfalz. Im Jahre 1922 griff Slevogt den Plan wieder auf, parallel zum Westflügel seines Hofes einen neuen Ostflügel nach eigenen Intentionen erstehen zu lassen, in dem die Bibliothek, ein Musiksaal und Wohnzimmer aufzunehmen seien. Infolge mancher zeitbedingter Schwierigkeiten ist der Neubau erst 1923 fertig geworden. Die Wandmalereien in Kaseïnfarben (also keine Fresken!), mit denen der Meister 1924 das Musikzimmer schmückte, sind in ihren Motiven — Gestalten und Szenen aus Opern von Mozart und Richard Wagner — nicht ohne Anregungen zu verstehen, die Slevogt 1924 durch seine Arbeiten als Bühnen- und Kostümbildner einer „Don Giovannni"-Aufführung in Dresden und durch einen Besuch Bayreuths empfangen hatte. Gartenplastiken nach Entwürfen Slevogts fertigte der in Würzburg tätige Friedrich Schneider an; die steinernen Putten auf dem Dach gehen ebenfalls auf Entwürfe des Malers zurück und verdanken ihr Entstehen Eindrücken des Künstlers in Veitshöchheim. 1929 führte Slevogt die Deckenmalereien im Bibliothekzimmer aus, 1930 verband er Ost- und Westflügel des Hofgutes durch eine Terrasse, und den Garten (im Winkel zwischen Ostflügel und verlängertem Nordflügel) mit einer Pergola vor der Bibliothek durch eine Wendeltreppe, deren Verkleidung in Würzburg nach Entwurf und Tonmodell des Künstlers gearbeitet wurde. Slevogt hatte sich nun ein „Tusculum" geschaffen, in dessen romantisch-heimeligen Umkreis der Maler noch mannigfache Anregungen für sein Spätwerk gewann. Slevogt starb 1932; er wurde auf dem kleinen Familienfriedhof östlich des Hofgutes beigesetzt.

Die Tochter des Künstlers („Nina") und ihr Gatte haben im Verein mit Denkmalpflege und Kultusministerium das Erbe Slevogts am Ort lebendig erhalten. In den letzten Jahren wurden nicht nur die Wand- und Deckenmalereien, die „zu den bedeutendsten Werken der Monumentalmalerei in Deutschland zwischen den beiden Weltkriegen" gehören (H. Caspary), mustergültig restauriert (1972—1974 von Otto Schultz), sondern auch ein Restaurant im bukolischen Stile (im Westflügel) und ein gern frequentiertes Gästehaus (östlich am Nordflügel) etabliert. Die Terrasse im Süden wurde erweitert und überdacht, nach einem Brand von 1973 auch der Nordflügel großzügig neu gestaltet. Der Nachlaß an Gemälden des großen Impressionisten (sie gewinnen an besonderem Wert durch viele Motive aus dem privaten und familiären Bereich des Künstlers) wurde, soweit er nicht mit dem Baugefüge verbunden war, vom Kultusministerium von Rheinland-Pfalz erworben; in der Villa Ludwigshöhe fand er endgültig Heimstatt (siehe oben Seite 275 f.). Im Slevogthof aber werden — ergänzend zu den großartigen Wand- und Deckenmalereien — ein Archiv und ein Dokumentationszentrum des Oeuvre Slevogts verbleiben.

Vom Parkplatz aus führen ein paar Schritte vor die Westseite des schloßartigen Gutes. Hier befindet sich neben der großen Torfahrt zum Binnenhof auch der Eingang zur Gaststätte und damit auch zur Terrasse an der Südseite, von wo aus man (mit Führung) die von Slevogt erstellten Räumlichkeiten des Ostflügels besichtigen kann.

Von der Terrasse aus betritt man zunächst durch den Eingang an der Südseite die Bibliothek. Die 1929 von Slevogt geschaffenen Deckengemälde nehmen ihre Motive sinngemäß aus der Literatur: Linker Hand, also oben in der Südwestecke, ist der Roman durch die Gestalt des „Lederstrumpf" vertreten, in der Nordwestecke gegenüber das Märchen durch die Scheheresade aus „1001 Nacht". Rechter Hand oben in der Südostecke verkörpert der Kampf um Troja das klassische Epos, in der Nordostecke gegenüber „Macbeth" das Drama. Neben dem Eingang und rechts zum Garten hin liegen Fenster.

Ein (aus der Achse des Raumes verschobener) Durchgang leitet den Besucher nun in das anschließende Musikzimmer, dessen Wände der Künstler, der selbst einmal den Wunsch gehabt hatte, Sänger zu werden, im Jahre 1924 mit Malereien nach Motiven und Szenen aus Mozart- und Wagner-Opern bedeckt hat. Es sind — mit Ausnahme der Malereien im Bremer Ratskeller — die einzigen noch erhaltenen Wandgemälde Slevogts. Linker Hand, an der Südwand neben der Tür, beginnen die Opernszenen und Operngestalten mit dem Helden Siegfried. Die Südwestecke beherrscht der Nibelung Alberich. An der Westseite folgen die Rheintöchter und die Szene mit Siegfrieds Tod. Den Wechsel des Themenkreises noch an der gleichen Wand bezeichnet die schillernde Figur des Don Giovanni. Die Nordwestecke ist mit Ballsaalszene und Don Giovannis Schlafzimmer charakterisiert, das zur Nordseite des Raumes überleitet. Es folgt die düster ragende Gestalt des Komtur. Die Kaminanlage gibt der Wandfläche eine Zäsur. Mit der Gestalt Fausts und den drei Frauen endet die Wand. Im Winkel nach Osten liegt der Durchgang zu den Wohnräumen. Südlich davon, an der Ostseite des Musikzimmers mit seinen drei Fenstern zum Garten, ist im ersten kurzen Wandstreif die Wolfsschlucht aus dem „Freischütz" dargestellt. Zwischen den Fenstern hängen hohe Spiegel. Die Südostecke schließlich wird — im Winkel umgreifend — von der Königin der Nacht (Ostseite), Monostatos (Ecke) und Pagageno (Südseite) beherrscht. Durch den schon genannten Durchgang des Musikzimmers gelangt man in die nordöstlich anschließenden Wohnräume. In Schränkchen und Vitrinen sind persönliche Erinnerungsstücke, Porzellane, Gläser, Graphiken (darunter auch die entzückenden Tisch- und Menükarten von Slevogts Hand) und anderes ausgestellt. Der Turm am Südostende ist nicht zugänglich, von allen Räumen jedoch aus geht der Blick hinein in den Garten und auf den achteckigen Turm: in Sommerglut und Blütenpracht mag man an Klingsors Turm und Zaubergarten erinnert sein. Viel davon hat der Künstler uns in seinen Gemälden der 20er Jahre, den „Gartenbildern", als Vermächtnis hinterlassen. Krönung alles dessen jedoch ist der Ausblick, der sich von der großen Terrasse nach Süden über die Weingärten, über Leinsweiler hinweg zur Madenburg und weit hinein in die Vogesen bietet.

Dem Besucher sei geraten, den Komplex mit seiner noch trutzig und wehrhaft anmutenden Nordseite in östlicher Richtung zu umschreiten, wobei links oben über dem Wald der Burgfels aufleuchtet, und letztlich den kleinen stimmungsvollen Friedhof zu besuchen, auf dem Max Slevogt inmitten seiner Familie 1932 seine letzte Ruhestätte fand.

Literaturverzeichnis

Abkürzungen

„Pfalzatlas" = Pfalzatlas (im Auftrag der Pfälz. Gesellschaft zur Förderung der Wissenschaften hrsg. von W. Alter). Speyer 1963 ff.

„Neustadt" = Neustadt an der Weinstraße. Beiträge zur Geschichte einer pfälzischen Stadt (hrsg. von der Stadt, bearbeitet vom Stadtarchiv / K.-P. Westrich). Neustadt 1975.

Geschichte und Landeskunde

K. Andermann, Studien zur Geschichte des pfälzischen Niederadels im späten Mittelalter (Schriftenreihe der Bezirksgruppe Neustadt im Historischen Verein der Pfalz Bd. 10). Speyer 1982.

K. Baumann, Pfälzer Lebensbilder. Bd. I, Speyer 1964 — Bd. II, Speyer 1970 — Bd. III, Speyer 1977 (Veröffentlichungen der Pfälzischen Gesellschaft zur Förderung der Wissenschaften Bde. 48, 60 und 65).

K. Baumann, Das Herzogtum Pfalz-Zweibrücken — Umrisse einer Landesgeschichte. In: Saarheimat. Saarbrücken, Okt./Nov. 1960.

K. Baumann, Von Geschichte und Menschen der Pfalz (hrsg. von K. Andermann. Pfälz. Gesellsch. z. Förd. d. Wissensch. Bd. 73). Speyer 1984.

E. Christmann, Die Namen der Burgen der Pfalz. In: Die Siedlungsnamen der Pfalz. Teil II, 1. Speyer 1964. S. 17ff.

Das Große Pfalzbuch (bearb. von O. Bischoff, K. Heinz, A. Rapp). 6. Aufl. Neustadt/Wstr. 1980.

Die Pfalz auf der Suche nach sich selbst (Hrsg. von C. Heupel). Landau 1983.

L. A. Doll, Das Reichsland Lautern im Mittelalter. In: Jahrb. z. Gesch. von Stadt und Landkreis Kaiserslautern 1965, S. 20 ff.

W. Fabricius, Die Grafschaft Veldenz. In: Mitt. d. Histor. Vereins der Pfalz 33, 1913, S. 1 ff. und 36, 1916, S. 1 ff.

R. Fendler, Geleitstraßen und Postlinien vor der Französischen Revolution. In: „Pfalzatlas" S. 703 ff. und Karte Nr. 86

W. Frenzel, Die historischen Wälder der Pfalz. In: „Pfalzatlas" S. 265 ff. und Karte Nr. 21

P. Gärtner, Geschichte der bayerisch-rheinpfälzischen Schlösser. Speyer 1855.

P. Habermehl, Neustadt im Pfälzischen Erbfolgekrieg — Die Stadt als französische Garnison. In: „Neustadt" S. 277 ff.

Handbuch der historischen Stätten. Bd. V. Rheinland-Pfalz und Saarland (hrsg. von L. Petry.) 2. Aufl. Stuttgart 1965.

L. Hans, Burgenpolitik — ein Agens mittelalterlicher Geschichte, dargestellt am Beispiel des ehemaligen Speyergaus. In: Burgen und Schlösser 26, 1985, I, S. 25 ff.

H. Heiberger, Die Grafen zu Leiningen-Westerburg. Ursprung – Glanz – Niedergang. Grünstadt 1983.

G. Hertzog, Friedrich I. der Siegreiche, Kurfürst von der Pfalz, nach zeitgenössischen Schriften. In: Mitt. d. Histor. Vereins der Pfalz 37/38, 1918, S. 89 ff.

H. Heß, Der Bau der Festung Landau. In: Landauer Monatshefte 1965, Nr. 6 und 7

E. Heuser, Die Belagerungen von Landau 1702, 1703, 1704 und 1713. 2. Aufl. Landau 1913

F. J. Hildenbrand, Die Kurfürstliche Kriegs- und Realfestung Frankenthal in der Unteren Pfalz. Frankenthal 1896

K.-U. Jäschke, Burgenbau und Landesverteidigung um 900 (Konstanzer Arbeitskreis f. mittelalterl. Geschichte. Vorträge u. Forschungen Sonderbd. 16). Sigmaringen 1975

J. Keiper, Die deutsch-französischen Kämpfe in der Pfalz und im Pfälzerwald während der fünf Kriegsjahre 1792–1796. In: Mitt. d. Histor. Vereins der Pfalz 50, 1930–32, S. 65 ff.

G. Landwehr, Die Bedeutung der Reichs- und Territorialpfandschaften für den Aufbau des kurpfälzischen Territoriums. In: Mitt. d. Histor. Vereins der Pfalz 66, 1968, S. 155 ff.

F. Lang, Die Herrscher des Reichsamtes Lemberg (Die Grafen von Saarbrücken, die Grafen von Zweibrücken, die Grafen von Hanau-Lichtenberg, die Landgrafen von Hessen-Darmstadt). In: Ortsgeschichte Vinningen. Vinningen 1964. S. 97 ff.

J. G. Lehmann, Urkundliche Geschichte der ehem. freien Reichsstadt und jetzigen Bundesfestung Landau. Landau 1851

J. G. Lehmann, Urkundliche Geschichte der Burgen und Bergschlösser der bayerischen Pfalz. Bde. I–V. Kaiserslautern 1857

B. Lorenz – F. Lorenz, Die funktionelle und rechtsgeschichtliche Entwicklung des Befestigungswesens in Deutschland bis zum Ausgange des Mittelalters. In: Burgen und Schlösser 1961, I, S. 1 ff.

H.-M. Maurer, Die Entstehung der hochmittelalterlichen Adelsburg in Südwestdeutschland. In: Oberrheinische Studien. Bd. I. Karlsruhe 1970. S. 295 ff.

P. Mayer, Die Pfalz. Wanderungen im „Garten Deutschlands". Köln 1977.

Ministerialität im Pfälzer Raum (hrsg. von F. L. Wagner, Veröff. d. Pfälz. Gesellsch. z. Förd. d. Wissensch. Speyer Bd. 64). Speyer 1975

P. Moraw – M. Schaab, Territoriale Entwicklung der Kurpfalz (1156–1792). In: „Pfalzatlas" S. 393 ff. und Karten Nr. 62 bis 65

Pfälzische Landeskunde. Beiträge zur Geographie, Biologie, Volkskunde und Geschichte (hrsg. von M. Geiger, G. Preuß, K.-H. Rothenberger). Bde. 1–3. Landau 1981 (bes. Bd. 3).

J. Probst, Geschichte der Stadt und Festung Germersheim. Speyer 1898

O. Roller, Die Pfalz. Bilder einer Landschaft. 3. Aufl. Tübingen 1984.

M. Schaab, Territoriale Entwicklung der Hochstifte Speyer und Worms. In: „Pfalzatlas" S. 760 ff. und Karte Nr. 61

M. Schaab, Die Stadt- und Landkreise Heidelberg und Mannheim.

Amtliche Kreisbeschreibung. Bd. I. Karlsruhe 1966.

P. Schnepp, Die Raugrafen. In: Mitt. d. Histor. Vereins der Pfalz 37/38, 1918, S. 147ff.

E. Schrader, Das Befestigungsrecht in Deutschland. Diss. Göttingen 1909

H. Schreibmüller, Pfälzer Reichsministerialen. Kaiserslautern 1911

H. Schreibmüller, Die Wittelsbacher seit 700 Jahren Pfalzgrafen bei Rhein 1214—1914. In: Mitt. d. Histor. Vereins der Pfalz 34/35, 1915, S. 209ff.

L. Schütte, Pfälzer Land im Dreißigjährigen Kriege. Neustadt 1967

L. Schütte, Die Rolle der Queich in kriegerischen Zeiten. In: Kreis Landau in der Pfalz. Landau 1969. S. 125ff.

F. Sprater, Die Reichskleinodien in der Pfalz. Ludwigshafen 1942

H. Werle, Die Aufgaben und die Bedeutung der Pfalzgrafschaft bei Rhein in der staufischen Hausmachtpolitik. In: Mitt. d. Histor. Vereins der Pfalz 57, 1959, S. 137 ff.

H. Werle, Die Landgrafschaft im Speyergau, In: Mitt. d. Histor. Vereins der Pfalz 59, 1961, S. 71ff.

H. Werle, Das Saliergut an Mittel- und Oberrhein (944—1125). In: „Pfalzatlas" S. 105ff. und Karte Nr. 51

H. Werle, Die pfälzischen Lande in der Stauferzeit. In: „Pfalzatlas" S. 111ff. und Karte Nr. 52

K.-P. Westrich, Besiedlung in Mittelalter und Neuzeit. In: Landkreis Kaiserslautern. Bonn 1968. S. 47ff.

K. E. Wild, Zur Geschichte der Grafschaften Veldenz und Sponheim und der Birkenfelder Linien der pfälzischen Wittelsbacher. — Mitteil. d. Vereins f. Heimatkunde im Landkreis Birkenfeld. Sonderheft 43. Birkenfeld 1982

Bau- und Kunstgeschichte

Alte Burgen — Schöne Schlösser. Eine romantische Deutschlandreise (Das Beste). Stuttgart—Zürich—Wien 1980

W. Alter, Pläne der Festungen Frankenthal, Germersheim, Landau und Mannheim. In: „Pfalzatlas" S. 357ff., Karte Nr. 50

A. Antonow, Burgen des südwestdeutschen Raumes im 13. und 14. Jahrhundert (Veröffentl. des Alemannischen Instituts Freiburg i. Br. Nr. 40). Bühl 1977

A. Antonow, Planung und Bau von Burgen im süddeutschen Raum. Frankfurt/Main 1983

F. Arens, Staufische Königspfalzen. In: Burgen und Schlösser 19, 1978, II

H. M. von Aufsess, Burgen. München 1976

G. Ball, Germersheim, die geschleifte Festung. Speyer 1930

S. Bartsch — J. Bieker, Vom Trifels zum Hambacher Schloß — Burgen im Pfälzer Wald (Die bibliophilen Taschenbücher Nr. 429). Dortmund 1984

Th. Biller, Die Burgengruppe Windstein und der Burgenbau in den nördlichen Vogesen. Untersuchungen zur hochmittelalterlichen Herrschaftsbildung und zur Typenentwicklung der Adelsburg im 12. und 13. Jh. (30. Veröffentl. der Abt. Architektur des Kunsthistor. Instituts der Univers. Köln. Hrsg. von G. Binding). Köln 1985

G. Binding, Romanischer Baubetrieb in zeitgenössischen Darstellungen. Köln 1972

Die Baudenkmale in der Pfalz. Bde. I—V. 2. Aufl. Neustadt 1884—1897

W. Bornheim gen. Schilling, Rheinische Höhenburgen. Neuß 1964

W. Bornheim gen. Schilling — H. Cüppers — W. Weber, Burgen und Schlösser (Kunst und Kultur in Rheinland-Pfalz Bd. I). Bad Neuenahr-Ahrweiler 1981

A. Brauner, Burgen und Bergschlösser um Bad Bergzabern. 1. Teil. Bad Bergzabern 1975

L. Bruhns, Hohenstaufenschlösser. Königstein im Taunus — Leipzig 1941

H. Caspary, Verbreitung der Werke barocker Künstler. In: „Pfalzatlas" S. 1030ff., Karte Nr. 30

E. Christmann, Burg — Altenburg — Bürgel — Warte. In: Nordpfälzer Geschichtsverein 40, 1960, S. 478 ff.

K. H. Clasen, „Burg". In: Reallexikon zur deutschen Kunstgeschichte Bd. III. Stuttgart 1954

A. v. Cohausen, Die Befestigungsweisen der Vorzeit und des Mittelalters. Wiesbaden 1898

G. Dehio, Handbuch der deutschen Kunstdenkmäler. Rheinland-Pfalz und Saarland (bearb. von H. Caspary, W. Götz u. E. Klinge). München—Berlin 1972

B. Ebhardt, Deutsche Burgen als Zeugen deutscher Geschichte. Berlin 1925

B. Ebhardt, Der Wehrbau Europas im Mittelalter. Bd. I. Berlin 1939 (Reprint Frankfurt/M. 1977).

L. Eckrich, Der zentrale Bergfried in der Burg Kaiserslautern. Zur Datierung freistehender Rundtürme. In: Pfälzer Heimat 15, 1964, S. 49ff.

A. v. Essenwein, Die Kriegsbaukunst (Handb. d. Architektur II, 4, 1). Darmstadt 1889

G. P. Fehring, Frühmittelalterliche Wehranlagen in Südwestdeutschland (Château Gaillard 5). Caen 1972. S. 37ff.

R. Fendler, Burgen, Schlösser und Rathäuser. In: Kreis Landau in der Pfalz. Landau 1969. S. 90ff.

K. Friederich, Die Steinbearbeitung. Augsburg 1932

H. Graf, Das Eindringen der Renaissance in die Baukunst der Pfalz. In: Pfälzer Heimat 6, 1955, S. 7ff. und S. 46ff.

H. Graf, Baumeister der Hohenstaufenzeit. In: Pfälzer Heimat 9, 1958, S. 42ff.

H. Graf, Wie wenig wissen wir von den frühmittelalterlichen Burgen der Pfalz. In: Nordpfälzer Geschichtsverein 40, 1960, S. 473ff.

P. Grimm, Zum Übergang vom Holz-Erde-Bau zum Steinbau bei frühgeschichtlichen Burgen. In: Burgen und Schlösser 1963, I, S. 1ff.

D. Häberle, Burgen, Schlösser und Klöster der Pfalz. In: Pfälzer Heimatkunde 3, 1907, S. 69ff.

W. Hartung, Pfälzer Burgenbrevier. 6. Aufl. Landau 1985

E. Hausen, Die Baukunst der Hohenstaufenzeit in der Zentralpfalz. In: Pfälzer Heimat 9, 1958, S. 48ff.

K. Heinz, Von Burg zu Burg. In: Das Große Pfalzbuch. 6. Aufl. Neustadt 1980. S. 203ff.

A. Herrnbrodt, Rheinische Mottenforschung heute. In: Burgen und Schlösser 1963, I, S. 4ff.

E. Heuser, Pfälzerland in der Vergangenheit. Neustadt 1922. S. 217ff.

W. Hotz, Kleine Kunstgeschichte der deutschen Burg. Darmstadt 1965

W. Hotz, Kleine Kunstgeschichte der deutschen Schlösser. Darmstadt 1970

W. Hotz, Pfalzen und Burgen der Stauferzeit — Geschichte und Gestalt. Darmstadt 1981

R. Huber — R. Recht, Glossaria Artis. I Der Wehrbau. Tübingen—Strasbourg 1971

R. Huber — R. Rieth, Glossarium Artis, Burgen und feste Plätze. Faszikel 1. 2. Aufl. München 1977

H. E. Kubach, Die Pfalz (Deutsche Lande — Deutsche Kunst). 2. Aufl. München—Berlin 1967

H. E. Kubach, Die Architektur der Romanik. Stuttgart 1974

Die Kunstdenkmäler von Bayern. Pfalz. Bde. 1—9. München 1926 bis 1939

Die Kunstdenkmäler des Stadtkreises Mannheim (bearb. von H. Huth). Bde. 1 und 2. München 1982

Die Kunstdenkmäler von Rheinland-Pfalz. Bd. II. Krs. Pirmasens. München—Berlin 1957

D. Leistikow, Romanische Mauerwerkstechnik. In: Burgen und Schlösser 1960, II, S. 16 ff. — 1961, II, S. 45 ff. — 1962, II, S. 45 ff. — 1964, I, S. 5 ff.

D. Leistikow, Aufbewahrungsorte der Reichskleinodien in staufischer Zeit. In: Burgen und Schlösser 1974, II, S. 87 ff.

H.-M. Maurer, Bauformen der hochmittelalterlichen Adelsburg in Südwestdeutschland. In: Zeitschr. f. d. Geschichte des Oberrheins 115, 1967, S. 61 ff.

W. Medding, Burgen und Schlösser in der Pfalz und an der Saar (Burgen — Schlösser — Herrensitze Bd. 23). Frankfurt/M. 1962

W. Meyer, Die deutsche Burg. Frankfurt/M. 1963

W. Meyer, Deutsche Schlösser und Festungen. Frankfurt/M. 1969

W. Meyer, Deutsche Burgen, Schlösser und Festungen. Frankfurt/Main 1979

W. Meyer — E. Lessing, Deutsche Ritter — Deutsche Burgen. München 1977

J. F. Mone, Über das Kriegswesen vom 13. bis 16. Jahrh. In: Zeitschr. f. d. Geschichte des Oberrheins 6, 1855, S. 37 ff.

J. Naeher, Die Burgen der rheinischen Pfalz. Neustadt 1887

J. Naeher, Kriegsbautechnische Erfahrungen über die Anlage der Burgen in der Pfalz. In: Mitt. d. Histor. Vereins der Pfalz 14, 1889, S. 109 ff.

M. v. Neumann. Die Schlösser des bayerischen Rhein-Kreises. Zweibrücken 1837/1838

W. Pfefferkorn, Buckelquader an Burgen der Stauferzeit in Württemberg. Ludwigsburg 1977

O. Piper, Burgenkunde. München 1895, 1905, 1912, Frankfurt/M. 1967 (W. Meyer)

C. Pöhlmann, Burgen, feste Häuser und Schlösser in der Pfalz. In: Pfälzischer Geschichtsatlas (hrsg. von W. Winkler). Neustadt 1935. Bl. 10 und 11

Reclams Kunstführer. Baudenkmäler Bd. II. Baden-Württemberg, Pfalz-Saarland (H. Brunner). Stuttgart 1957

O. Reuleaux, Die geschichtliche Entwicklung des Befestigungswesens. (Göschen Nr. 569). Leipzig 1912

B. Roland, Die Pfalz — Der Garten Deutschlands. Amorbach 1969

G. Schellack — W. Wegner, Burgen und Schlösser im Hunsrück-, Nahe- und Moselland. Kastellaun 1976

K. Scherer — K. P. Westrich, Das Buch der Pfälzer Burgen. Neustadt—Landau 1977

K. Scherer — R. Wehr, Burgen der Pfalz. Ausstellungskatalog der Pfalzgalerie Kaiserslautern. Kaiserslautern 1982

R. Schmidt, Burgen des deutschen Mittelalters. München 1959

C. Schuchhardt, Die Burg im Wandel der Weltgeschichte. Berlin 1931

F. Sprater, Burgen der Salier in der Pfalz. In: Unsere Heimat 1939, Heft 12, S. 360ff.

G. Stein, Befestigungen des Mittelalters — Schlösser und Befestigungen der Neuzeit. In: „Pfalzatlas" S. 313ff., Karten Nr. 48 und 49

G. Stein, Stadt-, Dorf-, Kirchen-, Klöster- und Friedhofsbefestigungen sowie Landwehren des Mittelalters. In: „Pfalzatlas" S. 781ff., Karte Nr. 47

G. Stein, Das „zurückgezogene" Tor, eine seltene Torform hochmittelalterlicher Burgen. In: Bonner Jahrb. 164, 1964, S. 137ff.

G. Stein, Festungen und befestigte Linien in der Pfalz und im nördlichen Baden. In: Pfälzer Heimat 19, 1968, S. 91ff. und S. 127ff. — 20, 1969, S. 8ff.

G. Stein, Zeugen wehrhafter Vergangenheit. In: Das Große Pfalzbuch 6. Aufl. Neustadt 1980. S. 115ff.

G. Stein, Zur Wehrgeographie der Pfalz — Wehrsysteme in Mittelalter und Neuzeit. In: Stimme der Pfalz 32, 3, München 1981. S. 3ff.

G. Stein, Burgen und Stadtbefestigungen — Schlösser und Festungen. In: Pfälzische Landeskunde (hrsg. von M. Geiger, G. Preuß und K. H. Rothenberger). Bd. 3. Landau 1981. S. 77ff.

G. Stein, Burgen und Schlösser in der Pfalz (Knaur — Reisen und Entdeckungen Bd. 4405). Taschenbuch. München 1983

G. Stein, Festungen und befestigte Linien des 17. und 18. Jahrhunderts am Oberrhein. In: Barock am Oberrhein (Oberrheinische Studien Bd. VI) Karlsruhe 1985. S. 55ff.

G. Stein, Befestigte Friedhöfe und befestigte Kirchen in der Pfalz. In: Der Turmhahn. Blätter vom künstlerischen Schaffen und Bauen in der Pfälzischen Landeskirche 29, 3/4, 1985, S. 2ff.

C. Tillmann, Lexikon der deutschen Burgen und Schlösser. 4 Bde. Stuttgart 1957—59

A. Tuulse, Burgen des Abendlandes. Wien—München 1958

R. v. Uslar, Frühgeschichtliche Befestigungen, zwischen Alpen und Nordsee. Beispiele zu ihrer Form und Funktion. In: Blätter f. deutsche Landesgeschichte 94, 1958, S. 65ff.

R. v. Uslar, Studien zu frühgeschichtlichen Befestigungen (Bonner Jahrbücher, Beiheft 11). Bonn 1964

L. Villena, Glossaire — Burgenfachwörterbuch des mittelalterlichen Wehrbaus. Frankfurt/Main 1975

H. Graf Waldburg-Wolfegg, Vom Nordreich der Hohenstaufen. 2. Aufl. München—Zürich 1964

O. E. Wülfing, Burgen der Hohenstaufen in der Pfalz und im Elsaß. Düsseldorf 1958

A. v. Zastrow, Geschichte der beständigen Befestigung. Leipzig 1854

Außer den im Literaturverzeichnis aufgeführten Publikationen zur Geschichte und Landeskunde sowie zur Bau- und Kunstgeschichte sind zu einigen der behandelten Burgen und Schlösser noch folgende Veröffentlichungen anzumerken:

1 Heidenlöcher

Kw. Kaiser, Die Heidenlöcher bei Deidesheim, eine frühmittelalterliche befestigte Bergsiedlung. In: Pfälzer Heimat 2, 1951, S. 10ff.

A. Schäfer, Mauerbaupflicht fränkischer Königsleute zu Ladenburg und an der karolingerzeitlichen Ringwallanlage „Heidenlöcher" bei Deidesheim. In: Zeitschrift f. d. Gesch. des Oberrheins 113 (N. F. 74), 1965, S. 429ff.

2 und 3 Schlössel

F. Sprater, Schlößl und Schloßeck, zwei pfälzische Burgruinen der Salier- und Hohenstaufenzeit. In: Der Burgwart 39, 1938, S. 1ff.

F. Sprater, Die Burgruine „Schlößl" bei Klingenmünster. In: Pfälzer Heimat 2, 1, 1951 S. 16ff.

G. Stein, Das „Schlössel" bei Klingenmünster. Zur Baugeschichte einer salischen Turmburg. In: Mainzer Zeitschr. 67/68, 1972/73 (Festschrift Arens), S. 108ff.

4 Steinenschloß

K. Deibert, Tätigkeitsbericht über die Ausgrabungen am Steinenschloß. Rodalben 1973

G. Lüder, Die Burgruine Steinenschloß. In: Heimatkalender für das Pirmasenser und Zweibrücker Land 1980. S. 169ff.

5 Winzingen

K. Tavernier, Das Haardter Schloß. In: „Neustadt" S. 171ff.

6 Kaiserslautern

W. Bremer, Die Ausgrabungen an der Barbarossaburg zu Kaiserslautern. In: Völkische Wissenschaft 3, 1937, Heft 8, S. 198ff.

W. Bremer, Die Ausgrabungs- und Instandsetzungsarbeiten an der Kaiserpfalz zu Kaiserslautern. In: Deutsche Kunst- und Denkmalpflege 1937, S. 270ff.

H. Graf, Von den Resten der Hohenstaufenpfalz in Kaiserslautern. In: Pfälzer Heimat 7, 1956, S. 19ff.

H. Graf, Hatte Herzog Friedrich II. von Hohenstaufen, der Vater Barbarossas, wirklich keine Beziehungen zu Lautern. In: Jahrb. z. Gesch. von Stadt und Landkreis Kaiserslautern 1965, S. 36 ff.

E. Christmann, Königsland — Reichsland — Reichswald — Reichswaldgenossenschaften einst und jetzt. In: E. Christmann — H. Friedel, Kaiserslautern einst und jetzt. Otterbach 1970. S. 59 ff.

F. Arens, Staufische Königspfalzen. In: Burgen und Schlösser 19, 1978, II, S. 74 ff., bes. S. 75

K.-P. Westrich, Kaiserslautern 1823. In: „Pfalzatlas" S. 487 ff. und Karte Nr. 44

F. Arens, Ein angeblich staufischer Löwe aus der Pfalz in Kaiserslautern. In: Jahrb. z. Gesch. von Stadt und Landkreis Kaiserslautern 14/15, 1976/77, S. 47 ff.

D. Leistikow, Die Spoliensäule in Kaiserslautern, ein stadtgeschichtliches Denkmal. In: Burgen und Schlösser 18, 1977, I, S. 65 ff.

8 Landeck

H. Bülichen, Burg Landeck in der Pfalz in Sage und Geschichte. Klingenmünster 1951

O. Böcher, Burg Landeck. In: Ärzteblatt Rheinland-Pfalz 2, 1985

K. Heinz, Burg Landeck in der Pfalz. 2. Aufl. Klingenmünster o. J. (1982)

10 Trifels

B. Ebhardt, Burg Trifels. Untersuchungen zur Baugeschichte. Braubach 1938

H. Werle, Der Trifels als Dynastenburg. In: Mitt. d. Histor. Vereins d. Pfalz 52, 1954, S. 111 ff.

H. v. Malottki — A. Rapp, Große Welt des Trifels. Neustadt 1958

W. Bornheim gen. Schilling, Zum Kapellenturm und Palas des Trifels. In: Mitt. d. Histor. Vereins d. Pfalz 58, 1960 (Festschrift Pfälzisches Museum), S. 189 ff.

H. v. Malottki, Der Trifels — eine abendländische Stätte. 10. Aufl. Speyer 1968

K. Heinz, Annweiler am Trifels und Umgebung. Landau o. J. (um 1975)

A. Schultz, Die Gefangenschaft des Richard Löwenherz auf Burg Trifels. 1. Aufl. Erfweiler 1977

F. Arens, Staufische Königspfalzen. In: Burgen und Schlösser 19, 1978, II, S. 74 ff.

W. Achtermann, Die Nachbildungen der Reichskleinodien. In: Die Pfalz am Rhein 52, 1, Neustadt/Wstr. 1979

G. Stein, Trifels und Hohkönigsburg. Zitate und Gedanken zum Wiederaufbau zweier Burgruinen. In: Oberrheinische Studien Bd. III. Karlsruhe 1975. S. 373 ff.

F. Sprater — G. Stein, Der Trifels. 14. Aufl. Speyer 1986

G. Trendel, Le Trifels — château allemand du Graal. In: Bulletin de l'Association pour la Sauvegarde du Patrimoine Médiéval 1982, No. 3

G. Stein, Der Trifels — um 1193 bis 1195 eine „große Baustelle"? In: Mitt. d. Histor. Vereins d. Pfalz 83, 1985, Speyer 1986

11 Drachenfels

W. Schlicher, Die Ganerbenburg Drachenfels. In: Heimatkalender für das Pirmasenser und Zweibrücker Land 1976, S. 53ff.

12 Neuleiningen

K. E. Graf zu Leiningen-Westerburg, Neu-Leiningen. Beschreibung und Geschichte der Burg. In: Mitt. d. Histor. Vereins der Pfalz 11, 1883, S. 65ff.

O. Fuchs, Leiningische Burgen einst und jetzt. In: Der Burgwart 17, 1916, S. 74ff.

H. Werle, Die politischen Anfänge des Grafenhauses Leiningen. In: Mitt.-Blätter zur rhein. Landeskunde 16, 1967, S. 362ff.

H. Heiberger, Das Schloß zu Altleiningen — Stammhaus der Grafen von Leiningen. 2. Aufl. Heidelberg 1975

R. Will, Les châteaux de plan carrée de la pleine du Rhin et le rayonnement de l'architecture militaire royale de France au XIIIe siècle. In: Cahiers Alsaciens d'archéologie, d'art et d'histoire XXI, 1978, S. 65ff.

H. Heiberger, Neuleiningen — Geschichte einer Bergfestung. Heidelberg 1979

J. Rüttger — W. Schmitt, Das Leininger Land. Grünstadt 1984

13 Wolfsburg

Th. Karst, Neustadt als linksrheinisches Zentrum pfalzgräflicher Herrschaft und Verwaltung. In: „Neustadt" S. 139ff.

14 Frankenstein

F. W. Weber, Die alte Geleitstraße von Kaiserslautern nach Worms. In: Nordpfälzer Geschichtsverein 43, 1963, S. 43ff.

Th. Kaul, Das Verhältnis der Grafen von Leiningen zum Reich und ihr Versuch einer Territorialbildung im Speyergau im 13. Jahrhundert. In: Mitt. d. Histor. Vereines der Pfalz 68, 1970, S. 222ff.

15 Spangenberg

O. Reichart, Die Burg Spangenberg. In: Lachen-Speyerdorf — Heimatgeschichte. Mannheim 1966. S. 106 ff.

W. Hartung, Burg Spangenberg. Edenkoben 1974

G. Stein, Spandau und Spangenberg — Zwei landesherrliche Burgen im 14. Jahrhundert in jüdischer Hand? (Zu den Begriffen „Turmamt" und „Burglehen"). In: Jahrb. f. brandenburg. Landesgeschichte 25, 1974, S. 16ff.

16 Montfort

F. L. Arnold, Ganerben-Burg Montfort. In: Pfälzer Heimat 5, 1954, S. 129f.

E. Hahn, Raubritterburg Montfort im Erholungsgebiet Rheingrafenstein. Bad Münster a. Stein/Ebernburg o. J. (um 1978)

A. Ehrhard, Montfort — Ein Beitrag zur Erforschung des Nordpfälzer Rittergeschlechts. In: Mitteil. d. Histor. Vereins der Pfalz 78, 1980, S. 181ff.

H. Wilke u. a., Die Burg Montfort. III. Teil. Bad Münster a. Stein/Ebernburg 1981

17 Landsberg

W. Hublitz, In neuem Glanz: Die Burgruine Landsberg. In: Donnersberg-Jahrbuch 3, 1980, S. 31f.

18 Reipoltskirchen

J. Keiper, Reichsherrschaft Hohenfels-Reipoltskirchen. In: Mitt. d. Histor. Vereins der Pfalz 46, 1927, S. 47ff., bes. S. 78ff.

E. Dick, Reipoltskirchen unter geteilter Herrschaft. In: Westrich-Kalender. Neuwied—Kusel 1964. S. 41ff.

19 Falkenstein

W. Bucher, Die Grafschaft Falkenstein und die Französische Revolution. In: Donnersberg-Jahrbuch 2, 1979, S. 137ff.

H. Häßel, Falkenstein: Vom Grenzpunkt zum Herrensitz. In: Donnersberg-Jahrbuch 3, 1980, S. 108 ff.

F. Sprater, Österreichische Lande am Donnersberg. In: Unsere Heimat 1937/1938, Heft 7, S. 198ff.

R. Hellriegel, Falkenstein — Donnersberg — Winnweiler. Speyer 1952

A. Heintz, Einige Blätter aus der Geschichte der Grafschaft Falkenstein am Donnersberg. In: Mitt. d. Histor. Vereins der Pfalz 7, 1878, S. 19ff.

20 Berwartstein

Th. Wadle, Burg Berwartstein. Tübingen o. J.

21 Dahner Schlösser

Th. Neubauer, Wasgauburgen im Sickinger Schicksalsjahr 1523. In: Heimatkalender für das Pirmasenser und Zweibrücker Land 1974, S. 75ff.

K. Th. Thelen — A. Schultz, Burgengruppe Altdahn, Grafendahn, Tanstein, Neudahn. 10. Aufl. Busenberg 1983

W. Christhart Kuntz, Eine Beschreibung des Dahner Tales von 1820. In: Heimatkalender 1979 des Landkreises Pirmasens. Weißenthurm 1979. S. 69 ff.

22 Neuscharfeneck

L. Grünenwald, Burg Scharfeneck und der Orensberg in der Mittelhaingeraide. In: Pfälz. Museum — Pfälz. Heimatkunde 41, 1924, S. 33 f.

K. Müller, Alt-Scharfeneck über Frankweiler. In: Pfälzer Heimat 8, 1957, S. 20

M. Geiger, Die Burgruinen des Ramberger Tales. Landau 1967

24 Madenburg

Hagen, Urkundliche Geschichte der Burg und Herrschaft Madenburg. Landau 1923

H. Heß, Die Madenburg. Ein Führer durch die Burg und ihre Geschichte. 4. Aufl. Landau 1977

25 Nannstein

K. Baumann, Franz von Sickingen (1481—1523). In: Landkreis Kaiserslautern. Monographie einer Landschaft. Trautheim-Mainz 1961. S. 65 ff.

K. Schauder, Sickingens letzte Tage. In: Heimatkalender für die Stadt und den Landkreis Kaiserslautern 1974, S. 118 ff.

Th. Knocke, Chronik der Stadt Landstuhl. 1. Aufl. Kaiserslautern 1975, S. 33 ff.

W. Dotzauer, Das „Burgenterritorium" des Franz von Sickingen. In: Ebernburg-Hefte 9. Folge 1975, S. 166 ff.

H. Budenbender, Nanstein — die Sikkingen-Burg zu Landstuhl/Pfalz. 8. Aufl. Landstuhl 1984.

26 Hardenburg

K. E. Graf zu Leiningen-Westerburg, Der dicke Turm der Hartenburg. In: Mitt. des Histor. Vereins der Pfalz 13, 1888, S. 40 f.

B. Ebhardt, Die Hartenburg. In: Deutsche Burgen. Berlin 1899 ff. Nr. XIX, Heft 7/8, 1904/1905, S. 333 ff.

W. Hotz, Die Hartenburg im 16. Jahrhundert. In: Mannheimer Geschichtsblätter 38, 1937. S. 3 ff.

E. Christmann, Sprachliche Erläuterungen zu den Bauakten über die Hartenburg. Ebenda S. 14 und 115

J. Toussaint, Das Territorium der Grafen von Leiningen im Wormsgau. Sein Aufbau und Verfall im Mittelalter. In: Mitt. des Histor. Vereins der Pfalz 71, 1974, S. 155 ff.

W. Stauth, Die Hardenburg in der Pfalz. Beobachtungen an einer Schloßruine mit Rekonstruktions-Studien. In: Pfälzer Heimat 29, 1, 1978, S. 1 ff.

G. Stein, Burgruine Hardenburg (Führungsheft 3 des Landesamts für Denkmalpflege Rheinland-Pfalz, Verw. d. staatl. Schlösser). 3. Aufl. Mainz 1982

27 Bergzabern

A. Brauner, Fürstenhochzeit in Bergzabern Pfalz — Jülich 1579. Bad Bergzabern 1968

A. Brauner, Bergzaberns Name. Eine Studie zur Frühgeschichte der Stadt Bad Bergzabern. Bad Bergzabern 1971. S. 72 ff.

A. Brauner, Aus Bad Bergzaberns geschichtlicher Vergangenheit. Bad Bergzabern 1975

A. Brauner, Burgen und Bergschlösser um Bad Bergzabern. 1. Teil. Bad Bergzabern 1975

28 Lichtenberg

W. Haarbeck, Die Burgmannen auf Lichtenberg. In: Mitt. d. Histor. Vereins der Pfalz 50, 1930/1932, S. 97 ff.

W. Bornheim gen. Schilling, Rheinische Höhenburgen (Jahrb. d. Vereins für Denkmalpflege und Heimatschutz 1961—1963). Neuß 1964. Bd. II, Abb. 323—330

O. H. Schindler, Die Burg Lichtenberg (Große Baudenkmäler Heft 182). München—Berlin 1964

D. Hinkelmann, Burg Lichtenberg — Ein Führer durch die Ruine. 1969

W. Haarbeck — D. Hinkelmann — K. E. Wild, Geschichte der veldenz-zweibrückischen Burg Lichtenberg (Mitt. d. Vereins f. Heimatkunde im Landkreis Birkenfeld, Sonderheft 10). Neuwied 1964. Neuauflage Kusel 1975

B. Gutendorf — R. Stucky, Burg Lichtenberg, 1. Aufl. Neuwied 1975

29 Emichsburg

E. Kristek, Bauernlage und Bauernnot in der Grafschaft Leiningen 1400—1525 (Westmärk. Abhandl. zur Landes- und Volksforschung, Beiheft 4). Kaiserslautern 1941

A. Tröscher, Schloß Emichsburg zu Kleinbockenheim — Dichtung und Wahrheit über einen Leininger Witwensitz. In: Nordpfälzer Geschichtsverein 58, 2, 1978, S. 25 ff.

A. Tröscher, Die Inneneinrichtung des gräflichen Hauses Emichsburg in Bockenheim im Jahre 1608. In: Nordpfälzer Geschichtsverein 60, 3, 1980, S. 51 ff.

G. Stein, Befestigte Friedhöfe und befestigte Kirchen in der Pfalz. Der Turmhahn 29, 3/4, 1985, S. 11

31 Trippstadt

C. F. v. Gienanth, Die Familie von Gienanth und ihre Hüttenwerke in der Pfalz. In: Pfälz. Museum — Pfälz. Heimatkunde 42, 1925, S. 83 ff.

J. Keiper, Die kurpfälzischen Oberstjägermeister Freiherren von Hacke und ihr neues Trippstadter Schloß. In: Pfälz. Museum 1932, S. 245 ff.

K.-P. Westrich, Zweihundert Jahre Trippstadter Schloß. In: Heimatkalender für die Stadt und den Landkreis Kaiserslautern 1968. S. 132 ff.

K.-P. Westrich, Ludwig Freiherr von Gienanth (1767—1848) und Carl Freiherr von Gienanth (1816 bis 1890). In: Heimatkalender für die Stadt und den Landkreis Kaiserslautern 1969, S. 127 ff.

E. Bauer, Siegmund Jakob Haeckher als Architekt und Landmesser in der Herrschaft Trippstadt. In: Pfälzer Heimat 22, 1971, S. 68 ff.

32 Zweibrücken

L. Molitor, Zweibrücken — Burg und Stadt. Zweibrücken 1879

R. Ruebel, Die Bautätigkeit im Herzogtum Pfalz-Zweibrücken und in Blieskastel im 18. Jahrhundert. Heidelberg 1914

A. Becker, Zweibrücker Barock. In: Pfälz. Heimatkunde 11, 1915, S. 52 ff.

Zweibrücken 600 Jahre Stadt (1352 bis 1952). Zweibrücken 1952

J. Dahl — K. Lohmeyer, Das barocke Zweibrücken und seine Meister. 2. Aufl. Zweibrücken 1957

150 Jahre Landkreis Homburg/Saar (1818—1968). Homburg 1968. S. 79 ff.

R. Wilms — W. Hendel, Zweibrücken 1840. In: „Pfalzatlas" S. 508 ff. und Karte Nr. 44

J. Konrad, Monbijou, der letzten Herzogin von Zweibrücken letzter Besitz in der Pfalz. In: Heimatkalender für das Pirmasenser und Zweibrücker Land 1975, S. 133 ff.

E. Gehrlein-Fuchs, Die Zweibrücker Häuser-Lotterie. In: Pfälzer Heimat 28, 3, 1977, S. 101 ff.

R. Wilms, Die Zweibrücker Fasanerie. In: Heimatkalender für das Pirmasenser und Zweibrücker Land 1977, S. 42 ff.

G. Stein, Zu einer neuentdeckten mittelalterlichen Ruine bei Zweibrücken. In: Pfälzer Heimat 29, 4, 1978, S. 121 ff.

W. Hermann, Kloster oder Turmburg? — Die mittelalterliche Ruine bei Zweibrücken-Niederauerbach. In: Pfälzer Heimat 32, 3, 1981, S. 100 ff.

Die Kunstdenkmäler von Rheinland-Pfalz. Stadt- und Landkreis Zweibrücken (bearb. von H. Dellwing), 2 Bde. München 1981

33 Kehr-dich-an-nichts

K. E. Graf zu Leiningen-Westerburg, Alte Funde in Kehrdichannichts. In: Mitt. d. Histor. Vereins der Pfalz 14, 1889, S. 85 ff.

Das Tage- und Ausgabenbuch Friedrichs IV. von der Pfalz (1598 bis 1599). In: Mannheimer Geschichtsblätter 7, 1906, Sp. 53ff., Sp. 91ff. und Sp. 123ff. (Wiederabdruck nach J. Wille in: Zeitschr. f. d. Gesch. des Oberrheins 33, 1880, S. 201ff.)

E. Bilfinger, Schießregister des Pfalzgrafen Johann Casimir (1585 bis 1588). In: Mitt. d. Histor. Vereins der Pfalz 37/38, 1918, S. 129ff.

L. Graf, Kehrdichannichts, Murrmirnichtviel, Schaudichnichtum und die leiningischen Jagden. In: Pfälz. Museum — Pfälz. Heimatkunde 43, 1926, S. 213ff.

C. Neubronner, Kehrdichannichts — ein leiningisches Jagdschlösschen. In: Mannheimer Geschichtsblätter 38, 1937, S. 99ff.

H. Feth, Der Jäger aus Kurpfalz in Ramstein. In: Ramstein. Kaiserslautern 1965. S. 92ff.

J. Kling, Das Jagdschloß „Friedrichsbühl" bei Bellheim. In: Zeiskam im Wandel der Zeiten. Landau 1974. S. 60f.

O. Gödel, Darüber stritten sich die Gelehrten. Kleine Geschichte des leiningischen Jagdschlößchens „Kehrdichannichts". In: Die Rheinpfalz 52 vom 2. 3. 1978

34 Hambacher Schloß

F. X. Remling, Die Maxburg bei Hambach. Mannheim 1844

Chr. Mehlis in: Pfälz. Museum 29, 8/9, 1912, S. 74ff., bes. S. 76

E. Franz, Vom „Hambacher Schloß" zur „Maxburg". Ein Beitrag zur Geschichte des Umbaus. In: Pfälz. Museum — Pfälz. Heimatkunde 1932, 3/6, S. 153ff., Abb. vor S. 145

K. Schultz, Das Hambacher Schloß, Hambach und Neustadt an der Weinstraße. Speyer 1952

L. Litzenburger, Die Befestigung auf dem Nollen bei Neustadt und ihr Erbauer. In: Pfälzer Heimat 14, 1963, S. 103ff.

Hambacher Schloß — ein Denkmal der deutschen Demokratie (hrsg. vom Landratsamt Neustadt an der Weinstraße). Neustadt 1969

K.-P. Westrich, Hambacher Schloß — Hambacher Fest — Geschichte und Ideen. In: „Neustadt" S. 399ff.

P. Habermehl, Burgen über Hambach. In: Pfälzer Heimat 26, 3, 1975, S. 87ff.

W. Schlegel, Das Hambacher Fest — deutsches Nationalfest? In: Mitt. des Histor. Vereins der Pfalz 80, 1982, S. 85ff.

J. Kermann, Das Hambacher Schloß als Hochzeitsgeschenk der Pfälzer an Kronprinz Maximilian von Bayern (1842). In: Mitteil. des Histor. Vereins der Pfalz 80, 1982, S. 199ff.

O. Böcher, Das Hambacher Schloß. In: Ärzteblatt Rheinland-Pfalz 7, 1982

H. Blinn, Der Landauer Maler-Poet Heinrich Jakob Fried und das Hambacher Fest (Kleine Landauer Reihe). Landau 1982

35 Ludwigshöhe

J. Schmitt, Das Schloß Ludwigshöhe bei Edenkoben in der Pfalz. In: Pfälz. Heimatkunde 16, 1920, S. 49ff. u. S. 65ff.

J. Keiper, König Ludwig I. von Bayern und die Pfalz. In: Pfälz. Museum 1928, S. 17ff.

L. Schütte, Die Wittelsbacher und Schloß Ludwigshöhe bei Edenkoben. Neustadt 1969

W. Weber, Ein Schloßbau des Spätklassizismus. In: Villa Ludwigshöhe. Maler aus der Zeit Ludwigs I. von Bayern. Ausstellungskatalog. Edenkoben 1969. S. 5ff.

L. Schütte, Die Kämpfe um Edenkoben, das Schänzel und Johanniskreuz während der französischen Revolutionskriege. 2. Aufl. Neustadt 1971

B. Roland, Max Slevogt — Die Gemälde auf Schloß „Villa Ludwigshöhe" (Die bibliophilen Taschenbücher Nr. 337). Dortmund 1982

36 Slevogthof Neukastel

H. J. Imiela, Max Slevogt — seine Ausstrahlung auf die Südpfalz. In: Kreis Landau in der Pfalz. Landau 1969. S. 107ff.

K. H. Esser — H. J. Imiela, Slevogt in der Pfalz. In: Max Slevogt — Nachlaß auf Neukastel (Katalog hrsg. vom Mittelrhein. Landesmuseum Mainz). Mainz 1972

H. Blinn, Max Slevogt und seine Wandmalereien. (Kleine Landauer Reihe). Landau 1983

Sachregister

Abortanlagen 245, 278
— Erker 36, 50f., 53, 59, 62f., 69 f., 106, 111, 113, 124, 155, 219f., 270
— Schächte 19, 24f., 50, 53, 76, 86, 163, 165, 197, 269f.
Ährenförmige Steinbearbeitung 16, 19
Apotropäische Baudetails 19, 38, 87
Armbrustverwendung 57, 95, 100, 269
Ausgußanlagen 86, 113, 120, 129, 220

Bauernkrieg 28, 54, 65, 71, 78, 103, 110, 160, 162, 172, 200, 231, 267
— Haufen von Gleisweiler 28
— Elsäss. Kolbenhaufen 54, 200
Bauhütten, wandernde 26, 38
Bauinschriften 92, 137, 172, 175ff., 178, 186, 206ff., 236, 244f. (273)
Bauplastik 75, 87, 120, 130, 177f., 206, 208ff., 244f. 249f., 258, 260
Bautechnik
— antike u. byzantinische 41ff., 57, 76, 95f., 99
— spätkarolingisch-frühottonische 9ff., 14f., 72, 265
— frühsalische 16, 19f., (128)
— spätsalische 16f., 20ff., 24ff., 30f., 33, 37, 44, 72f., 86
— staufische 24f., 34ff., 50, 53, 56, 59f., 66ff., 71, 74ff., 83ff., 92, 102, 104, 175, 235, 269
— spätmittelalterliche 52f., 57, 78, 86, 114, 124, 132f., 140, 210, 269f.
— normannische und englische 19ff., 33, 74, 76
— französische 19, 95ff., 100, 238 ff., 273, 283
Bayeux, Tapete von — 21
Befestigungsrecht 10, 16, 34, 73, 223 f., 229
Belagerungstechnik 10, 12, 35ff., 48, 50, 53, 57, 60f., 68, 82, 95f., 99, 129, 135

Bergbau 126f., 138, 241f.
Bergfriede 36f., 48, 50, 59, 61f., 67f. 81, 83, 93, 98f., 105f., 109, 114, 120, 124, 130, 132ff., 140, 142, 189, 200, 213f., 217f., 220f., 235, 270
Bergfried-Verdoppelung 105
Beschlägwerk-Ornamentik 186, 206, 222, 236, 256
Bliesgau 53, 55
Blitzableiter 242
Bornhöved, Schlacht von — 74
Brunnen siehe Wasserversorgung
Buckelquaderverwendung
— staufische 24f., 37f., 45, 50, 53, 56, 59ff., 67f., 82ff., 86f., 92, 100, 102ff., 112, 114, 119f., 125, 130, 133, 146, 148, 157, 162f., 175, 178, 189, 221, 235, 269f., 273
— des 15. Jahrhunderts 154
„Burgensystem" 81
Burgenvereine Dahn 157, Landeck 56, 65, Madenburg 173, Neuscharfeneck 158, Spangenberg 120, Steinenschloß 23, Trifels 79, Wolfsburg 103, Montfort 125
Burghut 103, 116, 266f.
Burgkapellen 36, 213, 217, Bergzabern 203, Berwartstein 147, Frankenstein 110f., 113f., Hambacher Schloß 267, 273, Hohenecken 71, Kaiserslautern 41f., 45, Kropsburg 231, Landeck 55f., 65, Lichtenberg 213, 217, 220, Madenburg 172, 176, Nannstein 184f., Neuleiningen 65, 100, Neuscharfeneck 163, 165, Nürnberg 33, 42, Trifels 33, 36, 74ff., 83ff., 87, 217, Wildenburg 217, Wimpfen 33, Winzingen 20, 22, 28, 30ff., 34

Darmstadter Pessach-Haggada 255
Doppelkapellen 41f., 45f.
Dorfbefestigungen siehe Ortsbefestigungen
Dossierung 46
Dreskammern siehe Tresorräume

Eisenindustrie siehe Bergbau
England, Wehrbau 19 ff., 74, 95
„Eschbacher Rutsch" 173
Festungsbau, Renaissance 222, 224
— Barock 239 f., 263
— 19. Jahrhundert 263

Festungsmanieren altdeutsche 222, altitalienische 222, 224, neuitalienische 42, 222, 239, altniederländische 43, 224 f., 229, 251 f., französische 239 f., 263, Vaubans 2. Manier 239, alt- und neupreußische 263
Feuerwaffen 67, 123, 135 ff., 154, 162, 166, 168, 171, 181 f., 196, 199, 214 f., 223, 227, 231, 269
Fischgrätenmuster 16, 19
Fliehburgen 9 f., 11 ff., 14 f., 143, 265
Frankenthaler Malerschule 139
Frankreich, Wehrbau 19, 46, 97 ff.
Friedhofsbefestigungen 226 ff., 237
Frondienst 10, 13, 200
Frühmittelalter, Wehrbau 9 ff., 14 f., 40, 265

Ganerbenburgen 71, 88 f., 94, 110, 122, 151, 172, 182, 231
Gartenanlagen, Mittelalter 41
— Renaissance 128, 191
— Barock 203, 239, 245, 248, 251 f.
— 19. Jahrhundert 29, 31, 268, 282
Gebück siehe Verhau
Geleitsrechte 108, 189
Gerüstlöcher 38, 50, 59, 83, 114, 270
Geschützscharten (Brillen- und Maulscharten) 132, 146, 154 f., 162, 166, 174, 176, 182 f., 185 f., 190, 194, 197, 199, 205, 211, 215, 219, 224, 229, 232, 234 f.
Geschütztürme (auch Rondelle) 94, 128, 130, 136, 145 f., 152, 154 ff., 166 ff., 181 ff., 185, 190 f., 194 f., 197, 199, 205, 211, 214 f., 219, 231, 234 f.
Gestüte 116 f.
Göllheim, Schlacht bei — 179

Gründerzeitliche Architektur 30, 262 f.
Grundrißformen
— romanischer Burgen 17, 20, 24, 30 f., 34 ff., 47 f., 57, 62, 68, 98, 102 f., 119, 124, 133, 213 f., 216, 220, 269 f.
— gotischer Burgen 57, 95 f. 98, 214
Gußerker siehe Pechnasen

Halsgräben 35, 56, 67, 90, 93 f., 105, 109, 119, 125, 127, 152, 161 f., 171, 174, 182, 185, 189 ff., 194, 214 ff.
Hambacher Fest 103, 264, 267 f.
„Heiden"-Burgen 10 ff.
„Heilig-Geist-Gesellschaft" 89
Heizanlagen (Kamine, Schlote) 45, 50, 71, 75, 78, 84, 86, 106, 111, 113, 124, 140, 216 f., 219, 245, 288
Historismus in der Architektur 31, 84, 146, 148, 262
Höningen, Abtei 226
Holz-Erde-Befestigungen 9
Holzverwendung
— im Burgenbau 9, 12, 16 f., 29, 60, 62, 72, 82 f., 94, 117, 119, 197
— zur Fundamentierung 201
Hornbach, Abtei 246
Hosenscharten 194

Jagd, Jagdrechte 255 ff.
Jagdhöfe und Jagdschlösser 43, 223, 255 ff.
Juden als Burglehens-Träger 116
Judenfriedhöfe 89, 94
Judensteuern zum Burgenbau 77, 85

Kamine siehe Heizanlagen
Kapellenerker 84, 87, 111, 163, 165
Kerbschnitt-Ornamentik 20, 22, 72
Klassizismus 241 f., 261 f., 274 ff., 284
Klingenmünster, Abtei 15, 19 f., 56, 64, 89 f.
Kreuzzüge 45, 57, 73, 95 f., 98
Küchen 63, 178, 185, 207, 245, 250, 278
Kugelquadern 195

305

„Landauer Bund" 89
„Lauterer Reich" 24, 179
Lautern, Fürstentum 29, 42
Lehmmörtel-Verwendung 9, 12, 15
Lichtenberg, Fürstentum 213
Limburg, Abtei 22, 108f., 188f., 197, 257, 280f.
Lorsch, Abtei 226
Lothringen, Herzogtum 71, 139, 247
Lunéville, Friede von — 54, 139

Machicouli 57, 96
Mainz, Erzbistum 71, 122, 172, 190, 226
— Stadt 190, 231
Mainzer Kurfehde 226, 231
Mantelmauern 36, 42, 47, 57, 59, 61f., 98, 178, 270
Maßwerk 133, 224
Mauerbaupflicht 10, 13
Mauertechnik siehe Bautechnik
Megalith-Mauerwerk 127f., 141
Metz, Bistum 53, 81
Mitteldeutschland, Wehrbau 9, 12, 16, 25, 34f.
Mönchsorden im Bauwesen 38
Mörtelverwendung 9f., 12, 15
Mont Tonnerre, Département 54, 143
Motae (Motten) 16ff.
Mühlen 219, 250
Münzstätten 75, 81, 250
Museen 44, 46, 56, 62, 148, 211, 218, 240, 268, 276

Normannen, Kriegszüge 9. Jh. 9f., 13
— Normannenschatz 74
— Normannenstaat in Unteritalien und Sizilien 74, 76
Nymwegen, Friede von — 239

Opus spicatum (ährenförmiger Mauerverband) 104
Orgelgeschütze 136
Ortsbefestigungen (Städte und Dörfer) 42, 52, 96f., 99f., 140, 183f., 199, 205, 216, 226ff., 237, 246
Otterberg, Abtei 226

Pechnasen (Senkscharten und Gußerker) 29, 48, 56f. 96, 116, 118f., 133f., 155, 163, 218
Polygonalmauerwerk siehe Megalith-Mauerwerk
Portalplastik 176, 178, 206, 210f., 229, 236, 258
Porzellanmanufakturen 252
Poternen (Ausfallgänge) 143, 195, 236
Prüm, Abtei 134

Rastatt, Friede von — 43, 209, 239
Reichskleinodien 41, 73ff., 77f., 85f., 139
Reichsritter-Aufstand 89f., 151f., 168, 181 f.
Renaissance-Ornamentik 128f., 177f., 184ff., 197, 206, 210f., 229, 236, 254, 256, 283
Reunionen 127, 173, 202, 239
Revolution 1848/49 268, 275
Ringwallanlagen 9ff., 14f., 143 265
Rondelle siehe Geschütztürme
Rosenthal, Kloster 64
„Royal Deux-Ponts", Regiment 203, 248

Schanzen, barocke 240
— Bartelsberg 242, 283
— Isenachtal 192f.
— Johanniskreuz 283
— Nollenkopf 29, 273
— Schänzel 240, 283
Schanzlinien (Retranchements) des 17. und 18. Jahrhunderts Isenach-, Lauter-, Queich- und Speyerbachlinien 240
Weschnitz-Linie 225
Schildmauern 36, 67f., 71, 102ff., 118f., 125, 129f., 135f., 142, 148, 157f., 160ff., 164f., 172, 174, 182, 185, 187, 214, 217f., 282
Schlösser, Renaissance 42, 46, 128f., 160, 163, 165, 168ff., 173, 177, 186, 198ff., 200ff., 222ff., 226ff., 231f., 250, 252

— Barock 43, 199, 203, 224, 229, 237 ff., 241 ff., 246 ff.
— 19. Jahrhundert 261 f., 264, 268 ff.
Schlüsselloch-Schießscharten 57, 95, 100, 132, 140, 164, 174, 177, 224, 232, 236
Schwäbischer Bund 190
Speyer, Bistum 19, 28, 53, 64 f., 102, 115 f., 134, 144, 151 f., 172 f., 175, 190, 199, 224 f., 231, 238, 266
Speyergau 53, 64, 77, 189
Spielfeld für Mühlespiel 20
Sponheim, Hintere Grafschaft 54
„Sprachhäusel" siehe Abortanlagen
Stadtbefestigungen siehe Ortsbefestigungen
Steinbearbeitung siehe Bautechnik
Steinmetzzeichen 38, 59, 83, 90, 92, 104, 175, 178, 201 f., 211, 229, 269
Straßburg, Bistum 73
Synode, 2. Lateranensische 95

Tierdarstellungen 87, 94, 208 ff., 229, 258, 260, 281
Toranlagen 10, 15, 20, 24, 26, 31, 36, 48, 52 f., 56 f., 60 f., 63, 67, 74 ff., 82 f., 90, 92 ff., 102, 113, 116, 125, 127 f., 132, 142, 146, 154 f., 162, 172, 174, 183, 189, 194, 205 ff., 213 ff., 217, 226, 229, 231 ff., 235 f., 240, 265, 268 f., 283 f.
— zurückgezogene Tore („Zangentore") 15, 26, 265
Tresorräume (Dreskammern) 41, 75, 83, 85 f., 220
Trier, Kurfürstentum 122, 151
Trockenmauerwerk 9 f., 12, 15, 265
Turmamt 116
Turmhügelburgen 16 f., 18 ff., 35

Uhren (Kunstuhren) 202 f., 207 ff.
Ungarn-Einfälle 9 f., 13

Verhau (Gebück) 216, 240

Verputz 57, 221, 229, 232, 250, 259, 278
Viehtränken siehe Wasserversorgung
Vorhangbogen 186 f.

Wadgassen/Saar, Abtei 226 f.
Wandmalerei 33, 65, 87, 211 (229), 279 ff., 286 f.
Wappen 31, 46, 61, 67, 165, 177 f., 183, 186 f., 206, 209, 211, 224, 231, 234, 236, 244, 249, 258
Wasserburgen 132 ff., 198 ff., 224, 246, 250
Wasserversorgung 167
— Brunnen 48, 50, 61, 71, 83, 92, 132, 148, 165 f., 174, 178, 186, 191, 194, 217, 219, 245, 259
— Brunnenturm 72, 82, 86
— Deichelleitungen 31, 219
— Viehtränken 24, 82, 117, 156 f., 165
— Wasserrinnen 24, 82, 93, 156, 165
— Zisternen 24, 35, 61, 82 f., 93, 120, 124, 152, 154 ff., 157, 165, 178, 217, 220
Weißenburg/Wissembourg, Petersstift, später Propstei 81, 145, 158, 166 f.
„Weißenburger Handel" 167
„Weißenburger Krieg" 145, 167
Weserrenaissance 206, 222
Wildgehege 41, 257 f.
Wilenstein, Herrschaft 241 ff.
Wohntürme (Keeps, Donjons), 16 ff., 25 f., 35, 74, 76, 83 f., 124, 184
Worms, Bistum 53, 89, 100, 122, 127, 134, 172, 190
Wormsgau 13, 40, 53

Zangenlöcher 38, 50, 59, 83, 92, 103, 128, 146, 148, 154 f., 163, 185, 189, 235
Zehn-Städte-Bund, Elsässischer 239
Zisternen siehe Wasserversorgung

Zolleinnahmen 42, 77
Zwingeranlagen 35f., 53, 56f., 64f., 82, 86, 92, 96, 102, 104f., 109f., 114, 124f., 128f., 142f., 156, 171f., 174, 184, 214f., 231, 265, 269, 273, 282

Zyklopen-Mauerwerk siehe Megalith-Mauerwerk

Ortsregister

Affalterloch 223
Altdahn 35, 136, 150ff.
Alt-Eberstein 64, 128
Alte Burg Einöd 15
Alte Burg Erfenstein 120
Atenbaumburg 98
Altenstadt b. Weißenburg/Elsaß 19, 65
Altleiningen 35, 97, 189, 222
Altscharfeneck 81, 158f., 232
Anebos 81, 83, 87
Anhalt/Harz 26
St. Anna-Kapelle b. Niederschlettenbach 167
Annweiler 73, 75, 78, 81, 87, 200
Arzheim 173
Aschaffenburg, „Pompejanum" 279

Baden-Baden 262
Bensheim 225
Bergzabern, Schloß, 169, 198ff., 222, 239, 248
— Gasthof „Zum Engel" 206
Berwartstein 81, 88, 94, 136, 144ff., 166 f.
St. Blasien 261
Blieskastel 151, 238
Bockenheim siehe Kleinbockenheim
Bodfeld/Harz 255
Boppard 96
Bruchsal 238, 246
Buchsweiler/Bouxwiller 203
Busenberg 89f.

Carlsberg b. Homburg/Saar 239, 248, 252

Dahner Schlösser 88, 94, 136, 150ff.
Darmstadt 203
Deidesheim, Schloß 98
— Ketschauer Hof 239
Deutz 96
Diemerstein 108

Donnersberg 126, 138f., 143
Drachenfels b. Busenberg 88ff., 181f.
Dürkheim (Bad —), Burg, 108, 189
— Schloß 193, 238, 259
— Schloßkirche 192
Dürnstein/Wachau 73f.
Durlacher Turmberg b. Karlsruhe 21

Ebernburg 89, 168, 181f., 196
Ebersburg/Harz 26
Eckartsberga/Thüringen 105, 216
Edenkoben 158, 282
Edesheim 173
Eger 42
Elmstein 28
Elmsteiner Tal 115
Emichsburg siehe Kleinbockenheim
Endenstein (Entenstein) 15
Erfenstein 115f., 120
Essingen 232
Eußerthal 75

Falkenburg b. Wilgartswiesen 81, 200
Falkenburg/Kyffhäuser 26
Falkenstein a. Donnersberg 138ff.
Falkensteiner Tal 139
Frankenburg b. Ramberg 158
Frankenstein 102, 107ff., 189f.
Frankenthal, Festung 139, 224f.
— Prunktore 240
Frankfurt/Main 26, 172, 254
Frankweide 115
Friedelsheim 98
Friedrichsbühl (Neuhaus) 206, 223, 256

Gaugrehweiler 238
Geisberg b. Burrweiler 81
Gelnhausen 217
Germersheim 65, 77, 160, 232, 263
Göllheim 232
Goslar 26
Gräfenstein 47ff., 56, 68, 71, 96ff., 105
Grafendahn 53, 145, 150ff., 156f., 165
Gutenbrunnen siehe Louisenthal
Guttenberg 81, 200

309

Haardter Schlössel siehe Schlössel, Haardter —
Hachenbergtal 121
Hagenau/Haguenau 41 f., 73, 145, 151
Hambacher Schloß (Kästenburg, Maxburg) 15, 22, 50, 173, 261 f., 264 ff.
Hamburg-Speersort 26
Hanhofen siehe Marientraut
Hardenburg (Hartenburg) 108, 169, 188 ff., 199, 205, 212, 222, 227, 257, 259
Harzburg b. Bad Harzburg 16
Harzgebiet 16, 25, 105
Heidelberg, Schloß 168, 196, 224
— Elisabethentor 224, 232
Heidelsburg, b. Waldfischbach 15
Heidenlöcher 10 ff., 265
Heidenmauern 10, 15
Heidenschlößchen (Heidenburg) 15
Heidenschloß 10
Heidenschuh 10, 15
Heiligenmoschel 242
Heilsbruck 282
Heldenstein 283
Hirsau 16, 20, 73
Hirschbühl 256
Hochspeyerbachtal 107 f., 114
Hohenburg/Elsaß 90, 168, 181 f.
Hohenecken 56, 65 ff., 105, 162, 241
Hohenschwangau 272
Hohlandsberg/Elsaß 98
Homburg/Saar 239
Homburg b. Holzminden 26

Iggelheim 256
Isenachtal 108

Jägersburg 239
Jägerthal 257
St. Johann 160
Johanniskreuz 115, 245, 283

Kästenburg siehe Hambacher Schloß
Kaiserslautern, Kaiserpfalz 35, 39 ff., 71, 102, 179, 258

— Casimirschloß 42, 46, 223
— Festungswerke 42 f.
— Fruchthalle 261 f.
Kehr-dich-an-nichts 238, 255 ff.
Kirchheimbolanden 238 f.
Kirrweiler 173
Kleinbockenheim, Emichsburg 224, 226 f., 232
— Dorfbefestigung 226 ff.
— befest. Friedhof, Wehrkirche 226 ff.
Kleinfrankreich 136, 145, 148, 166 f.
Koblenz, Schloß 261
— Festung 263
Köln 96
Koppenstein/Hunsrück 127
Kraichgau 224
Kropsburg 223 f., 230 ff.
Kyburg/Schweiz 77
Kyffhäusergebiet 26, 40
Kyffhausen/Kyffhäuser 26

Ladenburg/Neckar 13
Landau 64, 77, 160, 173, 239 f.
Landeck 45, 47, 53, 55 ff., 68, 71, 81, 96, 98, 100, 105, 200
Landsberg (Moschellandsburg) 98, 126 ff., 162
Landsberg b. Halle 42
Landstuhl 184
Langensalza/Thüringen 76
Lauenburg/Harz 105
Lauterecken 206, 223
Lautern siehe Kaiserslautern
Lichtenberg b. Kusel 94, 127, 169, 212 ff.
Lichtenstein b. Neustadt/Wstr. 108
Limburg/Haardt, Burg und Klosterkirche 16, 19, 22, 188 ,196, 280 f.
Lindelbronn 65, 81
Lindenberg b. Neustadt/Wstr. 108
Littersheim b. Worms 13
Lohra/Sachsen 26, 42
Louisenthal (Gutenbrunnen) 238 f., 252
Ludwigshöhe 261 f., 274 ff., 287

Madenburg 22, 34f., 65, 136, 170ff., 280
Mainz, Festung 263
— Dom, St. Godehard-Kapelle 42
Mannheim, Festung 225
— Schloß 238f., 246
— Palais Bretzenheim 239
Marientraut b. Hanhofen 136f., 267
Maxburg siehe Hambacher Schloß
Meisenheim/Glan 132, 202, 210
Meistersel (Modeneck) 81, 158
Montfort 121ff.
Montforter Hof (Neues Schloß Montfort) 121, 123
Morsbrunn/Elsaß 73
Moschellandsburg siehe Landsberg
München 275
„Münz" siehe Scharfenberg
„Münze" siehe Hardenburg
Münzenberg/Wetterau 105
Múndatwald 167

Nancy 247
Nannstein 89, 168, 179ff., 196, 222
Neidenfels 108
Neudahn 96, 151, 169, 196
Neue Friedrichsburg (Neuschloß) 255
Neuenburg/Unstrut 26, 42
Neuhofen 223
Neukastel, Burg 77, 81, 200, 284
— Slevogthof 284ff.
Neuleiningen 65, 96ff.
Neuscharfeneck 136, 158ff., 174, 185
Neustadt/Weinstraße 28, 102, 107f.
— Casimirianum 28
Niederauerbach bei Zweibrücken, Burgstelle 248
Niederkirchen 19f.
Nollenkopf b. Neustadt/Wstr. 29, 273
Nonnenfels 108, 189
Nonnenmünster b. Worms 13
Nürnberg 33, 42

Obermoschel 126f.
Odenbachtal 132
Oggersheim 238f.

„Parthenopolis" siehe Madenburg
Pettersheim 203, 238f.
Philippsburg (Udenheim) 225, 263
Pirmasens 203
Plixburg/Phlixbourg 98

Querfurt/Sachsen 26

Ramburg 81, 158
Rammelsberg bei Goslar 26
Ransweiler 242
Rastatt, Schloß 268
Reipoltskirchen 132ff.
Remigiusberg 212
Rheinstein 272
Rhodt unter Rietburg 158, 282
Rietburg 81, 173, 274, 282
Rinnthal 262
Rixingen 110, 134
Rothenburg/Kyffhäuser 26

Saaleck/Thüringen 105
Sachsenstein/Harz 16, 26
Scharfenberg („Münz") 73, 81, 83, 87, 158
Schatthausen/Kraichgau 224
Schlössel b. Klingenmünster
— Vorburg 14f., 18, 56, 265
— Turmburg 16, 18ff., 23ff., 30f.
Schlössel, Haardter — 27, 30, 263
Schlössel in Rhodt u. Rietburg 283
Schloßeck 15, 22f., 108, 189
Schweisweiler 138
Seebach 257
Siptenfelde/Harz 255
Spandau (Berlin-Spandau) 46, 116
Spangenberg 98, 103, 115ff., 265f.
Speyer, Antikenhalle 261
— Bischofspfalz 223
— Dom 16, 20, 31, 33
— Domvorhalle des 19. Jhs. 262
— Judenbad 20, 33
— St. Emmeramskapelle 42
— Kaisergruft 81
— Neue Synagoge 262
— Villa Ecarius 262

Speyerbachtal 103, 106
Stauf 22, 64
Stein b. Biblis/Hessen 225
Steinenschloß 23 ff., 53, 99, 223
Stolzenfels 272
Straßburg/Strasbourg 89, 145

Tanstein (Dahnstein) 150 ff., 157
Thüringen 16, 25 f., 76, 105
Thurant/Mosel 105
Tilleda/Kyffhäuser 16
Todenman b. Rinteln/Weser 26
Trifels 22, 33 f., 45, 50, 68, 72 ff., 96, 158, 165, 171, 200, 217, 220, 261 f., 280, 282, 284
Trippstadt, Schloß 241 ff.
— Kirche 244
Tschifflik 203, 238 f., 248

Udenheim siehe Philippsburg
Ulm 263
Unterhammer/Karlstal 241 f., 245

Waghäusel/Baden 238
Wasgau 72, 82, 86, 88, 144, 148, 156, 178

Wasigenstein 35
Weißenburg/Wissembourg, Stadt 247
— Klosterkirche, Westturm 19
Weißensee/Thüringen 26
Wieslautertal 150
Wildenburg/Odenwald 217
Wilenstein 241 f.
Wimpfen 33, 105
Winzingen (Haardter Schlössel) 20, 22, 27 ff., 101, 108, 263
Wolfsburg 28, 98, 101 ff., 108
Worms 40, 190, 231
Wormsgau 13, 40, 53

Yorktown 248

Zweibrücken, Bauwerke 250 ff.
— Festungswerke 225, 251 ff.
— Schloß (Neues Schloß) 203, 238 f., 246 ff., 261
— Herzogvorstadt 248, 252
— Palais Forbach 239
— Gasthof „Zum Hirsch" 254
— Alexanderkirche 250, 254
— Karlskirche 254

Personenregister

Abresch, Philipp 103
Adalbert, Erzbischof von Mainz 73, 171
Altenbaumburg, Raugrafen von — 180
Anebos, Ritter von — 81
Annweiler, Markward von — 74

Baden-Baden, Markgrafen von — 54, 151
Baden-Durlach, Markgrafen von — 54, 282
Baginski, Theodor von — 146
Ballwein von Zweibrücken, Burgmannen 216
Bayern, Elisabeth von —, Gemahlin Wilhelms von Holland 282
  Ludwig IV. der Bayer, Kaiser 28, 42, 78, 122, 267
  Ludwig I. König 261, 263, 275, 279
  Ludwig II., König 275
  Ludwig III., König 275
  Ludwig Ferdinand, Prinz 275
  Luitpold, Prinzregent 275,
  Maximilian II., König 262, 264, 268
  Rupprecht, Kronprinz 275
Beheim, Michel 123
Bergstein (Parkstein), Grafen von — 134
Berwartstein, Eberhart von — 145
Blick von Lichtenberg, Ritter — 122
Blondel de Nesle 73
Blum, Robert 173
Bockenheim, Edle von — 226
Bolanden, Graf von — 134, 139
  Werner I. von — 139
Boos von Waldeck, Ritter — 121 ff.
Brandenburg, Amalie von —, Gemahlin Kaspars von Zweibrücken 200
  Ludwig der Römer, Markgraf von — 116
Brandenburg-Kulmbach, Albrecht

Alkibiades, Markgraf von — 172 f., 267, 282
Braunschweig, Otto IV. von —, König 75 ff., 158
Bruno, Erzbischof von Köln 75
Buschmann von Walpertshöven, Heinrich — 103

Cassirer, Paul 286
Cornwall, Richard von —, König 42

Dänemark, Waldemar II., König 73
Dagobert II., König 15
Dahn (Altdahn), Ritter von — 151 f., 231
  Anselm, Heinrich, Konrad und Ulrich von — 151
  Johann III. von — 151
  Konrad IV. von —, Bischof von Speyer 151
Dalberg siehe Kämmerer von Worms
Dahlheim, Gerhard von — 116
Dett, Clara, morganat. Gemahlin Friedrichs I. von der Pfalz 160
Dhaun zu Oberstein, Herren von — 134, 139, 180
  Gerhard von — 122
  Wirich von — 139
Dienheim, Eberhard von —, Bischof von Speyer 173, 177 f.
Diether, Erzbischof von Mainz 122
Drachenfels, Anselm und Gerhard von — 89
Drott (Trotha), Hans von — 136, 145 f., 151 f., 166 f.
Dürckheim, Ekbrecht von — siehe Eckbrecht von Dür(c)kheim

Eberstein, Konrad V. von —, Bischof von Speyer 64
Eckeberte (Eckbrechte), Speyergaugrafen 172
Eckbrecht von Dür(c)kheim, Freiherren, Reichsgrafen, 89 f., 145, 181

313

Ehrenberg, Gerhard von —, Bischof von Speyer 172
von der Eichen, Herren 151
Einselthum siehe Inselthem
Emichonen, Nahegaugrafen 127
England, Eduard I., König 95
  Heinrich III., König 95
  Richard I., Löwenherz, König 73 f.
Erlickheim, Ritter von — 223

Falkenstein, Grafen von — 241
  Beatrix von —, Gemahlin Richards von Cornwall 42
  Philipp I. von —, Truchseß 76, 139
  Werner von —, Erzbischof von Trier 139
Finkler, Antonie und Dr. Peter — 285 f.
Fleckenstein, Herren von — 145, 152, 172, 236
Flörsheim (Flersheim), Herren von — 28, 44, 241
  Philipp II. von —, Bischof von Speyer 172, 177
Frankenstein, Edelfreie von — 109 f.
  Rudolf von —, Bischof von Speyer 173
Freising, Otto von — 34, 40
Fritzel, Kammerknecht in (Berlin-)Spandau 116
Fust von Stromberg, Ritter 122
Frankreich, Philipp II. August, König 95
  Ludwig XIV., König 238, 239 f.
  Ludwig XV., König 247
  Ludwig XVI., König 248

Gallas, Matthias Graf von — 127, 182
Greiffenclau, Richard von —, Erzbischof von Trier 181
Greiffenclau von Vollrads, Ritter 122
Groitzsch, Wiprecht Graf von — 73

Habsburg, Rudolf von —, König 42, 64, 77, 200
  Albrecht von Österreich, König 179

Friedrich III., König 139
Friedrich der Schöne, Herzog, Gegenkönig 267
  Leopold, Herzog 267
  Maria Magdalena, Gemahlin Wilhelms IV. von Jülich 209
  Maria Theresia, Kaiserin 139
  Maximilian I., Kaiser 89
Hacke (Haacke), Freiherren von — 241 ff.
  Ludwig Anton von — 241
  Franz Karl Joseph von — 242
Hartmann, Jakob von — 268
Heinrich, Obervogt von Straßburg 73
Heisterbach, Cäsarius von — 134
Hemmer, Johann Jakob 242
Hessen, Anna, Gemahlin Wolfgangs von Zweibrücken 207, 209
  Elisabeth, Gemahlin Ludwigs II. von Zweibrücken-Veldenz 211
  Elisabeth, Gemahlin Ludwigs VI. von der Pfalz 31
  Philipp der Großmütige, Landgraf 181
Hessen-Darmstadt, Ludwig IX., Landgraf 203
Hillesheim, Reichsgraf Franz Wilhelm Kaspar von — 134
Hohenecken, Herren von — 41, 71
Hohenfels, Dietrich und Heinrich von — 134
Hohenstaufen, Dynastie 34 ff., 108, 172
  Friedrich II. der Einäugige, Herzog 20, 27, 34, 44, 73
  Friedrich I. Barbarossa, Kaiser 21, 24, 40 f., 53, 64, 73 f., 76, 144, 158, 223, 246, 258
  Konrad, Pfalzgraf bei Rhein 28
  Heinrich VI., Kaiser 41, 74, 76, 179
  Philipp von Schwaben, König 74 ff., 158, 189
  Friedrich II., Kaiser 41, 75 f., 81, 212, 255
  Heinrich (VII.), König 41, 45, 77
  Konrad IV., König 76 f.

Holland, Wilhelm von −, König 64, 77, 282
Homburg, Heinrich von −, Abt von Weißenburg 166

Inseltheim (Einselthum), Diether von − 110, 112f.
„Jäger von Kurpfalz" 255
Johann I., Graf vom Kraichgau, Bischof von Speyer 115, 265
Johannes Fauth, Vogt 79
Jülich, Cleve und Berg, Magdalena, Gemahlin Johannes I. von Zweibrücken 202, 206
Wilhelm IV., Herzog 209
Juden 261
  Juden von Landau 77, 85
  Fritzel von Spandau 116
  Kaufmann von Speyer 116

Kästenburg, Ritter von − 266
Kämmerer von Worms gen. von Dalberg 71, 122, 231f., 234, 236
  Diether 172
  Dietrich 231f.
  Friedrich 231
  Gottlob Amandus 232
  Wolfgang 231
Kirrmeier, Franz 262
Kleeburg, s. Zweibrücken
Kropsburg, Edle von − 231
Kyrburg, Wildgrafen von − 180

Landsberg, Herren von − 151
Lautern (Kaiserslautern), Ritter von − 41, 71
  Eberhard von − 122
Leiningen, Grafen von − (auch Linien Dagsburg, Hartenburg, Rixingen und Westerburg) 53f., 64f., 97, 100, 103, 108ff., 116, 136, 169, 172, 180, 188ff., 226ff., 238, 241, 257ff.,
  Emich I. 24
  Emich IV. 28, 55, 64f., 110
  Emich, Sohn Emichs IV. 64
  Emich V. 28 (190), 231

Emich VI. 111
Emich VII. 100, 227
Emich VIII. 110, 190
Emich XI. 192, 227
Engelhard 190
Friedrich II. (siehe auch Saarbrücken!) 189
Friedrich III. 64f., 97, 100
Friedrich V. 172
Friedrich Magnus 193, 258, 260
Fritzmann 110
Hesso, Landgraf 100
Jofried 110
Johann Friedrich 258
Karl Ludwig 228
Lucardis, Gemahlin Simons II. von Saarbrücken 189
Philipp I. 100
Leszczynska, Maria 247
Leszczynski, Stanislaus, König, Herzog 203, 238, 247f.
Lewenstein (Löwenstein), Herren von − 122
von der Leyen, Reichsgrafen 238
Lichtenberg, Hermann von − 28
Lichtenstein, Albrecht von − 103
Löwenhaupt, Grafen von − 134
Löwenstein-Scharfeneck, Grafen von − 160, 165
  Friedrich von − 160
  Ludwig von 160, 173
Löwenstein-Wertheim, Grafen von − (seit 1711 Fürsten) 160
Lothringen, Herzöge v. − 71, 139, 182
  Stanislaus Leszczynski 203, 238, 247f.
  Franz Stephan, Kaiser Franz I. 139
Lützelstein, Herren von − 145
Luxemburg, Balduin von − Erzschof von Trier 42
  Heinrich VII., Kaiser 77
  Johann der Blinde, König von Böhmen 42
  Karl IV., Kaiser 42, 122, 223

Madenburg, Ida von − 172
Manderscheid-Kheil, Grafen v. − 134

315

Mansfeld, Graf Ernst von — 173
Metze (de Metis), Herren von — 160
Milendonk, Alverta von —, 2. Gemahlin Franz Konrads von Sickingen 186
Monclar, Joseph de Ponts Baron de — 173
Montfort, Herren von — 122
Moschel, Hermann von — 219
Münzenberg, Isengard von —, Gemahlin Philipps I. von Falkenstein 76

Nannstein, Burgmannen von — 179f.
Napoléon Buonaparte 249
Nassau, Adolf von —, König 77, 179
Nassau-Saarbrücken, Grafen von — 89, 110, 114
    Karoline von —, Gemahlin Christians III. von Zweibrücken 203
    Philipp von — 114
Nassau-Weilburg, Fürsten von — 238
Neipperg, Engelhard von — 103, 116
Neudahn, Herren von — 151f.

Ochsenstein, Herren von — 64, 231
    Georg II. von — 64
Odenbach, Herren von — 231
Österreich, Albrecht von —, König 179
    Friedrich der Schöne, Herzog von —, Gegenkönig 267
    Leopold V. von Babenberg, Herzog von — 73f.
    Leopold, Herzog von — 267

Pfalzgrafen bei Rhein 28ff., 102ff., 108, 241, 246
    Georg, Bischof von Speyer 172, 175, 267
    Johann Casimir 28f., 42, 103, 255
    Konrad von Staufen 28
    Ludwig II. der Strenge 103
    Rudolf II. 28, 78
    Ruprecht I. 42, 78, 103
    Ruprecht II. 78, 103, 241
Pfalz, Kurfürsten von der — 28, 54, 64f., 71, 90, 108, 110, 122, 134, 151, 160, 168, 224ff., 238, 255, 257
    Carl Theodor 240, 248
    Friedrich I. der Siegreiche 100, 116, 122, 127, 136, 145, 160, 162, 167, 172, 181, 190, 200, 226, 231
    Friedrich II. der Weise 28
    Friedrich III. der Fromme 140
    Friedrich IV. der Aufrichtige 255
    Johann Wilhelm („Jan Wellem") 242
    Karl Ludwig 43, 182
    Ludwig V. der Friedfertige 181
    Ludwig VI. 31
    Philipp I. der Aufrichtige 145, 151, 160, 167
    Ruprecht III., König 78, 103
Pfau, Theodor Philipp von — 283
St. Pirminius 246
Preußen, Könige von —
    Friedrich II. der Große, König 263
    Friedrich Wilhelm II., König 193
    Marie von —, Gemahlin Maximilians II. von Bayern 268
Puller von Hohenburg, Margarethe, Richard und Wirich III. — 181

Rahewin, Historiograph 40
Ramung, Matthias von —, Bischof von Speyer 61, 267
Reipoltskirchen, Herren von — 134
Remchingen, Heinrich von — 116
Rietburg, Herren von — 282
Rosenberg, Herren von — 28, 234
    Friedrich von — 172

Saarbrücken, Grafen von — 20f., 24, 53, 64f., 199, 223, 246
    Friedrich II. von — (= von Leiningen-Hartenburg) 189
    Simon II. von — 189
Sachsen-Coburg-Gotha, Herzöge von — 213
Salier 16f., 19ff., 26, 72f., 265
    Heinrich III. 26
    Heinrich IV. 19, 26, 73, 171
    Heinrich V. 20, 26, 73, 171

Salm, Hermann v. —, Gegenkönig 72
Salza, Hermann von — 76
Scharfenberg (Scharfeneck), Herren von — 71, 158
  Berthold von — 81, 158
  Heinrich I. von — 160
  Konrad III. von —, Bischof von Speyer und Metz 75, 81, 158, 160
Scheffel, Joseph Victor von — 87
Schenk von Waldburg, Freiherren — 145f., 152
Schliederer von Lachen, Edle — 103
Schmid(t)burg, Emich I. von — 127
Schweden, Könige von — aus dem Hause Zweibrücken-Kleeburg 203, 213, 246ff.
  Karl XII. 203, 246ff., 254
Schwerin, Graf Heinrich von — 73
Sickingen, Herren von — (seit 1773 Reichsgrafen) 122, 168, 172, 181ff.
  Eberhard von — 116
  Eitel von — 103
  Franz von — 89f., 151, 181f., 187
  Franz Konrad von — 186
  Reinhard von — 182
  Schweickart von — 181
Siebenpfeiffer, Dr. Philipp Jakob 267
Sizilien, Konstanze von —, Gemahlin Heinrichs VI. 74, 76
Sponheim, Grafen von — 54, 122, 134, 151f., 181
  Walram von — 145, 151
Steinhäuser, Ritter Friedrich — 103
Stophes (= Christoph), Edelknecht 152
Sturmfeder, Amöna Maria Karoline Freiin von —, Gemahlin Franz Karl Josephs von Hacke 242, 244f.
Summerer, Heinrich der — 151

Trapp, Hans siehe Drott (Trotha) Hans von —
Trifels, Burgmannen vom — 78
  Diemar von — „Capitaneus" (= Dynast) 72f., 171
Trotha, Hans von — siehe Drott, Hans von —

Veldenz, Grafen von — 54, 122, 127, 134, 136, 181, 212
  Anna von —, Gemahlin Stephans von Pfalz-Zweibrücken 127
  Friedrich III. von — 127
  Georg von — 77
  Gerlach I. von — 127
Virneburg, Grafen von — 139
Volmar, Abt von Limburg/Haardt 257

Wadle, Familie 146
Wallbrunn, Herren von — 110
Weimar, Herzog Bernhard von — 283
Weingarten, Herren von — 145
Wetzel von Marsilien, Familie 254
Winstein, Herren von — 151
Winzingen, Berthold von — 28, 31
Wirth, Dr. Johann Georg August 267
Wolfram, Graf der Ardennen 265
Wolfsberg, Moritz und Philipp von — 103
Wrede, Herren von — 216
Württemberg, Herzöge von — 201, 282
Wurmbrand, Anna Christina Eleonore von —, Gemahlin Friedrich Magnus' von Leiningen 260

Zeisolf-Wolframe, Grafenfamilie der — 265
Zoller, Ritter Diether — 116
Zweibrücken, Grafen und Herzöge von — (auch Linien Birkenfeld, Bischweiler, Bitsch, Kleeburg, Landsberg, Rappoltstein und Veldenz) 42, 64f., 78f., 122f., 127, 134, 136, 169, 199ff., 213f., 226, 238, 246ff.
  Alexander 254
  Christian IV. 242, 248
  Eberhard II. 200
  Friedrich 79, 127
  Friedrich Ludwig 79

Gustav Samuel Leopold 202f., 209f., 248f.
Johann I. 79, 202, 206f., 209
Karl 202
Karl II. August 239, 248
Karoline Henriette, Gemahlin Ludwigs IX. von Hessen-Darmstadt 203
Kaspar 200
Ludwig I. der Schwarze 110, 122f., 127, 200, 231
Ludwig II. 200, 211
Maria Elisabetha, Gemahlin Emichs XI. von Leiningen 192
Maximilian IV. Joseph (= Maximilian I. König von Bayern) 248f.
Ruprecht 54
Stephan 78, 127, 181, 200, 246
Wolfgang 78, 202f., 207, 209
Zweibrücken-Bitsch, Grafen von — 64f., 89f., 180f.
Walram II. von — 89, 181
Zwingli, Ulrich 215

Künstler

Becht, Hans 201
Benno II. Bischof von Osnabrück 16, 19, 26
Berwart, Martin 201
Brandenburg, Rudolf 202, 209

Decambre 252
Dochnahl, Friedrich Jakob 268
Duchesnois, Jean Henry Charles François, 203, 239, 252

Egell, Paul 239
Esterer, Rudolf 80
Ettlingen, Hans Jakob von — 190, 196

Frankenthaler Meister 139f., 143

Gärtner, Friedrich von — 261, 263, 275f., 279
Gayer, Peter 62, (118), 123, (125)
Gemünd, Philipp von — 254
Gentersperger, Sigmund 202
Günther, Johann Joachim 239

Hackel, Leopold 250
Haeckher, Sigmund Jakob 239, 242, 245
d'Hauberat, Guillaume 239
Hautt, Christian 239, 248, 252
Henckhell, Michael 202, 206, 209
Hohe, Friedrich 123
Hübsch, Heinrich 262

d'Ixnard, Pierre Michel 261
Janson, Barthel 225

Keßler, Adolf 87
Klapperbach, Christian 221
Klenze, Leo von — 261, 275, 279
Klumpp, Karl Friedrich Andreas 275
Koch, Johann und Georg 248, 254
Küchenmeister, Caspar 227

Linck, Konrad 239
Lynar, Rochus Graf zu — 46

Mannlich, Johann Christian von — 239, 248, 252
Mansperger, Jakob 209
Mattlener, Johann Philipp 261
Merian, Matthäus 45 f., 127ff., 140, 184, 187, 205
Mirou, Anton 143

Neumann, Balthasar 138
Neumann, Martin von — 140, 146, 184, 248
Nilson, Friedrich Christoph 279

Patte, Pierre 239
Pellegrini, Giovanni Antonio 239
Petri, Johann Ludwig 239
Petzsch 250
Pigage, Nicolas de — 240

Rabaliatti, Franz Wilhelm 43, 239
Redlich, Johann Georg 210
Rötel von Veltlin, Bernhart 227
Ruland, Johannes 41

Schlang, Haquinus 254
Schmauß, Friedrich Ritter von — 263
Schneider, Friedrich 286
Schultz, Otto 287
Schwarzmann, Joseph Anton 279
Schweitzer, Georg 202
Seekatz, Johann Martin, Johann Konrad und Philipp Christian 239
Skell (Sckell), Matthias und Friedrich Ludwig von — 239, 245
Slevogt, Max 274, 276, 281, 284ff.
Stapf, Adam 43, 225, 251
Sundahl, Jonas Erikson 203, 239, 248, 250

Tarade, Jacques 240
Tretsch, Alberlin 201

Vauban, Sébastien le Prestre Marquis de — 239

Verschaffelt, Peter Anton von — 239
Voidel, David 192
Voit, August von — 261f., 268, 270

Walrave, Gerhard Cornelius 263
Weinsperger, Philipp 279

Weitz, Caspar 191, 194
Wolf, Marx 227

Ziebland, Friedrich 268, 270, 272
Ziesenis, Johann Georg 254

Abbildungsnachweis

Schwarzweißabbildungen:

Archiv: S. 45, 104, 118, 125, 129, 143, 187, 197, 254, 283
Prof. Dr. Fritz Arens, Mainz: S. 18, 22
Lala Aufsberg, Sonthofen: S. 32, 77, 138, 180, 201, 251, 256, 266
Klaus Barth, Kaiserslautern: S. 40
Bildarchiv der Stadt Kaiserslautern, Hans-Günther Hausen: S. 43
Cekade-Luftbild Nr. 4347 (Freig. Min. f. Wirtsch. NRW), Foto Cramers Kunstanstalt KG, Dortmund: S. 274
Klaus Deibert, Pirmasens: S. 23
Alfred Diehl, Bellheim: S. 72
Hans Freytag, Neuhofen: S. 93, 97, 188
Emil Hartmann, Verlag, Mannheim: S. 27, 88
Historisches Museum der Pfalz, Speyer: S. 14, 80, 141, 142, 272
Michael Jeiter, Aachen: S. 55, 58, 69, 70, 91, 107, 117, 123, 153, 161, 164, 198, 277
Landesamt für Denkmalpflege Rheinland-Pfalz, Mainz: S. 25, 29, 47, 51, 63, 99, 112, 121, 133, 150, 167, 176, 183, 184, 192, 193, 194, 204, 227, 228, 235, 244, 247, 259

Gebr. Metz Bild-Verlag, Tübingen: S. 39, 44, 52, 66, 101, 115, 126, 144, 147, 156, 170, 175, 191, 212, 218, 230, 264, 280
Jakob Nuber, Verlag, Annweiler: S. 85
Pressebild Kortokraks, Verlag, Ludwigshafen: S. 285
Landesamt für Denkmalpflege Rheinland-Pfalz, Außenstelle Speyer S. 11, 13
Prof. Dr. Günter Stein, Speyer: S. 21
Richard Stöbener, Bad Bergzabern: S. 209

Farbtafeln:

Gräfenstein, auch Umschlagbild: Michael Jeiter, Aachen
Reipoltskirchen: Michael Jeiter, Aachen
Berwartstein: Joachim Kinkelin, Bildarchiv, Worms, Foto P. Klaes
Neuscharfeneck: Michael Jeiter, Aachen
Kropsburg: Fritz Pahlke, Speyer
Trippstadt: Michael Jeiter, Aachen
Zweibrücken: Michael Jeiter, Aachen
Hambacher Schloß: Fritz Pahlke, Speyer